Michael A. Meyer

Leo Baeck

Ludwig Meidner, Porträt Leo Baeck, 1931,
Öl auf Leinwand, Jüdisches Museum Berlin

Michael A. Meyer

Leo Baeck

Rabbiner in bedrängter Zeit

Eine Biographie

*Aus dem Englischen
von Rita Seuß*

C.H.BECK

Titel der amerikanischen Originalausgabe:
«Rabbi Leo Baeck. Living a Religious Imperative in Troubled Times»
Copyright © 2021 University of Pennsylvania Press
All rights reserved. Published by arrangement with the University
of Pennsylvania Press, Philadelphia, Pennsylvania.

Gefördert vom Leo Baeck Institut

LEO BAECK INSTITUTE
for the Study of
German-Jewish
History and Culture

Die Arbeit der Übersetzerin an diesem Buch wurde
vom Deutschen Übersetzerfonds gefördert.

Mit 14 Abbildungen

Für die deutsche Ausgabe:
© Verlag C.H.Beck oHG, München 2021
www.chbeck.de
Umschlaggestaltung: Kunst oder Reklame, München
Umschlagabbildung: Leo Baeck bei seiner Ankunft in Haifa, 1935,
© Bildarchiv Pisarek/akg-images, Foto: Charlotte Meyer
Satz: Fotosatz Amann, Memmingen
Druck und Bindung: Pustet, Regensburg
Gedruckt auf säurefreiem und alterungsbeständigem Papier
Printet in Germany
ISBN 978 3 406 77378 5

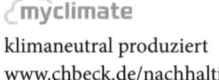
klimaneutral produziert
www.chbeck.de/nachhaltig

*Für meine Freunde
am Leo Baeck Institut
in Jerusalem, London,
New York und Berlin*

Inhalt

Vorwort 11

1
Ein unkonventioneller Student und Rabbiner

Der Hintergrund 15
Der Student 17
Rabbiner in Oppeln 26

2
Die Würde des Judentums wiederherstellen

Wissenschaft und Religion 35
Angriff und Verteidigung 39
Apologetik 42
Düsseldorf 47

3
Rabbiner im Weltkrieg

Die erste Zeit in Berlin 57
Feldrabbiner 60
Die Nachwirkungen 72

4
Ein engagierter Denker
- 75 Ambivalent gegenüber der Weimarer Kultur
- 81 Funktionen und Ämter
- 86 Das liberale Judentum
- 89 Die zionistische Herausforderung
- 94 «Romantische Religion»
- 98 Jude unter Nichtjuden
- 103 Mystik
- 107 Offenbarung versus Relativismus
- 112 Die Weltsicht eines Rabbiners
- 116 Ehe, Familie und Feminismus

5
Die Bürde der Führung
- 123 Der Umschwung
- 132 Einheit schaffen
- 141 Physischer und spiritueller Rückhalt
- 149 Anfechtungen
- 155 Das Durchhaltevermögen stärken

6
Unter Druck
- 163 Der Verlust der Unabhängigkeit
- 171 Die Gegenwart transzendieren
- 176 Wissenschaft als Trost
- 185 Den Verzweifelten bei der Ausreise helfen
- 195 Widerstand

7
Theresienstadt

Der Ort	213
Rabbiner im Ghetto	218
Die Vorträge	224
Überleben	232

8
Nach der Katastrophe

Blick zurück und nach vorn	241
Das Erbe	250
Ein neues Deutschland	256
Amerika	264
Israel	272
Neu über das Christentum nachdenken	280
Das Volk des Gebots	286

Epilog:
Die Ikone und der Mensch 299

Anhang

Dank	311
Zeittafel	312
Anmerkungen	317
Bibliographischer Essay	357
Bildnachweis	360
Personenregister	361

Vorwort

Im August 1939 war die Situation der deutschen Juden verzweifelt. Die bürgerliche Gleichstellung, die sie im 19. Jahrhundert so mühselig erkämpft hatten, war seit Hitlers Aufstieg zur Macht sechs Jahre zuvor Stück für Stück untergraben worden. 1933 wurden sie von allen einflussreichen Positionen in der deutschen Gesellschaft ausgeschlossen. Mit den Nürnberger Gesetzen zwei Jahre später wurde ihnen die Staatsbürgerschaft aberkannt, sie waren jetzt nur noch Staatsangehörige: nicht mehr Bürger, sondern bloß Untertanen ohne politische Rechte. Mit der Enteignung von jüdischem Besitz begann die fortschreitende Verarmung der Juden in Deutschland. Auf die rechtliche Diskriminierung folgten im November 1938 massive gewalttätige Ausschreitungen. Juden wurden ermordet, ihre Synagogen und ihr Privatbesitz in einem als «Kristallnacht» in die Geschichte eingegangenen Pogrom zerstört. Juden wurden ausgegrenzt durch den Namenszusatz, den sie annehmen mussten: Männer und Jungen «Israel», Frauen und Mädchen «Sara». Anfangs versuchten die meisten deutschen Juden, dem Sturm zu trotzen. Manche entstammten Familien, die schon seit Generationen in Deutschland lebten und das Vertraute nicht gegen das Fremde eintauschen wollten. Doch nun suchten fast alle nach einer Möglichkeit zur Flucht – meist vergeblich, da Staaten, die verfolgte Juden hätten aufnehmen können, die Einwanderung streng begrenzten. Zu den Glücklichen, die außerhalb Deutschlands Zuflucht fanden, zählten Vorsitzende von jüdischen Gemeinden und Rabbiner, die verständlicherweise ihr eigenes Leben und das ihrer Familie retten wollten.

Vorwort

Leo Baeck, Rabbiner, Gelehrter und führender Repräsentant der organisierten deutsch-jüdischen Gemeinschaft, unternahm 1939 vielfältige Anstrengungen, um vor allem den Jüngeren die Auswanderung zu erleichtern. Im August, kurz vor Ausbruch des Zweiten Weltkriegs, besuchte er enge Verwandte, die die Erlaubnis erhalten hatten, sich in England niederzulassen. Man drängte ihn, Angebote, ihm den dortigen Aufenthalt zu ermöglichen, anzunehmen und sich seiner Tochter und deren Familie anzuschließen. Eine britische Universität bot dem gelehrten Rabbiner eine akademische Stelle an, und die Gemeinde der deutsch-jüdischen Flüchtlinge bemühte sich um seine seelsorgerische Führung. Baeck lehnte diese Chance entschieden ab. Es war nicht das einzige Mal, dass man ihm in Großbritannien oder in den Vereinigten Staaten eine attraktive berufliche Aufgabe anbot. Doch er hielt es für seine Pflicht, «der letzte Jude» zu sein, der Deutschland verlässt. Trotz aller Gefahren blieb er und tat, was er konnte, um die Emigration voranzutreiben, solange es den Juden noch erlaubt war, Deutschland zu verlassen, und bevor die Deportationen in den Osten begannen. Von da an wurde es seine Hauptaufgabe, die Moral zu stärken, die Not derer zu lindern, die keine andere Wahl hatten, als zu bleiben, und denen zu helfen, die untertauchten. Im Januar 1943 wurde er in das konzentrationslagerähnliche Ghetto Theresienstadt deportiert, wo er sich weiter um die seelischen, spirituellen und geistigen Nöte seiner jüdischen Glaubensgenossen und einiger verfolgter Nichtjuden kümmerte. Sie alle waren eingesperrt in einer Zwischenstation auf dem Weg in den Tod.

Leo Baeck war aber nicht nur ein beharrlicher Hirte seiner Herde, sondern auch einer der bedeutendsten jüdischen Denker des 20. Jahrhunderts, vergleichbar mit bekannteren Figuren wie Martin Buber, Franz Rosenzweig und Abraham Joshua Heschel. Heute kennt man ihn vor allem als mutigen Sprecher seiner Gemeinschaft in dunkelster Zeit, doch er fand auch als religiöser Denker eine gewisse Beachtung. Was bisher fehlt, ist eine Studie über Leo Baeck, die diese beiden Aspekte seines Lebens miteinander verknüpft und untersucht,

Vorwort

wie sie in seinem eigenen Bewusstsein und in seinem sich verändernden Umfeld zusammenspielten. Diese Kombination von tatkräftiger Führung mit profundem Denken ist selten. Vielleicht noch bemerkenswerter ist eine persönliche Philosophie, in der öffentliches und privates Handeln so vollständig miteinander im Einklang stehen. Anders als bei vielen anderen namhaften Persönlichkeiten aus Geisteswissenschaften und Kunst, bei denen Privatleben und öffentliche Wirksamkeit nicht zur Deckung kommen, gibt es bei Baeck eine Übereinstimmung zwischen dem, woran er glaubte, und dem, was er tat. Zu seinem Glauben an Gott gehörte die unausweichliche Akzeptanz der moralischen Verpflichtung in allen Bereichen des Lebens. Diese Pflicht zu erfüllen schien ihm besonders in schwierigen Zeiten geboten, selbst wenn der Preis dann sehr viel höher war. Baeck wurde von vielen bewundert, aber er hatte auch Kritiker, und trotz vielfältiger Unterstützung, die er erfuhr, versuchten einige, seine Arbeit zu untergraben. Seine Entscheidungen in Fragen von Leben und Tod waren zu seiner Zeit nicht weniger umstritten als heute.

Um Leo Baeck wirklich zu verstehen, muss man nicht nur sein Denken und sein öffentliches Wirken untersuchen, sondern auch den Menschen betrachten – ein schwieriges Unterfangen, da er sich nur selten über sich selbst geäußert hat. In der Regel war er nach außen höflich und zurückhaltend, doch die Ereignisse, mit denen er konfrontiert war, mussten sein Inneres unweigerlich aufwühlen. Allgemein als liebenswürdig und freundlich beschrieben, konnte er, wenn es nötig war, auch kämpferisch sein. Seine psychische Disposition trug puritanische Züge und war von einer tiefen Verehrung des Märtyrertums geprägt – ein Aspekt seiner Persönlichkeit, den man nicht außer Acht lassen darf, wenn man Leo Baeck verstehen will. Diese Perspektiven miteinander zu verbinden ist das Anliegen dieses Buches. Ausgehend von einer Vielzahl von Quellen (von denen einige erst in den letzten Jahren ans Licht gekommen sind), vor allem aber unter Bezugnahme auf Leo Baecks eigene Schriften versuche ich, ein möglichst vielschichtiges und nuanciertes Bild einer der be-

Vorwort

merkenswertesten Persönlichkeiten der jüdischen Geschichte unserer Zeit zu zeichnen.

Die in den Anmerkungen genannten Schriften Leo Baecks werden nach ihrer Erstveröffentlichung zitiert, jeweils mit Verweis auf einen Band der sechsbändigen, von Albert H. Friedlander und anderen edierten Werkausgabe (Leo Baeck, *Werke*, Gütersloh 1996–2003). An verschiedenen Stellen, besonders in einem Abschnitt von Kapitel 2, schöpfe ich aus meinem Aufsatz «Jewish Scholarship and Religious Commitment: Their Relative Roles in the Writings of Rabbi Leo Baeck» (*Daat: A Journal of Jewish Philosophy & Kabbalah* 88, 2019, S. 127–143).

1
Ein unkonventioneller Student und Rabbiner

Der Hintergrund

Trotz unterschiedlicher religiöser Bräuche praktizierten im Mittelalter fast alle Juden West- und Osteuropas ihren Glauben. Sie lebten in festgefügten Gemeinschaften, und ihr soziales und spirituelles Leben war nach innen, auf ihre Glaubensbrüder, gerichtet. In welchem Reich oder Herzogtum auch immer sie lebten, waren sie doch in erster Linie Juden – und nicht Deutsche, Franzosen, Engländer oder Polen. Dies begann sich im späten 18. Jahrhundert zu ändern, als sich die westeuropäischen Juden zunehmend mit der nichtjüdischen Kultur ihrer Umgebung identifizierten, besonders an Orten, wo Einzelpersonen bereit waren, sie bis zu einem gewissen Grad zu integrieren. Damit eröffneten sich neue Perspektiven außerhalb des Judentums. Identitäten, die jetzt jüdische und nichtjüdische Komponenten beinhalteten, begannen im Zuge eines sich zunehmend beschleunigenden Prozesses der Akkulturation auseinanderzubrechen, vor allem westlich der Elbe, mit der Folge, dass sich die aschkenasischen Juden in West- und Osteuropa immer mehr voneinander entfernten. Innerhalb der großen jüdischen Bevölkerung Polens jedoch ging – sehr viel mehr als in Deutschland – das traditionelle jüdische Leben weiter wie bisher.

An der Grenze zwischen diesen beiden Welten lag die Provinz Posen (heute Poznań) mit der gleichnamigen Hauptstadt. Mit der Zweiten Teilung Polens 1793 fiel Posen an Preußen, bevor es nach dem Ersten Weltkrieg erneut zu Polen kam. Anfangs hatte diese poli-

Ein unkonventioneller Student und Rabbiner

tische Zugehörigkeit kaum Auswirkungen auf das traditionelle jüdische Leben in Posen, das im 19. Jahrhundert lebendig blieb. Die jüdische Gemeinde besaß eine traditionelle rabbinische Hochschule (Jeschiwa), die von dem seit 1815 dort ansässigen bedeutenden Talmudgelehrten Rabbi Akiba Eger gegründet worden war. Doch im Laufe des 19. Jahrhunderts machte sich der westliche Einfluss dort allmählich ebenfalls bemerkbar. Die in Königsberg und Berlin entstandene jüdische Aufklärung (Haskala) fasste jetzt auch in Posen Fuß: Eine wachsende Zahl von Juden, die unter polnischer Herrschaft ausschließlich auf sich selbst konzentriert gewesen waren, wurde germanisiert und europäisiert, und es begann ein religiös und intellektuell fruchtbarer Austausch zwischen dem Alten und dem Neuen. Aus dieser Grenzregion gingen bedeutende jüdische Denker hervor, die Tradition und Moderne miteinander verknüpften. Zu ihnen zählten der Protozionist Rabbi Zwi Hirsch Kalischer und der populäre Historiker der Juden Heinrich Graetz. Aus der Provinz Posen stammte auch eine Persönlichkeit, die über die jüdische Gemeinde hinaus bis nach Übersee Bekanntheit erlangte: Haym Salomon, der als enger Verbündeter George Washingtons die Amerikanische Revolution finanziell unterstützte.

In Lissa (heute Leszno) in der Provinz Posen, einer Kleinstadt mit kaum mehr als tausend jüdischen Einwohnern, wurde Leo Baeck am 23. Mai 1873 geboren. Er erhielt den hebräischen Namen Uri, gefolgt von dem jiddischen Lipmann. Sein Familienname Baeck soll ein Kürzel sein für *ben kedoschim*, «der Nachkomme von Heiligen», was sich auf Juden bezieht, die die höchste Heiligung von Gottes Namen dadurch vollzogen, dass sie lieber starben, als ihrem jüdischen Glauben abzuschwören. Der Familienüberlieferung zufolge war einer von Baecks mittelalterlichen Vorfahren ein solcher Märtyrer, und die Erinnerung daran könnte für die Bedeutung des Martyriums in Baecks Schriften durchaus eine Rolle gespielt haben.

Leo Baeck war eines von elf Kindern und das einzige, das Rabbiner wurde. In Lissa aufgewachsen, kam er sowohl mit der Tradition als auch mit der Moderne in Berührung – mit der nach innen gerichteten jüdischen Welt, aber auch mit dem nichtjüdischen Umfeld. Zeit seines Lebens bemühte er sich darum, ein tiefes Bewusstsein für das jüdische Erbe zu bewahren und zugleich die jüdische Lehre mit universellen Werten in Einklang zu bringen. Er war kein Verfechter der jüdischen Orthodoxie, enthielt sich aber der Kritik an Ausdrucksformen des Judentums, die traditioneller waren als seine eigene, und respektierte konkurrierende Sichtweisen des jüdischen Lebens in der Moderne. Jüdische Rituale schätzte und praktizierte er, er versuchte aber nicht, sie anderen aufzuzwingen. Baecks lebenslange Sehnsucht nach Ausgleich und seine Fähigkeit, zwischen unterschiedlichen jüdischen Gruppierungen zu vermitteln, war gewiss vom sozialen Milieu des Grenzstädtchens geprägt, in dem er geboren und aufgewachsen war. Seine Wertschätzung des Gemeinschaftssinns, wie er in der Kleinstadt Lissa herrschte, sollte mit der Erweiterung seines Wirkungskreises immer wieder neuen Ausdruck finden.

Der Student

Leo Baeck war väterlicher- wie mütterlicherseits ein Nachkomme angesehener Rabbiner. Sein Vater, Rabbiner Samuel Bäck (wie der Name ursprünglich geschrieben wurde), war Talmudgelehrter mit einem Doktortitel der Universität Leipzig. Bäcks Interesse an der jüdischen Geschichte, ungewöhnlich für einen der Tradition verbundenen jüdischen Gelehrten, fand Niederschlag in seinen Beiträgen für die *Jewish Encyclopedia*, die bemerkenswerterweise in den Vereinigten Staaten herausgegeben wurde und lange Zeit das wichtigste Nachschlagewerk zum Judentum blieb. 1878 veröffentlichte Samuel Bäck eine *Geschichte des jüdischen Volkes und seiner Literatur*, die so populär war, dass drei Auflagen gedruckt wurden. Wie sein Sohn, der für die dritte Auflage 1906 Ergänzungen und Korrekturen einfügte, war auch der Vater bestrebt, Sektierertum zu vermeiden. Bäck präsentierte alle religiösen Strömungen des Judentums als legitim und dem gemeinsamen Kampf gegen Indifferentismus und Materialismus verpflichtet. Die zionistische Bewegung würdigte er als eine positive Entwicklung, da sie das schwindende Bewusstsein für die jüdische Einheit zu neuem Leben erweckte.[1] Doch anders als sein Sohn verzichtete er auf Bibelkritik und umging sie dadurch, dass er seine jüdische Geschichte mit dem Babylonischen Exil beginnen ließ.

Samuel Bäck vermittelte seinem Sohn – teilweise als sein Privatlehrer – eine gründliche Schulung in den jüdischen Quellen. Auf diese Weise verband sich Leo Baecks Liebe zu seinem Vater eng mit der Liebe zur jüdischen Tradition. Wie sein Vater widmete sich der junge Baeck neben dem regulären Studium des Talmud auch nichtjüdischen Wissensbereichen. Trotz seines kleinstädtischen Charakters besaß Lissa ein hervorragendes humanistisches Gymnasium. Es war nach dem innovativen tschechischen Pädagogen Johann Amos Comenius benannt und nahm auch jüdische Schüler auf, deren Zahl in den letzten Jahrzehnten des 19. Jahrhunderts mehr als sechzig betrug.[2] Hier wurde der Grundstein gelegt für Leo Baecks umfassende Kenntnisse der alten Sprachen, die er in seinem späteren wissenschaftlichen Werk unter Beweis stellte. Er schloss die Schule als Jahrgangsbester ab und erhielt damit das für einen jüdischen Schüler ungewöhnliche Privileg, die Abiturrede zu halten. Das Gymnasium brachte den jungen Baeck früh in einen förderlichen Kontakt zu Nichtjuden, was seine lebenslange Ablehnung jeder Form des jüdischen – und nichtjüdischen – Chauvinismus mit evoziert haben dürfte. Auch die Wohnverhältnisse der Familie Bäck könnten hierbei eine Rolle gespielt haben. In Lissa gab es eine kleine evangelisch-reformierte Gemeinde, deren Pfarrer das Haus gehörte, in dem die Bäcks wohnten. Aus Rücksicht auf deren bescheidene finanzielle Mittel verlangte er jedoch nur eine geringe Miete. Diese frühen Erfahrungen mit einem toleranten und barmherzigen calvinistischen Pfarrer könnten Baecks lebenslange intellektuelle Wertschätzung der reformierten Ausprägung des Protestantismus erklären, bei der gute Werke im Mittelpunkt stehen und nicht – wie im lutherischen Protestantismus, mit dem er sich wissenschaftlich auseinandersetzte – der persönliche Glaube.

Viele Jahre später, nach der Vernichtung des deutschen Judentums, erinnerte sich Baeck nostalgisch an seine Jugend in Lissa. 1948 schrieb er an einen Überlebenden aus seiner Heimatstadt: «Ich denke mit tiefer Dankbarkeit an die Stadt meiner Kindheit und Jugend zurück und an so manche Menschen dort, junge und alte, nicht zuletzt an das Gymnasium und seine Menschen. Es ist eine versunkene Welt, aber es war doch eine Welt.»[3] Baeck war siebzehn, als er Lissa verließ, und entschlossen, Rabbiner zu werden wie sein Vater.

Er entschied sich, was seine rabbinische Ausbildung betraf, zunächst für das Jüdisch-Theologische Seminar im schlesischen Breslau (heute Wrocław). Von den drei damals in Deutschland existierenden modernen Rabbinerseminaren nahm das Seminar in Breslau eine Mittelstellung zwischen jüdischer Orthodoxie und liberalem Judentum ein. Wie in einer typischen Jeschiwa widmeten die Studenten einen Großteil ihrer Zeit dem Studium des jüdischen Gesetzes, wie es in den überlieferten Texten des Judentums niedergelegt ist. Der Gründungsdirektor des Seminars, Rabbiner Zacharias Frankel, bevorzugte die fast klösterliche Abgeschiedenheit einer jüdischen Einrichtung gegenüber der Gründung einer jüdisch-theologischen Fakultät innerhalb einer Universität, wie es radikalere Rabbiner vorgeschlagen hatten. Die Studenten beteten regelmäßig zusammen; von ihnen wie auch von ihren Lehrern wurde die Befolgung der vorgeschriebenen Riten und Gebräuche erwartet. Das Breslauer Seminar gab zwar eine bedeutende wissenschaftliche Zeitschrift heraus, aber moderne Bibelkritik wurde darin nicht geübt. Auf dem Lehrplan standen jüdische Geschichte und die Vermittlung der praktischen Fertigkeiten, die ein Rabbiner in einer modernen Gemeinde benötigte, insbesondere die Befähigung zu erbaulichen Predigten. Dem intellektuellen Ansatz des Seminars zufolge hatte sich das

Judentum im Verlauf der Geschichte stetig weiterentwickelt, und die moderne Wissenschaft konnte diese Entwicklung nachverfolgen, insbesondere für die ersten Jahrhunderte der christlichen Zeitrechnung, die Zeit der frühen Rabbinen. Religiöse Reformen hatte es also schon immer gegeben, sie waren Teil der jüdischen Geschichte. Die einzige Form des Wandels aber, die für legitim erachtet wurde, war jene innerhalb der jüdischen Tradition, nicht eine willkürliche Entwicklung jenseits dessen, was Frankel als den «Gesammtwillen» der Gemeinschaft betrachtete.

Im Mai 1891 trat Leo Baeck im Alter von fast achtzehn Jahren in das Breslauer Rabbinerseminar ein. Er gehörte zu den letzten Studenten, deren Dozent für jüdische Geschichte der vielgelesene Heinrich Graetz war. Wie seine Kommilitonen besuchte auch Baeck gleichzeitig Seminare und Vorlesungen an der Universität Breslau, wo er Philosophie als Hauptfach wählte. Überraschenderweise blieb er nur knapp zwei Jahre in Breslau und beendete dort weder seine Ausbildung zum Rabbiner noch seine säkularen Studien. Was ihn zu diesem unkonventionellen Schritt bewog, den sein Vater allem Anschein nach missbilligte, bleibt unklar.

Es gibt mindestens drei Erklärungen, von denen jede ein Körnchen Wahrheit enthält. Da ist zum einen das Breslauer Seminar selbst, von dessen restriktivem Klima Baeck sich eingeengt gefühlt haben könnte und das seinem Wunsch nach einem intensiveren Kontakt mit jüdischen Wissenschaftlern und nach einer freieren akademischen Atmosphäre, wie sie am Liberalen Seminar in Berlin herrschte, nicht entsprach. Und so beschloss er, seine Rabbinerausbildung in Berlin fortzusetzen. Die «Lehranstalt für die Wissenschaft des Judentums», wie das Seminar damals hieß,[4] ermöglichte das uneingeschränkte und kompromisslose Studium jüdischer Texte einschließlich der Bibel und verfügte über Dozenten mit einer breitgefächerten theologischen Ausrichtung und unterschiedlichen rituellen Praktiken. Die Lehranstalt betrachtete sich als Rabbinerseminar für Studenten auf der liberalen Seite des religiösen Spektrums, aber auch als akademische Einrichtung für angehende jüdische Wissenschaftler, die nicht zwangsläufig Rabbiner wurden. Für Baeck war die Einrichtung zweifellos attraktiv, ein weiterer Grund für seinen Wechsel dürfte jedoch gewesen sein, dass er an der führenden Universität Deutschlands studieren wollte, die nicht jene in Breslau war, sondern die renommierte Universität Berlin. Und schließlich, wie es für Baeck typisch werden sollte, lag ihm daran, nicht nur ein einziges Seminar zu besuchen, sondern seine Beschäftigung mit dem Judentum aus mehreren der damals in Deutschland fließenden Kanäle des Judentums zu speisen. Als Student in Berlin besuchte er neben der Lehranstalt Kurse an einer von einem orthodoxen Rabbiner geleiteten Jeschiwa. Er war entschlossen, aus seinem jüdischen Bewusstsein keine der drei theologischen Richtungen des modernen Judentums auszuklammern.

Zum Zeitpunkt seiner Ankunft in Berlin im Jahr 1893 hatte die Welle des Antisemitismus, die das deutsche Judentum in den fünfzehn Jahren zuvor erschüttert hatte, den Anstoß zur Gründung einer großen Organisation zur jüdischen Selbstverteidigung gegeben. Die meisten Juden der Hauptstadt jedoch waren überzeugt, dass der Hass seinen Gipfelpunkt überschritten habe und in Deutschland eine aussichtsreiche Zukunft bevorstehe. In den Augen der religiösen Führung war die größte Herausforderung nicht die Feindseligkeit der Nichtjuden, sondern der Materialismus, der mit dem wirtschaftlichen Aufstieg einer jüdischen Bevölkerung einherging, die jetzt vorwiegend urban geprägt war. In dieser Atmosphäre und mangels einer deutschen Universität mit einer eigenen Fakultät für jüdische Studien versuchte die Lehranstalt – zu deren ersten Dozenten nach der Gründung 1872 der radikale liberale Gelehrte und Rabbiner Abraham Geiger, aber auch eher traditionell orientierte Gelehrte zählten –, ein Zentrum sowohl ernsthafter jüdischer Wissenschaft als auch spiritueller Unterweisung zu sein. Doch staatliche Beihilfen erhielt sie keine, und die finanzielle Unterstützung von jüdischer Seite war dürftig. Die meisten Studenten stammten aus ärmlichen Verhältnissen und führten eine kümmerliche Existenz. Mit seinem Unterricht des Judentums für junge Leute verdiente Baeck zwar bescheidene Summen, aber manchmal musste er sich von übriggebliebenen Brötchen aus Berliner Cafés ernähren, wo er auch Kerzenstummel als Lichtquelle für seine Unterkunft einsammelte. Es waren missliche Umstände, die ihn jedoch auf die Härten seines späteren Lebens vorbereiteten. Doch trotz aller Entbehrungen besaß Baeck Sinn für Humor, der ihm von späteren Bekannten immer wieder attestiert wurde. Es gibt Hinweise darauf, dass er zu jener Zeit seinen ersten Artikel veröffentlichte: in der satirischen Wochenzeitschrift *Simplicissimus*, zu deren Autoren Thomas Mann, Rainer Maria Rilke und Hermann Hesse zählten.[5]

Aufgrund ihrer zunehmenden, aber unabgeschlossenen Säkularisierung besuchten zwar nur wenige Berliner Juden regelmäßig den Gottesdienst, gleichwohl waren an den hohen Feiertagen die Synagogen überfüllt, und die Gemeinderabbiner konnten den Ansturm nicht bewältigen. Deshalb wurden zusätzliche Gottesdienste in öffentlichen Einrichtungen angeboten, die von Rabbinatsstudenten geleitet wurden. Drei Jahre lang, zwischen 1894 und 1896, wurde Leo Baeck gebeten, an diesem Programm teilzunehmen. Im Mai 1897, um die Zeit seines vierundzwanzigsten Geburtstags und sechs Jahre nach Beginn seiner Rabbinerausbildung, bestand er das Examen und war nun diplomierter Rabbiner.

An der Universität Berlin kam er schneller voran. 1894 legte er sein Examen in Philosophie ab, ein Jahr später verteidigte er erfolgreich eine mit vielen Fußnoten versehene Dissertation über «Benedikt Spinozas erste Einwirkungen auf Deutschland». Noch im selben Jahr veröffentlicht, ist diese hochwissenschaftliche Arbeit, der die ursprüngliche, lateinische Fassung von Spinozas Schriften zugrunde lag, eher historisch als philosophisch angelegt. Baeck hatte zwar Philosophie studiert, doch auch in seinen späteren Schriften gab er der historischen Forschung gegenüber einem systematischen philosophischen Zugriff den Vorzug. An Spinoza interessierte ihn weniger die Philosophie als seine historische Rolle und sein historischer Einfluss, vielleicht auch deshalb, weil Spinoza von den Philosophen jüdischer Herkunft außerhalb der jüdischen Welt am bekanntesten war. Baeck sympathisierte uneingeschränkt mit den Verteidigern dieses aus der Amsterdamer jüdischen Gemeinde ausgestoßenen Juden im frühmodernen, Spinozas Ideen gegenüber intoleranten Deutschland. Verfechter des Spinozismus in Holland, schrieb Baeck, konnten die Ideen dieses Philosophen frei und ungehindert verbreiten, Krypto-Spinozisten in Deutschland dagegen nur insgeheim. Baeck gelang es zu zeigen, wie sie sich, ohne explizite Bezugnahme auf den Urheber, der Ideen Spinozas bedienten. Vom Staat dazu verpflichtet, eine universitäre Ausbildung zu absolvieren, wählten viele, wenn nicht sogar die meisten Studenten des Rabbinerseminars für ihre wissenschaftliche Arbeit ein streng jüdisches Thema. Baecks Entscheidung für Spinoza offenbarte den unkonventionellen Wunsch, seinen Horizont über die rein jüdische Sphäre hinaus zu erweitern und damit seine rabbinischen Studien zu ergänzen.

Dennoch war Baeck nie ein Spinozist. In einer späteren Analyse kritisierte er Spinoza scharf für das, was er aus seiner Theologie ausgeklammert hatte. «Das Geschichtliche wie das Gemeinschaftliche entschwindet ihm vor dem Absoluten», schrieb er.[6] Baecks eigene Theologie, wie sie sich im Laufe der Zeit entwickelte, entfernte sich von Spinoza und tendierte eher Richtung Immanuel Kant, den er lebenslang bewunderte. Für Baeck repräsentierte Kant den Gipfel der deutschen Geistesgeschichte. Seine Bewunderung galt nicht der kantischen Philosophie an sich, sondern «der Kantischen Persönlichkeit», wie er es später nannte, «die als Träger des Sittengesetzes dasteht und in der Treue gegen das Gebot sich selbst und damit die Freiheit findet».[7] Dem versuchte er nachzueifern. Anders als für den Philosophen aus Königsberg hat für dessen jüdischen Bewunderer Baeck das kantische Pflichtgefühl seinen Ursprung in Gottes moralischem Gebot und nicht in der menschlichen Vernunft allein. Kants Ethik lehnte die Idee des göttlichen Gebots entschieden ab und betonte stattdessen den autonomen Willen des Individuums. Baeck als gläubiger Jude dagegen bestand auf dem von einem transzendenten Gott herrührenden Pflichtgefühl. Gott «offenbart sich nicht selbst, aber Er offenbart das Gebot und die Gnade», schrieb er später.[8] Wie Kant fand auch Baeck den Ursprung seines Glaubens in der Natur *und* in der Sittlichkeit – doch in der Religion ging es für ihn hauptsächlich um die Sittlichkeit. Mit unverkennbarem Bezug auf Kants berühmtes Diktum von den zwei Quellen der Inspiration, «den gestirnten Himmel über mir und das moralische Gesetz in mir», heißt es bei Baeck später: «In der Erfüllung des Gebotes wird eine Erhabenheit gefunden, die höher ist als die der beseelten Sternenwelt. Oder mit anderen Worten: Das moralische Gesetz in uns ist hier mehr noch als der gestirnte Himmel über uns.»[9]

Den Kantianismus lernte Baeck in seiner späteren Form, dem Neukantianismus, kennen, da er in dieser Form von dem jüdischen Philosophen Hermann Cohen propagiert wurde, der Baecks Denken mehr prägte als jeder andere. Baeck studierte nicht bei Cohen, der damals noch nicht an der Berliner Lehranstalt unterrichtete, sondern lernte ihn erst 1912 persönlich kennen, als er ein Rabbinat in Berlin antrat.[10] Aber er hatte natürlich seine Werke gelesen, wenn nicht als Student, so doch mit Sicherheit später. Cohen war ein scharfer Kritiker von Spinoza und dessen Idee eines immanenten Gottes, der praktisch gleichbedeutend war mit der Natur. In einer spinozistischen Theologie hatte der ethische Imperativ eines transzendenten Gottes, der dem freien Willen des Menschen zugeordnet war, keinen Platz. Cohen zufolge konnte jedoch nur ein solcher Gott eine moralische Spannung im menschlichen Geist erzeugen und auf eine messianische Zukunft verweisen, an deren Errichtung die Menschen mitwirkten. Cohens Botschaft übte auf Baeck eine starke Anziehungskraft aus, stand sie doch ganz im Einklang mit seiner Betonung des moralischen Imperativs, der seiner Ansicht nach tief in der jüdischen Tradition verwurzelt war. Für Cohen bezog sich das Schuldbekenntnis in der Liturgie des Versöhnungstags auf moralische, nicht auf rituelle

Verfehlungen, eine Position, die sich ganz mit Baecks Auffassung deckte.[11] Wenn Baeck Cohen als seinen Mentor betrachtete, war Cohen seinerseits offenkundig überzeugt, Baeck werde in seine Fußstapfen treten. Kurz vor seinem Tod im Jahr 1918 soll Cohen Freunde mit den Worten getröstet haben: «Seid guten Mutes; wenn ich gehe, wird immer noch Leo Baeck bei euch sein.»[12]

Während Cohen Baeck indirekt beeinflusste, übte Wilhelm Dilthey, einer von Baecks Lehrern an der Universität Berlin und sein Doktorvater, eine starke persönliche und geistige Wirkung auf ihn aus, die in mehreren seiner Schriften sichtbar werden sollte. Dilthey, eine bis heute prägende Gestalt, war ein vielseitiger Wissenschaftler: ein intellektueller Historiker, Psychologe und Philosoph, der keinem bestimmten philosophischen Lehrgebäude verpflichtet war. Es war Diltheys Ansatz zur historischen Forschung, der Baeck wohl am meisten beeindruckte. Dilthey unterschied bekanntermaßen zwischen den Geisteswissenschaften (einschließlich der Geschichte) und den Naturwissenschaften, die ihm zufolge jeweils eine andere wissenschaftliche Herangehensweise erforderten. Der Historiker müsse über das Äußere seines Gegenstands hinausgehen und nach psychologischen Erkenntnissen streben. Seine Tätigkeit erfordere nicht nur Wissen, sondern auch «Verstehen», das er nur erlange, wenn er in das Innere seiner Gegenstände eindringe. Ohne seine Objektivität aufzugeben, müsse der Historiker mit dem Gegenstand seiner Betrachtung «mitfühlen», um zu verstehen, wie Menschen zueinander in Beziehung standen, auch wenn sie im Rahmen der Natur und im Strom der Ereignisse interagierten.[13] Wie wir sehen werden, bediente sich Baeck in seinen eigenen Schriften schon bald einer an Dilthey orientierten Kritik.

Ein unkonventioneller Student und Rabbiner

Rabbiner in Oppeln

Gerüstet mit einem vertieften rabbinischen Studium und mit einer säkularen Universitätsausbildung machte sich Leo Baeck auf die Suche nach einer Stelle als Gemeinderabbiner. Er bewarb sich zunächst bei der jüdischen Gemeinde in der preußischen Stadt Königsberg (heute das russische Kaliningrad), der Heimat des großen Immanuel Kant. Doch die Gemeinde entschied sich für den geringfügig älteren Hermann Vogelstein, der bereits über Erfahrungen als Rabbiner der kleinen jüdischen Gemeinde Oppeln südöstlich von Breslau verfügte. Ebendiese Gemeinde nun akzeptierte Baeck als Vogelsteins Nachfolger.[14] Der frisch ordinierte Rabbiner blieb ganze zehn Jahre dort.

Ende des 19. Jahrhunderts hatte Oppeln im preußischen Schlesien (heute Opole in Polen) fast 30 000 Einwohner, von denen die meisten deutschsprachig waren. Zur Zeit von Baecks Ankunft war das Städtchen zu einem Zentrum von Industrie und Handel aufgestiegen. Die jüdische Gemeinde war relativ neu. 1565 waren die Juden aus Oppeln vertrieben worden, und noch im 18. Jahrhundert besaß die Stadt das Recht, ihnen die Niederlassung zu verweigern. Erst 1742, nachdem Oppeln zu Preußen gekommen war, entstand eine kleine, allmählich wachsende jüdische Gemeinde. Ende des 19. Jahrhunderts lebten hier etwa 750 Juden. Eine solche mittelgroße jüdische Gemeinde hielt Baeck für ideal: Anders als sehr kleinen Gemeinden fehlten ihr nicht die finanziellen Mittel für ein religiöses Leben, und anders als in großen Gemeinden bestand nicht die Gefahr des sozialen Zerfalls und der Assimilation. Wenn eine bestimmte Mitgliederzahl überschritten werde, so Baeck im Jahr 1905, gehe bei städtischen Juden das Zusammengehörigkeitsgefühl verloren. In Oppeln dagegen besaßen alle ein Gefühl der Verantwortung füreinander und eine größere Bereitschaft, für die Gemeinschaft Opfer zu bringen. Doch paradoxerweise verbrachte Baeck später die meiste Zeit seines beruflichen

Lebens in Berlin, das für ihn geradezu der Inbegriff einer jüdischen Nichtgemeinschaft war.[15]

Trotz der Intoleranz gegenüber Juden in der Vergangenheit und des mutmaßlichen Fortbestands zumindest begrenzter antijüdischer Ressentiments waren in Oppeln zur Zeit der Ankunft des neuen Rabbiners die Beziehungen zwischen Juden und Christen recht freundlich, ähnlich wie in Baecks Heimatort Lissa. Der Rabbiner Joachim Prinz, der in Oppeln seine Kindheit verbrachte und dessen Eltern dort von Rabbiner Bäck getraut worden waren, schrieb in seinem Lebensrückblick, er habe in Oppeln nie ein böses Wort gegen Juden gehört. Wenn eine jüdische oder christliche Trauergemeinde durch die Straßen zog, bezeugten Männer und Frauen der jeweils anderen Religionsgemeinschaft dem Verstorbenen stets Respekt. Juden und Christen lebten nicht in getrennten Vierteln, und die meisten Juden waren wohlhabend. Sie besaßen die größten Geschäfte, und die jüdischen Ärzte und Rechtsanwälte standen in hohem Ansehen.[16] Als relativ begüterte jüdische Gemeinde unterstützte Oppeln kleinere jüdische Ansiedlungen, die durch die Abwanderung ihrer Mitglieder in größere Gemeinden die notwendigen Einrichtungen finanziell nicht mehr tragen konnten. Dank einer Aufeinanderfolge von liberalen Rabbinern wurde Oppeln ab Mitte des 19. Jahrhunderts zum Zentrum jüdischer religiöser Reformen in Oberschlesien. Die Einweihung der ersten Synagoge der Stadt im Jahr 1842 nahm der Reformrabbiner Abraham Geiger vor.

Am 1. Juni 1897 wurde in der jüdischen Gemeinde Oppeln eine neue Synagoge eingeweiht. Sie erhob sich auf einer Insel in der Oder und besaß eine mit dem Davidstern gekrönte Kuppel, die weithin zu sehen war. Der Tradition des liberalen Judentums entsprechend, hatte sie eine Orgel, und in den Gottesdiensten sang ein gemischter Chor. Doch wie in allen Synagogen Deutschlands damals üblich saßen Männer und Frauen getrennt, auch wenn es keine Trennwand zwischen ihnen gab. Kaum drei Wochen zuvor in Oppeln angekommen, oblag es jetzt Baeck, die neue Synagoge durch Entzünden des Ewigen Lichts einzuweihen.

Ein unkonventioneller Student und Rabbiner

*Leo Baeck mit seiner Verlobten Natalie Hamburger
im Jahr 1898*

Als Gemeinderabbiner genoss er keinen geringeren Respekt als christliche Geistliche. Wenn er einen Raum betrat, standen gewöhnlich alle auf und warteten, bis er zu sprechen begann. Doch in seiner Rolle als Rabbiner war Baeck kein glänzender und mitreißender Redner. Seinen Predigten fehlte die Rührseligkeit, die die Gläubigen erwarteten. Seine Stimme war leise und vibrierte auf irritierende Weise, und er verschmähte anbiedernde rhetorische Floskeln. Doch seine Botschaft erreichte zumindest einige seiner Zuhörer. In einer Familie bildete seine Predigt nach dem Gottesdienst den bevorzugten Gegenstand der häuslichen Diskussion.[17]

Wie die Rabbiner anderer Gemeinden war auch Baeck neben sei-

Rabbiner in Oppeln

nen Aufgaben als Seelsorger und Prediger für den Religionsunterricht jüdischer Schüler am städtischen Gymnasium zuständig. Kinder zu unterrichten gehörte zwar nicht gerade zu seinen Stärken, doch seine Schüler schätzten das geduldige Interesse, das er ihnen entgegenbrachte, und seine Sorge um ihr Wohlergehen. Andere Lehrer der damaligen Zeit und noch lange danach wandten sich von oben herab an ihre Schüler und gaben ihnen wenig Gelegenheit, ihre Meinung zu äußern. Später, in Düsseldorf, so erinnerte sich ein Schüler voll Dankbarkeit, habe Baeck die Schüler seiner Klasse wie Erwachsene behandelt und ermuntert, kritische Fragen zu stellen. «Mit wahrhafter Begeisterung gingen wir auf diese Neuerung ein.»[18] Ungewöhnlich war es in Oppeln, dass Baeck als vollwertiges Mitglied des Lehrerkollegiums betrachtet wurde. Wenn ein Lehrer abwesend war, musste er die Vertretung übernehmen und weltliche Fächer wie Mathematik und Rechtschreiben unterrichten. Jahre später, in schwerer Zeit, versuchte er sich an mathematischen Rätseln, um sich von ernsteren Angelegenheiten abzulenken.

In Oppeln lernte Baeck schon bald nach seiner Ankunft Natalie Hamburger kennen und heiratete sie. Natalie war die Enkelin des radikalen religiösen Reformers Adolf Wiener, der bis zu seinem Tod 1895 Rabbiner der jüdischen Gemeinde Oppeln gewesen war. Die attraktive dunkelhaarige Frau wurde oft für eine Christin gehalten. Einer Anekdote zufolge, die Baeck gern erzählte, ging er einmal mit seiner Verlobten spazieren, als ein Freund, der ihnen entgegenkam, schnell die Straßenseite wechselte und diskret wegschaute. Er glaubte offenbar, der Rabbiner habe ein Verhältnis mit einer Nichtjüdin. «Da bist du nun mit einem Mädchen aus einer der besten jüdischen Familien Deutschlands verlobt und zeigst dich in der Öffentlichkeit mit einer Schickse!»[19] Einem nichtjüdischen Zeitgenossen zufolge war Natalie die schönste Frau von ganz Oppeln.[20] Im Jahr 1900 bekamen Leo und Natalie Baeck eine Tochter, Ruth, und erlitten sechs Jahre später den Schmerz eines tot geborenen Sohnes. Sie bekamen keine weiteren Kinder. Wie damals üblich, war Natalie die Helferin ihres

Ein unkonventioneller Student und Rabbiner

Mannes und hatte, ohne einen eigenen Beruf, die Aufgabe, die Rolle der eines Rabbiners würdigen Ehefrau zu erfüllen. Durch ihren frühen Tod 1937 wurde Baeck mit dreiundsechzig Jahren Witwer. In jener schwierigen Zeit seines öffentlichen Lebens hätte er ihre Liebe und moralische Unterstützung dringender gebraucht als je zuvor.

Nach seinem ersten Jahr als frischgebackener Rabbiner in Oppeln wagte er es, zwei Ansichten zu äußern, die denen seiner älteren Kollegen offen widersprachen. Er tat dies auf einer Versammlung des Allgemeinen Rabbiner-Verbandes in Deutschland, an der fast hundert deutsche Rabbiner teilnahmen, jedoch keine streng orthodoxen. Baeck war zusammen mit seinem Vater, dem Vertreter des Rabbinats Lissa, nach Berlin gekommen. Die Tagung fand Anfang Juni 1898 statt, ein Jahr nach dem Ersten Zionistenkongress. Mitglieder des Exekutivkomitees des Rabbinerverbands hatten gegen die Einberufung des Kongresses protestiert, was Theodor Herzl, den Gründer des politischen Zionismus und Organisator des Kongresses, dazu bewog, sie als «Protestrabbiner» zu brandmarken. Aufgrund ihrer Einwände hatte Herzl den Kongress von München nach Basel verlegen müssen, von Deutschland in die Schweiz. Das Exekutivkomitee des Rabbinerverbands strebte nun eine breiter basierte Verurteilung dieses vermeintlichen zionistischen Angriffs gegen den Patriotismus und die Loyalität des deutschen Judentums an. Fast alle Tagungsteilnehmer, liberale und orthodoxe Rabbiner gleichermaßen und offenkundig auch Leo Baecks Vater, votierten für den Vorschlag des Exekutivkomitees. Lediglich drei Rabbiner lehnten die Resolution ab, einer von ihnen allein deshalb, weil er fand, die Diskussion sei zu früh beendet worden. Nur zwei lehnten sie grundsätzlich ab: der orthodoxe Rabbiner Saul Kaatz und der liberale Rabbiner Leo Baeck. Dies ist, zu einem frühen Zeitpunkt in seinem Leben, das erste Beispiel für Baecks Bereitschaft, ohne Zögern seinen Überzeugungen entsprechend zu handeln, wie groß auch immer der Druck war, dies nicht zu tun. Im Jahr 1898 war er keineswegs ein früher Anhänger des Zionismus. Es entsprach vielmehr seiner Grundüberzeugung, dass es für verschiedene Ausprägungen jüdischer Identität Raum geben müsse und dass Juden, die eine bestimmte Ansicht vertraten, andere Ansichten nicht verurteilen sollten.

Bei der Sitzung der Rabbiner am folgenden Tag hatte Baeck Gelegenheit, diese tolerante Sicht noch im Zusammenhang mit einem anderen Thema darzulegen. In einem kurzen Redebeitrag erklärte er vor den versammelten Rabbinern überraschend, dass sein Besuch von Seminaren unterschiedlicher Strömungen des religiösen Judentums während seines Studiums zuträglich für ihn gewesen sei und zum Modell für alle Rabbinatsstudenten werden sollte. «Es wäre gut, wenn die jungen Leute aus der Lehranstalt einmal zum [orthodoxen] Hildesheimer'schen Seminar gingen», sagte er. «Weshalb soll der Mensch nur eine Richtung haben?»[21] Laut Protokoll löste Baecks Bemerkung «große Heiterkeit» aus, und er musste darum bitten, dass man ihn ausreden ließ, um erläutern zu können, dass er die Unterrichtsmethode meinte und nicht, dass ein Rabbiner gleichzeitig Traditionalist und Reformer sein könne. Sein Vorschlag hatte einen sehr viel weiter gefassten Zweck. Ein solches Studium in mehreren Seminaren könne, wie er meinte, zu gegenseitiger Toleranz unter Rabbinern verschiedener Richtungen führen. Hier, in diesem kurzen Statement vor seinen Amtskollegen, äußerte der Rabbiner Baeck zum ersten Mal öffentlich seine Idee eines breit basierten Judentums, dessen Mitglieder mehr einte als trennte. Diese unkonventionellen Ansichten machten ihn in späteren Jahren für die deutsch-jüdische Gemeinde so außerordentlich akzeptabel, dass man ihm eine Führungsposition nach der anderen antrug. Schließlich wurde er zum Vorsitzenden jenes Rabbinerverbands gewählt, in dem er anfangs so hoffnungslos in der Minderheit gewesen war.

Baecks Ruf nach einer breit angelegten Rabbinerausbildung lag in einer theologischen Position begründet, die er schon als Student in Berlin geäußert hatte.[22] Wie der jüdische Philosoph Moses Mendelssohn im 18. Jahrhundert war auch er der Ansicht, das Judentum besitze keine Dogmen, und deshalb habe kein Jude das Recht, einen anderen Juden als Häretiker zu bezeichnen. Diese Dogmenlosigkeit unterscheide nicht nur das Judentum vom Christentum, sondern bedeute auch, dass es – zumindest im buchstäblichen Sinn – keine jüdische Orthodoxie gebe. Die sich daraus ergebende Freiheit von geistigem Zwang sei ein Segen, denn sie habe dem Judentum eine Flexibilität verliehen, die durch ein festes Glaubensbekenntnis geschmälert werden würde. Sie ermögliche einen Pluralismus bei der Interpretation von Gottes Wort, eine Vielfalt innerhalb der Generationen und die Akzeptanz unterschiedlicher Strömungen innerhalb des zeitgenössischen Judentums. Keine Partei könne den Anspruch erheben, ihre Interpretation des Glaubens sei *das* Judentum. Die jüdische Religion sei vielmehr so weitgefächert, dass für alle Raum bliebe. Was die verschiedenen Gruppen innerhalb des Judentums voneinander unterscheide, liege nicht im Bereich des Glaubens, sondern in der religiösen Praxis – im Gottesdienst und in der Befolgung ritueller Vorschriften. Die sogenannte orthodoxe Richtung bezeichne man daher am besten als die «ceremonientreuere».

Religiöse Praktiken waren für Baeck kein Selbstzweck, sondern lediglich Mittel zu einem höheren religiösen Ziel. Er sah in ihnen keine göttlichen Gebote, die er – und hier zeigt sich seine liberale Sicht – hier und in seinen späteren Schriften auf die moralische Sphäre beschränkte. Als Beispiel nannte er die Speisegesetze. Sie dienten der «Heiligung» im Sinne der Grundbedeutung der hebräischen Sprachwurzel *kof dalet schin*, die, wie Baeck schreibt, zugleich «Heiligung» und «Absonderung» bedeute. Das jüdische Ritual heilige das jüdische Volk und sondere es zugleich ab für seine moralischen Aufgaben in der Welt. Baeck zufolge war es das Mittel zu einem höheren Zweck: der gemeinsamen moralischen Aufgabe aller Juden.

Baecks Instrumentalisierung der jüdischen religiösen Praxis bedeutete keine Abwertung des Rituals. Persönlich der rituellen Praxis verpflichtet, freute er sich, nach den schwierigen Jahren der Nachkriegsinflation einen *lulaw* (Palmzweig) als Bestandteil des Feststraußes für den Segen an Sukkot kaufen zu können.[23] Die Baecks hatten separates Essgeschirr für das Pessachfest, und später, als Baeck die Vereinigten Staaten besuchte, bestellte er in Restaurants immer Fisch statt Fleisch. Die jüdischen Zeremonien, schrieb er, seien im Gegensatz zu den christlichen nicht auf den kirchlichen Gottesdienst beschränkt, sondern bezögen die weltliche Sphäre ein und stünden damit im Dienst der Umgestaltung des gesamten Lebens zu einem Gottesdienst. «Ceremonien», schrieb er, «sind die Sprache, in welcher religiöse Gedanken zum Ausdruck gelangen.»[24] Baecks Liberalismus kommt lediglich dann zum Vorschein, wenn er hinzufügt: «Aber sie müssen auch in der Tat zu uns sprechen, uns etwas sagen, dies ist der Maßstab für ihre Beurteilung. Eine gottesdienstliche Übung, die für uns nichts mehr bedeutet, ist nicht religiös, sondern ceremoniös.» In einem späteren Aufsatz jedoch, vielleicht als er die anarchischen Konsequenzen dieser strikten Position erkannte, rückte er ein wenig davon ab:[25] Die Befolgung der religiösen Gesetze sei zwar gleichfalls geboten, habe aber einen anderen Ursprung und Zweck. Gebote wie etwa die Heiligung des Schabbat seien Gesetze der Gemeinde, um das jüdische Volk als Träger religiöser Werte zu bewahren. In der Sprache der rabbinischen Weisen, aber sehr viel breiter ausgelegt, nennt er sie einen «Zaun um die Tora», damit die jüdische Lehre nicht im Strom der Geschichte verschwinde. Im Unterschied zum göttlichen Gebot der Gerechtigkeit seien sie den Erfordernissen der jeweiligen Epoche unterworfen.

Verfügungen für den Gottesdienst in der Synagoge seien verpflichtend, weil sie in der Gemeinde entstehen und kollektiv umgesetzt werden. Doch auch individuell vollzogene Riten wie die Beschneidung seien die Pflicht eines Juden. Auch wenn der einzelne Jude keinen Sinn darin sehe, könne der rituelle Akt für die Einheit des jüdischen Volkes einen unveränderlichen Wert besitzen. Für Baeck markiert somit die Beziehung zu den Zeremonien nicht nur einen Unterschied zwischen den verschiedenen Strömungen des Judentums, sondern trennt auch die «Religion des Individuums», wie er es nennt, von der «Religion des Volkes».[26] Der Einzelne werde in der

Tradition immer das suchen, was ihn über die Alltäglichkeit hinaus auf eine höhere Ebene heben kann. Wichtig für den Einzelnen seien die grundlegenden religiösen Konzepte und moralischen Gesetze. Der Gemeinschaft dagegen müsse es um die äußeren Formen der Religion gehen, weil sie Kontinuität schaffen und das kollektive jüdische Leben gegen die Kräfte der Auflösung schützen. Das habe für das antike Judentum gegolten, wo die Herausforderung der Paganismus war, und es gelte auch für die jüdische Minderheit in der christlichen Welt. Der Einzelne mochte unter der Einengung leiden, die diese Interessen der Gemeinschaft für ihn darstellten, und vielleicht hat Baeck dieses Einengende manchmal selbst gespürt. Aber als Gemeinderabbiner konnte er deren Notwendigkeit nicht leugnen. Diese Spannung zwischen dem Individuum und der Gemeinschaft, die er schon früh in seiner Karriere zum Ausdruck brachte, blieb ein Thema, das auch sein späteres religiöses Denken prägte.

2

Die Würde des Judentums wiederherstellen

Wissenschaft und Religion

Ungeachtet der theoretischen und praktischen Unterschiede zwischen den Strömungen innerhalb des deutschen Judentums war dessen religiöse Führung, mit Ausnahme der streng Orthodoxen, bestrebt, mit dem kritischen Studium des Judentums, der «Wissenschaft des Judentums», im Einklang oder zumindest in Beziehung zu stehen. Baecks Ansicht nach konnte dieses gemeinsame Bestreben der Einheit dienen, auch wenn die Ergebnisse manchmal entzweiten. In einer Buchbesprechung, die er noch als Student in Berlin schrieb und veröffentlichte, führte ihn seine Darlegung der regen Teilnahme der Juden an der Kultur des mittelalterlichen muslimischen Spanien zu der Schlussfolgerung, das Judentum sei «den Fortschritten der Wissenschaft nie feindlich» gegenübergetreten, sondern habe sie als «Mittel für die Förderung der Religion betrachtet».[1] Dass eine unvoreingenommene und kritische Untersuchung dem Judentum nicht schade, sondern es vielmehr stärke, war Baecks lebenslange Überzeugung. Doch so sehr er sich in seinen Schriften der objektiven Forschung widmete, blieben es direkt oder indirekt fast immer historische Untersuchungen mit dem Ziel, das Judentum zu befördern.

In Leo Baecks Leben spielte die jüdische Wissenschaft vom Beginn seiner Karriere an eine zentrale Rolle. Einem seiner Studenten am Liberalen Seminar zufolge, an dem Baeck selbst studiert hatte und später fast dreißig Jahre lang lehrte, war «von all seinen zahlreichen Interessen und Aktivitäten die wissenschaftliche Forschung das eigentliche Hauptelement seines Lebens, und er widmete sich ihr mit besonderem Eifer und Hingabe».[2] Baeck besaß einen breiten wissenschaftlichen Horizont und konnte sachkundig über Philologie, Philosophie, Geschichte und Theologie schreiben. Seine Griechisch- und Lateinkenntnisse gingen weit über das hinaus, was ihm am humanistischen Gymnasium vermittelt worden war. Im Lauf der Jahre schrieb er sieben Artikel für das damals bedeutendste wissenschaftliche jüdische Journal, die *Monatsschrift für Geschichte und Wissenschaft des Judentums*, sowie Dutzende wissenschaftlicher Aufsätze in anderen Organen.

Als Wissenschaftler interessierte er sich wenig für die äußere Geschichte der Juden. Er schrieb selten über deren wirtschaftliche Errungenschaften und beschäftigte sich nicht mit der jüdischen Leidensgeschichte, die neben der Geschichte der jüdischen Gelehrsamkeit für den jüdischen Historiker Heinrich Graetz ein wichtiges Element der jüdischen Vergangenheit darstellte. Baecks Interesse galt nicht den Juden als Objekt, sondern als Subjekt ihrer Geschichte, und ihre historische Kreativität lag für ihn vorrangig im religiösen Bereich. Jüdische Geschichte war für ihn die Geschichte des «Volkes des Judentums», bevor es die Geschichte des jüdischen Volkes war.[3]

Einige von Baecks Artikeln in der *Monatsschrift*, vor allem die frühesten, tragen nicht den persönlichen Stempel ihres Verfassers. Hier wird Baecks religiöse Verpflichtung nicht evident. Die Artikel hätten genauso gut von einem anderen – jüdischen oder nichtjüdischen – Wissenschaftler geschrieben worden sein können. Sein erster, 1900 veröffentlichter Aufsatz handelte von Levi ben Abraham, einem Epigonen von Maimonides, und war dezidiert kritisch.[4] Nach einer sorgfältigen Analyse von dessen Werk kam Baeck zu dem Ergebnis, es enthalte nichts Neues von Wert. Alles Wichtige finde sich bereits in den Schriften von Moses Maimonides. Baeck wollte, so können wir vermuten, mit diesem Artikel nur eine kleine geschichtliche Wissenslücke schließen – oder durch die Demonstration seiner kritischen Fähigkeiten in die jüdische Gelehrten-

Wissenschaft und Religion

schaft Aufnahme finden. Ein Zweck oder eine religiöse Motivation ist nicht erkennbar.

Dass sich Baeck so intensiv der kritischen Untersuchung widmete, zeigt, dass er, anders als traditionellere jüdische Wissenschaftler, seiner Forschung keine Grenzen setzte. Nach seiner Ansicht konnte selbst eine radikale Bibelkritik dem Glauben nichts anhaben. In einem 1902, in den mittleren Jahren seines Oppelner Rabbinats, erschienenen kurzen Artikel argumentierte Baeck, das hebräische Wort *s'neh* im Buch Exodus – das gewöhnlich einen «Busch» oder «Strauch» bezeichnet, den sogenannten Brennenden Dornbusch, den Moses in der Wüste entdeckt – sei in Wirklichkeit eine Sprachvariante von *sinai*. Er geht so weit zu schlussfolgern, dass es nie einen brennenden Dornbusch gab, sondern nur einen brennenden Berg, den vulkanischen Berg Sinai. Von dieser ungewöhnlichen, wenngleich nicht ganz neuen Hypothese hat er sich nie distanziert, er wiederholte sie später sogar.[5] Zu dem wenig schlüssigen Vorschlag am Ende des Artikels, es sei vielleicht trotzdem angemessener, bei der herkömmlichen Interpretation von Exodus 3,2 zu bleiben, könnte Baeck von dem konservativen Herausgeber der *Monatsschrift* gedrängt worden sein, in welcher der Artikel erschien.

In den folgenden Jahren veröffentlichte Baeck gelegentlich Studien mit einem streng wissenschaftlichen Erkenntnisinteresse. Doch in den meisten seiner Publikationen ging es ihm um die Verteidigung und Verbreitung der jüdischen Religion. In dieser Absicht unterschied er sich von führenden Vertretern der jüdischen Geschichtswissenschaft in Deutschland. Leopold Zunz, ein religiöser Jude, der dennoch als Vater der modernen Wissenschaft des Judentums gilt, erklärte emphatisch: «Unsere Wissenschaft soll sich ... zunächst von den Theologen emanzipieren und zur geschichtlichen Anschauung erheben.»[6] Zunz lebte die meiste Zeit seines Lebens in einem Deutschland, in dem die Juden nicht vollständig emanzipiert waren, und deshalb ging es ihm in seinen historischen Schriften um die politische Erringung der bürgerlichen Gleichheit und die Anerkennung der Wissenschaft des Judentums als akademisches Fach an deutschen Universitäten und nicht so sehr um religiöse Ziele. Sein Schüler Moritz Steinschneider vertrat eine ähnliche Position. Dennoch beschäftigte sich Zunz, anders als Steinschneider, in seinen wissenschaftlichen Arbeiten vorrangig mit der Geschichte der jüdischen Religion und nicht mit den Leistungen der Juden in den Wissenschaften und Künsten. Im 20. Jahrhundert begannen einige jüdische Wissenschaftler, unter ihnen Fritz Bamberger, das kritische Studium der jüdischen Quellen als eine genuin religiöse Unternehmung zu betrachten, womit die Wissenschaft als Mittel für einen außerhalb ihrer selbst liegenden religiösen Zweck nicht mehr gebraucht wurde.

Baecks wissenschaftlicher Arbeit lag ein völlig anderer Ansatz zugrunde, der im religiösen Judentum verankert war, auch wenn er die Maßstäbe der objektiven Wissenschaft anlegte. In der Vorrede zu seiner ersten Essaysammlung *Wege im Judentum* (1933) schrieb Baeck, die Aufsätze dieses Bandes seien «nicht sowohl über das Judentum als vielmehr aus dem Judentum hervor... geschrieben worden».[7] Sich selbst – und alle Juden – sah er als «hineingestellt» in die religiöse Erfahrung. Ein jüdischer Wissenschaftler müsse von dieser Position ausgehen, nicht von einer künstlichen Außenperspektive. Wenn auch nicht durchgängig, so benutzte Baeck doch häufig den Ausdruck «Wissenschaft vom Judentum» statt «Wissenschaft des Judentums». Diese von ihm bevorzugte Formulierung könnte bedeuten, dass jüdische Wissenschaft schon durch ihre Bezeichnung signalisiert, dass sie von innen nach außen geht und nicht von außen angewandt wird. Auf seine eigene Wissenschaft traf dies ganz sicher zu. Das rein akademische Studium der Religion, schrieb er, sei aufgrund seiner Methode außerstande, den Glauben hervorzubringen, dessen Quellen anderswo lägen. Religion, davon war er überzeugt, könne durch «wissensmäßige Erforschung» allein nicht vollständig erfasst werden.[8] Doch in einer vom Glauben durchdrungenen akademischen Untersuchung könne beides miteinander verbunden werden. Beim Studium der Religion, so Baeck, müssten Glaube und

Wissenschaft untrennbar miteinander verschmolzen sein. Eine tiefgreifende Untersuchung der Religion müsse von einem religiösen Standpunkt aus geschrieben werden, und der Stoff sollte durch das Bewusstsein ihres Verfassers und nicht durch die von ihm losgelöste Geschichte der Religion geprägt sein. In *Dieses Volk. Jüdische Existenz*, seinem letzten großen Werk, schrieb er: «Man kann die Geschichte begreifen, nur wenn man in den Glauben eingedrungen ist, und man kann den Glauben verstehen, nur wenn man auch die Geschichte erfaßt.»[9]

Für Baeck war die Wissenschaft auch eng mit persönlicher Integrität verbunden. Sie war mehr als nur die Beherrschung bestimmter Techniken, sondern stets die Wissenschaft eines ganz bestimmten Menschen und ein Spiegelbild von dessen Charakter. Als in der NS-Zeit Wissenschaftler ihre Untersuchungen einer verinnerlichten Ideologie anpassten, schrieb er: «Wie der Mensch, so ist seine Wissenschaft.»[10]

Angriff und Verteidigung

In seinem vierten Jahr in Oppeln stellte sich Baeck erneut einer Mehrheitsmeinung entgegen. Diesmal ging es nicht um ein Thema, das die Juden spaltete – nicht um den Zionismus oder die Rabbinerausbildung –, sondern um einen erbitterten Streitpunkt zwischen Juden und Christen; und diesmal wurde der Kampf auf dem Feld der Wissenschaft ausgetragen.

Zu Beginn des 20. Jahrhunderts war Adolf von Harnack der führende Theologe unter den liberalen Protestanten Deutschlands. Sein Einfluss strahlte von seiner prominenten Stellung an der Friedrich-Wilhelms-Universität Berlin aus. Als theologisch fortschrittlicher Professor war er stolz auf die Ablehnung der seiner Ansicht nach historisch und wissenschaftlich unhaltbaren christlichen Dogmen. Zugleich brachte er anderen Religionen wenig Respekt entgegen. In seiner Gedächtnisrede, die er am 3. August 1901 auf den Stifter der Berliner Universität, König Friedrich Wilhelm III., in der Aula hielt, wandte er sich gegen die breite Repräsentation der Religion an der Universität, denn, wie er mit Blick auf das Christentum erklärte: «Wer diese Religion nicht kennt, kennt keine, und wer sie sammt ihrer Geschichte kennt, kennt alle.»[11] Im selben Jahr publizierte Harnack unter dem Titel *Das Wesen des Christentums* sechzehn Vorlesungen, die er im Wintersemester 1899/1900 vor Hörern aller Fakultäten gehalten hatte. Die Vorlesungen waren keineswegs antisemitisch im engen Sinn des Wortes. Als kritischer Wissenschaftler wiederholte Harnack keine alten Stereotype über die angebliche Rolle der Juden als Ankläger Jesu, wie es im Neuen Testament dargestellt ist. Seine «liberalen» Argumente, so Harnack, basierten strikt auf der geschichtlichen Wissenschaft, zugleich aber auch auf seiner eigenen «Lebenserfahrung, die aus erlebter Geschichte erworben» sei – mit anderen Worten: auf dem Objektiven und dem Subjektiven gleichermaßen. Wie Harnack einräumte, legte er seinen Vorlesungen keine eng gefasste Konzeption von Wissenschaft zugrunde, die das, was er zu sagen hatte, nur allzu sehr beschränken würde. Vielmehr habe er einen wissenschaftlichen Ansatz gewählt, der «alle Bedürfnisse des Geistes und Herzens umspannt und befriedigt». Bei seiner Erörterung des Judentums zur Zeit Jesu verzichtete er daher auf eine streng objektive Darstellung, sondern ging rasch zu einer moralischen und vergleichenden Bewertung unter Bezugnahme auf die Lehren des Meisters über. Harnacks Schlussfolgerung lautete, Jesus habe zwar keine radikal neue Lehre vorgetragen, aber die von ihm überlieferten Äußerungen seien von einer einzigartigen Reinheit und einem Ernst, die in scharfem Kontrast zu einem durch übertriebene Gesetzestreue verunreinigten Pharisäismus stünden.

Harnacks Angriff auf das rabbinische Judentum in seiner Frühzeit war eine Herausforderung, die nicht ohne Antwort bleiben konnte. Unter den Rabbinern, die Harnack entgegentraten, war Leo Baeck der jüngste. Seine ausführliche Kritik in der *Monatsschrift* machte den Oppelner Rabbiner erstmals einer größeren Öffentlichkeit bekannt.¹² Diese Replik auf Harnacks Werk enthielt eine Reihe von Punkten, die zeigen sollten, dass der renommierte Professor die Grundprinzipien der Wissenschaft zugunsten einer voreingenommenen, persönlich motivierten moralischen Verurteilung der jüdischen Zeitgenossen Jesu aufgegeben hatte. Nach Baecks Auffassung hatte der Apologet Harnack den Historiker verdrängt, auch wenn Harnack selbst das Gegenteil behauptete. Passagen des Neuen Testaments, mit denen er sich nicht identifizieren konnte, habe er außer Acht gelassen und Jesus nach seinem eigenen Bild gestaltet. Das Wesen des Christentums sei zum Wesen von Harnacks persönlichen religiösen Werturteilen geworden. Die Vorlesungen hätten daher besser «Meine Religion» oder «Mein Christentum» heißen sollen. Harnack habe «sich selbst mit Jesus verwechselt» und seine eigenen Ideale auf die Vergangenheit projiziert. Kurzum, er habe die Rolle des Verteidigers und nicht des Wissenschaftlers gespielt.

Erst nachdem Baeck Harnacks grundlegenden Ansatz als unwissenschaftlich entlarvt hatte, begann er dessen Bild des Pharisäismus infrage zu stellen, das ihm, so Baecks Vorwurf, nur als dunkler Hintergrund diente, um das Christentum umso heller leuchten zu lassen. Statt als Historiker zu versuchen, das Judentum jener Zeit und damit die Evangelien besser zu verstehen, habe Harnack es als wertlos abgetan. Baeck resümierte, es stehe einem Christen sehr wohl zu, das Christentum zu verherrlichen, aber dann solle er zugeben, dass er keine historische Darstellung, sondern eine Apologetik geschrieben habe.¹³

Apologetik

Ironischerweise schrieb Baeck drei Jahre später selbst eine solche Apologetik und entlehnte sogar deren Titel von Harnack. *Das Wesen des Judentums* ist, wie Harnacks Vorlesungsreihe, letztlich eine Darlegung seines eigenen Glaubens und keine objektive Studie zum Judentum. Wie Harnacks Vorlesungen war auch Baecks Werk ebenso sehr von der Religion bestimmt wie von der Wissenschaft. Er schrieb aus einer persönlichen Verpflichtung heraus und verwendete die Quellen so, dass sie dieser Verpflichtung entsprachen, statt zuzulassen, dass der Stoff – mit all seinen inneren Widersprüchen – die Darstellung formte.

Wie Adolf von Harnacks *Wesen des Christentums* eine spirituelle Verbundenheit mit dem Christentum spiegelte, so spiegelte Baecks erstes größeres Werk seine Verbundenheit mit dem Judentum. In einem Kommentar zu einer späteren Auflage stellte der jüdische Intellektuelle und Philosoph Franz Rosenzweig unumwunden fest, Baecks Thema sei nicht das Wesen des Judentums, sondern sein eigenes religiöses Wesen.[14] Dies veranlasste Baeck zu der Erwiderung, Apologetik sei praktisch unvermeidbar. Ob denn, so fragte er, die Platonischen Dialoge nicht Apologien auf der Suche nach dem «Wesen» der sokratischen Philosophie seien, und ob nicht auch die Werke Kants und Hegels Apologien seien? Es gebe einfach keine klare Grenze zwischen dem objektiven Urteil und der Verteidigung. Unter Verweis auf Wilhelm Dilthey erklärte er, die in historische Untersuchungen eingebetteten Werte und Ziele seien miteinander verwoben.[15] Bereits in der ersten Auflage seines Werks hatte Baeck erklärt, seine Darstellung der hebräischen Propheten werde vielleicht als apologetisch betrachtet werden. Aber über «gewisse Tatsachen» könne man gar nicht anders als apologetisch sprechen: «So manches verstehen heißt: es *bewundern*.»[16]

Das Wesen des Judentums hat drei Teile. Der erste, «Der Charakter des Judentums», ist sehr allgemein gehalten und verknüpft das Wesen des Judentums insbesondere mit der Offenbarung, die den biblischen Propheten zuteilwurde, und mit deren universellen Implikationen. Im zweiten Teil, «Die Ideen des Judentums», geht es um die Spezifika des Glaubens: den Glauben an Gott, an uns selbst, an die Mitmenschen und an die ganze Menschheit. Der kurze letzte Teil schließlich, «Die Erhaltung des Judentums», skizziert den bleibenden Einfluss der religiösen Praxis im Fortschreiten der Juden in der Geschichte.

Wie bei Harnack und im Widerspruch zu den Kriterien der unparteiischen Wissenschaft ist auch Baecks Deutung der Geschichte selektiv und nicht ausgewogen und umfassend. Seine Absicht ist es nicht, das Judentum in all seinen Facetten darzustellen, sondern dessen lebensfähige Elemente herauszuarbeiten. Er möchte den jüdischen Lesern eine brauchbare Vergangenheit an die Hand geben, die sie uneingeschränkt annehmen können. Baeck räumt ein, dass es in der Geschichte des Judentums gelegentlich niedere und geringerwertige Elemente gegeben habe, doch seien diese im Laufe der Zeit bezwungen worden. Stillschweigend übergeht er Details, die seiner Apologetik widersprechen – oder verortet sie außerhalb der Kategorie des «Wesens».[17] Zum Beispiel macht er eine moralische Überlegenheit des antiken Judentums stolz daran fest, wie human Sklaven im Gegensatz zu den grausamen Praktiken bei Griechen und Römern behandelt wurden. Aber er unterscheidet nicht zwischen den hebräischen Sklaven, die relativ gut behandelt wurden, und der weit weniger angenehmen Situation der kanaanäischen Sklaven. Wie Harnack bezüglich des frühen Christentums, so spielt auch Baeck die äußeren Einflüsse auf das Judentum herunter und beschränkt sie auf Elemente, die das Wesen des Glaubens, wie er insbesondere in der Originalität der hebräischen Propheten zum Ausdruck kommt, nicht berühren.

Baeck zufolge waren die Propheten der religiöse Genius des Judentums, und er vergleicht sie in ihrer Bedeutung für die Religion mit der Bedeutung großer Maler und Bildhauer für die Kunst. Die Propheten verurteilten die Manifestationen einer Welt, die sich dem Willen Gottes entzog, und entwarfen eine andere und moralisch überlegene Gesellschaft. «Sie haben die Kraft, diese ihre seelische Sicherheit allen vermeintlichen Tatsachen entgegenzusetzen und gegenüber allem, was wirklich sein will, mit der machtvollen Paradoxie der Glaubenszuversicht ihr ‹und dennoch› zu sprechen; sie haben die Menschen gelehrt, dieses ‹und dennoch› mit dem Leben zu bezeugen. An sich halten die Propheten fest; sie verhandeln nicht und paktieren nicht, sie lassen von ihrer Forderung nichts fortnehmen und nichts abziehen.»[18] Damit verkörpern die Propheten das Wesen des Judentums, das Baeck als den absoluten moralischen Imperativ definiert. Es seien die Propheten, nicht die Priester, durch die sich Israel von anderen Völkern unterscheide und die die Religion Israels einzigartig machten. Wenig überraschend, verkörpert für Baeck die Geschichte der prophetischen Botschaft und nicht die Geschichte der Richter, Könige und Priester des Zweiten Tempels die wahre Geschichte des Judentums von der biblischen Zeit bis zum heutigen Tag.

Ihm war bewusst, dass er mit *Das Wesen des Judentums* die Grenze zwischen vorurteilsfreier Wissenschaft und einem Ansatz überschritten hatte, der von seiner eigenen religiösen Verpflichtung strukturiert war. In seinem erstmals 1936 veröffentlichten Vorwort zur englischen Ausgabe schrieb er, der Autor selbst müsse «eine persönliche, spirituelle Verbindung zu den Details und zum Ganzen besitzen; er muss von der Überzeugung erfüllt sein, dass das, was er in den Details und im Ganzen gefunden hat, einen dauerhaften und bedeutenden Wert hat».[19] Damit verknüpft Baeck «Wesen» mit «wesentlich», also dem, was von grundlegender Bedeutung ist. Das bleibende Wesen des Judentums, so impliziert sein Buch, ist nicht von dem bestimmt, was in der jüdischen Tradition objektiv und allgemein als zentral betrachtet wird, sondern von jenen Lehren (nicht Dogmen), die Baeck persönlich attraktiv fand und die auf andere Juden seiner Zeit eine nicht weniger große Anziehungskraft ausübten. Tatsächlich war es das zeitgenössische Judentum, an das er sich mit dem *Wesen des Judentums* wandte, nicht in erster Linie eine akademische Leserschaft, trotz all der Gelehrsamkeit des Buches. Das wird besonders auf den letzten Seiten der Erstauflage von 1905 deutlich, wo der sprachliche Duktus von der Beschreibung zur Vorschrift übergeht und Baeck nicht mehr als Wissenschaftler, sondern als Rabbiner von dem spricht, was seine jüdischen Glaubensgenossen tun sollten, um ihr Judentum zu leben und dessen Botschaft zu verbreiten. Er schreibt nicht in der unpersönlichen dritten Person, sondern in der ersten Person Plural: «Wir sollen unseren Lebenswandel von der Hoheit unseres Glaubens sprechen lassen.»[20] Er will den Juden letztlich nicht bloß das Wesen des Judentums darlegen, sondern sie anspornen, dieses Wesen in ihrem Leben zum Ausdruck zu bringen.[21]

Den Zionismus betrachtete Baeck nicht als Bestandteil des Wesens des Judentums. Er glaubte nicht, dass die Zukunft aller Juden in ihrer alten Heimat liege. Doch wie wir wissen, weigerte er sich bei der ersten Generalversammlung der Rabbiner, an der er teilnahm, eine Protestnote gegen den Zionismus zu unterstützen. Ein paar Jahre später, kurz bevor Baeck 1907 Oppeln verließ, wurde Emil Bernhard Cohn, ein Rabbiner der jüdischen Gemeinde Berlin, seines Postens enthoben, weil er von der Kanzel herab zionistische Ansichten geäußert hatte. Nachdem Baeck die ihm von Cohn zugesandte kleine Druckschrift gelesen hatte, in der dieser die Geschehnisse darlegte und seine Position verteidigte, war er empört. Er schickte Cohn einen teilnahmsvollen Brief: «Was Ihnen widerfahren ist, ist so illiterat, so unreligiös und so unjüdisch, dazu man kaum begreifen will, wie es im Namen einer Jüdischen Religionsgemeinde, die sich liberal nennt, hat geschehen können ... Unser Stand ist nicht so reich an Männern von eigener, stetiger Gesinnung, dass er sich einfach damit abfinden könnte: ein Mann über Bord!»[22]

Im Frühjahr 1907 hatte Baeck ein Jahrzehnt des Wirkens als Rabbiner in Oppeln hinter sich. Er hatte sein Können als Lehrer und Gelehrter unter Beweis gestellt, auch wenn seine Wirksamkeit als

Redner immer noch hinter der seiner Kollegen zurückblieb. Jetzt war er bereit, nach Düsseldorf zu gehen, dessen größere Gemeinde größere Herausforderungen an ihn stellte. Da Baeck seine Predigten gewöhnlich ausformulierte und sich dann ins Gedächtnis einprägte, aber nicht aufbewahrte, wissen wir kaum, worüber er von der Oppelner Kanzel sprach. Seine Abschiedspredigt jedoch ist erhalten geblieben. Er hielt sie passenderweise am jüdischen Feiertag Simchat Tora, an dem der letzte Abschnitt des letzten und der erste Abschnitt des ersten Buches der Tora (Deuteronomium und Genesis) gelesen werden. Baeck forderte die Gemeinde auf, nicht ihn selbst in Erinnerung zu behalten, sondern die Botschaften, die er zu übermitteln versucht habe. Diese Predigt bekundet eine Charaktereigenschaft Baecks, die von Leuten, die ihn kannten, immer wieder bezeugt wurde: eine aufrichtige, fast bis zur Selbstauslöschung reichende Demut. Er habe in keiner seiner Predigten das Wort «ich» benutzt, erklärte er, nun aber sei die Stunde gekommen, um all denen zu danken, die ihn unterstützt hatten. Das Judentum, so betonte er, kenne keinen Unterschied zwischen Priestern und Laien. Der Rabbiner sei wie alle anderen auch nur ein Mitglied der Gemeinde. Er dürfe nicht überheblich werden, nur weil er von einer erhöhten Kanzel spreche, mit lauter Stimme und in einer Situation, die niemandem die Möglichkeit gebe, ihm zu widersprechen. Er wolle daran erinnern, dass er nicht seine eigenen Ideen, sondern das Wort Gottes verkünde. Kleinliche Eitelkeit und übertriebene Eigenliebe hätten in der Botschaft eines Rabbiners keinen Platz.[23] Jahre später, als Rabbiner in Berlin, blickte Baeck skeptisch auf eine jüngere Generation deutscher Rabbiner, die nicht als unpersönliche Verkünder von Gottes Wort, sondern als persönliche Kommentatoren der jüdischen Tagesereignisse auftraten.

Düsseldorf

Mit seinem Wechsel von Oppeln nach Düsseldorf im Oktober 1907 ging Baeck vom Osten Deutschlands ganz in den Westen, von einer relativ kleinen Stadt und jüdischen Gemeinde in eine große Stadt im Rheinland mit einer jüdischen Bevölkerung von rund dreitausend Personen. Im frühen 18. Jahrhundert war Düsseldorf die Heimat des reichen Hofjuden Joseph van Geldern gewesen, und am Ende jenes Jahrhunderts war hier der Dichter Heinrich Heine geboren worden.

Zum Zeitpunkt von Baecks Ankunft hatte die jüdische Gemeinde eine große Zahl osteuropäischer Juden aufgenommen, die von den wirtschaftlichen Möglichkeiten dieser Stadt angezogen worden waren. Baeck war für die etablierten Juden der Mittelschicht zuständig, die ihre Wurzeln in Deutschland hatten. Sie gehörten mehrheitlich einem trägen liberalen Judentum an, das in ihrer Lebenspraxis nur eine Nebenrolle spielte. Das Christentum lockte sie schon seit langem mit der Aussicht auf größere soziale Akzeptanz. Den Veröffentlichungen während seines Rabbinats in Düsseldorf nach zu urteilen, war Baeck entschlossen, jene Juden, die sich vom Judentum entfernt hatten, davon zu überzeugen, nicht auszutreten und die herrschende Religion anzunehmen. Sie sollten erkennen, wovon Baeck selbst überzeugt war: dass das Judentum mit der modernen Kultur in größerem Einklang stand als sein religiöser Konkurrent.

Der Niedergang des traditionellen Judentums in Deutschland begann im 19. Jahrhundert. Um die Jahrhundertmitte war es die Religion einer schwindenden Minderheit geworden. In der Aufbruchsstimmung der 1840er Jahre, als der politische Liberalismus die monarchische Tyrannenherrschaft zu stürzen versuchte, erlebte auch der religiöse Liberalismus katholischer, protestantischer und jüdischer Prägung eine Zeit des begeisterten und hoffnungsvollen Aktivismus. Liberale Rabbiner debattierten auf Konferenzen über Veränderungen in der Liturgie und in den rituellen Geboten. Doch die Niederschlagung der Revolutionen von 1848 und eine neue Ära der politischen Reaktion erstickten diesen Enthusiasmus. Zwar fanden einige der religiösen Reformen Eingang in einzelne jüdische Gemeinden, aber das Interesse der Öffentlichkeit verlagerte sich vom religiösen und sozialen Fortschritt hin zur Schaffung einer stabilen deutschen Einheit und eines Staates, der die Religion unter seiner Kontrolle hielt. Es war das Zeitalter des Reichskanzlers Otto von Bismarck, der soziale Bewegungen unterdrückte und das nunmehr geeinte Deutschland zur Gründung des Kaiserreichs führte. Das liberale Judentum mit zumeist älteren Rabbinern an der Spitze hatte große Mühe, die religiöse Indifferenz zu bekämpfen. Kurz nach der Jahrhundertwende jedoch kam es in den Kreisen des entstehenden Zionismus, aber auch innerhalb des liberalen Judentums zu einer Renaissance. Erstmals gründeten liberale Rabbiner und Laien in Deutschland nationale Organisationen, um ihre Anliegen voranzubringen.

Das liberale Judentum, eine Strömung (oder Denomination) des deutschen Judentums, gewann in der zweiten Hälfte des 19. Jahrhunderts allmählich eine klare Identität. Anfangs wurde jede Abweichung vom traditionellen Judentum als «Reform» bezeichnet, doch in den 1840er Jahren, als eine radikale Gemeinde in Berlin, die ihre Gottesdienste an Sonntagen abhielt und Hebräisch aus ihren Gebetbüchern weitgehend verbannte, sich «Reformgemeinde» nannte, bezeichneten die vergleichsweise traditionellen Reformer ihre Interpretation des Glaubens als «liberales Judentum». Leo Baeck betrachtete sich als einen liberalen Juden.

Der Charakter von Baecks liberalem Judentum wird klarer im Vergleich mit zwei nichtorthodoxen zeitgenössischen jüdischen Denkern, die enge Freunde und geachtete Mitstreiter waren: Martin Buber und Franz Rosenzweig. Jeder der beiden entwickelte eine eigenständige Philosophie, die sie von dem liberalen Rabbiner unterschied. Auch wenn Baeck im Unterschied zu den Orthodoxen von «dem» Gebot im Singular und nicht im Plural spricht, betrachtet er – anders als Buber – Gottes moralischen Imperativ als göttliche Offenbarung. Buber verwendet in seinem bekanntesten Werk *Ich und Du* nicht die Sprache des Gebots.[24] Sein Gott tritt dem Menschen als das «ewige Du» gegenüber, eine Präsenz, in der aus der wortlosen Gegenseitigkeit der Beziehung die Linien jeder echten Ich-Du-Begegnung zusammenlaufen. Während Bubers Gott-in-Beziehung «Du» sagt, sagt Baecks Gott nicht nur «Du», sondern «Du sollst». Und damit wird Moralität grundlegend für die Beziehung zwischen Gott und der Menschheit, und die Ich-Du-Beziehungen zwischen Menschen entstehen aus der gemeinsamen Antwort auf das moralische Gebot. Hinzu kommt, dass Buber, anders als Baeck, dem Ritual, ja sogar dem synagogalen Gebet keine Rolle zuschreibt. Bubers Ansicht nach verhindern alle Formen der organisierten Religion die Spontaneität, die für wahre Religiosität wesentlich sei. Bei Baeck ist dies nicht der Fall.

Franz Rosenzweig zufolge erlässt Gott tatsächlich Gebote – nicht die traditionellen 613 Gebote, aber doch mehr als nur ein einziges moralisches Gebot. Neben den moralischen enthält für Rosenzweig die göttliche Offenbarung auch rituelle Gebote, die jedoch von verschiedenen Individuen unterschiedlich verstanden werden und somit in verschiedenen Formen der religiösen Praxis eine bindende Kraft entfalten. Rosenzweigs Gott verlangt zunächst eine persönliche Antwort. Der liebende Gott fordert die Liebe des Menschen. Diese Liebe Gottes nennt Rosenzweig «das Gebot aller Gebote».[25] Baecks Nachdruck liegt nicht auf der Liebe Gottes. Sein Gott verweist jene, die Gottes Stimme vernehmen, sofort auf ihre nahen und fernen Mitmenschen. Anders als bei Rosenzweig sind bei Baeck daher die Juden nicht ein Volk, das, von der Zeit unberührt, auf ewig bei Gott weilt. Eine solche Vorstellung widerspricht seinem prophetischen Modell, in dem das Wissen um das Gute rettendes Handeln in der Welt und in der Geschichte verlangt.

Während seiner fünf Jahre als Rabbiner in Düsseldorf schrieb Baeck regelmäßig Beiträge für die Monatsschrift *Liberales Judentum*, die 1908, kurz nach Baecks Ankunft, von dem liberalen Frankfurter

Rabbiner Caesar Seligmann gegründet worden war. *Liberales Judentum* war weder eine streng wissenschaftliche Zeitschrift noch einfach nur eine jüdische Zeitung, sondern richtete sich an eine gebildete, aber nicht unbedingt in jüdischer Gelehrsamkeit geschulte jüdische Leserschaft. In seinen Aufsätzen widersprach Baeck wiederholt der Auffassung, die moderne europäische Kultur sei eine Form der christlichen Kultur. Wenn dies so wäre, so Baeck, müssten Juden, die sich als moderne Männer und Frauen betrachteten, bestrebt sein, ihre Europäisierung durch die Konversion zum Christentum zu vervollständigen – eine Tendenz, die bei vielen durchaus vorhanden war. Baeck versuchte, dieser Verführung entgegenzuwirken, indem er darlegte, dass es zwar im Mittelalter eine genuin christliche Kultur gegeben habe, diese aber im Zuge der Aufklärung im 18. Jahrhundert verschwunden sei. In Opposition zur herrschenden Kultur des freien Individuums werde die zeitgenössische christliche Führung weitgehend von einer Kirche dominiert, die sich der bürgerlichen Gleichstellung von Nichtchristen entgegengestellt habe und der wissenschaftlichen Forschung nach wie vor mit Skepsis begegne. Die «jüdische Kultur», wie Baeck es nannte, sei hingegen schon immer für säkulares Wissen aufgeschlossen gewesen und habe damit den Juden die Anpassung an die Moderne erleichtert.

In den vergangenen Jahrzehnten habe sich dieser Gegensatz abgeschwächt. Der liberale Protestantismus habe einen Kurswechsel vollzogen und sei kritischen Denkansätzen gegenüber offener geworden. Dieser Wandel habe zu einer Hinwendung zum Judentum geführt. In der evangelischen Kirche vernehme man heute den Ruf «Fort von Paulus, zurück zu Jesus!» Und für Baeck war die durchaus bedeutsame Lehre Jesu nichts anderes als Judentum. Hatte er in seiner Replik auf Harnack das Judentum verteidigt, indem er dem protestantischen Theologen eine Verunglimpfung des Judentums zur Zeit Jesu vorwarf, so versuchte er jetzt den jüdischen Stolz zu stärken, indem er zeigte, dass das Judentum – auch das liberale Judentum, das in mancher Hinsicht das Christentum imitierte – sich nicht auf seinen

Rivalen zubewegte. Es sei vielmehr sein Rivale, das Christentum, das sich auf das Judentum zubewege. Das Christentum lasse die Dogmen hinter sich, durch die es sich vom Judentum unterscheide, und nähere sich der Lehre Jesu an, einer Lehre, die Baeck zufolge fundamental pharisäisch und damit jüdisch war. «Aber vielleicht das Bezeichnendste ist, dass der moderne Protestantismus sich in sehr wenig lutherischer Weise bemüht, ‹eine ethische Religion› zu sein», schrieb er.[26] Baecks Beispiel für einen dem Judentum besonders nahestehenden Protestantismus war Großbritannien, wo die Frömmigkeit den Kampf für soziale Gerechtigkeit einschließe. Die protestantische Kirche Deutschlands habe dem Despotismus und der Leibeigenschaft stets mit stummer Gleichgültigkeit zugeschaut. Im britischen Protestantismus dagegen sei die Religiosität immer mit sozialen Anliegen verbunden gewesen.[27] Heute aber lerne der deutsche Protestantismus vom Protestantismus jenseits des Ärmelkanals, dass soziales Bewusstsein ein integraler Bestandteil der Religion ist, und entwickle sich damit allmählich zu einer Religion, die dem entspricht, was Baeck zufolge das Judentum ist: eine Religion, für die Erlösung nicht in der Befreiung von der Ursünde durch die Gnade Gottes liegt, sondern im Gehorsam gegen Gottes moralisches Gesetz.

Baeck entfaltete hier zwei Argumentationslinien, die sich nicht nahtlos zusammenfügten. Auf der einen Seite zeichnete er das Bild eines Christentums, das der modernen Kultur feindselig gegenübersteht und deshalb für moderne Juden nicht attraktiv sein sollte. Auf der anderen Seite konstatierte er, das Christentum bewege sich auf das Judentum zu. Ersteres sollte die Juden eigentlich davon abhalten, ihrer Religion abtrünnig zu werden. Doch das Zweite warf eine Frage auf, die erstmals am Beginn der jüdischen Moderne in Deutschland hundert Jahre zuvor gestellt worden war: Wenn ein Trend im liberalen Christentum dazu geführt hat, dass es dem Judentum so ähnlich wird, warum sollte man dann auf die sozialen Vorteile verzichten, die man als Christ hat? Ist es wirklich von substanzieller Bedeutung, ob man sich als Christ oder als Jude bezeichnet?

Baeck war gezwungen zu konstatieren, dass sich der Protestantismus letztlich keineswegs vollständig auf das Judentum zubewegt hatte. Auch wenn liberale protestantische Theologen einige christliche Dogmen infrage stellten, blieben andere wie das Dogma der Trinität und der Göttlichkeit Jesu für viele Gläubige bindend. Und so konnte Baeck schlussfolgern, dass «die *bestimmte, scharfe Grenze* zwischen dem Judentum und dem Protestantismus nach wie vor» bestehe.[28] Und noch einen fundamentalen Unterschied gab es ihm zufolge zwischen Judentum und Christentum. Im zeitgenössischen Protestantismus seien sich christliche Wissenschaftler uneins über die Historizität Jesu. Sollte sich herausstellen, dass Jesus keine historische Gestalt ist, so sei das Christentum verloren, schreibt Baeck. Eine solche Festlegung auf eine einzige Person gebe es im Judentum nicht. Selbst die Historizität Mose, des wichtigsten Propheten und der zentralen Figur des Judentums, sei nicht glaubensentscheidend. Anders als das Christentum sei das Judentum nicht von der Beglaubigung einer einzelnen Person oder eines einzelnen historischen Ereignisses abhängig. «Das Wesen der Religion», schreibt Baeck, «finden wir ausschließlich in den Ideen, die die Bürgschaft ihrer Gewißheit in sich tragen ... Uns offenbart sich die religiöse Geschichte in der lebendigen, unendlichen Entwicklung des religiösen Gedankens, nicht in dem Zeugnis von einer einzigartigen alles tragenden Persönlichkeit, in der das religiöse Ideal seine letzte Erfüllung, seine einzige Verwirklichung gefunden hätte.»[29]

Die Vorstellung von einer unabgeschlossenen, sich kontinuierlich weiterentwickelnden Religion trenne das Judentum nicht nur vom Christentum, sondern auch von anderen Religionen, deren Wahrheitsgehalt für alle Zeiten von einem Gautama Buddha, einem Zarathustra oder einem Mohammed abhänge. Baecks Argumentation konnte orthodoxe oder «toratreue» Juden, wie sie sich selbst nannten, gewiss nicht überzeugen. Für sie hing die Wahrheit des Judentums von der Historizität und letztlich von der Offenbarung ab, die Moses auf dem Sinai zuteilwurde. Bei liberalen Juden, wie er selbst

Düsseldorf

einer war, konnte eine solche Argumentation jedoch durchaus Anklang finden.

Auf einer Veranstaltung der neu gegründeten «Vereinigung für das liberale Judentum in Deutschland» 1910 in Berlin hielt Leo Baeck den Hauptvortrag. Sein Thema, die anhaltende Glaubensdebatte innerhalb der christlichen Gemeinschaften, war, oberflächlich betrachtet, kein jüdisches Thema. Doch Baeck zufolge konnte man Tendenzen innerhalb des Judentums nur dann erkennen, wenn man auch die christliche Agenda verfolgte. Es genüge nicht, sagte er, außerhalb zu stehen und nur gelegentlich einmal neugierig durchs Fenster zu schauen, was christliche Wissenschaftler und religiöse Führungsfiguren sagten. Wie nachhaltig Baecks Denken von Dilthey beeinflusst war, zeigt das Bemühen, seine Zuhörer zu überzeugen, wie wichtig es sei, «sich hineinzufühlen in das seelische Ringen und Streben des anderen, das ist ja auch ein Stück Menschenliebe». Es sei nicht unangebracht, wenn Juden an einer Debatte von Christen über das Christentum teilnahmen – zum Beispiel über die Natur Jesu. Es sei vielmehr ein Zeichen des Respekts gegenüber den Andersgläubigen, ein Respekt, den Christen den Juden freilich nicht entgegenbrächten, denn Nichtjuden interessierten sich kaum für den bewegten theologischen Diskurs des Judentums in Geschichte und Gegenwart. Dies sei umso bedauerlicher, als das, «was im Christentum groß und heilig ist ... ein altes, sicheres Besitztum unserer Religion ist». In einer seiner diesbezüglich radikalsten Äußerungen erklärte Baeck: «Es gibt in der christlichen Literatur keinen edlen und frommen Satz, der nicht seit altem und langem auch aus dem jüdischen Schrifttum uns deutlich und edel entgegenklingt. Mit allem Respekt, den wir den Andersgläubigen schulden, aber auch mit all der Selbstachtung, die wir uns schulden, sprechen wir es aus: wir haben nicht Neues im Neuen Testament erhalten, für uns ist das Neue Testament, soweit es Sittlichkeit und Frömmigkeit verkündet, ein Altes.»[30] Auch wenn Baeck hier zu Respekt gegenüber christlichen Glaubensüberzeugungen aufruft, ist die jüdische Selbstachtung sein Hauptanliegen. Dafür ist er bereit, vor dieser Versammlung liberaler jüdischer Laien Dinge zu sagen, die an Selbstgefälligkeit grenzen. Zu viele Juden, so Baeck, scheinen «in Haltung und Wort» zu sagen: «Entschuldige vielmals, daß ich existiere.» Ihnen ruft er spöttisch zu: «Wenn ihr in dieser Zeit nicht sagen noch wissen wollt, wer ihr seid und was ihr seid, dann hättet ihr in der Kinderstube bleiben sollen, in die ihr hineingehöret!» Die Juden sollten bereit sein, mit – vielleicht übertriebenem – Stolz zu bekennen: «Wir sind Juden, weil wir Gott über uns wissen und die Wahrheit auf unserer Seite; wir sind Juden, weil wir überzeugt sind, in unserer Religion die Zukunft zu besitzen.»[31] Wie die Zionisten, die den Juden aus einer nationalen Perspektive Stolz zu vermitteln versuchten, war Baeck bemüht, dies aus der Perspektive der jüdischen Religion zu tun, und zwar auf eine sehr viel ambitioniertere, ja auftrumpfende Weise.

In seinen in Düsseldorf entstandenen Schriften äußerte er erstmals einen Gedanken, den er in späteren Jahren mehrfach wiederholte: dass die Juden ein Volk von Nonkonformisten seien. Konformität bedeutete aus seiner Sicht, die eigenen Werte und Überzeugungen aufzugeben, weil man den Konflikt mit einer herrschenden Macht oder einem dominierenden Element der Gesellschaft oder Kultur scheute. Er kritisierte die protestantischen Kirchen in Deutschland dafür, dass sie sich den Wünschen des Staates anpassten, dass sie Staatskirchen geworden seien, abhängig von politischen Behörden und fügsam ihnen gegenüber. Gleichzeitig kritisierte er die deutschen Juden, allen voran seine liberalen Glaubensgenossen, für ihren Konformismus gegenüber den Sitten und Gebräuchen der deutschen Gesellschaft. Ein Jude, der Konformist war, beging für Baeck Verrat an der historischen Bestimmung der Juden. Unter Rückgriff auf eine Formulierung des prominenten englischen Predigers Charles Spurgeon nennt er die Juden «die grossen Nonkonformisten», diejenigen, die stets im Widerspruch zu den Ansichten anderer stünden.[32] Und als Volk von Nonkonformisten seien die Juden dazu bestimmt, im Streben nach universeller Toleranz eine einzigartige Rolle zu spielen.

Leo Baeck als junger Rabbiner (undatiert)

Innerhalb des liberalen Judentums, dessen Anhänger ihre religiöse Identität mehrheitlich in einer Weise zum Ausdruck zu bringen suchten, die sich von der ihrer christlichen Nachbarn kaum unterschied, war Baecks Ruf nach Nonkonformismus unkonventionell, wenn nicht sogar etwas gewagt.

Leo Baeck konnte besser schreiben als reden – eine Schwäche, die er beheben oder wenigstens abmildern musste, wenn er als Gemeinderabbiner erfolgreich sein wollte. In der großen Synagoge in Düsseldorf mit ihren über 1300 Sitzplätzen, aber auch beim Unterrichten von Kindern wurde dieses Defizit offenkundiger als in Oppeln. Ein Schüler erinnerte sich: «Der neue Rabbiner, Dr. Baeck, war uns unverständlich, allerdings nicht in dem, was er sagte, sondern wie er es sagte. Seine Aussprache, seine Betonung, seine Sprachmelodie unterschieden sich in so groteskem Maße von der uns geläufigen rheinischen Redeweise, daß wir uns in den ersten Stunden des Lachens nicht erwehren konnten.»[33] Um diesen Mangel zu beheben, nahm Baeck privaten Sprechunterricht bei Louise Dumont, einer bekannten Schauspielerin, die in Düsseldorf, unweit seiner Wohnung, ein Theater leitete. Er wurde zwar nie ein so mitreißender Redner wie andere seiner Kollegen, aber mit Louise Dumonts Hilfe wurde er für die demographisch und kulturell dominierende jüdische Gemeinde in Berlin, dem Ort seines letzten Rabbinats, sehr viel akzeptabler.

3

Rabbiner im Weltkrieg

Die erste Zeit in Berlin

Mit seiner Ankunft in Berlin hatte Baeck eine Karriereleiter erklommen, die ihn vom Rabbinat einer kleinen über eine mittelgroße zu der mit Abstand größten jüdischen Gemeinde Deutschlands führte. Er hatte sich einen Ruf als Gelehrter, als Verteidiger des Judentums gegenüber dem Christentum und als ein Mensch erworben, der sich nicht scheut, seine Ansichten auch gegen die Mehrheitsmeinung zu äußern. In der deutschen Hauptstadt nun traf er auf eine anspruchsvolle und hochgebildete jüdische Gemeinde, die kulturell zutiefst deutsch geprägt, dem Judentum jedoch weitgehend entfremdet war. Die Berliner Juden waren im Großen und Ganzen recht wohlhabend, es gab aber auch eine sozial getrennte, aus Osteuropa zugewanderte jüdische Gemeinde, deren Mitglieder um ihr Überleben kämpfen mussten. Im 18. Jahrhundert war Berlin die Heimat des jüdischen Philosophen Moses Mendelssohn gewesen, der mehr als jeder andere dafür getan hatte, die Juden aus der geistigen Isolation herauszuführen und ihnen die Partizipation an der deutschen und europäischen Kultur zu ermöglichen. Auch Abraham Geiger, den bedeutenden religiösen Reformer des 19. Jahrhunderts, hatte sein beruflicher Weg nach Berlin geführt. Ihn hatte die Aussicht gelockt, an einem modernen Zentrum der jüdischen Gelehrsamkeit zu unterrichten, der «Lehranstalt für die Wissenschaft des Judentums», wo er Dozent wurde und wo Leo Baeck seine Rabbinerausbildung absolvierte und später als Mitglied der Fakultät lehrte. Auch für Baeck war es vor allem die Lehranstalt, die ihn nach Berlin zog und an der man ihm jetzt neben seiner Tätigkeit als Gemeinderabbiner eine Dozentur in Aussicht stellte.

Am 27. Dezember 1912, wenige Wochen nach seiner Ankunft, stand Leo Baeck anlässlich seiner Amtseinführung auf der Kanzel der großen und prächtigen Neuen Synagoge in der Oranienburger Straße. Das Gotteshaus war fünfzig Jahre zuvor im populären maurischen Stil erbaut worden, durch den es sich in markanter Weise von der Kirchenarchitektur abhob. Gleichzeitig war es eine Reminiszenz an die Juden im mittelalterlichen muslimischen Spanien und ihre rege Teilhabe an der wissenschaftlichen und literarischen Kultur einer hochproduktiven Epoche. Die Synagoge mit ihren dreitausend Sitzplätzen war schon vor Beginn des Gottesdienstes bis auf den letzten Platz gefüllt. An jenem Freitag um vier Uhr nachmittags zog Baeck zusammen mit dem zweiten neuen Gemeinderabbiner Julius Lewkowitz und begleitet von Rabbinerkollegen und weltlichen Honoratioren feierlich in die Synagoge ein.

Zuerst ergriff der Vorsitzende der Gemeinde das Wort und äußerte die Hoffnung, dass die neuen Rabbiner das gewachsene religiöse Bedürfnis befriedigten, das in letzter Zeit in der Gemeinde spürbar geworden sei. «Die Zeiten, da man der Religion und insbesondere der jüdischen Religion den Tod prophezeite, sind vorüber». Gleichzeitig konstatierte er voll Bedauern, dass in der Berliner Gemeinde infolge ihrer Größe Klerus und Laien nicht durch persönliche Beziehungen miteinander verbunden waren, zeigte sich jedoch zuversichtlich, dass sich dies mit den neuen Rabbinern ändern werde. Als Baeck die hohe Kanzel bestieg, um seine Einführungsansprache zu halten, war sein Duktus, wie in der Vergangenheit, bescheiden und ohne sich selbst in den Vordergrund zu spielen. «Der Mensch in seiner irdischen Vergänglichkeit darf kein Versprechen abgeben», begann er. «Nur der Idee, der er seine Lebenstätigkeit widmen will», dürfe er Ausdruck verleihen. «Diese Idee ist die religiöse Wahrheit.»[1] Trotz dieser Zurückhaltung sprach Baeck dann aber optimistisch von der Gegenwart. Es sei eine Zeit, erklärte er hoffnungsfroh, in der eine neue religiöse

Welle über Europa gehe und dem Judentum «neue Wasser der Frische zuführt», eine Zeit, in der zu leben eine Lust sei. In dieser Atmosphäre habe das Judentum seine heutige Bedeutung und eine Garantie für seine Zukunft wiedererlangt. Im Geist des von ihm bewunderten amerikanischen Philosophen Ralph Waldo Emerson sagte er, das Judentum sei keine Religion der Vergangenheit, sie sei nicht bloß historische Erinnerung. Vielmehr sei der Gott der Ahnen «auch unser Gott und der Gott unserer Kinder und Enkel bis in die spätesten Geschlechter».[2] Die Juden dürften ihre Religion nicht nur als relevant für vorausgehende Generationen betrachten, sondern müssten für sich selbst und für künftige Generationen Kraft aus ihr schöpfen.

In den knapp zwei Jahren seines Aufenthalts in Berlin, bevor er Feldrabbiner wurde, war er vor allem damit beschäftigt, die neue Gemeinde und seine Verpflichtungen als Rabbiner kennenzulernen. Doch auch jetzt vernachlässigte er die wissenschaftliche Arbeit nicht. Ein paar Monate nach seiner Amtseinführung in der Neuen Synagoge hielt er in der Lehranstalt seine Antrittsvorlesung als Mitglied des Kollegiums. Man hatte ihm die Fächer Homiletik und Midrasch übertragen, der selbst eine traditionelle Form der Homiletik war. Der Titel seiner Antrittsvorlesung, «Griechische und jüdische Predigt», war daher durchaus naheliegend. Das Thema entsprach nicht nur seinem Fachbereich innerhalb der Lehranstalt, es kam auch seinem Interesse an historischen Vergleichen entgegen. Bis dahin hatte er vor allem Judentum und Christentum einander gegenübergestellt, jetzt untersuchte er Ähnlichkeiten und Unterschiede zwischen den alten Griechen und den Juden. Kaum überraschend, sah Baeck in den Unterschieden der Predigten Wertunterschiede zwischen den beiden Kulturen gespiegelt. Für die Griechen war die artistische Form der Predigt das Wichtigste, während für die Juden die stilistische Eleganz keine Rolle spielte. Den Autoren des Midrasch, die auf ein kanonisches Buch, die Bibel, als Ausgangspunkt ihrer Interpretationen zurückgreifen konnten, kam es auf den moralischen Gehalt an. Baeck schloss seine Ausführungen mit einer Kritik an der Predigt der Gegenwart. Die heutige Predigt in der Synagoge gehe zu wenig aus der «Vertiefung» in die jüdischen Quellen hervor, sie verwende abgedroschene Phrasen und appelliere bisweilen an die Gefühle der Zuhörer, um sie zu Tränen zu rühren. Baecks mit zahlreichen Fußnoten gespickte Vorlesung wurde in die Veröffentlichungen der Lehranstalt und später in einen Band mit seinen Aufsätzen aufgenommen.[3] Seine wissenschaftlichen Arbeiten, die stets in einer Botschaft für die Gegenwart gipfelten, blieben eine Konstante in seinem Leben, eine angenehme Beschäftigung in optimistischen und ein Trost in späteren, schwierigeren Zeiten.

Feldrabbiner

Am Vorabend des Ersten Weltkriegs veröffentlichte Baeck einen Essay, der als ein Versuch betrachtet werden kann, über den in den Krieg mündenden militanten Nationalismus hinauszugreifen. Es war weder eine Predigt noch ein wissenschaftlicher Aufsatz, sondern ein Beitrag zu einem Band über Sozialethik, der 1914 vom Verband der Deutschen Juden herausgegeben wurde.[4] Sein Gegenstand war der Mensch, mit dem wir das «Menschentum» teilen, der «Mitmensch». Baeck betont, wie die Idee des Menschen, ein universelles, für die Menschenrechte und die Menschenwürde grundlegendes Konzept, erst allmählich Gestalt annahm, später als die Ideen von Volk und Staat. Im alten Israel, so Baeck, habe die Idee des Mitmenschen erstmals in der Hebräischen Bibel Ausdruck gefunden. Die Vorstellung eines «Menschentums» sei die natürliche Konsequenz des einen Gottes. «Über die Grenzen, welche die Völker und die Rassen, die Stände und die Kasten, die Kräfte und Gaben abstecken wollen, geht die Einheit und geht die Hoheit des Menschlichen. Wer immer ein anderer ist, mag er fern oder fremd oder auch feindlich zu mir stehen, er gehört zu mir, als Wesen von meinem Wesen, mit mir von Gottes wegen verbunden.» Ein «Mitmensch» zu sein sei Gottes Gebot und schließe die Pflicht zur Verantwortung füreinander ein. Für Baeck bedeutete dies mehr als Wohlwollen; es bedeutete das Streben nach sozialer Gerechtigkeit als dem höchsten Ausdruck der Religion. Wahre Frömmigkeit gebe es nur in der Beziehung zum Mitmenschen. Doch nun stand der Krieg bevor, eine Bewährungsprobe für religiöse Männer und Frauen, die zeigen würde, ob unter diesen Umständen eine enge nationale Identifizierung die universale verdrängen würde.[5]

Ein paar Monate später, als Baeck bereits Feldrabbiner in der deutschen Armee war, verfasste er zum Chanukkafest eine Grußbotschaft an die jüdischen Soldaten, in der er dieselbe universelle Idee thematisierte – nun jedoch in einer Situation des Krieges. «Die erste Vaterlandsliebe ist die, ein Mensch zu sein, der aufrecht auf seinem Platze steht und den Mut hat, bei den Wenigen zu sein, wenn es not tut, auch gegen die Vielen. Auch zur Liebe gehört die Tapferkeit; sie erst gibt allem die Kraft und den Wert», heißt es darin.[6] Zu «den Wenigen» zu gehören wie die Makkabäer in der Antike, bedeute in der Gegenwart, sich nicht vom militärischen Eifer der Vielen mitreißen zu lassen, nicht die Liebe zugunsten geringerer Werte aufzugeben, sondern den Mut zu finden, sie sich als das höchste Ideal vor Augen zu stellen. Als Feldrabbiner versuchte Baeck, die Überzeugung zu vermitteln, dass die Liebe zum Vaterland nicht das Vaterland über die Liebe stellen dürfe.

Die Juden waren erstmals im 18. Jahrhundert zum Dienst in nationalen Armeen gerufen worden. Einige reagierten ablehnend, da sie befürchteten, in einem Militärlager nicht an ihrem Judentum festhalten zu können. Andere glaubten, nur durch den Militärdienst an der Seite von Nichtjuden könnten sie ihre uneingeschränkte Loyalität zum Staat unter Beweis stellen. In Deutschland hatten jüdische Soldaten mit großer Einsatzbereitschaft am Befreiungskrieg gegen Napoleon und später am Deutsch-Französischen Krieg 1870/71 teilgenommen, obwohl auch auf der anderen Seite Juden kämpften. Mit dem Ausbruch des Weltkriegs meldeten sich zehntausend deutsche

Juden freiwillig zum Militärdienst in der Gewissheit, dass der Aufruf des Kaisers zu brüderlicher Einheit über alle politischen und religiösen Parteien hinweg auch sie einschloss. Jetzt würden sie ihre Loyalität zu Deutschland definitiv unter Beweis stellen. Am Ende nahmen fast hunderttausend jüdische Soldaten teil, zweitausend von ihnen wurden Offiziere, wenngleich fast ausschließlich in niedrigen Rängen. Wie die nichtjüdischen Soldaten traten auch sie mit Begeisterung, ja Euphorie in den Krieg ein. An dessen Ende erhielten viele von ihnen Auszeichnungen, die meisten das Eiserne Kreuz.

Die Behandlung jüdischer Soldaten in der deutschen Armee war unterschiedlich. Einige Offiziere nahmen sie freundlich auf, andere nicht. Ein hochrangiger Offizier begrüßte es, dass es Feldgeistliche für jüdische Soldaten gab, da «ein gottesfürchtiger Soldat, einerlei welcher Religion er angehört, auch ein guter Soldat ist».[7] Doch antisemitische Einstellungen in der Armee waren nicht ungewöhnlich. Die Beschwerde jüdischer Feldgeistlicher, die Soldaten hätten allzu leichten Zugang zu antisemitischen Schriften, wurde von den zuständigen Behörden abgewiesen. General Ludendorff erließ sogar einen Geheimbefehl, in dem er orthodoxen elsässischen Juden unterstellte, in den Kapseln ihrer Gebetsriemen Spionagenachrichten zu transportieren.[8] Für jüdische Soldaten und das deutsche Judentum insgesamt niederschmetternder war der 1916 vom Kriegsministerium angeordnete Zensus, der nachweisen sollte, wie wenige Juden an der Front im Einsatz waren. Die Zählung unterstellte, die Juden seien Drückeberger, die sich aus kleinlichem Eigennutz ihrer patriotischen Pflicht entzögen. Ein Ergebnis wurde zwar nie veröffentlicht, offenkundig weil der Zensus nicht den gewünschten Nachweis erbrachte, doch dieser Versuch, die Juden für das militärische Scheitern Deutschlands mitverantwortlich zu machen, war erschreckend. Es war dies auch das erste Beispiel für eine Stimmung, die nach dem Krieg zur Entstehung der Dolchstoßlegende führte, zu dem Vorwurf, die Juden wären dem mutigen Deutschland in den Rücken gefallen. Jüdische Feldgeistliche im Ersten Weltkrieg hatten also die schwierige Aufgabe, die Moral unter den jüdischen Soldaten aufrechtzuerhalten, die trotz ihrer Begeisterung hinnehmen mussten, dass sie in den Reihen ihrer Mitsoldaten nicht voll akzeptiert wurden, um es milde auszudrücken.⁹ Feldrabbiner gab es in der deutschen Armee erstmals im Deutsch-Französischen Krieg. Drei Rabbinatsstudenten aus dem Seminar in Breslau taten ihr Bestes, mit geringer Unterstützung durch die Regierung. Im Ersten Weltkrieg meldeten sich einundachtzig Rabbiner freiwillig, von denen zunächst sechs als Militärgeistliche ausgewählt wurden. Im Laufe des Krieges stieg ihre Zahl auf dreißig reguläre Feldrabbiner und fünfzehn Hilfsgeistliche. Im Unterschied zu ihren christlichen Kollegen erhielten sie keine Besoldung durch das Ministerium, sondern wurden von den jüdischen Gemeinden unterstützt, die ihnen ihr Rabbinergehalt weiterbezahlten. Jüdische Geistliche hatten zwar Offiziersstatus, aber ohne einen bestimmten Rang. Sie trugen den Davidstern entweder auf der Mütze oder an einer Kette um den Hals. Gelegentlich berieten sie sich in Rabbinerkonferenzen, die an der West- und an der Ostfront abgehalten wurden.

Im September 1914 verließ Leo Baeck seine Familie in Berlin und wurde einer der ersten sechs Rabbiner, die im Krieg als Militärgeistliche im Einsatz waren. Wie fast alle deutschen Juden glaubte auch er an die gerechte Sache seines Landes. Doch anders als Hermann Cohen setzte er Deutschtum und Judentum nicht vollständig gleich. In zwei kontroversen Aufsätzen, die er während des Krieges schrieb, beide mit dem Titel «Deutschtum und Judentum», erklärte Baecks philosophischer Mentor, zwischen dem deutschen Humanismus und dem universalen jüdischen Messianismus gebe es keinen grundlegenden Unterschied, beide hätten dasselbe Ziel. Baeck widersprach. Er betrachtete die humanistische Tradition der deutschen Kultur nicht als dem Judentum vollständig gleichwertig, trotz allem Respekt, den er ihr entgegenbrachte. Und anders als einigen seiner christlichen Kollegen war ihm Chauvinismus fremd. Das Judentum, daran hielt er immer fest, müsse vom Staat getrennt bleiben und ge-

Leo Baeck als Feldrabbiner im Ersten Weltkrieg

höre in einen anderen Bereich, in dem es unabhängig Einfluss ausüben könne.

Baeck erhielt keine Besoldung seitens der Armeeverwaltung und musste seine Uniform selbst bezahlen, doch es wurden ihm ein Wagen und zwei Pferde zur Verfügung gestellt und freies Quartier zugesichert.[10] Die Berliner Gemeinde übernahm die Kosten für seine Uniform und zahlte ihm sein Rabbinergehalt weiter, sogar ergänzt durch eine Kriegszulage. Zunächst wurde er an die Westfront geschickt, wo er sofort die weit verstreuten Militärlager und Feldlazarette aufsuchte, um jüdische Soldaten ausfindig zu machen. In dem ersten von fünfundsechzig Berichten, die er alle vierzehn Tage an die Berliner jüdische Gemeinde schickte, schrieb er, wie er, mal zu Pferd, mal in einem Wagen, von Ort zu Ort reiste, um sich bekannt zu machen und sich einen Überblick über das Ausmaß seiner Verpflichtungen zu verschaffen. Die Logistik war schwierig, denn im Unterschied zu den christlichen waren die jüdischen Soldaten in kleiner Zahl an vielen Orten verteilt.

Seine Hauptaufgabe sah Baeck darin, verwundete jüdische Soldaten in siebzig Feldlazaretten, die in Kirchen, Schulen oder sogar französischen Schlössern untergebracht waren, von ihren Schmerzen abzulenken. Er überbrachte den Soldaten Nachrichten von zu Hause und übermittelte Nachrichten an ihre Familien. Er schrieb Briefe und Postkarten, die sie selbst nicht schreiben konnten, und manchmal musste er den Angehörigen auch eine Todesnachricht schicken. Vor allem aber sprach er den Männern Trost zu, erteilte ihnen Ratschläge und ermunterte sie, mit anderen verwundeten Soldaten in Kontakt zu treten, um ihre Einsamkeit zu überwinden und sich von ihrem eigenen Leid und ihren Schmerzen abzulenken. Manchmal brachte er ihnen auch kleine Geschenke. In einem seiner Berichte unterstrich Baeck die Bedeutung seiner Tätigkeit: «Den Verwundeten wird ein Stück Heimat gebracht und ihre Zuversicht gehoben; sie fühlen sich, wie ich oft bemerken konnte, schon dadurch aufgerichtet, daß auch zu ihnen, wie zu den Andersgläubigen, ein Seelsorger kommt.»[11]

In einem anderen Bericht beschreibt er seine Erfahrung im Feldlazarett: «Je kleiner der Raum ist, desto eher werden die, die dort beisammen sind, wie zu einer Familie, und die Unterhaltung, die der Rabbiner mit seinen Verwundeten oder Kranken beginnt, wird bald zu einer allgemeinen; alle versuchen teilzunehmen, Fragen werden gestellt, Erfahrungen mitgeteilt, Wünsche und Hoffnungen sprechen sich aus. Aber meist wird es dann so, daß zuletzt nur er noch spricht, und das Gespräch wird wie zu einer formlosen Predigt, und der Bettrand oder der Tisch in der Mitte des Raumes ist wie zu einer Kanzel geworden.»¹² Der Rabbiner sprach also nicht nur mit dem Soldaten, den er besuchte, sondern mit allen, die sich um ihn scharten. Baeck war überzeugt, dass seine Anwesenheit auch für die Anerkennung des Judentums bedeutsam war: Für die Stellung der jüdischen Soldaten sei es wichtig, dass ihre Religion sichtbar neben der ihrer christlichen Waffenbrüder stand. Diese Anerkennung durch die geistliche Führung des Judentums bestärkte jüdische Soldaten in ihrer Überzeugung, dass sie den Respekt ihrer Kameraden verdient hatten.¹³

Angesichts des durch den Krieg verursachten Leids fragte sich Baeck schon früh, ob es dafür eine tiefere Rechtfertigung gebe als ein engstirniges nationales Interesse oder «nationalen Egoismus», wie er es nannte. Krieg könne nur dann bejaht werden, wenn sein Ziel über das rein Militärische hinausgehe. Das Leid müsse durch ein Ideal gerechtfertigt werden, und dieses Ideal war für Baeck die Gerechtigkeit. Der Krieg, so Baeck, lege nicht nur denen eine Last auf die Schultern, die über ihn zu entscheiden hatten, sondern belaste auch das Gewissen derer, die in diesem Krieg im Einsatz waren. Nur eines könne die Seele befreien: «das Bewußtsein, daß der Krieg ein weltgeschichtlicher ist ... daß er dem großen Ganzen gilt, daß er für die Kultur und Gesittung, daß er für die Zukunft des Menschengeschlechts geführt wird».¹⁴ Es dürfe keinen Krieg um des Krieges willen geben, ja nicht einmal um eines Friedens willen, der Spannungen verringert. Der Krieg habe nur dann einen Sinn, wenn er einer Zukunft diene, dem großen Frieden der Kultur. Baeck definierte nicht, was er mit «Kultur» meinte. Doch aus seinen nach dem Krieg publizierten Schriften wird ersichtlich, dass er nicht die Kultur des preußischen Militarismus meinte – nicht Krieg als Wert an sich, sondern die Kultur als ein Produkt der Tradition aufgeklärter Toleranz, die im jüdischen Monotheismus vorweggenommen worden sei.

Baeck betreute nicht nur die Verwundeten, man erwartete von ihm auch, dass er an Feiertagen und am Schabbat Gottesdienste leitete, allerdings unter ganz anderen Bedingungen als zu Hause. Einmal war eine kaum beleuchtete Höhle in Saint Léger nördlich des

Flusses Aisne der sicherste Ort. Er stand nicht auf einer erhöhten Kanzel, von der er zu der versammelten Gemeinde sprach wie in Berlin, sondern inmitten der gewöhnlich kleinen Gruppe jüdischer Soldaten, die am Gottesdienst teilnahmen. Er betete, als wäre er einer von ihnen, in ihrer Mitte. Formelle Arrangements spielten keine Rolle. Das gemeinsame Gebet und die bekannten Melodien wurden zu wichtigen Elementen, die den Gottesdienst für die Soldaten bedeutsam machten und ihren Lebensmut stärkten. In einem Brief nach Hause beschrieb ein jüdischer Feldwebel einen Gottesdienst Baecks in einem Ort in Nordfrankreich: In einem Raum der örtlichen Kirche hatten sich zwölf Soldaten versammelt, dazu ein christlicher Unteroffizier, der darum gebeten hatte, dem Gottesdienst beiwohnen zu dürfen, «und der ganz hingerissen» war. Baeck sprach von der Notwendigkeit auszuharren, Geduld zu haben und auf Gott zu vertrauen, der alles zum Guten lenken würde. Jetzt hätten viele Menschen erst Gott gefunden.[15]

1915 berichtete Baeck, in den zurückliegenden Monaten hätten Soldaten ihm oft ungefragt gesagt, wie stark sie das Religiöse, das Jüdische, das sie eine, empfunden hätten und wie unbedeutend ihnen dagegen Meinungsverschiedenheiten erschienen seien, die auf einem engen Verständnis der jüdischen Identität basierten, sei sie ausschließlich säkular oder ausschließlich religiös.[16] Diese breitere Sicht hatte Baeck freilich seit jeher vertreten. In Vorwegnahme seines späteren Denkens schrieb er in Martin Bubers Monatsschrift *Der Jude*: «Das Jüdische ist sui generis und deshalb bloß durch sein Dasein zu erklären; es ist ein Einmaliges der Menschheitsgeschichte geblieben, ein Wort des Weltschöpfers, das nicht mehr wiederholt ward... Deshalb mußte es ein vergebliches Unternehmen werden, das jüdische Dasein entweder in den Begriff der bloßen Nation oder in den der reinen Glaubensgenossenschaft hineinfügen zu wollen.»[17] Mit anderen Worten: Weder ein säkularer jüdischer Nationalismus noch ein rein religiöses Verständnis des Jüdischen könne die ganze Fülle der jüdischen Identität fassen. Baeck hoffte, dass dieses einigende Bewusstsein der jüdischen Soldaten im Krieg auch im Frieden fortdauern würde.

Während des Krieges gab Baeck auch ein Gebetbuch im Taschenformat heraus, das für jüdische Soldaten des gesamten religiösen Spektrums akzeptabel sein sollte. In schlichtes schwarzes Leinen gebunden, sah es von außen aus wie ein christliches Gebetbuch. Es enthielt neunundzwanzig Seiten deutschen und dreiundzwanzig Seiten hebräischen Text. Der deutschsprachige Teil, links beginnend, beinhaltete traditionelle Gebete und ausgewählte Psalmen sowie unter dem Titel «Volkslieder» einige patriotische Gesänge, der hebräische Teil, rechts beginnend, traditionelle Gebete, wenn auch in stark verkürzter Form.[18] Die Soldaten zeigten sich dankbar für die Gebete und Lieder in dem Büchlein, das sie im Gottesdienst zur Hand nehmen konnten. Doch Baeck betonte, die festgelegten Gebete und selbst die Predigt seien unter diesen besonderen Umständen nicht annähernd so wichtig wie das still für sich gesprochene Gebet in einer sich selbst geschenkten Stunde der Andacht oder sogar im Schützengraben, wenn ein Soldat in einer Gruppe oder allein über seinen Platz in diesem nun schon so lange andauernden Krieg und über seine persönliche Beziehung zu Gott nachdenken konnte. Die gemeinsame oder persönliche Andacht könne den Soldaten über die angstvolle Gegenwart des Krieges in eine heilende und tröstliche Sphäre emporheben. Baeck berichtete, im April 1915, nach der von ihm geleiteten Pessachfeier in einem kleinen Kreis von Soldaten, seien sie gegen Mitternacht auseinandergegangen «wie von einer Insel des Friedens inmitten der Unruhe».[19]

Später, an der Ostfront, als Baeck den Sederabend der Pessachwoche in Novoalexandrowsk feierte, versammelten sich an einem der beiden Abende nicht weniger als sechshundert Männer. Anders als andere deutsch-jüdische Intellektuelle idealisierte Baeck die polnischen und russischen Juden nicht, denen er in Warschau, Wilna und anderen Städten des Ostens begegnete, obwohl er die Kraft ihres Glaubens schätzte und über ihre Armut erschrak. Er bemühte sich, ihre Not zu lindern. Dank seiner Verbindungen zur Armee verschaffte er Beauftragten der lokalen jüdischen Zivilbevölkerung Passierscheine zum Ankauf von Weizen, aus dem er für Soldaten und Zivilisten Mazzen backen ließ. Damit das ungesäuerte Brot für die Bevölkerung erschwinglich war, setzte er einen Höchstpreis fest.[20] Baeck war keineswegs der Einzige; es gab mehrere andere Feldrabbiner, besonders im Osten, die sich nicht nur um die deutsch-jüdischen Soldaten, sondern auch um die einheimische jüdische Bevölkerung kümmerten.

Zu Baecks Aufgaben gehörten natürlich auch Beerdigungen, oft nicht von einzelnen Verstorbenen, sondern Massenbegräbnisse von Soldaten, darunter auch Nichtjuden. Gelegentlich gab es auch Exhumierungen, bei denen gleichfalls bestimmte Gebete gesprochen werden mussten. Gruppenbegräbnisse von Juden und Nichtjuden führte Baeck manchmal zusammen mit christlichen Feldgeistlichen durch. Dann sprachen katholische, protestantische und jüdische Geistliche nacheinander, bevor sie gemeinsam dem Begräbniszug folgten. Manchmal war Baeck der einzige Geistliche, der für Juden *und* Christen sprach. Der Krieg verschaffte ihm Gelegenheit, mit seinen christlichen Kollegen in einen Kontakt zu kommen, wie es in Friedenszeiten kaum möglich war.

Obwohl erst Anfang vierzig, überließen seine jüdischen Kollegen ihm den Vorsitz bei ihren Konferenzen, wann immer er anwesend war, sowohl an der Westfront (September 1914 bis Oktober 1915) als auch im Osten, wo er bis zu seiner Rückkehr nach Berlin im Juni 1918 blieb. Seine Rabbinerkollegen gratulierten ihm zur Verleihung des Eisernen Kreuzes zweiter Klasse für seine vorbildliche Tätigkeit als Feldgeistlicher, eine Auszeichnung, die auch andere Geistliche erhielten. Bei ihren Konferenzen tauschten die Militärrabbiner Erfahrungen aus, debattierten über Predigten und seelsorgerische Aufgaben und beschäftigten sich in mindestens einer Sitzung mit der «sexuellen Frage». Denn wie ihre Kameraden gerieten auch jüdische Soldaten in Versuchung, während ein paar Tagen Fronturlaub billigen Sex mit einheimischen Frauen zu suchen. Die Feldrabbiner, unter ihnen zweifellos auch Baeck, erachteten es für ihre Pflicht, im Anschluss an den Gottesdienst dieses Thema mit den Soldaten zu erörtern und ihnen klarzumachen, dass Selbstbeherrschung nicht nur eine religiöse und patriotische Pflicht, sondern auch eine Form von Mut sei.[21]

In den letzten Kriegsmonaten, an der Ostfront, wurden Baecks Berichte nachdenklicher, und er begann zu überlegen, wie es nach dem Krieg weitergehen würde. Jetzt war es ihm besonders wichtig, sich selbst und andere aus der engen, national beschränkten Kriegsmoral zu befreien, die jegliches Verständnis für die Gegenseite vermissen ließ. In seinem letzten Bericht an die jüdische Gemeinde Berlin im März 1918 prangerte er den Hass zwischen den Völkern an, den der Krieg entfesselt hatte. Er dachte darüber nach, wie es wäre, wenn man die Perspektive der Gegenseite einnehmen würde: wenn man «unsere Welt von dem Platze des anderen» sehen würde. Das Verständnis seiner selbst, sagte er, hänge davon ab, wie sehr man sich mit den Augen der Mitmenschen sehen könne. Natürlich verwendete er eine religiöse Terminologie: «Auch alle Gerechtigkeit ist davon bedingt, wie weit man derart fähig ist, sich zu dem anderen hinüberzudenken, sich in ihn hineinzufühlen, wie weit man, um mit dem biblischen Worte zu sprechen, die ‹Seele des anderen versteht›, auf die Seele seines Empfindens innerlich hinübertritt.» Beide Seiten hätten im Krieg unsäglich gelitten; jetzt sei es an der Zeit, patriotische Phrasen hinter sich zu lassen. «Wohl jeder Heimkehrende», so glaubte – oder vielmehr hoffte – Baeck, werde «hiervon erzählen können, wie er Hilfsbereitschaft und Güte auch von den Menschen des anderen Landes erfahren hat». Unter Rückgriff auf seine Überlegungen zu Kriegsbeginn erklärte er gegen Kriegsende: «Das Menschliche drang immer durch alles Trennende hindurch, und alle Besonderheit und Verschiedenheit ließ nur umso stärker dieses Gemeinsame empfinden. Wenn die Völker auch einander ferne standen; die Menschen kamen bald einander nahe.»[22] Es sei dieses Menschliche, das über den Krieg hinweg eine Brücke zwischen den Völkern schlagen könne.

Feldrabbiner

Es erscheint merkwürdig, dass in Baecks Berichten und in anderen seiner während des Krieges entstandenen Schriften, jedenfalls soweit wir sie kennen, jede Bezugnahme auf den durch den Krieg insbesondere in den letzten Monaten entfesselten Antisemitismus fehlt. Vielleicht befürchtete er, durch solche Kommentare die Angehörigen der Soldaten, die seine Berichte lasen, noch mehr in Sorge zu versetzen. Aber das ist nicht die ganze Antwort. Baeck widerstrebte es stets, sich über vergangene oder gegenwärtige Feindseligkeiten gegen Juden zu äußern und insbesondere über die preußische Monarchie zu lästern. Kurz vor Kriegsausbruch schrieb er einen Aufsatz zur Geschichte der Juden und des Judentums in der preußischen Rheinprovinz, zu der auch Düsseldorf gehört hatte, seine alte Wirkungsstätte. Der Aufsatz war für einen Band bestimmt, der verschiedene Aspekte des Lebens in der Provinz beleuchtete und deshalb auch deren jüdische Bewohner und ihre Religion einbezog.[23] Zwar lässt Baeck in seinem Aufsatz das Leid der Juden nicht unerwähnt, aber er gibt nicht der preußischen Monarchie die Schuld an deren Diskriminierung. So unterstreicht er beispielsweise die außergewöhnliche Toleranz des Großen Kurfürsten, der 1671 ein paar Juden in seinen Gebieten aufnahm, verschweigt aber die damit verbundenen strengen Restriktionen. Er erwähnt die aufgeklärten Vertreter Preußens Hardenberg und Wilhelm von Humboldt und führt den Antijudaismus auf einen widrigen «romantischen Geist» zurück, der im frühen 19. Jahrhundert Anhänger gewonnen habe. Sein Narrativ endet mit der vollständigen jüdischen Emanzipation zu Beginn des Zweiten Reichs 1871, so dass er sich mit dem Antisemitismus der nachfolgenden Jahre nicht mehr beschäftigen muss. Der Judenhass seiner Zeit stand in Konflikt mit dem religiös begründeten Optimismus, der Baeck vor dem Krieg charakterisiert hatte. Vielleicht ist dieser Aufsatz auch ein frühes Beispiel für eine psychische Disposition, die ihn das Böse verdrängen ließ und ihn nach dem Holocaust, der für die Juden insgesamt und für Baeck persönlich zerstörerischer war als alles, was zuvor geschehen war, dazu bewog, diesem Thema möglichst aus dem Weg zu gehen.

Die Nachwirkungen

Im Juni 1918, wenige Monate vor Kriegsende, kehrte Baeck zu seinen Aufgaben als Gemeinderabbiner nach Berlin zurück. Doch der Krieg ließ ihn nicht los. Als dessen Ende näher rückte, äußerte er gegenüber Rabbinerkollegen, die Erfahrung des Krieges habe den Rationalismus zurückgedrängt, der in den Jahrzehnten zuvor das Judentum dominiert habe. An dessen Stelle sei «ein Empfinden und Ahnen der Tiefe und des Geheimnisvollen der religiösen Gedankenwelt getreten». Diese Erkenntnis manifestierte sich schon bald in seinem eigenen Denken und stärkte seine Überzeugung von der Bedeutung der jüdischen Botschaft für die Nachkriegswelt. Er blickte optimistisch in die Zukunft und gab sich gewiss, dass das Judentum eine zentrale Rolle spielen werde: «Unser ist es zu bekennen, nur am Judentum kann die mit schweren Wunden bedeckte Welt gesunden.»[24]

Merkwürdig ist, dass Baeck in seinen zweiwöchentlichen Berichten die am Krieg beteiligten Länder nicht erwähnte. Selbst Deutschland wurde nur selten genannt. Daraus muss man schließen, dass für Baeck in diesem Krieg letztlich nicht Völker gegeneinander kämpften, sondern Wertesysteme, die es auf beiden Seiten gab. Als er kurz nach dem Krieg in der Lehranstalt eine Rede zum Gedenken an die gefallenen Studenten hielt, deutete er an, worum es auf einer tieferen Ebene in diesem Krieg eigentlich gegangen sei.[25] Zwei Kräfte stünden miteinander in Konflikt, die beide im preußischen Staat wirksam seien: auf der einen Seite das Erbe des konservativen Luthertums, das sich mit der weltlichen Macht verbündet habe; auf der anderen Seite ein unabhängiger Calvinismus und die kantische Moralphilosophie. Das Luthertum entsage seiner moralischen Verantwortung gegenüber dem Staat, der Calvinismus nicht. Die lutherische Auffassung, repräsentiert durch Friedrich Schleiermacher, einen Theologen des 19. Jahrhunderts, beinhalte eine gottgewollte Abhängigkeit vom politischen Status quo auf Kosten des Fortschritts; der Calvinismus dagegen beinhalte die Pflicht zu persönlicher Verantwortung. Baeck formuliert es ganz explizit: «Der Krieg, den wir haben durchleben müssen, ist in gewissem Sinne ein Krieg zwischen Luthertum und Calvinismus.» Baeck, der sich nach wie vor als preußisch verstand, wollte keine direkte Kritik an Preußen üben und vermied es, vom preußischen Militarismus oder Imperialismus zu sprechen, mit dem er sich ausdrücklich nicht identifizierte. Was er meinte, verdeutlichte er mit der Bezugnahme auf eine dritte Kraft außerhalb von Luthertum und Calvinismus, die, wie er hoffte, in den kommenden Jahren siegen werde. Diese Kraft war das Deutschland Gotthold Ephraim Lessings, eines Freundes von Moses Mendelssohn und eines Verfechters der Aufklärung, der die universelle Moral über den Staat stellte. Aus diesem Geist der Aufklärung sei die Emanzipation der Juden hervorgegangen. Es sei der «preußische Idealismus mit seinem optimistischen Glauben an die Zukunft des Menschlichen» gewesen, dem sich die jüdischen Gemeinden Deutschlands verbunden fühlten. Zurück und vorwärts blickend, schloss Baeck seine Rede in der Lehranstalt mit dem für ihn typischen Optimismus: «Eine neue Zeit will beginnen, eine Zeit, die an den alten preußischen Idealismus wieder anknüpfen will, in der weithin auch Ideen, die aus dem jüdischen Geiste geboren sind, sich durchsetzen wollen. Die Welt will anders werden.»[26] Um zu überlegen, wie sie anders werden könne, schrieb er an Martin Buber und schlug ihm die Gründung eines kleinen Kreises vor, in dem die religiösen Fragen der Nachkriegswelt erörtert werden sollten.[27] Doch soweit bekannt, kam es nie dazu.

Nicht alle deutschen Juden teilten Baecks zukunftsweisende Sicht einer Nachkriegswelt, die den engstirnigen Nationalismus zugunsten der Sorge für den einzelnen Menschen hinter sich ließ. Jüdische Veteranen wollten weiter beweisen, dass sie ihren Beitrag zum Krieg geleistet hatten, und für dieses Bedürfnis gab es gute Gründe. Die Juden hatten loyal am Krieg teilgenommen, aber die politische Rechte in Deutschland brandmarkte sie nach wie vor als Außenseiter, die untauglich seien, in der neuen Weimarer Republik Führungspositionen zu übernehmen. Als der jüdische Außenminister Walther Rathenau 1922 ermordet wurde, hatte Baeck die traurige Aufgabe, die Grabrede zu halten. Er hatte Rathenaus Familie nahegestanden, und nach Rathenaus Tod schenkte ihm Rathenaus Mutter die Bibliothek ihres Sohnes.[28] Sehr viel später, nach dem Holocaust, hielt Baeck in Deutschland Vorträge über vier bedeutende deutsche Juden, unter ihnen Walther Rathenau, den er nicht nur als jüdischen Industriellen, Intellektuellen und Staatsmann, sondern auch als einen Suchenden würdigte, der unterwegs war zu «seinem Judentum».[29] Im Dezember 1922 weihte Baeck im Verwaltungsgebäude der Berliner Jüdischen Gemeinde in der Oranienburger Straße eine «Ehrentafel» für die jüdischen Soldaten ein, die ihr Leben für Deutschland gegeben hatten. Die Art und Weise der Inschrift mit dem Davidstern in beiden Ecken der Gedenktafel und der Angabe des Zivilberufs der Gefallenen beziehungsweise von deren Funktion in der Gemeinde bekundet demonstrativ, dass sie nicht als Deutsche, sondern als deutsche Juden gestorben waren.[30]

Wie andere Rabbiner in und außerhalb Deutschlands wurde auch Baeck durch die Erfahrung des Krieges zum Befürworter einer Friedenspolitik, die künftige Kriege verhindern sollte. Zehn Jahre nach Kriegsende schrieb er für die *Blätter des Deutschen Roten Kreuzes* einen Aufsatz mit dem Titel «Neutralität». Er würdigte die Zurückhaltung und Mäßigung, welche die Gabe der Neutralität sei. Dieselbe Neutralität, für die sich Baeck bei den verschiedenen Parteien des Judentums seit langem eingesetzt hatte, verlangte er nun für die Nationen. Doch Neutralität, schrieb er, sei oftmals passiv und deshalb unzureichend. «Zurückhaltung» müsse sich zur «Haltung» entwickeln und damit zu einer positiven anstelle einer negativen Neutralität. Entscheidend sei letztlich nicht die Zurückhaltung, sondern die Betonung der einigenden und gemeinsamen Faktoren. Dies war die Basis, auf der, wie Baeck hoffte, die Beziehungen zwischen den Völkern aufgebaut werden konnten, um einen neuen Krieg zu verhindern und ein «neues Europa» aufzubauen.[31]

4

Ein engagierter Denker

Ambivalent gegenüber der Weimarer Kultur

Das neue, friedliche Europa, auf das Baeck gehofft hatte, blieb aus. Der nach dem Krieg gegründete Völkerbund erwies sich als ein Instrument, das schwächer war als die rivalisierenden nationalen Ambitionen. In Deutschland schufen Revolutionsversuche der Linken und Rechten Uneinigkeit und Chaos. Und die harten Reparationsforderungen der Siegermächte führten schon bald zu einer beispiellosen Inflation, die für viele deutsche Juden das Ende ihres Mitte des 19. Jahrhunderts begonnenen sozialen Aufstiegs einläutete. Gewiss, in der neuen Weimarer Republik hatten die Juden mehr Möglichkeiten, in angesehene Positionen in Politik und Gesellschaft aufzusteigen, doch der Antisemitismus, auch wenn er in den größeren Städten nicht immer sichtbar war, schwelte unter der Oberfläche und brach sich gelegentlich Bahn. Der Zustrom von Juden aus Osteuropa während des Krieges teilte die größeren jüdischen Gemeinden dort, wo sich die Ostjuden ansiedelten. 1925 gab es in Deutschland mehr als 85 000 osteuropäische Juden.

Dennoch war in den Städten – und besonders in Berlin, wo jetzt rund ein Drittel der deutschen Juden lebten – ein neuer Geist spürbar. Juden traten zunehmend in sozialen Kontakt zu ihren nichtjüdischen Nachbarn. Trotz unterschiedlicher Grade nach wie vor existierender Feindseligkeit waren Nichtjuden zunehmend bereit, Juden zu heiraten, wodurch die niedrige Geburtenrate weiter zurückging und damit die Zukunft eines demographisch nennenswerten deutschen

Judentums fraglich wurde. Mehr und mehr Juden zeigten an den Institutionen ihrer Gemeinde wenig Interesse und versuchten, sich der finanziellen Unterstützung für deren Erhalt zu entziehen. Sie traten aus dem organisierten Judentum aus, ohne zu konvertieren, und blieben Juden allein im Sinne jener «rassischen» Definition, wie sie ihnen weniger als zehn Jahre später von außen aufgezwungen wurde. Besonders die jüngere Generation fühlte sich zu dem freieren Lebensstil der urban geprägten Weimarer Kultur hingezogen. Ehen wurden nur noch selten arrangiert, sondern von den Partnern selbst bestimmt. Man verbrachte seine Freizeit in Cafés und war sexuell sehr viel freizügiger. In der Presse setzten jüdische Schriftsteller die Maßstäbe für beißende Satire und Kritik. Die Orthodoxen ausgenommen, besuchten viele Juden den Gottesdienst nur noch ein-, zweimal im Jahr an den Hohen Feiertagen. Die 1866 eingeweihte prächtige Neue Synagoge im Herzen Berlins war zwar nach wie vor ein Quell jüdischen Stolzes, doch die Berliner Juden ließen sich nur noch selten dort blicken. Baecks Schabbat-Predigten konnten den gewaltigen Saal nicht füllen.

Auch wenn es Baeck widerstrebte, seine persönlichen Empfindungen zu äußern – es gibt nur wenige explizite Hinweise darauf –, konnte man doch spüren, dass er sich im anonymen und moralisch laxen urbanen Klima der 1920er Jahre äußerst unwohl fühlte. Seine Kultur blieb die des frühen Wilhelminismus mit seinem strengen bürgerlichen Verhaltenskodex. Geprägt von dem kleinen, traditionellen Lissa, schrieb er kritisch über die Metropole, in die es ihn gezogen hatte. Die Verstädterung, so glaubte er, hatte den Juden einen hohen Preis abverlangt. Mit einem Hauch Nostalgie konstatierte er, dass an die Stelle der gemeindlichen Frömmigkeit der dörflichen und kleinstädtischen Juden eine individuelle Religiosität getreten oder die Religiosität sogar ganz verschwunden sei. In den Großstädten sei jüdische Philanthropie zum Ersatz für die Erfüllung religiöser Pflichten geworden. Der Drang zu stetigem Wandel habe die Kontinuität der Tradition verdrängt. Anders als die kleinen jüdischen Gemeinden, von denen viele nach dem Krieg an Polen abgetreten worden waren, lebten die Juden der Weimarer Republik in einer Gesellschaft ohne Wärme und Intimität.[1] Den Juden in den großen Städten der Weimarer Republik fehle es an familiärer Nähe, sie seien eine Masse von Einzelnen, die nur Parteien wählten, die um die Führung der Gemeinde miteinander konkurrierten. Die Berliner Juden agierten mehr auf politischer als auf wirklich religiöser Ebene miteinander. Kulturell mangle es ihnen an Achtung. Ihr Empfinden sei verkümmert, ihr Denken auf das gerichtet, was bereits erreicht worden ist oder mit geringer Mühe erreicht werden kann. In der Großstadt sei künstliche Begeisterung an die Stelle des natürlichen Empfindens getreten, was eine gedankenlose Hast auf der Suche nach Vergnügen zur Folge habe. «An die Stelle der Freude tritt die Abwechslung oder die Erregung mit ihrem immer wandelnden Programm, an den Platz des verstehenden Humors tritt der über alles abfällig sprechende Witz», klagte Baeck.[2]

Der großstädtische Jude drohe seine Ursprünglichkeit, Unmittelbarkeit und Natürlichkeit zu verlieren. Als strenger Moralist konnte Baeck es auch nicht billigen, dass einige seiner jüngeren Rabbinerkollegen ihren Lebenswandel der herrschenden Kultur anpassten. Einige aus der jüngeren Generation beugten sich ihrer Umgebung und schwelgten in der neuen Moral. Der Rabbiner Joachim Prinz zum Beispiel besuchte Cafés und übernahm das Laissez-faire der Jugendkultur.[3] Seine Predigten und die einiger seiner Kollegen, die großen Anklang fanden, zielten auf den dramatischen Effekt und auf Relevanz für die Situation der zeitgenössischen Juden. Anders als Baeck scheuten sie sich nicht, von sich selbst zu sprechen. Baeck und einige aus der älteren Generation reagierten auf das Rabbinat und den Lebensstil ihrer Kollegen kritisch. Nach Baecks Ansicht sollte der Rabbiner, wenn er von der Kanzel herab sprach, eine strikt religiöse und moralische Botschaft übermitteln und diese Botschaft auch außerhalb der Synagoge beispielhaft leben. Am schlimmsten war für ihn ein Rabbiner, der unterhalten wollte, für den sogar die

Religiosität nicht mehr als ein Rollenspiel war. Was die Aufgabe des Lehrers betraf, so bestand für ihn «alle Erziehung vorerst darin, man möchte sagen, das Gefühl für das Saubere, für das körperlich und seelisch Reine zu wecken. Sie sagt darum zum Menschenkinde zuerst: ‹du sollst nicht, behüte dich!› ... Die Furcht des Herrn, das ist Weisheit, und das Böse meiden, das ist Vernunft».[4]

Mit aufrichtiger Bewunderung zitierte er den Schriftsteller Jean Paul aus dem späten 18. Jahrhundert, der in einer Zeit gelebt hatte, die, ähnlich wie seine eigene, «für Persönlichkeitskultur schwärmte». Jean Paul habe die durchaus jüdische Auffassung gepredigt, man solle eine Herzenskultur entwickeln, nicht mit dem Ausbau der guten Triebe, sondern mit dem Ausschneiden der schlechten. Erst wenn das Böse verbannt sei, könne das Gute entstehen. Das strikte Beharren darauf, die Neigung zum Bösen müsse ausgetrieben werden, unterschied Baeck von vielen Laien in der jüdischen Gemeinde wie auch von einigen seiner Amtskollegen. Er wahrte stets eine gewisse Reserviertheit und trug in der Öffentlichkeit immer einen dreiteiligen Anzug. Rabbiner Joachim Prinz beschrieb ihn als einen «Volksführer, ohne selbst zum Volk zu gehören. Er hat niemals mit dem Volk getanzt oder gelacht».[5] Baeck hatte wenig Verständnis oder Respekt für Kollegen, die mit dem Volk tanzten oder lachten, und noch viel weniger für jene, die wie Prinz und viele jüdische und nichtjüdische Intellektuelle die urban geprägte Moral der Zeit der Weimarer Republik übernahmen. Seine Sicht des Rabbinats unterschied sich von ihrer: Sie beinhaltete Würde und einen gewissen Abstand zu seiner Gemeinde, sosehr er um deren Wohlergehen besorgt war. Dies erfordere Verzicht, der in seinen Augen notwendig war, wenn der Rabbiner ein Vorbild jüdischen Verhaltens sein wollte. Jahre später erklärte Baeck in einem Vortrag vor Rabbinatsstudenten in Amerika: «Der Rabbiner muß ein Mensch jüdischer Lebensform sein, und vielleicht heißt jüdische Lebensform auch ein wenig Puritanismus, ein wenig Askese. Der neue Rabbiner bedeutet nicht modischer Rabbiner. Seine Predigten müssen Teil seines eigenen Lebens sein.»[6]

Ambivalent gegenüber der Weimarer Kultur

Dennoch gab es im Judentum der Weimarer Zeit auch eine religiöse Kultur, die, selbst wenn sie die meisten liberalen Juden nicht wirklich berührte, durchaus Anhänger und Unterstützer gewann, unter ihnen auch Leo Baeck.[7] 1923 fand sich in Berlin eine Gruppe religiös ernsthaft bestrebter jüdischer Männer und Frauen zusammen, um gemeinsam Gottesdienst zu feiern. Anders als in den liberalen Synagogen unter Verwaltung der jüdischen Gemeinde saßen hier Frauen und Männer nicht getrennt, und von allen wurde erwartet, dass sie an der Liturgie teilnahmen. Die zweihundert Sitzplätze eines Saals, den das jüdische Waisenhaus in der Schönhauser Allee zur Verfügung stellte, waren bei den wöchentlichen Gottesdiensten gefüllt, vorwiegend von jungen Leuten. «Gemeindeabende» boten ein Forum zur Diskussion brennender Fragen der Zeit.[8]

Die Juden, wo immer sie im deutschsprachigen Europa auch lebten, hatten Zugang zu den Errungenschaften einer religiösen und kulturellen Renaissance. Interessierte konnten die philosophischen Schriften Martin Bubers und seine populären modernisierten chassidischen Geschichten lesen. Max Liebermann und Lesser Ury, jüdische Maler des Impressionismus, nahmen jüdische Sujets in ihre Arbeiten auf. In Frankfurt gründete der Philosoph Franz Rosenzweig ein Jüdisches Lehrhaus für Erwachsenenbildung, um assimilierte Juden mit den Quellen und Ideen des klassischen Judentums vertraut zu machen. Eine kleine zionistische Bewegung zog die idealistische Jugend in ihren Bann, während der in den letzten Jahren der Weimarer Republik gegründete Schocken Verlag in Berlin jüdische Literatur veröffentlichte. Der Fakultät des liberalen Rabbinerseminars der Hauptstadt, das nach dem Ersten Weltkrieg erneut den höheren Rang einer Hochschule erhielt, gehörten herausragende Wissenschaftler an wie der Historiker Ismar Elbogen und der Philosoph Max Wiener, die bedeutende Bücher und Aufsätze publizierten. Neben dem älteren, konservativeren Seminar in Breslau und dem orthodoxen Seminar in Berlin bemühte sich die Hochschule um die Ausbildung einer neuen Generation von Gemeinderabbinern. In der Weimarer Zeit und danach war Baeck mit den Fächern Midrasch und Homiletik ein beliebter Lehrer dieses Seminars. Er war seit langem überzeugt, dass besonders der Midrasch nach wie vor bedeutsam war, da er mit seiner Verankerung in der Bibel bis in die Gegenwart hinein stets ein breites Spektrum an Deutungen zugelassen hatte. «Der Faden der Midrashliteratur ist eigentlich nie abgerissen», schrieb er in einem sehr frühen Aufsatz.[9]

In dieser jüdischen Kultur, die neben ihrem breiteren säkularen Pendant existierte, fühlte sich Baeck ganz zu Hause. Sie erlaubte es ihm, bei all seiner moralischen Kritik, das deutsche Judentum optimistisch zu sehen. Später schrieb er über den Ersten Weltkrieg und zehn Jahre der Weimarer Republik, die Erfahrungen des Krieges, der nachfolgend aufkeimende Hass und die politischen Extreme hätten paradoxerweise das religiöse Empfinden vertieft. Trotz all ihrer Negativität hätten sogar die Ausbrüche von Antisemitismus einen positiven Effekt gehabt, denn sie hätten den jüdischen Stolz auf den Besitz der jüdischen Religion geweckt und gestärkt. «Wenn alles, was die Zeit fügte, manche auch zu extremen Gedankenrichtungen, die vom Judentum fortführten, hingezogen hat, im Wesentlichen ist eine bestimmtere Frömmigkeit erwacht, und alle Richtungen im deutschen Judentum haben ihren Anteil an ihr gewonnen.»[10] Baeck konnte diese neu entdeckte Verpflichtung gegenüber dem Judentum am Liberalen Seminar spüren, wo seine Lehrtätigkeit nicht nur ihm, sondern auch seinen dankbaren Schülern eine tiefe Zufriedenheit schenkte. Aber weder sein Wirken als Lehrer noch seine Tätigkeit als Wissenschaftler – mit der er nur jenen kleinen Kreis von Personen erreichte, die sich ernsthaft mit dem Studium der jüdischen Religion beschäftigten – und auch nicht seine regelmäßigen Kanzelpredigten reichten aus, um das zu erfüllen, wozu er sich verpflichtet fühlte: jüdisches Leben in einer Gemeinde zu fördern und zu stärken, deren Mitglieder sich – auch wenn er sich gelegentlich optimistisch zeigte, was ihre Zukunft anging – mehrheitlich so sehr von ihr entfernten.

Funktionen und Ämter

In der zweiten Hälfte des 19. Jahrhunderts war die Zahl der Berliner Juden stark gestiegen. Laut Volkszählung von 1925 lebten mehr als 170 000 Juden in der Hauptstadt, ein Drittel der gesamten jüdischen Bevölkerung Deutschlands. Auch die große Mehrheit der osteuropäischen Juden, mehr als 15 Prozent der deutschen Juden, lebte in Berlin, vor allem im sogenannten Scheunenviertel. Die Zionisten bevorzugten zwar die Definition der jüdischen Gemeinschaft als «Volksgemeinde», doch die herrschende Mehrheit sah sich als einen religiösen Zusammenschluss, als «Kultusgemeinde». Als solche verfügte sie sowohl über liberale als auch über orthodoxe Rabbiner, die jeweils für die Gemeinde als Ganze und nicht für eine bestimmte Synagoge zuständig waren. Doch die deutschen Juden waren nicht nur durch religiöse Bindungen miteinander verknüpft. Und Baecks Rolle in der Gemeinde ging über rein religiöse Funktionen weit hinaus. In Berlin wurde der Rabbiner Leo Baeck auch zum Sprecher der Gemeinde und übernahm eine Fülle von Führungsaufgaben. Die meisten übte er gleichzeitig aus, und fast alle standen im Dienst jener Juden, die nur selten in die Synagoge kamen.

Bemerkenswert erscheint nicht nur, dass Baeck die Energie besaß, so viele Führungsfunktionen gleichzeitig zu erfüllen, sondern auch, dass ihm so viele Organisationen eine solche Rolle antrugen. Eine Erklärung lautet, dass er sich nicht an jüdischer Parteipolitik und schon gar nicht an internen Polemiken beteiligte. Wie schon in seiner Jugend betrachtete er sich auch jetzt in erster Linie als Juden und erst in zweiter Linie als Anhänger einer bestimmten religiösen Strömung oder politischen Ideologie. Er verzichtete ganz bewusst auf jede spalterische Propaganda und genoss daher das Vertrauen nicht nur seiner eigenen liberalen Gruppe, sondern auch der meisten orthodoxen Juden, der Zionisten und der Antizionisten, der gebildeten und der ungebildeten Juden; das Vertrauen jener, in deren Leben ihre jüdische Identität eine zentrale Rolle spielte, und jener, für die sie eher nebensächlich war. Aber nicht nur seine Neutralität, sondern auch sein Charakter verschaffte ihm eine breite öffentliche Akzeptanz. Die Distanz, durch die sich sein Rabbinat von der Kameraderie jüngerer Kollegen unterschied, verlieh ihm Statur. Er war nicht Teil der Menge, stand aber im Austausch mit deren Mitgliedern, respektierte ihre Individualität und brachte ihren Anliegen Verständnis entgegen, so dass man zu ihm aufblickte. Er legte eine vornehme Getragenheit an den Tag, die Vertrauen in seine Entscheidungen und Handlungen weckte. Und seine persönliche Moral war über jeden Zweifel erhaben. Auch wer in bestimmten Fragen nicht einer Meinung mit ihm war, zweifelte seine Integrität niemals an.

Die erste reichsweite Gruppe, die an Baeck herantrat, um ihm eine Führungsrolle anzutragen, war der Allgemeine Rabbinerverband in Deutschland, zu dessen Vorsitzendem er 1922 gewählt wurde. Ihm gehörten Rabbiner aus einem breiten religiösen Spektrum an, radikale Reformer ebenso wie Konservative. Lediglich die orthodoxen Juden hatten ihre eigene Organisation. Nicht nur seine charakterlichen Eigenschaften, auch seine Reputation als produktiver jüdischer Wissenschaftler und Denker sowie die Tatsache, dass er in Berlin ein prestigeträchtiges Rabbinat innehatte, prädestinierten Baeck für eine Position, die neben der Fähigkeit zu Vermittlung und Ausgleich auch die Kompetenz zur Einflussnahme auf seine Kollegen erforderte.

Zwei Jahre später, 1924, wurde er zum Vorsitzenden der Zentralwohlfahrtsstelle der deutschen Juden gewählt, die 1917 gegründet worden war, um die lokalen Wohlfahrtsverbände zu koordinieren. Zu dem Zeitpunkt, als Baeck die Führung übernahm, gewann die soziale Wohlfahrt wachsende Bedeutung, da infolge der verheerenden Inflation in den Jahren zuvor viele jüdische Familien verarmt waren. Wohlfahrt umfasste nicht nur die Fürsorge für die wachsende Zahl armer Juden insbesondere unter den Einwanderern aus Osteuropa, sondern auch die Bereitstellung von Mitgift für mittellose Bräute und von Wohnungen für Obdachlose. Zu den Künstlerinnen und Künstlern, von deren Arbeiten Baeck besonders berührt war, zählte Käthe Kollwitz mit ihren Darstellungen von Notleidenden und Verhungernden. In seinen Schriften differenzierte Baeck häufig zwischen der christlichen Haltung gegenüber den Armen, die von Wohlwollen und vom Mitleid mit dem Einzelnen geprägt war, und der jüdischen Haltung, die nach einer gerechten Gesellschaft und der Beseitigung der Armut strebte. Baeck verwendete ein hebräisches Wort, das aus der gemeinsamen Wurzel für Wohltätigkeit und Gerechtigkeit gebildet ist, als er schrieb: «Die wahre menschliche Gesellschaft ist die Gemeinschaft der Zedakah.»[11]

Im November 1924 wurde er einstimmig zum Großpräsidenten der Loge des B'nai B'rith für Deutschland gewählt.[12] Die Loge gab es in Deutschland seit 1882, und er war ihr schon in Düsseldorf beigetreten. Wie Sigmund Freud in Wien stellte auch Leo Baeck in Düsseldorf fest, dass der Bruderschaft eine Gruppe jüdischer Männer angehörte, die ernsthaft intellektuelle und soziale Ziele verfolgten. B'nai B'rith war für viele ihrer Mitglieder ein Ersatz für das religiöse Leben in der Synagoge. Als religiös und politisch neutrale Organisation, die innerjüdischen ideologischen Konflikten geflissentlich aus dem Weg ging, übte die Loge mit Sicherheit auch auf Baeck eine große Anziehungskraft aus. Die «Brüder», wie sie sich nannten, widmeten sich sozialen Belangen wie dem Kampf gegen Sexhandel mit jüdischen Mädchen und der Unterstützung jüdischer Waisenkinder. Im kulturellen Bereich sammelten sie Spendengelder für das 1905 gegründete Gesamtarchiv des deutschen Judentums. Nach Baecks Wahl zum Präsidenten der Loge stand ein Delegierter auf und rief: «Ein Rabbiner ist Großpräsident des deutschen Distrikts geworden!» Dieser offenkundig bemerkenswerte Umstand war nach Ansicht dieses Delegierten nicht nur eine Ehre für Baeck, sondern auch ein Zeichen der Anerkennung, die man dem deutschen Rabbiner zollte. Als Präsident gestand Baeck, er sei zwar kein nervöser Mensch, aber vielleicht auch kein bequemer. Und er fügte hinzu: «Aber, meine lieben Brüder, es ist notwendig, daß es auch solche Menschen gibt.»

Ein engagierter Denker

In seiner ersten Rede vor dieser Gruppe verzichtete er ganz bewusst auf jegliche Bezugnahme auf seine eigene Person und zitierte die Worte auf einem Denkmal für den britischen Staatsmann William Pitt: «Er lebte ohne Schaustellung seiner selbst.» Baeck verwies stattdessen auf die Aufgabe der Organisation, die er für die dringendste hielt: «die stärkere Betonung bewußt-jüdischer Motive im Orden». Er widersprach jenen Mitgliedern, die ihre Bindung an eine jüdische Bruderschaft als vorläufig betrachteten in der Überzeugung, sie werde bald einer universellen, alle Menschen umfassenden Bruderschaft weichen. Ihnen entgegnete Baeck: «Nicht von unserem Judentum fort, sondern durch unser Judentum hindurch führt der Weg zu unserem Menschentum.» Ihm lag daran, die weitere Auflösung der jüdischen Identität zu verhindern, die drohte, wenn B'nai B'rith sich Nichtjuden öffnete, und zeigte sich unnachgiebig gegen die von manchen Mitgliedern erhobene Forderung nach einem Orden ohne jede Konfessionsbindung.

Baeck drängte B'nai B'rith, der größeren Unabhängigkeit und öffentlichen Sichtbarkeit der Frauen in der Gesellschaft der Weimarer Republik mehr Aufmerksamkeit zu schenken. Zwar forderte er nicht die Aufnahme von Frauen in die örtlichen Logen, gestand ihnen aber eine gewisse Teilhabe zu, etwa in einer Hilfsorganisation des Ordens. Und er warnte seine «Brüder» vor dem Zerfall der jüdischen Familie im Zuge der wachsenden Zahl interreligiöser Ehen, in denen die Kinder christlich erzogen wurden. Die Moral der Weimarer Republik lehnte er unmissverständlich ab und sprach von der gegenwärtig weit verbreiteten «Gleichgültigkeit und Untreue ... geschlechtlichen Unsauberkeit und Zügellosigkeit». Manche Zuhörer hatten Probleme damit, solche Worte von Baeck zu hören, und sahen darin Kanzelpredigten. In den Protokollen lesen wir, dass einige Mitglieder eine «Klerikalisierung» ihres Distrikts befürchteten. Doch Baeck war entschlossen, sein Amt so demokratisch und loyal wie ein Laie auszuüben. In Ausübung seiner Verpflichtungen als Logenpräsident unternahm er zahlreiche Reisen und besuchte nicht nur Logen

Funktionen und Ämter

in Deutschland – wofür er gelegentlich Nachtzüge dritter Klasse nahm, um Kosten zu sparen –, sondern schiffte sich auch zweimal in die Vereinigten Staaten ein, um mit der 1843 gegründeten amerikanischen B'nai B'rith Kontakt aufzunehmen. Er blieb Großpräsident der Loge bis zu deren Auflösung 1937.

1925 wurde Baeck zum rabbinischen Delegierten des fünfunddreißig Mitglieder zählenden großen Rats des Preußischen Landesverbands jüdischer Gemeinden gewählt. Die 1921 gegründete Organisation sollte die gemeinsamen Interessen der ihr angeschlossenen Gemeinden vertreten, sowohl nach innen wie nach außen, gegenüber den staatlichen Behörden. Im Rückblick betrachtet war es auch ein früher Versuch, eine repräsentative Körperschaft des gesamten deutschen Judentums zu schaffen, was erst nach der Machtübernahme der Nationalsozialisten vollständig realisiert wurde, als Baeck Präsident der «Reichsvertretung der deutschen Juden» wurde.

Alle diese Organisationen waren neutral, was die Konflikte innerhalb des deutschen Judentums anging, doch Baeck spielte auch in zwei Organisationen eine führende Rolle, die nicht neutral waren: in der World Union for Progressive Judaism, dem internationalen Verband der liberalen Juden, in deren Vorstand er von Anfang an saß, und im Centralverein deutscher Staatsbürger jüdischen Glaubens. Der Centralverein war die jüdische Verteidigungsorganisation zur Abwehr des Antisemitismus, bekämpfte aber auch den Zionismus, was ihm viel von seiner Energie raubte. Die meisten deutschen Juden, die sich dem liberalen Judentum zugehörig fühlten, waren zugleich Gegner der zionistischen Bewegung. Ihrer Ansicht nach widersprach der Partikularismus der zionistischen Botschaft und des zionistischen Programms dem Universalismus der jüdischen Religion. Baeck jedoch ließ trotz seines Engagements im Centralverein diesen Widerspruch nicht gelten.

Das liberale Judentum

Während des ganzen 19. Jahrhunderts richtete die jüdische Reformbewegung all ihre Kraft auf die Modernisierung des Judentums mit dem Ziel, die Kluft zur Kultur des Umfelds, in dem die Juden lebten, auf ein paar wenige theologische und liturgische Aspekte zu beschränken. Man glaubte an einen stetigen moralischen und politischen Fortschritt, und die Hoffnung, dieses Ziel zu erreichen, erschien realistisch. Als jedoch in den 1880er Jahren in der deutschen Gesellschaft das Wohlwollen gegenüber den Juden schwand und der Erste Weltkrieg die Vorstellung eines kontinuierlichen Fortschritts infrage stellte, rückte dieses Ziel in immer weitere Ferne. In den 1920er Jahren sah sich das liberale Judentum Deutschlands in einer Krise und brauchte eine Führungspersönlichkeit, die eine der neuen Situation angemessene, realistische Perspektive entwickeln konnte. Auch hierbei spielte Leo Baeck eine zentrale Rolle.

Das liberale Judentum jener Zeit war eine Partei geworden. Die größeren jüdischen Gemeinden in Deutschland waren in drei große Lager gespalten – Orthodoxe, Liberale und Zionisten –, die einander bei den Wahlen innerhalb der jüdischen Gemeinde regelmäßig bekämpften. Baeck hielt sich von diesen erbitterten Debatten fern. Seiner Ansicht nach hatte das liberale Judentum ein größeres Ziel. «Ein liberales Judentum zumal, das in kleinen Gemeinde-Angelegenheiten sein Genügen findet, verleugnet sich selber», schrieb er 1926, «denn der Liberalismus lebt von den großen Problemen.»[13] Er sprach verächtlich von den «kleinen Judentümern» oder separaten Strömungen, die er für weniger bedeutsam erachtete als das «große Judentum», also das Judentum in seiner Totalität. Die Verfechter religiöser Reformen im frühen 19. Jahrhundert hatten keine Konfession, sondern eine Bewegung innerhalb des Gesamtjudentums gründen wollen. Zu dieser ursprünglichen Sicht wollte Baeck zurückkehren. «Wir wollen nicht bloß eine Partei sein, egal ob groß oder klein»,

Das liberale Judentum

erklärte er, «sondern eine Bewegung; keine Sekte, sondern eine Energie im Judentum.»[14]

Ungeachtet dieser umfassenden Vision war Baeck nicht abgeneigt, sich im organisierten liberalen Judentum zu engagieren. Als die World Union for Progressive Judaism 1928, zwei Jahre nach ihrer Gründungskonferenz in London, ihre erste internationale Konferenz in Berlin abhielt, wurde Baeck zum Hauptredner bestimmt. Seine Reputation als Gelehrter und die große Achtung, die er bei den deutschen Juden genoss, verliehen der Konferenz und der ganzen Organisation Format. Nach dem Tod des britischen Gelehrten und Philanthropen Claude Montefiore 1938, der zusammen mit Lily Montagu, der wichtigsten Frau der Bewegung, die World Union gegründet hatte, wurde Baeck zum Präsidenten der World Union gewählt. In seinen letzten Jahren in Berlin konnte er dieses Amt nur noch sporadisch und nach der Deportation nach Theresienstadt gar nicht mehr ausüben. Doch nach dem Zweiten Weltkrieg nahm er es wieder auf und behielt es bis 1953. In den letzten drei Jahren seines Lebens war er dann Ehrenpräsident der World Union.

In seinen Schriften äußerte sich Baeck gegenüber der liberalen Strömung, der er selbst angehörte, kritischer als gegenüber anderen religiösen Gruppierungen des Judentums. Im 19. Jahrhundert hatten die liberalen Juden ihre Anstrengungen auf den bürgerlichen Aufstieg der Juden gerichtet, ihre «Emanzipation». Für Baeck war dies zwar ein nobler Kampf gewesen, er war aber für die Juden selbst, nicht für die jüdische Religion ausgefochten worden. Nun sei die Zeit gekommen, einen anderen Schwerpunkt zu setzen. Das wahre Ziel des liberalen Judentums bestehe nicht darin, durch Anpassung der jüdischen Botschaft an den Zeitgeist einen Statusgewinn zu erzielen, sondern darin, um einer besseren Zukunft willen den aktuellen Zustand der Kultur und der Gesellschaft kritisch zu betrachten. In seinem Streben nach Geltung habe das liberale Judentum allzu sehr versucht, modern zu sein. 1928 betrachtete Baeck die Gleichsetzung von Judentum und Zeitgemäßheit als eine Verknüpfung unvereinbarer

Gegensätze. Sie mache aus dem Judentum Götzendienst und liefere die göttliche Rechtfertigung für eine Gesellschaft in einem zunehmenden «Rassenwahn».[15] Die Unterwerfung unter die in Staat und Gesellschaft herrschenden Werte war für ihn eine Negierung der jüdischen Botschaft. Es sei jetzt notwendig, der Gegenwart mit einem großen Nein entgegenzutreten – Widerstand zu leisten, wie die Propheten zu ihrer Zeit Widerstand geleistet hatten, um einer universalen Zukunft ein großes messianisches Ja auszusprechen.

Das Judentum, so Baeck, habe den moralischen Vorteil, dass es, anders als das Christentum, eine nichtpolitische Religion sei: keine Staatsreligion, sondern eine Weltreligion. Die Juden dürften daher dem Staat nicht mehr Autorität als der jüdischen Tradition zubilligen oder dem Beispiel der deutschen Kirchen folgen und sich dem Staat unterwerfen, ganz im Gegenteil. Wenn es moralisch notwendig sei, müssten sie den Gesetzen des Staates zuwiderhandeln, etwa in Angelegenheiten des Eherechts oder wann immer das Gewissen oder die Menschlichkeit es erforderten.[16] Wie schon vor dem Krieg erklärte Baeck, die Juden seien «die großen Nonkonformisten der Welt». Sie seien, zumindest idealtypisch, immer die Unzeitgemäßen.[17]

Baeck stellte nicht mehr, wie bis dahin die Reformbewegung, den liturgischen Wandel in den Mittelpunkt. Er schrieb nicht über die Abschaffung dieses oder jenes Abschnitts aus dem Gebetbuch. Am Wichtigsten sei nicht die Formulierung der Gebete, sondern die Andacht dessen, der ein Gebet spreche. Dies betonte er bei einer Tagung der World Union 1930. Entscheidend sei nicht die Frage, wie der Gottesdienst beschaffen sein sollte. Man müsse vielmehr darüber sprechen, was das Gebet selbst bedeute und «was es uns gibt, dass wir beten … Dass wir beten, das ist das Entscheidende».[18] Für Baeck nicht weniger entscheidend war die Einhaltung des Schabbat, des Tages der Ruhe und Andacht, die von liberalen Juden so sehr vernachlässigt worden war. Dem liberalen Judentum des 19. Jahrhunderts komme das Verdienst zu, bei der religiösen Praxis die persönliche Entscheidung in den Vordergrund gestellt zu haben; dies jedoch sei um den Preis einer weit verbreiteten Vernachlässigung des Schabbat geschehen. Doch um dem Schabbat seine Bedeutung zurückzugeben, könne die persönliche Entscheidung durchaus in den Mittelpunkt treten. Baeck betonte daher auch nicht das jüdische Gesetz, die Halacha, um die Heiligung des Schabbat zu begründen, sondern die subjektive religiöse Erfahrung. Die Einhaltung des Schabbat hebe den Juden aus der prosaischen Welt in das Reich der Poesie. «Das Eigentliche in dem Kampf zwischen Religion und Indifferentismus», erklärte er vor den Delegierten der Tagung, sei «der Kampf der Poesie unserer Seele gegen die Prosa, der Kampf des Geheimnisses in uns gegen diese Oberflächlichkeit, die alles zu erreichen, alles zu verstehen meint, die über alles sofort ihr bestimmtes Urteil fällt.»[19] Viel von diesem Geheimnis sei verloren gegangen, doch um lebendig zu sein, müsse das liberale Judentum den Schabbat als Königsweg zur religiösen Transzendenz wiederentdecken. Um den Schabbat zu heiligen, entschied sich Baeck, wann immer es möglich war, die Synagoge, in der er jeweils predigte, zu Fuß aufzusuchen, auch wenn sie weit entfernt lag.

Die zionistische Herausforderung

In den Jahren der Weimarer Republik hatten sich die hitzigen religiösen Debatten, die das deutsche Judentum im 19. Jahrhundert gespalten hatten, weitgehend abgekühlt. Der Hauptstreitpunkt war nun der Zionismus. Auf der einen Seite standen die Juden, die vollwertige Deutsche sein wollten und jede andere nationale Identität ablehnten. Auf der anderen Seite standen die jüdischen Nationalisten, die zwar gleichfalls tief in der deutschen Kultur verwurzelt waren, aber Palästina zur Heimstätte für die verfolgten Juden im Osten und in einigen Fällen auch für sich selbst machen wollten. Baeck hielt sich aus diesem Streit nicht vollständig heraus. Er identifizierte sich, wenngleich nicht uneingeschränkt, mit beiden Seiten, und beide Seiten schätzten das Wohlwollen, das er ihnen entgegenbrachte. Das war ein Kunststück, das nur wenige andere fertigzubringen versuchten.

Die Antizionisten waren hauptsächlich im Centralverein deutscher Staatsbürger jüdischen Glaubens (CV) zu finden, der 1893 mit dem Ziel gegründet worden war, den Antisemitismus zu bekämpfen. Es war die bei weitem größte jüdische Organisation in Deutschland. Wie Baeck in einem Brief an einen Rabbinerkollegen schrieb, waren die meisten Mitglieder des CV nicht religiös. «Es ist die geistige Öde mancher Centralvereinler», schrieb er, «daß sie aus dem Deutschtum auch so eine Art Ersatzreligion für sich machen wollen.»[20] In dieser Hinsicht ähnelte der Centralverein B'nai B'rith, nur dass er, anders als die Loge, in der Frage des Zionismus nicht neutral war.

Leo Baeck trat dem CV nicht nur bei, er war auch im Hauptvorstand der Organisation. Über sein tatkräftiges Engagement schrieb ein Zeitgenosse: «Die Tatsache, dass er den Kampf für die bürgerlichen Rechte des deutschen Judentums für wichtig erachtete, brachte ihn der Führung des Centralvereins nahe, und diese Organisation betrachtete ihn als einen der Ihren, als jemanden, der in ihrer Organisation große Autorität besaß.»[21] Er wurde in ihren Kreis herzlich aufgenommen, obwohl die Führung gewiss wusste, dass er ihre antizionistischen Ansichten nicht teilte. Zum Glück für Baeck gab es auch im CV eine Minderheit, deren Haltung zum Zionismus keineswegs extrem war. Er gehörte zu dieser Minderheit.[22]

Während Baeck im Centralverein eine aktive Rolle spielte, trat er der rivalisierenden Gruppierung, der Zionistischen Vereinigung für Deutschland, die sehr viel kleiner und weniger einflussreich war, offiziell nicht bei. Er war auch kein ständiger Delegierter des Zionistischen Kongresses. Angesichts der Außenseiterposition des Zionismus innerhalb des deutschen Judentums der 1920er Jahre hätte sich Baeck seine breite Akzeptanz unter den deutschen Juden wohl nicht bewahren können, wenn er sich unumwunden für die zionistische Ideologie ausgesprochen hätte. Aber es waren mehr als nur politische Gründe, warum er sich offiziell nicht innerhalb des Zionismus posi-

Die zionistische Herausforderung

tionierte. Der Zionismus war von einer Engstirnigkeit, die Baeck nicht akzeptieren konnte. Schon früh in seiner Karriere hatte er, wenn auch nur indirekt, die Überzeugung geäußert – die der Überzeugung des liberalen Judentums entsprach –, die Zerstörung des alten Tempels und die Zerstreuung der Juden seien etwas Positives. Anders als das Christentum sei das Judentum nicht die offizielle Religion irgendeines Staates und sollte es auch nicht werden, nicht einmal in einem Staat der Juden. Es sei von seinem Wesen her eine Weltreligion. Das letzte Ziel der jüdischen Geschichte blieb für Baeck stets universell.

Dennoch stand er dem Zionismus nie feindselig gegenüber. Er würdigte ihn großzügig als eine positive Kraft innerhalb des deutschen Judentums, besonders – aber nicht nur – für die Jüngeren und für jüdische Einwanderer aus Osteuropa. In einer bemerkenswerten Rede vor liberalen Rabbinerkollegen sagte Baeck über die deutschen Juden: «Wir sind Bourgeois. Und zugleich mit dieser Feststellung erhebt sich die Forderung, seelisch aus der Bourgeoisie herauszugelangen. Religion einer Bourgeoisie kann es nicht geben, Bourgeoisiereligion ist Entartung. Ein Exponent des Verlangens, aus der Bourgeoisie herauszukommen, ist der Zionismus.»[23] Der Zionismus, so seine Überzeugung, war eine legitime Antwort auf eine Religion, die die Werte der Selbstzufriedenen unterstützte. Den Rabbinern sagte er, ihre Predigten krankten daran, dass sie nur an bürgerliche Gemeindemitglieder gerichtet seien, nicht an jene, die vom zionistischen Anliegen durchdrungen waren. Hier stimmte Baecks Auffassung mit der einiger jüngerer Rabbiner überein, die in einem gegenkulturellen Protest gegen die deutsch-jüdische Bourgeoisie den Zionismus als Instrument der Erneuerung des religiösen Lebens predigten und ihn damit zu einer größeren Herausforderung machten.

Baeck bekundete großes Interesse an der jüdischen Besiedlung Palästinas. Nach der Balfour-Deklaration 1917 und ersten Schritten zur Errichtung des britischen Mandats im Land Israel hielt er zu Chanukka 1920 eine Predigt, in der er vom «Chanukkawunder unserer Tage» sprach, «der Möglichkeit, das jüdische Land wiederaufzubauen».[24] Die nostalgische Erinnerung an seine kleinstädtischbodenständige Kindheit verband sich mit der Bewunderung für die idealistischen jüdischen Einwanderer, die in Palästina landwirtschaftliche Siedlungen gründeten. Als 1929 einige Juden von Arabern getötet wurden, bezeichnete Baeck sie in einem religiösen Sinn als jüdische Märtyrer, die für die Heiligung des Gottesnamens gestorben seien. In einer typisch zionistischen Sprache und unter lebhaftem Beifall erklärte er vor einer großen Zuhörerschaft: «So sehr wir wissen, was es bedeutet, daß Juden zum Boden, zur Landwirtschaft wieder zurückgeführt worden sind, es ist doch nicht eine Frage der Landwirtschaft nur. Was dort vor unsere Hoffnung hintritt, ist *der neue Mensch, der neue Jude.*»[25] Baeck hoffte, dieser neue Jude werde auch ein liberaler Jude sein. In einem Brief an Lily Montagu, die Geschäftsführerin der World Union for Progressive Judaism, gab er sich überzeugt, dass die religiöse Arbeit des Progressiven Judentums in Palästina so wichtig war wie in kaum einem anderen Land.[26]

Anfangs betrachtete die deutsche zionistische Bewegung alle, die nicht zu ihr gehörten, und besonders die liberalen Juden als ihre Feinde, doch Mitte der 1920er Jahre hatte sie ihren Kurs geändert. Die Zionisten erkannten, dass sie die wachsende Spaltung des liberalen Judentums in Gegner und Sympathisanten des Zionismus, auch wenn sie sich der Bewegung nicht anschlossen, zu ihren Gunsten nutzen konnten. Jetzt betrachteten sie diese Sympathisanten, auch wenn sie keine politischen Zionisten waren, als potenzielle Rekruten. Ihr besonderes Interesse galt Baeck, den sie zu umwerben versuchten – und die Erfolgsaussichten schienen günstig. Nach dem Krieg hatte er sich immer weiter auf den Zionismus zubewegt. Er trat zwar nach wie vor nicht der zionistischen Partei bei, wurde aber Mitglied in einer Reihe von Organisationen, die mit ihrem Anliegen verbunden waren. Nach Gründung des Jüdischen Palästinawerks Keren Hajessod, das die Mittel für den Kauf von Land für jüdische Siedler bereitstellte, wurde er ein glühender Unterstützer und Präsidiumsmitglied dieser Organisation. 1922 unterzeichnete er, unter anderem zusammen mit Albert Einstein, einen Aufruf zu deren Unterstützung. Vier Jahre später trat er, wiederum zusammen mit Albert Einstein, dem deutschen Pro-Palästina-Komitee bei, in dem Juden und Nichtjuden vertreten waren. Das Komitee sah es als seine Aufgabe an, eine breitere Öffentlichkeit über das Siedlungswerk in Palästina zu informieren und dessen Bedeutung als Instrument der kulturellen und wirtschaftlichen Entwicklung des Orients zu unterstreichen. Der letzte Schritt erfolgte 1929. Die Jewish Agency, die das jüdische Palästina-Projekt leitete, hatte bis dahin unter der organisatorischen Kontrolle der Zionisten gestanden. Jetzt erklärte die Führung der Jewish Agency, sie könne effizienter arbeiten, wenn sie in ihr internationales Gremium auch Mitglieder aufnehme, die nicht der Zionistischen Vereinigung der einzelnen Länder angehörten, jedoch den Siedlungsplan befürworteten. Die Führung sollte zur Hälfte aus Zionisten und zur Hälfte aus Nichtzionisten bestehen. Als im August 1929 in Zürich die Gründungsversammlung der erweiterten Jewish Agency stattfand, war Baeck einer der deutschen Delegierten. Man hatte ihn zwar nicht als Redner angefragt, aber er wurde zum ständigen Mitglied des nichtzionistischen Teils des Verwaltungsausschusses gewählt.[27] Bereits 1921 hatte der Vorsitzende der Zionistischen Vereinigung Kurt Blumenfeld die Überzeugung geäußert, dass eine Zusammenarbeit mit Baeck «für uns alle ein bleibender Gewinn» sei, mit «einem Menschen von geistigen und menschlichen Qualitäten, von denen seine Schriften nur eine ganz unzulängliche Vorstellung geben».[28] Offiziell blieb Baeck zwar Nichtzionist, aber für die Sache des Zionismus leistete er zweifellos einen Beitrag.

Doch wollte er – wie eine frühere Generation engagierter Zionisten – mit seiner Unterstützung des Zionismus nur den verfolgten Juden Osteuropas beistehen? Oder sah er in Zion auch einen potenziellen Zufluchtsort für deutsche Juden, die sich zur Zeit der Weimarer Republik im Land ihrer Geburt sicher fühlten? Es gibt ein Indiz dafür, dass er bereits in den 1920er Jahren von dieser Sicherheit nicht

Ein engagierter Denker

mehr ganz überzeugt war. In einer Rede 1925 in Königsberg erklärte er, theologisch sei «Palästina ... eine Tatsache, die Gott vor uns hingestellt hat». Und weiter: «Wir können nicht wissen, was in Palästina sein wird, und wir können nicht wissen, was hier in Deutschland sein wird. Wir können es nicht wissen, aber wer will daher sagen, ob nicht einmal die Enkel derer, die heute sicher dastehen, werden ausziehen müssen nach dem alten Lande der Väter.»[29] Er zog eine Parallele zu den Juden im mittelalterlichen Spanien, die sich gleichfalls über viele Generationen sicher gefühlt hatten, bevor sie 1492 vertrieben wurden und sich auf die verzweifelte Suche nach einem Zufluchtsort machen mussten. Deshalb sei der Aufbau einer jüdischen Heimat im Land Israel nicht nur ein karitatives Werk, sondern etwas, das man für sich selbst tue. 1925 erregten seine Äußerungen Verwunderung und Skepsis. Baeck hätte sich nicht vorstellen können, wie recht er behalten sollte.

«Romantische Religion»

Wenn Baeck, und sei es noch so beiläufig und unsystematisch, an der Sicherheit der Juden in Deutschland zweifelte, dann könnte dies mit seiner Beurteilung des Christentums seiner Zeit zu tun haben. 1922 schrieb er die erste Fassung eines Essays, in dem er den deutschen Protestantismus heftig kritisierte. Der Aufsatz enthielt Aspekte, die er bereits zuvor thematisiert hatte, doch jetzt spitzte er seine Ansichten zu.[30] Er gab ihm den allgemein gehaltenen Titel «Romantische Religion», zielte jedoch direkt auf Paulus und Luther. Ein wichtiges Anliegen seiner Schriften, angefangen mit seiner Antwort auf Harnack im Jahr 1905, war die Abgrenzung des Judentums vom Christentum, nicht nur mit wissenschaftlicher Absicht, sondern auch zur Rechtfertigung der fortlaufenden Existenz einer eigenständigen und, wie er glaubte, moralisch überlegenen jüdischen Religion. In «Romantische Religion» grenzte er die beiden Religionen in aller Schärfe voneinander ab.[31]

«Romantische Religion»

Das Christentum erscheint in diesem Aufsatz als eng verwandt mit einem Typus von Religion, die Baeck «romantisch» nennt im Unterschied zu ihrem Gegenteil, der «klassischen Religion», die er am vollkommensten vom Judentum verkörpert sieht. Das Christentum, so Baeck, sei durch Sentimentalität, Innerlichkeit und das Streben nach individueller Erlösung gekennzeichnet, das Judentum hingegen strebe nach sozialer Moral. Dem Christentum gehe es um das «Erleben», dem Judentum um das «Leben». Das Christentum nennt er «einen religiösen Egoismus». In ihm «kennt der einzelne nur sich und nur das, was ihm Gott oder das Leben bringen soll, aber nicht ... die gegenseitige Forderung der Menschen».[32] Das Streben nach dem «Glaubenserlebnis», nach einer Art spirituellem Genuss, habe das soziale Gewissen verdrängt. Für Baeck war Paulus der Gründer eines romantischen Christentums und Martin Luther dessen einflussreichster moderner Repräsentant. Wie Saulus aus Tarsus, der zu Paulus wurde, habe auch der große deutsche Reformator das Evangelium der Werke geringgeschätzt und die Erlösung allein durch den Glauben verkündet. In der protestantischen Theologie Friedrich Schleiermachers, für den das Christentum die Akzeptanz der völligen Abhängigkeit von Gott bedeutete, habe dieser christliche Romantizismus im 19. Jahrhundert erneut Ausdruck gefunden. In einen auffälligen Gegensatz zum Christentum stellte Baeck den Calvinismus, der trotz seiner Prädestinationslehre dem Judentum sehr viel näher stehe, da er «die freie, sittliche Kraft der weltlichen Arbeit» anerkenne. Der entschiedenste Gegenpol zum lutherischen Protestantismus jedoch sei der Kantianismus mit seiner Betonung des ethischen Elements der Religion, des «Sollens». Nach Baecks Ansicht waren Kant und Luther aus verschiedenem Holz geschnitzt; der Kantianismus und der religiöse Romantizismus waren antithetisch. Auch wenn Baeck es nicht ausdrücklich sagte, stand für ihn Kant trotz seiner Kritik am jüdischen «Legalismus» mehr in der jüdischen Tradition als in der christlichen, aus der er kam.

Baecks Kritiker wiesen zu Recht darauf hin, dass sein Aufsatz gegenüber dem Christentum unfair und in seiner Lesart des Judentums hochselektiv sei. Als ausgewogene geschichtliche Darstellung kann man ihn in der Tat nicht betrachten. Aber er ist bedeutsam, will man verstehen, warum sich Deutschland für den Nationalsozialismus entschied – ein Punkt, der klar und deutlich hervortritt, auch wenn Baeck ihn nicht explizit benennt. Das Christentum oder zumindest einige seiner Strömungen, so Baeck, leisteten dem Verzicht auf das politische Gewissen Vorschub. Paulus habe nicht den Glauben an die Lehre Jesu gelehrt (die Baeck zufolge in der jüdischen Tradition stand), sondern den Glauben an die Person, an Jesus selbst. Erst mit Paulus habe sich das Christentum klar vom Judentum, aber auch vom «Urchristentum» abgegrenzt, das mit dem Judentum im Einklang gestanden habe: «Die Richtung und der Wille der paulinischen Lehre führten bewußt aus dem Judentum und aus dem alten Christentum heraus und zur Gegnerschaft gegen sie.»[33] Wie Baeck wenige Jahre später schrieb, als er die wichtigsten Lehren des Judentums erläuterte, lehnte Paulus nicht nur die Ritualgesetze des Judentums ab, sondern «alles Gebietende in der Bibel, jedes Du sollst, das in ihr steht».[34] Baeck machte somit Paulus zum Verneiner all dessen, was für das Judentum konstitutiv war, nicht nur für orthodoxe, sondern auch für liberale Juden.

Dem paulinischen Glauben folgend, hätten die Christen einen Menschen zur Göttlichkeit erhoben und ihr ganzes Vertrauen in seine erlösende Kraft gesetzt. Die romantische Religion, so Baeck, sei der Glaube an eine solche Erlösung, die dem Einzelnen die Last der autonomen Entscheidungsfindung abnimmt. Es sei eine Erlösung, die «das Sehnen der Passivität» erfülle, «dieses Verlangen, des gebietenden Willens ledig zu sein, dieses Begehren, ergriffen zu werden und die schlechthinnige Abhängigkeit zu erleben».[35] Der Romantiker ignoriere den Ruf des Gewissens und verorte sein Vertrauen komplett außerhalb des moralischen Ich. Baeck rekapituliert die Geschichte des Personenkults und schreibt: «Der Romantiker braucht immer seinen Menschen der Anbetung.»[36] Die scharf antisemitischen

«Romantische Religion»

Schriften, die der Reformator Luther in seinen späteren Lebensjahren veröffentlichte, lässt er unerwähnt, offenkundig weil sie persönlichen Faktoren zugeschrieben werden können. Nicht in Luther selbst, sondern im lutherischen Protestantismus sah Baeck eine Gefahr. Da er explizit einen Zusammenhang zwischen dem Romantizismus und dem ihm innewohnenden Vertrauen in äußere Autoritäten konstatierte, kann es kaum überraschen, dass der Band, in dem der Aufsatz «Romantische Religion» 1938 in seiner endgültigen Form erschien, von den Nationalsozialisten beschlagnahmt wurde. Bereits in seiner Kritik am Christentum in der ursprünglichen Fassung von 1922 legte Baeck – ob er sich dessen damals schon bewusst war oder nicht – einige der tiefen Wurzeln des Nationalsozialismus in der herrschenden Religion des Landes frei. 1922 war er noch im Entstehen begriffen, Baeck konnte also keinen direkten Vergleich ziehen. Doch seinem Wesen nach war der Nationalsozialismus eine dämonische Form der romantischen Religion.

Baeck räumte ein, dass es in allen Religionen romantische Elemente gebe. Tatsächlich könnte man seine Neubewertung der jüdischen Mystik, auf die wir bald kommen werden, als eine wiedergewonnene Wertschätzung des emotionalen Elements der jüdischen Religion betrachten. Doch anders als im Judentum bildeten die romantischen Elemente für ihn den Kern des Christentums, besonders in seiner paulinisch-lutherischen Ausprägung. Mit dem Katholizismus, in dem historisch gesehen gute Werke mit dem Glauben im Gleichgewicht standen, setzte sich Baeck nicht eingehend auseinander. Auch den Islam unterzog er nicht dem Romantizismus-Test, er spielt in seinen Schriften ohnehin kaum eine Rolle. Wenn Baeck gelegentlich über den Buddhismus schreibt, grenzt er ihn noch schärfer vom Judentum ab als das Christentum. Aus historischer Perspektive erklärte er: «So gibt es nur *zwei bestimmende Grundformen* der Religion, die *israelitische* und die *buddhistische*.»[37] Erstere bekräftige eine moralische Beziehung zur Welt, Letztere negiere die Welt und konzentriere sich ausschließlich auf das Ich. Baeck hatte auch wenig übrig für die buddhistische Unterscheidung zwischen dem Mönchtum als der wahren Gemeinschaft und dem größeren Kreis der Gläubigen als deren bloßem Anhängsel. Der katholische Mönch hingegen stehe im Dienst anderer.

Jude unter Nichtjuden

Bei all seiner Kritik an der dominierenden Religion im Deutschland der 1920er Jahre stellte Baeck fest, dass es deutsche Christen gab, die interessiert waren, zu lesen und zu hören, was er über das Judentum zu sagen hatte. Sie wandten sich an ihn als dessen authentischsten Repräsentanten. Als beispielsweise der einflussreiche evangelische Theologe Carl Clemen, der zwei Bücher über Paulus geschrieben hatte, ein äußerst populäres Werk über die Religionen der Erde herausgab, wandte er sich an Baeck und bat ihn, den Artikel über das Judentum zu verfassen. Der Alttestamentler Hugo Greßmann von der Universität Berlin war überzeugt, die Juden könnten einem nichtjüdischen Publikum ihre Religion am besten vermitteln, und lud unter anderen auch Leo Baeck zu Vorträgen ein.[38]

Das Ungewöhnlichste in diesen Jahren zwischen den beiden Weltkriegen war die intellektuelle und persönliche Beziehung, die Baeck mit mindestens drei Angehörigen des deutschsprachigen Adels knüpfte: Graf Paul Thun-Hohenstein, Graf Hermann Keyserling und Hans-Hasso von Veltheim-Ostrau.[39] Alle drei waren bestrebt, die Mentalität des Kaiserreichs in die Nachkriegszeit hinüberzuretten. Ihre Wertschätzung galt dem Charakter, der Würde und der Zurückhaltung – Attribute der Aristokratie, die auch Baeck ansprachen. 1924 schrieb er an Thun-Hohenstein: «Dem was Sie über die Aufgabe des Adels im Deutschland und im Europa unserer Tage schreiben, stimme ich ganz bei. Seine Zeit kann jetzt wieder gekommen sein.»[40] Baeck wollte keine Rückkehr zur politischen Ordnung des kaiserlichen Deutschlands, aber wie er diesem österreichischen Adligen

Jude unter Nichtjuden

und Diplomaten schrieb, fehle es Deutschland gegenwärtig an jener starken Kraft der Kultur und des Stils, die den geistigen Adel auszeichnete und die er für die Erneuerung eines vom Krieg zerrissenen Europas für unabdingbar erachtete.

Diese Männer widmeten sich den Geisteswissenschaften, sie bereisten die Welt und strebten nach einem Verständnis der Religion über die Grenzen des Christentums hinaus, unter Einbeziehung sowohl des Judentums als auch der Religionen des Orients. Sie waren Weltbürger in einer zunehmend nationalistischen Zeit. Keyserling entstammte altem baltischem Adel, der nach dem Ersten Weltkrieg seine Bedeutung verloren hatte. Veltheim besaß in Ostrau bei Halle an der Saale ein großes Schloss, das sogar einen mittelalterlichen Wallgraben hatte. Beide verkehrten in einflussreichen Kreisen, Keyserlings Frau zum Beispiel war die Enkelin Otto von Bismarcks. Das Prestige dieser Männer gründete in ihrer Abstammung und in den Beschreibungen ihrer Reisen in ferne Länder. Keyserlings *Reisetagebuch eines Philosophen* war eines der populärsten Bücher jener Zeit. Weder Veltheim noch Keyserling bekleideten eine Position an einer Universität, hatten aber im deutschen Geistesleben einen festen Platz. Ihre Vision eines neuen, in einem gemeinsamen Geist geeinten supranationalen Europas, die Baeck teilte, hatte ihren Ursprung in der Welt vor dem Krieg. Keiner der beiden hegte in den nachfolgenden Jahren Sympathien für den Nationalsozialismus. Sie brachten Baeck große Wertschätzung entgegen und ließen ihn nach 1933 nicht im Stich.

1920 gründete Keyserling in Darmstadt die «Schule der Weisheit», an deren bis 1927 stattfindenden Jahrestagungen manchmal fünfhundert Zuhörer teilnahmen. «Weisheit» wurde als ein weit über das Akademische hinausgehendes Bestreben verstanden, das ebenso sehr auf Geist wie auf Wissen beruhte. Insbesondere der Geist des Orients sollte den Materialismus der Zeit bekämpfen und einem neuen europäischen Humanismus den Weg bereiten. Es wurden Redner aus allen möglichen Disziplinen und mit unterschiedlichem

Ein engagierter Denker

Hintergrund eingeladen, darunter so namhafte Persönlichkeiten wie der christliche Theologe Martin Dibelius, der Theologe und Historiker Ernst Troeltsch, der Schweizer Psychiater Carl Gustav Jung und der Philosoph Max Scheler. Die Redner sollten nicht einfach nur Wissen vermitteln, sondern auch etwas von sich selbst. Keyserlings Denken besaß einige Berührungspunkte mit Baecks Denken. Beide wollten über reine Kenntnisse hinaus zu einem empathischen Verstehen gelangen; beide beschäftigten sich mit den Spannungen und Polaritäten des religiösen Denkens; und beide waren engagierte Denker, die der Gegenwart, welche die alte Ordnung verdrängt hatte, kritisch gegenüberstanden und nach einer besseren, transnationalen Zukunft suchten. Keyserling glaubte, die Juden hätten das Potenzial, die internationale Nation zu werden und damit eine segensreiche politische Rolle zu spielen – vorausgesetzt, sie gaben ihr Judentum nicht preis.[41]

Keyserling war eine kontroverse Figur. Prominente Personen, unter ihnen der Literaturnobelpreisträger Thomas Mann, schätzten ihn sehr. Einige pilgerten geradezu zu den Darmstädter Tagungen, und US-amerikanische Zeitungen lobten überschwänglich Keyserlings Originalität, als seine Werke ins Englische übersetzt wurden. Doch sein oft schwülstiger Stil und sein übertriebenes Selbstwertgefühl konnten abstoßend wirkend. Der jüdische Journalist und Schriftsteller Kurt Tucholsky schrieb über ihn: «Am lustigsten ist seine Mischung von belehrender Weisheit und ungezogener Dreistigkeit, die dem Mann ... eigen sein muss ... Im Ernst repräsentiert Hermann Keyserling nichts als eine gewisse schlechte und gleichgültige, wertlose und ephemere Schicht Deutschlands.»[42] Doch Tucholsky war ein Kind der Weimarer Republik und ein Sozialkritiker, der für eigenwillige Persönlichkeiten eines vergangenen imperialen Zeitalters nichts übrighaben konnte. Anders Leo Baeck, der sich zu Keyserling hingezogen fühlte wie Keyserling zu ihm. Drei Mal lud er Baeck als Redner zu den Tagungen der «Schule der Weisheit» ein, wo er jeweils die jüdische Sicht zu einem Thema darlegen sollte, das Keyserling am Herzen lag. Wie Keyserling präsentierte auch Baeck seinen Gegenstand in Form von «Doppelbegriffen». 1922 sprach er über «Die Spannung im Menschen und der fertige Mensch», 1924 über «Tod und Wiedergeburt» und bei der Jubiläumstagung 1930 über «Geist und Blut». Einmal erzählte der baltische Adlige, wie er auf den Rabbiner aufmerksam geworden war: «Auf Leo Baeck kam ich durch den Hinweis eines Abgesandten des orthodoxen Judentums, welcher bei mir anfragte, ob ich nicht auch einmal einen echten Juden reden lassen wollte. Gewiß, hatte ich geantwortet, sofern es einen gibt, der das innere Recht hat, das Alte Testament zu vertreten, jenes ethisch Gewaltigste, das die Menschheit hervorgebracht. Mir ward erwidert, daß es jedenfalls *einen* solchen Juden gäbe.»[43]

Nach Baecks erstem Vortrag schrieb Keyserling an ihn, er sei «der Glanzpunkt der Tagung» gewesen.[44] Hinsichtlich seines zweiten Vortrags «Tod und Wiedergeburt» urteilte Keyserling, Baeck habe «ein als Tatsache Uraltes aus größerer Sinnestiefe neu belebt. Eben damit aber hat er es neugeboren». Und mit der für ihn typischen Tendenz zur Übertreibung fügte er hinzu: «Ich glaube mich keiner Überheblichkeit schuldig zu machen, wenn ich behaupte: dieser Vortrag bedeutet meiner Ansicht nach eine der wichtigsten Stunden in der Geschichte des Judentums seit Christi Tod, denn wohl zum erstenmal ward außerhalb seines Kreises, von weithin sichtbarer Warte her, der Akzent auf sein schlechthin Positives und dieses allein gelegt.»[45]

Wie Baeck bedauerte auch Keyserling die jüdische Konversion zum Christentum, denn damit verliere das Judentum seine Bedeutung für die Zukunft. Keyserling glaubte an den Wert des religiösen Pluralismus. In scharfem Gegensatz zu Harnack betrachtete er das Judentum als dem Christentum ethisch überlegen. Doch die Ethik war nicht sein einziges Urteilskriterium. Das Judentum besitze zwar eine hohe Ethik, es fehle ihm aber an Pathos; ihm fehle die christliche Idee der Gnade. Für Keyserling war das religiöse Ziel des Judentums die Versöhnung mit Gott – ein weniger erhabenes Ziel als die Erlösung. Ihm zufolge stand der Geist über der Ethik, eine Auffassung, die Baeck nie teilte. Doch in den 1920er Jahren begann Baeck die Rolle des Geistes im Judentum höher zu schätzen. Als Keyserling 1932 ein Meditationsbuch über seine Reise nach Südamerika publizierte, schrieb ihm Baeck: «Das Buch begleitet mich innerlich, seit ich es zu lesen begonnen habe, und ich muß, wenn ich mit Menschen spreche, immer von ihm sprechen.»[46] In diesem Buch schrieb Keyserling von der beispiellosen Entmenschlichung der gegenwärtigen Epoche und von der Kraft des immer wieder neu geborenen kreativen Geistes, die Welt zu verwandeln.[47] Die Wiedergeburt des unablässig kreativen Geistes war ein Gedanke, den Baeck immer häufiger auf die Geschichte des Judentums und der Juden anwandte. Beeindruckt von Keyserlings Buch, bemühte er sich um dessen Veröffentlichung in Amerika und Palästina.

Alle drei Vorträge an der «Schule der Weisheit» wurden in einen Band mit kürzeren Werken Baecks unter dem Titel *Wege im Judentum* aufgenommen. Der erste, dessen Titel im Druck auf «Vollendung und Spannung» verkürzt wurde, war ein Vergleich zwischen der griechischen und der jüdischen Weltsicht. Die Griechen, so Baeck, kannten ein Ideal des Vollkommenen, Abgeschlossenen und Fertigen, wie es in der Kunst repräsentiert sei. Die Juden dagegen charakterisiere eine Ethik in der Spannung zwischen Vergangenheit und Zukunft, zwischen Schöpfung und Gebot, unterwegs zu einer Erlösung, die immer in der Zukunft liege. Dieser Gegensatz mag zu krass skizziert sein, aber es war eine Thematik, die zu Keyserlings Vorstellung einer ständigen spirituellen Wiedergeburt passte. Hier wurde, vielleicht zum ersten Mal, nichtjüdischen Zuhörern in Deutschland, die dem Judentum fernstanden, die Religion, von der sie so wenig wussten, historisch und philosophisch tiefgreifend dargelegt.

1924 sprach Baeck über ein Thema, das Keyserlings Denken noch näher stand: «Tod und Wiedergeburt». Der Vortrag handelte nicht vom physischen Tod und von der physischen Auferstehung, sondern vom Tod als dem Verlust der Fähigkeit, das Schicksal zu überwinden

Mystik

und das eigene Leben immer wieder neu zu erschaffen. Diese Fähigkeit, das eigene Leben zu erneuern, betrachtete Baeck als die wahre Religiosität. Als Beispiel nannte er den Schabbat, «die Wiedergeburt der Woche, das Neuwerden der Seele Woche um Woche», eine Rückkehr, «in der das Seiende des Lebens sich wiedergewinnt» und der Tod seinen Sinn verliert. Wie ein Individuum könne sich auch ein Volk erneuern, ein Thema, das in Baecks Schriften nach dem Holocaust größeren Nachdruck und größere Bedeutung gewann.[48]

In seinem letzten Vortrag im Jahr 1930 sprach Baeck über «Geist und Blut». Wenig überraschend verknüpfte er «Rasse» mit «Romantik», ein Zusammenhang, der in den letzten Jahren der Weimarer Republik immer offenkundiger wurde. Vom «Blut» zu reden bedeute, biologisch von der Vergangenheit zu reden, und dies stehe in direktem Gegensatz zum Geist, der unendlich vorwärtsschaue, auf die Zukunft. Geist, so Baeck, sei das Ebenbild Gottes im Menschen und manifestiere sich in jedem moralischen Gebot, das ein Mensch befolgt.[49]

Seine Vorlesungen machten Baeck über die jüdische Gemeinde hinaus bekannt, nicht so sehr unter christlichen Wissenschaftlern, die dem Judentum nach wie vor überwiegend feindselig gegenüberstanden, sondern vielmehr in einem Kreis, dessen Interessen über das Akademisch-Wissenschaftliche hinausgingen. Wie Baeck waren dessen Mitglieder weniger an einer kritisch-analytischen Geschichte des Judentums interessiert als an der Bedeutung des Judentums innerhalb der größeren Familie der Religionen und Kulturen.

Mystik

Als Anhänger Kants und des jüdischen neukantianischen Philosophen Hermann Cohen stand Baeck der Mystik zunächst ablehnend gegenüber. In der Fassung von *Das Wesen des Judentums* aus dem Jahr 1905 schrieb er über die jüdischen Propheten, genuine Religion sei für sie von jeder Metaphysik und jeder Mystik frei gewesen. Baeck meinte dies positiv. Zwar konnte er die Rolle der Kabbala in der Geschichte der jüdischen Religion nicht leugnen, aber er betrachtete sie als etwas von außen Eingedrungenes, zu dem die Juden «in Zeiten schlimmster Bedrängnis» Zuflucht genommen hätten.[50] Das Judentum sei wesenhaft ethisch, nicht mystisch. Doch die Mystik weckte durchaus Baecks wissenschaftliche Aufmerksamkeit. Er hielt seinen Rabbinatsstudenten Vorlesungen über den Zohar[51] und schrieb scharfsinnige Essays über zwei frühe jüdische mystische Bücher, das *Sefer yetzira* und das *Sefer bahir*. Er kannte Rudolf Ottos 1917 erschienenes einflussreiches Werk *Das Heilige* und verwies darauf, dass Otto das Interesse am Irrationalen neu belebt hatte. Ende der 1920er Jahre lernte er den evangelischen Theologen sogar persönlich kennen, als er, Gastdozent in Marburg, in seinem Haus zu Gast war. Zu Otto, schrieb er an einen Freund, empfand «ich, und ebenso meine Frau, eine aufrichtige Zuneigung».[52] Otto wiederum lobte einen Vortrag Baecks über die Unruhen in Palästina, den er 1929 gehört hatte.[53]

Nach dem Schock des Krieges begann Baeck im Kreis anderer jüdischer Denker wie Martin Buber – die einen über das Ethische hinausgehenden Ansatz im Judentum vertraten – sein eigenes religiöses Denken neu zu bewerten, das bis dahin unter dem ethischen Imperativ gestanden hatte. Zu seinen Brüdern der Loge B'nai B'rith sagte er, in der gegenwärtigen Zeit sei erneut ein Sinn für das verborgene, das irrationale Leben wachgeworden. «Wir wissen heute, daß es in jedem Menschen einen geheimnisvollen Rest gibt, etwas, was sich nicht berechnen, nicht zerlegen läßt. Das Entscheidende im Leben des Menschen ist nicht die bloße vernünftige Überlegung, nicht nur die klare Gedankenrichtung, sondern eben dieses Geheimnisvolle, dieser Rest, dieses Anonyme, das in jedem Menschen ist. In jedem Menschen wohnt in seinem Innersten etwas Verborgenes.»[54]

Dieses tiefere Bewusstsein des nicht Analysierbaren im Menschen mache ihn offen für eine Sicht der Welt, die auch eine mystische Komponente einschließt. Doch damit wurde Baeck nicht zu einem Mystiker im landläufigen Sinn. Er lehnte jede Form der Gnosis ab,

Mystik

die er als grundsätzlich nichtjüdisch charakterisierte. Für ihn wie schon für Maimonides im Mittelalter blieb das Wesen Gottes undurchdringlich. Nirgendwo in seinem Denken räumte Baeck die Existenz erkennbarer Sphären der Vermittlung zwischen Gott und der Menschheit nach Art der Kabbala ein. Das Eindringen der Mystik in das Judentum führte er weiterhin auf Zeiten der Bedrängnis zurück, er nennt die überhitzte Phantasie einiger Mystiker künstlich und spielerisch und die Beschäftigung mit dem Okkulten «triviale Neugierde».[55] Bei der Suche nach der vollständigen religiösen Wahrheit vergesse man allzu leicht das göttliche Gebot. Die Mystik könne eine «Flucht aus der moralischen Verantwortung sein».[56] Doch jetzt sieht Baeck auch etwas Positives: Die Mystik habe die Juden «über die ausgetrockneten Straßen des Daseins und über seine Engen und Ängste hinausgehoben, sie hat die wundersame Stille der Ferne, die herniedersteigende Welt des Sabbats zu schenken vermocht».[57] Die Mystik habe das Judentum immer dann neu belebt, wenn übertriebene rituelle Vorschriften den religiösen Geist getrübt hatten.

Baeck erkannte, dass der religiösen Ethik allein die für eine Religion erforderliche Tiefe und Vitalität fehlt. Das Gebot blieb zwar die Essenz, nun aber wurde es für ihn zum Bestandteil einer Dualität. Zum «Gebot» kam jetzt das «Geheimnis» hinzu. Doch «Geheimnis» verwendete er ausdrücklich nicht im Plural; er glaubte nicht an jüdische Geheimnisse. Er bestritt, dass jüdische Gebete geheime Lehren enthüllten. In der überarbeiteten Auflage von *Das Wesen des Judentums* unterschied er zwischen der jüdischen und der christlichen Mystik, die Mysterien aus der antiken Welt aufgenommen und ihnen im Geheimnis ihres Rituals Substanz verliehen habe. «Während es in der Kirche etwas Reales ist, etwas, was im Sakrament greifbar wird, ist es im Judentum ein Ideelles. Es bezeichnet hier [in der jüdischen Religion] das Unerforschliche, das, was Gottes und nicht des Menschen ist, das, was nur geahnt werden kann.»[58] Gleichwohl konnte diese jüdische Mystik, wie Baeck sie verstand, nicht die Totalität des Judentums bilden. Sie war der Gegenpol zum moralischen Imperativ, mit dem sie notwendigerweise verknüpft war. Zusammen bildeten sie eine «Mystik des Lebens» und eine «Gebotsmystik».[59] Das Geheimnis galt Baeck jetzt nicht nur als Gegenpol des Gebots, er schrieb ihm auch eine positive Kraft für den modernen Juden seiner Zeit zu. Anders als etwa im Buddhismus sei im Judentum die Mystik nicht Selbstverneinung, sondern Selbsterhöhung, nicht der Verlust des eigenen Ich in Gott, sondern dessen Gemeinschaft mit ihm. Das Geheimnis sei die Quelle des Gebots und bette das Gebot in den Kosmos ein. Ohne Mystik bleibe das Judentum seicht und unvollständig. Ethik allein wiederum lasse ein wichtiges Element der Religion außer Acht: das Bewusstsein von der schöpferischen Quelle hinter dem ethischen Imperativ. Um lebendig zu bleiben, dürfe das liberale Judentum das transzendente Geheimnis nicht ignorieren – es dürfe sich nicht auf moralisches Handeln allein gründen. Die Mystik ermögliche «die Gewißheit der unmittelbaren Verbindung mit Gott». Und schließlich beinhalte sie eine messianische Botschaft. Der jüdischen Frömmigkeit seiner Zeit fehle allzu oft das Zukunftsweisende, sie bedürfe des «Gedankens von den kommenden Tagen», den die Mystik ihr geben könne.[60]

Für Baeck entscheidend war die kreative Spannung zwischen der Moral und dem Mystischen, die aufgehoben werden würde, wenn man die eine Seite verdränge: «Das Gebot ist hier wahres Gebot, nur weil es aus dem Geheimnis aufsteigt, und das Geheimnis ist wahres Geheimnis, weil aus ihm immer das Gebot spricht.»[61] An Franz Rosenzweig schrieb er: «Jüdisches in seinem Eigensten ist die innere Einheit – Einheit daher mit all ihrer Spannung – des Ethischen und des Mystischen, des Erdhaften und des Welthaften, Einheit von Mizwah und Kawwanah oder, was dasselbe bedeutet, von Torah und Sabbat.»[62] Und in der zweiten, neu bearbeiteten Auflage von *Das Wesen des Judentums* heißt es: «Geheimnis und Gebot schließen sich zusammen; beides zusammen gibt erst die ganze Bedeutung unseres Lebens. Die Einheit von beiden ist die Religion, wie das Judentum sie besitzt.»[63]

Offenbarung versus Relativismus

Wenn, wie Baeck glaubte, das Wesen Gottes geheimnisvoll war, jenseits des menschlichen Begreifens, wie konnte man dann sicher sein, dass das moralische Gottesgebot «Du sollst» nicht komplett menschlichen Ursprungs war? Anders als die orthodoxen Juden glaubte Baeck nicht an eine wortwörtliche göttliche Offenbarung der niedergeschriebenen Tora auf dem Berg Sinai mit ihrer mündlichen Auslegung. Doch wenn es nicht irgendeine Form der Kommunikation mit Gott gegeben hätte, wäre das Judentum dem Relativismus unterworfen. Wäre Gottes Wille nur ein menschliches Konstrukt, wäre er offen für viele und widersprüchliche Deutungen. Wie andere liberale Juden vor ihm musste auch Baeck von einer Offenbarung ausgehen, die sich nicht auf eine wunderbar anmutende Erfahrung auf dem Berg Sinai beschränkte, aber auch keine menschliche Erfindung war, sondern ein fortdauernder Einbruch des geheimnisvollen Gottes in das menschliche Bewusstsein. Im 19. Jahrhundert nannte der führende Reformrabbiner Abraham Geiger die Juden «das Volk der Offenbarung» und erklärte die Offenbarung ihrem Wesen nach als «die Berührung der menschlichen Vernunft mit dem tiefen Urgrund der Dinge» und als «eine Erleuchtung, die von dem höheren Geiste ausgeht, die nicht erklärt werden kann, in ihrem Ursprunge nicht aus einer Entwickelung sich zusammensetzt».[64] Mit anderen Worten: Für Geiger konnte die jüdische Religion nicht in der säkularen Geschichte begründet sein und als ein in sich abgeschlossenes Phänomen betrachtet werden, das von der historischen Forschung erklärt werden kann. Auch Martin Buber zufolge brauchte das Judentum irgendeine Form von Kontakt des Menschen mit Gott. Für ihn gründete dieser Kontakt in personalen, in sich selbst wertvollen Beziehungen, die auf einen göttlichen Ursprung verwiesen. Für Abraham Joshua Heschel, Baecks ehemaligen Studenten am Liberalen Seminar, war Gott auf der Suche nach dem Menschen. Mit dem Staunen des

Ein engagierter Denker

Menschen angesichts der Größe der Natur habe Gott ein Bewusstsein für das Göttliche geschaffen. Anders als für diese religiösen Denker manifestiert sich für Baeck die Offenbarung vorrangig durch ein Bewusstsein der moralischen Pflicht.[65] Doch für eine solche Religion stellte der Historismus eine große Herausforderung dar. Das Gefühl der moralischen Pflicht ließ sich allzu leicht auf das Gewissen reduzieren, das ein Produkt der historischen und personalen menschlichen Erfahrung war, ohne Bezug zu einem göttlichen Ursprung.

Dieses Problem erkannte Baeck natürlich: Damit eine liberale Theologie glaubwürdig sei, müsse sie «ein Begehren» stillen, das Begehren, «den Historismus, der das Jahrhundert beherrschte, zu überwinden und aus dem Relativismus, den er brachte, einen Ausgang zu finden».[66] Mit seiner Betonung der Geschichtlichkeit habe das liberale Judentum eine theologisch verwurzelte Norm unterminiert, denn es habe nicht vollständig erkannt, dass «Evolution immer Relativität bedeutet». Protestantische Denker aller möglichen Richtungen beschäftigten sich mit derselben Frage, angefangen mit dem neoorthodoxen Karl Barth und seiner dialektischen Theologie bis zum liberalen Theologen Paul Tillich und seiner Lehre von dem epochemachenden Moment, der dem einzelnen Augenblick der Geschichte eine absolute Bedeutung zuweist. Baeck suchte demgegenüber nach einer Sprache, die das jüdische «Du sollst» über die Ebene eines selbstauferlegten Imperativs hinausheben und von dem «Du sollst» anderer Religionen abgrenzen würde. Das war eine komplexe Aufgabe. Um religiös überzeugend zu sein, musste er darlegen, dass die Quelle der moralischen Pflicht und Verantwortung nicht vom Menschen selbst gesetzt war. Dies tat er in einem eindrucksvollen Essay mit dem Titel «Theologie und Geschichte», der erstmals 1932 erschien, im letzten Jahr der Weimarer Republik.

Im 19. Jahrhundert, so Baeck, habe die Wissenschaft des Judentums eine Revolution bewirkt: Einige von denen, die diese Wissenschaft praktizierten, begannen das Judentum als ein rein historisches Phänomen zu betrachten. Um den Preis des Historismus untersuchten sie das Judentum von außen; sie beglaubigten es nicht von innen. Indem die Erforschung der jüdischen Geschichte zum Selbstzweck wurde, ging ihre tiefere religiöse Bedeutung verloren – mit der Folge, dass auch die Kontinuität der jüdischen Existenz verloren ging. Die Geschichte, so Baeck, habe die Theologie verdrängt. Nun sei es an der Zeit, sich auf die Lehre des Judentums zurückzubesinnen, ohne den historischen Ansatz aufzugeben. Eine solche Lehre jedoch erfordere eine neue Konzeption der Offenbarung. «Dieses Problem, durch das so das Judentum in all seiner Besonderheit und kraft ihrer universell geworden ist, dieses spezifisch-jüdische weltgeschichtliche Problem ist das vom Eintreten des Unendlichen, Ewigen, Einen, Unbedingten in das Endliche, Zeitliche, Vielfältige, Begrenzte und von der geistigen, sittlichen Spannung des Menschlichen, die darin gegeben ist.»[67]

Dieses Verständnis der Offenbarung sei jüdisch in seinem Wesen und universell in seinem Potenzial. Es sei nicht statisch wie das *eidos*, die platonische Idee in der griechischen Philosophie, sondern dynamisch und zwingend. Die sich daraus ergebende Spannung führe zu einem «nie endenden Kampfe mit der Aufgabe, mit dem Wege, mit der Zukunft». Dieser Kampf, der in jeder Generation neu ausgefochten werden müsse, habe eine Kontinuität geschaffen, die von der von außen kommenden historisch-kritischen Forschung unterbrochen worden sei. Die jüdische Theologie sei eine «Theologie der Lehrer», die in der Tradition stehen und diese von Epoche zu Epoche weitergeben, mit der Spannung ringen und sie «verpersönlichen» oder «nuancieren». Die systematische Reflexion über dieses Problem «des Abstands» zwischen dem göttlichen Gebot und der Antwort des Menschen war Baeck zufolge Aufgabe der jüdischen Theologie und zugleich der Weg zur Überwindung des Historismus.

Das Bewusstsein dieses Abstands, den die Offenbarung zwischen dem Endlichen, Zeitlichen und Unvollkommenen auf der einen und dem unendlichen Ideal auf der anderen Seite habe entstehen lassen, sei der Impetus für den jüdischen Messianismus – ein zentrales Element in Baecks Denken wie schon in der Philosophie Hermann

Cohens. Zwar verwies Baeck die Erschaffung der Welt in den Bereich des Geheimnisses und sah im Offenbarungsgeschehen einen Gott am Werk, dessen Wesen die menschliche Vernunft übersteigt. Doch das Ziel, das die Offenbarung der Menschheit vor Augen stelle, sei klar: die Errichtung von Gottes Herrschaft auf Erden. Dies sei die wahre Antwort auf die Offenbarung von Gottes «Du sollst», das für Baeck kein nur auf dem Sinai übermittelter Imperativ war, sondern ein Gebot, das durch alle Zeiten gehört werde. Seine Bestimmung sei unendlich, aber dadurch werde es nicht weniger wirkmächtig. Was einer Generation nicht gelinge, führe die nächste Generation weiter bis zur endgültigen Erlösung am Ende der Zeit. Bis dahin strebten die Juden danach, die Erlösung zumindest ein klein wenig näher zu bringen, indem sie durch ihre Heiligung des Schabbat deren Frieden lebten und versuchten, die Gesellschaft auf diesen Weg zu führen – eine Aufgabe, zu der auch Christen und Muslime ihren Teil beitragen konnten. Doch dies sei keine selbstauferlegte weltliche Aufgabe. Vielmehr setze Gott den Prozess in Gang und befördere ihn durch seine Gebote und seine liebende Ermunterung. Der Mensch wiederum antworte darauf, indem er die Aufgabe annimmt oder ablehnt.

Baeck gibt den Gedanken der Vorsehung nicht auf: «Die Geschichte ist, so sehr Menschen ihren Verlauf zu gestalten meinen, in ihrem Ergebnis... durch Gott bestimmt.»[68] Und doch sind es die Menschen, die Gottes Präsenz in ihr Leben tragen, die moralische Aufgabe annehmen und die Hoffnung auf Verwirklichung des universellen messianischen Ziels lebendig halten. Natürlich wusste Baeck, dass am Anfang die Idee eines personalen Messias stand, der auf wunderbare Weise dem Volk Israel Rettung bringen und seinen alten Glanz wiederherstellen würde. Doch für Baeck war diese Konzeption im Laufe der Zeit – und lange vor der Reformbewegung – hinter die von den «Tagen des Messias» und, noch deutlicher, vom «Gottesreich» zumindest teilweise zurückgetreten.[69] Die verheißene Erlösung sei nicht an ein einzelnes Individuum gebunden, sondern Aufgabe aller und die jedem Menschen auferlegte Bürde. Baeck zitierte aus dem jüdischen Gebetbuch, das die Aufgabe des Menschen darin sieht, «eine Welt zu ordnen durch die Herrschaft des Allmächtigen».⁷⁰ Offenbarung bedeute Aufgabe und Vision einer universalen Gerechtigkeit als das zukunftsweisende Ziel allen menschlichen Lebens: «Wo das neue Prinzip, die Offenbarung, eingetreten ist, dort ist die Geschichte darum kein bloßes Geschehen, kein bloßer Fortgang, kein bloßes Kommen und Gehen von Menschen, kein bloßes Aufgreifen und Widerstehen, sondern Geschichte ist hier die Begegnung des Prinzips [der Offenbarung] mit immer neuen Persönlichkeiten, das gegenseitige Sichfinden und Sichergreifen von Offenbarung und Mensch. Es ist immer dasselbe und doch immer wieder ein Besonderes: Gott offenbart sich den Menschen, und der Mensch offenbart sich Gott.»⁷¹

So gesehen erhebt sich die menschliche Geschichte auf eine überweltliche Ebene. Wie Albert Friedlander schreibt: «Im Gegensatz zum Historizismus, der aus der Offenbarung ein Prädikat der Geschichte gemacht hatte, wird Geschichte nun zum Prädikat der Offenbarung.»⁷² Theologisch nähert sich Baecks Verständnis von Geschichte einer Heilsgeschichte an – einer jüdisch verstandenen Partnerschaft zwischen Gott und der Menschheit mit dem Ziel der kollektiven Erlösung.

Für Baeck war nur der Jude, der die messianische Bürde auf sich nahm, ein religiöser Jude und nur der religiöse Jude «wahrhaft» ein Jude. Aber was bedeutete es, in der Welt messianisch zu handeln? Baecks bereits erwähntes Engagement für die soziale Wohlfahrt und für die sozialen Anliegen von B'nai B'rith in den 1920er Jahren sind Beispiele dafür. Doch es gibt weitere, die sein Nachdenken über politische Strategien bekunden.

Ein engagierter Denker

Die Weltsicht eines Rabbiners

Vor dem Krieg hatte Baeck Ralph Waldo Emersons Ausspruch «Laß in der Tat den Glauben sehen» zitiert,[73] den er selbst beherzigte. Angesichts seiner Bewunderung für den deutschen Adel und seiner Vorliebe für die noblen Umgangsformen der Oberschicht des deutschen Kaiserreichs könnte man erwarten, dass Baeck, wie viele deutsche Juden, ein politisch Konservativer oder zumindest ein rechter Liberaler war. Indes identifizierte er sich und das jüdische Volk mit dem humanistischen Anliegen des Sozialismus. Offiziell war er kein Sozialist; die «Gleichheit in den Gütern des Lebens» lehnte er explizit ab.[74] Mit seinem Eintreten für die Rechte der Armen aber könnte man ihn wohl am treffendsten als einen Sozialdemokraten bezeichnen, zumindest informell.[75] Besonders interessant ist seine Äußerung auf dem Kongress der World Union for Progressive Judaism 1928 in Berlin: «Es ist kein Zufall, dass Führer des Sozialismus Juden gewesen sind. Es ist nicht nur deshalb so, weil, wie man oft gesagt hat, im Juden seit jeher das soziale Empfinden lebt... Die Arbeiter und wir Juden sind Schicksalsgenossen... darin, dass wir jeder nach seiner Art dasselbe getan haben, vielleicht tun mussten, dass sie und wir die abgelegten Gewänder anderer angelegt haben.»[76] Die Unterdrückung der Arbeiter, so Baeck, habe ihr Pendant in der Unterdrückung der Juden, was das Bewusstsein eines gemeinsamen Schicksals und eines gemeinsamen Ziels im Streben nach Gerechtigkeit geweckt habe. Gewiss, der organisierte Sozialismus, besonders in seiner marxistischen Ausprägung, war säkular, ja sogar militant antireligiös ausgerichtet. Als solchen konnte Baeck ihn nicht unterstützen. Aber er stellte einen Wandel fest: «Darf ein Persönliches gesprochen werden? Ich habe bisweilen auf Bitten deutscher Arbeiter in sozialistischen Kreisen gesprochen... Die Arbeiter sind zu mir gekommen und haben gesagt: wir danken Ihnen. Sie haben Recht, es ist so und es ist so gewesen! Ein Führer der sozialistischen Jugend, zu dem ich vor zwei Jahren im

Die Weltsicht eines Rabbiners

engeren Kreis dasselbe sagte, hat mir die Hand gedrückt und mir Recht gegeben. Es ist heute im Sozialismus besser geworden; wir Juden empfinden es dankbarer noch als alle die anderen. Man hat heute ein Einsehen, dort beginnt sich heute ... religiöses Leben zu regen. Neues auch dort, Wiedergeburt!»[77]

Baecks Ideal war ein religiöser Sozialismus oder, anders gesagt, eine Wohlfahrtsgesellschaft. Den «Machtstaat», wie er es nannte, lehnte er ab. Dieser Staat könne zwei Formen annehmen: eine faschistische wie in Italien und eine kommunistische wie in Russland, beides Ausprägungen einer Diktatur, in denen ethische Erwägungen durch Machterwägungen verdrängt worden seien. Der Machtstaat, so Baeck, sei letztlich selbstzerstörerisch. Er basiere zudem auf einem falschen Verständnis von Gerechtigkeit. Was die wahre soziale Gerechtigkeit sei, «so verkündet die prophetische Religion, das werden die Tage der messianischen Zeit entscheiden», schrieb er. In diesem prophetischen Verständnis sei das Soziale «nicht etwas, was hereingeholt oder beigefügt wird, sondern Wesensbestandteil der Religion, das, ohne das diese Religion nicht sein kann».[78]

Baeck tadelte jene, die Not und Elend um sich herum ignorierten. Ihre Zufriedenheit mit dem Status quo habe sie gegenüber dem mahnenden, drängenden Gebot selbstvergessen gemacht. Was sie ihr «gutes Gewissen» nannten, sei «das sanfte Ruhekissen, auf dem alles Geistlose und Gottlose ausruht». Und weiter: «Wer Geist in sich hat, dessen Gewissen ist nie befriedigt, nie beruhigt.»[79] Um gerecht zu handeln, müsse man bereit sein, gegen das Eigeninteresse zu handeln und jeden moralischen Kompromiss abzulehnen.

Obwohl Baeck, wie wir wissen, in der zentralen jüdischen Wohlfahrtsorganisation Deutschlands eine führende Rolle spielte, warnte er davor zu glauben, Mildtätigkeit gegenüber den Armen sei die einzige Verpflichtung. Es sei allzu leicht, sein Gewissen durch Akte der Wohltätigkeit zu beruhigen, Ungerechtigkeit und soziale Ungleichheit zu ignorieren und sich so vom notwendigen Aufbau einer gerechten Gesellschaft abzuwenden. Seinen liberalen Glaubensgenossen sagte er, der göttliche Imperativ laute nicht, die Welt nach dem Bild der Gegenwart, sondern nach dem Bild des Gottesreiches zu gestalten. Die soziale Aufgabe sei zugleich eine religiöse. Im Judentum gebe es keine Frömmigkeit ohne Fürsorge für die Mitmenschen, und umgekehrt sei alles Soziale Gottesdienst.[80]

Baecks Sorge galt nicht nur den Armen, sondern auch der Zukunft Europas nach dem Ersten Weltkrieg. Als Militärgeistlicher hatte er sich hinter die Sache Deutschlands gestellt, aber er hatte die Zerstörungen des Krieges mit eigenen Augen gesehen. Nach dessen Ende war es ihm ein Anliegen, einen neuen Krieg zu verhindern. In den späten 1920er Jahren sprach er sich für den Pazifismus aus. Als 1929 in Berlin der Jüdische Friedensbund gegründet wurde, trat er ihm bei, zusammen mit Albert Einstein und anderen prominenten jüdischen Persönlichkeiten, Zionisten ebenso wie Nichtzionisten, Rabbinern ebenso wie Laien. In diesem Kreis blieb es Baeck überlassen, den jüdischen Charakter der Friedensidee zu betonen, indem er aus relevanten jüdischen Quellen zitierte.[81] Jetzt verurteilte er jeden Krieg als bloße Ausübung von Gewalt, die zu nichts Gutem führe. Das biblische *schalom* (Friede), so betonte er, bedeute nicht die Abwesenheit von Krieg, sondern habe einen positiven Inhalt. Sein wahres Gegenteil sei die Sünde und seine wahre Bedeutung Wahrheit und die Erfüllung von Gottes Gebot.[82]

Baeck verknüpfte soziale Belange mit dem Kampf für einen moralischen Fortschritt der Geschichte und unterschied zwei Formen des Friedens, die nur den Namen gemeinsam hatten: zum einen den durch Waffengewalt errichteten Frieden, welcher der stärkeren militärischen Macht den Vorrang gibt; in Baecks Augen bestand ein solcher Frieden die moralische Prüfung nicht. Der wahre und edlere Friedensgedanke jedoch sei «das Friedenssinnen der Hungernden und Hoffenden», der Friede der Gerechtigkeit, für den allein es sich zu kämpfen lohne und der allein zum messianischen Ziel führe.[83] Wenig überraschend wurde der Jüdische Friedensbund 1933 aufgelöst.

Die Weltsicht eines Rabbiners

Seine universalistische Sicht des Friedens versuchte Baeck mit der partikularistischen Sicht eines Zionismus in Einklang zu bringen, den er zunehmend befürwortete. In einem Sonderheft der von Martin Buber und dem Verleger Salman Schocken gegründeten Zeitschrift der zionistischen Intelligenzija, *Der Jude*, skizzierte er die historischen Bezüge zwischen den hebräischen Begriffen *erez* (Land) und *olam* (Welt). In der Agrargesellschaft des alten Israel bezeichnete *erez* sowohl «Boden» und «Land» als auch «Welt». Erst als sich die israelitische Bevölkerung allmählich vom Boden löste, kam *olam* in Gebrauch, das nichts mit «Land» zu tun hat. Und damit verlagerte sich der jüdische Messianismus vom Partikularen zum Universellen, und die Sphäre der jüdischen Partikularität wurde die Gemeinde, die Synagoge und das Lehrhaus. Doch in der mittelalterlichen und modernen jüdischen Diaspora ging *erez* als Besitz von Land verloren – und damit, so Baeck, auch die fruchtbare Spannung zwischen den beiden Konzepten. Glücklicherweise besitze der Zionismus die Kraft, diese Verbindung wiederherzustellen und zwischen diesen gegensätzlichen, aber gleichwertigen Kräften ein neues Gleichgewicht zu schaffen. Dieses Gleichgewicht könne sich im Zionismus gestalten, in seinem «Verlangen nach dem alten Erez, dem alten Diesseits mit seiner Unmittelbarkeit und Gegenwärtigkeit des Bodens, seinem Geheimnisvollen, seiner Kraft und seiner Poesie und in dem Verlangen nach dem ewigen Olam, dem großen Zuge zum Jenseits mit seiner Gegenwärtigkeit, seinem Geheimnisvollen, seiner Kraft und seiner Poesie».[84] Baeck zufolge war dies die positive Spannung der Zeit, in der die Juden damals lebten.

Ein engagierter Denker

Ehe, Familie und Feminismus

Baeck führte mit seiner Frau Natalie und Tochter Ruth ein offenkundig glückliches Leben. Die meiste Zeit des Jahres waren sie in Berlin, in Schöneberg, im Sommer machte Baeck mit Natalie Ferien in der Natur und unternahm Wanderungen in den Schweizer Bergen. Über sein Familienleben wissen wir wenig, denn er war sehr zurückhaltend und vermied es, über sich selbst zu schreiben. Ein privater Brief deutet darauf hin, dass es ihm nicht leichtfiel, seine Gefühle auszudrücken. Während einer Reise nach Amerika 1925 im Auftrag der Loge B'nai B'rith schrieb er Natalie zu ihrem Geburtstag: «Du weißt es, dass ich von dem Tiefsten meines Lebens am wenigsten sprechen kann und will. So will ich die Wünsche, die ich in mir trage und die ja immer bei Dir sind, nicht in Worte hineinlegen. Ihr bestes spricht ohne sie zu Dir; ihr bestes ist die Verbundenheit unseres Lebens. Möge, was Dir, was uns gegeben ist, uns immer erhalten sein.»[85]

Die Ehe von Leo und Natalie Baeck scheint sehr traditionell gewesen zu sein. Der Mann ging hinaus in die Welt, während die Frau den Haushalt führte, die Tochter erzog und eine gute Gastgeberin war. Natalie war das Musterbeispiel einer Rebbetzin, und zu ihren Aufgaben gehörte es, andere Rabbinerfrauen in der korrekten Erfüllung ihrer Pflichten zu unterweisen.[86] Sie war die rechte Hand ihres sehr beschäftigten Mannes, machte jedoch keine eigene Karriere, und es gibt keine Hinweise darauf, dass sie eine solche ersehnte. Ihre Tochter Ruth hingegen studierte an der Universität Freiburg, wo sie ihren späteren Mann kennenlernte.[87]

In seinen Schriften gab Baeck der Ehe und Familie – wenngleich nicht seiner eigenen – breiten Raum. 1925 brachte sein Freund Graf Keyserling ein populäres Buch über die Ehe *(Das Ehe-Buch)* heraus, das schon bald ins Englische übersetzt wurde. Zu den vierundzwanzig Autoren des Bandes, deren Beiträge als «Stimmen führender Zeitgenossen» vorgestellt werden, zählten Thomas Mann, der vielseitig

Ehe, Familie und Feminismus

begabte indische Intellektuelle Rabindranath Tagore und der britische Sexualforscher Havelock Ellis. Baeck war der einzige jüdische Geistliche, der eingeladen wurde, einen Beitrag zu schreiben. Sein Essay trägt, wenig überraschend, den Titel «Die Ehe als Geheimnis und Gebot»[88] und versucht, die Ehe in den Kontext seiner Theologie einzufügen. Es ist ein hochgradig abstrakter und nüchterner Text. Als Grundelement der Ehe betrachtet Baeck das Vertrauen. Erstaunlicherweise kommt das Wort «Liebe» kein einziges Mal vor. Baeck sah die Ehe als einen religiösen Akt. Sie wurzele «in dem Gottesgeheimnis, das zwei Menschen ineinander erleben».[89] Und die Folge dieser Erfahrung sei ein lebenslanger Bund. Die Ehe besitze Dauer nicht nur aufgrund der Gefühle, die die Partner füreinander hegen, sondern weil durch sie Mann und Frau zum Ewigen hingezogen werden. Der Untreue sei «der Geheimnislose», denn ihm fehle das Geheimnis der Verbindung zu Gott und zu seiner Partnerin. Er – oder sie – ist aus dem Geheimnis ausgetreten, das Mann und Frau umfängt. Baeck unterscheidet zwischen «dem Geheimnis» im Singular, das eine Ehe besiegelt, und «den Geheimnissen», die das Geheimnis zerstören. Für Baeck, einen Traditionalisten in allen Fragen der persönlichen Moral, ist die Ehe «Heimat des Geheimnisses ... und darum kann sie nur die Ehe des einen mit der einen sein». Für die Ehe nicht weniger bedeutsam als das Geheimnis sei das göttliche Gebot des lebenslangen Bundes zwischen Mann und Frau. «Ihr ganzes Leben sollen sie durcheinander verwirklichen und gestalten.»[90] Gemeinsam bewahren sie die «Poesie», die die zerstörerische Kraft des Prosaischen fernhält und das Geheimnis und das Gebot schützt.

Für viele Menschen heute, so Baeck, sei die Familie als Wirklichkeit wie als Ideal «im Ungewissen». Für diese betrübliche Situation nannte er zwei Gründe: die rechtlichen und wirtschaftlichen Möglichkeiten, die den modernen Frauen offenstanden, und die größere emotionale Freiheit und die Bewegungsfreiheit, die junge Menschen genossen.[91] Baeck hegte Bedenken, was diese neue Situation für die jüdische Familie bedeutete. Doch so traditionell er und seine Frau auch waren, war er ein Verfechter der Frauenrechte. Beim Festakt der Tagung des Jüdischen Frauenbundes zu dessen fünfundzwanzigjährigem Jubiläum hielt Baeck eine Rede und erklärte, ganz im Einklang mit dem zeitgenössischen Verständnis, dass es psychologische Unterschiede zwischen Frauen und Männern gebe. Natürlich teile die Frau mit dem anderen Geschlecht die menschlichen Eigenschaften, aber sie sei von Geburt an mehr als der Mann dazu bestimmt zu empfangen und zu tragen. Was aber nicht bedeute, dass sie, mit Goethes Worten, «die silberne Schale sei, in welche der Mann die goldenen Früchte hineinlege».[92] Sie trage zwar tatsächlich das Schicksal des Empfangens, doch diese Bürde zu tragen sei eine Art Heldentum. Bedauerlicherweise, so Baeck, sei es bis in die Gegenwart hinein ein Dogma, dass die Frau in ihrer Identität vom Mann abhängig und nur sein Objekt sei – mit der Folge, dass die Frauen anfingen zu glauben, ihr Leben gewinne Bedeutung nur durch die Männer. Baeck empfand dies als eine unerträgliche Situation, die die Aufmerksamkeit von Männern und Frauen fordere.

Doch zum Glück stehe ein Wandel bevor. Baeck sprach von einer Revolution, die vielleicht bedeutsamer sei als jede andere und der das Judentum Rechnung tragen sollte. Später schrieb er in einem Brief, seine Frau habe ihn oft daran erinnert, dass er, als sie ihm um die Jahrhundertwende aus der Zeitung vorlas, die preußischen Gymnasien und Universitäten würden für junge Frauen geöffnet, ihr gesagt hatte: «Nun hat die Revolution begonnen.»[93] Seiner Überzeugung nach sollte dieser Revolution Rechnung getragen werden, auch wenn sie eine zweite Stufe erreiche. Sie habe den Frauen Zugang zu gleicher Bildung, gleichen beruflichen Möglichkeiten und gleichen Rechten verschafft. Um dieses Ziel zu erreichen, sei es in den Anfängen der Frauenbewegung notwendig gewesen, die Gleichheit zwischen Mann und Frau zu betonen. Jetzt könne man zur nächsten Stufe übergehen, damit «die Frau zu sich selbst» gelange, «zu sich als Frau». Baeck verglich in seiner Rede die Emanzipation der Frauen mit der Emanzipation der Juden. Auch die Juden hätten danach gestrebt, das zu sein,

Ehe, Familie und Feminismus

was sie nicht waren – danach, den Nichtjuden ähnlich zu werden –, um ihre Rechte zu erringen. Sie sollten jetzt nach innen blicken und erkennen, dass sie als Juden anders waren und eine besondere Aufgabe hatten. Gleichermaßen hätten jüdische Frauen, indem sie in der Frauenbewegung nach Gleichberechtigung strebten, ihre Eigentümlichkeit als Jüdinnen verloren. Sie glaubten, um die «neue Frau» zu werden, müssten sie aufhören, jüdische Frauen zu sein, und das Jüdische sei der Preis, den sie zu entrichten hätten. Dies zurückzuweisen sei das große Verdienst des Jüdischen Frauenbundes. Baeck hob fünf seiner prominentesten Mitglieder heraus, angefangen mit Bertha Pappenheim, der Gründerin des Frauenbundes, für die das Jüdischsein nicht nur in ihrem Privatleben, sondern auch für ihren Feminismus wesentlich gewesen sei.

Jetzt, so Baeck, gehe es um die Anerkennung des psychologischen Unterschieds im Rahmen der Gleichheit und um Komplementarität. Männer und Frauen seien schöpferisch, so Baeck, aber auf jeweils unterschiedliche Weise: Beim Mann dränge das Schöpferische mehr vom Geist zum Herzen hin, bei der Frau sei es umgekehrt, vom Herzen zum Geist. Baeck beendete seine Rede in einem ekstatisch-religiösen Ton und schrieb die neue Gleichheit ebenso wie die Anerkennung des Unterschieds Gott zu: «Gott hat ein Neues gefügt, so hat die Frau unserer Zeit es erlebt, die jüdische Frau vor vielen. Geschichte ist geformt worden, ein neues Lied darf angestimmt werden. Die jüdische Frau darf es singen, denn sie hat sich entdeckt. Ihr Eigenstes hat sie gefunden, ihrer religiösen Kraft wurde sie bewußt. Dadurch ist sie neu geworden. ‹Singet dem Ewigen ein neues Lied!›»[94] Aber war die religiöse Sphäre der jüdischen Frau dieselbe wie die des jüdischen Mannes? Sollten beispielsweise Männer und Frauen, anders als selbst in den liberalen Synagogen Deutschlands üblich, beim Gottesdienst zusammensitzen?

1929 errichtete die jüdische Gemeinde in der Prinzregentenstraße in Berlin-Wilmersdorf eine neue Synagoge – die letzte, bevor der Aufstieg des Nationalsozialismus solchen Projekten ein Ende setzte.

Ein engagierter Denker

Zu der Zeit saßen nur in der bereits erwähnten kleinen unabhängigen Synagoge in Berlin Männer und Frauen zusammen. In liberalen Synagogen waren die Frauen zwar nicht hinter einer trennenden Schranke auf die Empore verbannt, aber es gab keine «Familienbänke», wie es sie in amerikanischen Reformtempeln schon seit einiger Zeit gab. Männer und Frauen saßen, durch einen Gang getrennt, in separaten Bereichen. Bevor über die Anordnung der Sitzplätze in der neuen Synagoge entschieden wurde, holte die laizistische Führung der Berliner Gemeinde Gutachten vom Berliner Rabbinat ein. Das Ergebnis war uneindeutig. Die liberaleren Rabbiner befürworteten eine gemischte Sitzordnung, die Traditionalisten waren dagegen. Wie es seinem tiefen Bedürfnis nach Wahrung der Einheit in der Gemeinde und nach Berücksichtigung aller aufrichtigen Empfindungen entsprach, nahm Baeck als Einziger eine Zwischenposition ein.

Nachdem er das Problem aus historischer Perspektive dargelegt hatte, erklärte er, ähnlich wie in seiner Rede vor dem Jüdischen Frauenbund, eine neue jüdische Frau sei auf den Plan getreten, die in der deutschen Gesellschaft Gleichheit beanspruche. Es sei verständlich, dass sie diese Gleichheit auch in der Synagoge einfordere. Dabei gehe es nicht um Zeitgemäßheit – für die, wie wir wissen, Baeck nicht viel übrighatte –, sondern um eine neue Idee, die dem historischen Judentum keinen Abbruch tue. Aber welche Form sollte diese Neuerung erhalten? Baeck musste anerkennen, dass es männliche Synagogenbesucher gab, die sich durch die Anwesenheit von Frauen in unmittelbarer Nähe in ihrem religiösen Empfinden gestört fühlten. Eine «Einheitsgemeinde», so Baeck, müsse diesen Gefühlen Rechnung tragen. Er schlug daher einen dritten Weg vor: Die neue Synagoge sollte «Familienplätze» für diejenigen Besucher bereitstellen, die sie wünschten, und getrennte Abteilungen für jene, die unter Angehörigen ihres eigenen Geschlechts ungestörter beten konnten.[95]

Wir wissen nicht, was Baeck diesbezüglich in den Jahren bevorzugte, in denen er Gottesdienste leitete. Sehr viel später jedoch vertraute er einem ehemaligen Studenten an, wie er das Problem in der

Ehe, Familie und Feminismus

NS-Zeit gehandhabt hatte, als er nur noch ein Synagogengänger war. «In der Synagoge Prinzregentenstraße in Berlin», schrieb er, «die sich im Gottesdienst von den anderen Synagogen kaum unterschied, saßen Männer und Frauen nebeneinander, und wenn ich ein Persönliches anführen darf: im letzten Lebensjahr meiner Frau gingen wir dorthin, ich übte gottesdienstliche Funktionen nicht mehr aus, und es waltete in mir eine tiefe ... Beruhigung, neben meiner Frau in ihren Krankheitstagen sitzen zu dürfen.»[96]

Ohne Bezugnahme auf seine Tochter Ruth, die in der Weimarer Zeit bereits erwachsen war, reflektierte Baeck über jüdische Bildung und Erziehung der Kinder in Schule und Familie und stellte auch hier die elterliche Fürsorge und die schulische Bildung in einen religiösen Kontext. Erneut betonte er die «Poesie» als Gegenkraft gegen die Prosa und das Philisterhafte. Die «ursprüngliche dichterische Kraft», die Baeck Kindern zuschrieb, gehe auf dem Weg zum Erwachsenwerden allzu leicht verloren. Sie sei jedoch wichtig für die Entwicklung von «Religiosität» – ein Begriff, den Baeck genau wie Buber gegenüber «Religion» bevorzugte. Es sei die Verantwortung des Lehrers des Judentums, «die Poesie in die Prosa hineindringen zu lassen», wenn die Kinder größer würden, und sie ihnen im Zuge einer bedachtsamen religiösen Praxis einzupflanzen. Gewissenhafte Eltern und Lehrer sollten das Kind von der für die Kindheit charakteristischen magischen Phantasie über den Idealismus der Jugend bis hin zur Verantwortung des Erwachsenenlebens geleiten, ohne dass die früheren Lebensstadien verloren gingen und so, dass die Verwurzelung in Familie und Gemeinschaft allmählich zur Identifikation mit der ganzen Menschheit führe. Für Baeck war jede wahre Erziehung und jede wahre Unterweisung religiös, fast ungeachtet ihres Inhalts. Nur die Religion lasse immer wieder und in den beiden großen Perioden des Lebens, der Jugend und dem Alter, den Sinn des Lebens gewinnen. «Im Ewigen, in den Gründen des Lebens und seinen Höhen können Lehrer und Schüler, können Alter und Jugend zusammenkommen.» Nur wenn sie in Gegenseitigkeit zusammen-

Ein engagierter Denker

kämen, könnten sie miteinander kommunizieren, statt sich nur zu unterhalten. «Die Religion schafft die Verbindung.»[97]

In den «guten» Jahren der Weimarer Republik zwischen der verheerenden Inflation und der Weltwirtschaftskrise konnte Baeck sich kaum vorstellen, was für eine politische Revolution sich im Januar 1933 vollziehen würde. Doch nach der wiederholten Schändung jüdischer Friedhöfe in Deutschland gab der Centralverein 1932 einen Dokumentationsband heraus, für den Baeck ein Vorwort schrieb. Darin heißt es: «Schuldig sind die, welche ein Böses verüben, aber schuldig, zumal vor dem Gericht der Geschichte, sind die auch, die einen Frevel sehen oder um ihn wissen und still dazu sind; sie sind die, welche, ohne es zu wollen, ihm erst den Weg bereiten. Nur wo Unfreiheit ist, kann die Gewalt ihre Bahn haben, und niemand ist unfreier als der, welcher stumm ist dort, wo er reden, wo er mahnen und warnen sollte.»[98] Und im selben Jahr, noch bevor Hitler an die Macht kam, schrieb Baeck mit einem ähnlichen Tenor: «In jedem Volke sind Unrecht und Sünde; sie kommen und gehen, und das Volk bleibt. Aber wenn das Volk als solches, als ganzes mitschuldig wird durch Schweigen, durch Dulden, durch Zuschauen, dann zerstört die Untat den Boden, auf dem allein ein Volk besteht; es bricht unter ihm zusammen. Völker sind versunken, erst wenn sie vorher verstummt waren, wenn der Widerspruch gegen die Sünde, der Spruch des Rechts seine Menschen nicht mehr gefunden hat.»[99]

Infolge der Untaten einiger weniger sagte Baeck, die selbstzufriedene Mehrheit mache sich mitschuldig und das Schweigen eines Volkes führe zu dessen Zerstörung. Vor Leo Baeck lag nun eine extrem qualvolle Zeit, doch an deren Ende, als das nationalsozialistische Deutschland zusammengebrochen war, konnte er erleben, wie recht er gehabt hatte.

5

Die Bürde der Führung

Der Umschwung

Die französischen Juden hatten die bürgerliche Gleichstellung schon mit der Französischen Revolution erlangt. Für die deutschen Juden hingegen war der Kampf gegen die politische Ausgrenzung des Mittelalters ein langer und steiniger Weg. Im 19. Jahrhundert wurden jüdische Bestrebungen immer wieder enttäuscht, Fortschritt gab es nur sporadisch und uneinheitlich in den unabhängigen Einzelstaaten des späteren Deutschlands. Erst die Einigung und die Gründung des deutschen Kaiserreichs 1871 brachten offiziell das Ende der Diskriminierung der Juden. Aber selbst dann noch waren viele Deutsche in hohen wie niedrigen Positionen nicht bereit, die jüdische Gleichstellung zu akzeptieren. Wenig später rollte eine Welle des Antisemitismus über das Land, und es tauchte erstmals der Slogan «Die Juden sind unser Unglück» auf. Die meisten Juden betrachteten diesen jetzt oft in rassistischer Form wiederaufflammenden Judenhass als ein vorübergehendes Phänomen, als die letzte Manifestation eines Vorurteils, das im 20. Jahrhundert keinen Platz mehr haben würde. Sie verstanden sich als Deutsche und waren überzeugt, ihre Mitbürger würden sie bald als solche akzeptieren. Außerdem schien in den Jahren der Weimarer Republik die informelle Ausgrenzung geringer zu werden. Die öffentliche Meinung, besonders in den großen Städten und vor allem in Berlin, wo ein Drittel der deutschen Juden lebte, zeigte sich zunehmend aufgeschlossen für Juden in Führungspositionen in den Bereichen Kunst, Wissenschaft und Wirtschaft. Jüdische

Die Bürde der Führung

Meinungsführer räumten zwar ein, dass der Weg steinig und noch nicht ganz frei von Hindernissen war, doch mit dem Rückhalt der jüdischen Verteidigungsorganisation und der Unterstützung vorurteilsfreier Nichtjuden blickten sie optimistisch in die Zukunft. 1931 war die Zuversicht der Juden größer als je zuvor. In jenem Jahr konnte der anonyme Herausgeber des jüdischen Adressbuchs für Berlin in seinem Vorwort erklären: «Wie sehr Judenfeinde unser Deutschtum auch leugnen mögen, es ist da, wir leben es jeden Tag und keine Macht der Welt wird unsere innere Verbundenheit mit dem deutschen Volke zerreißen können, unsere Zugehörigkeit zu diesem deutschen Volke uns streitig machen können.»[1]

Nur wenige der jetzt rund eine halbe Million deutschen Juden waren auf den 30. Januar 1933 vorbereitet, als Adolf Hitler Reichskanzler wurde. Wie viele Nichtjuden sahen auch sie in ihm nur eine Witzfigur, einen komisch aussehenden österreichischen Gefreiten und Demagogen. Er war kein wirklicher Deutscher – nicht der Mann, dem die Deutschen als ihrem Führer zujubeln und dem sie es erlauben würden, den deutschen Juden ihren lang ersehnten und endlich errungenen Status zu entziehen.

Der Nationalsozialismus hatte viele Ziele, militärische wie wirtschaftliche, doch die Degradierung der deutschen Juden von Staatsbürgern zu verachtenswerten Volksfeinden war ein klares zentrales Bestreben, besonders für den neuen Führer. Und dieser Prozess sollte schon bald beginnen. Gerade einmal zwei Monate später, am 1. April, postierten sich Angehörige der SA, des bewaffneten und uniformierten Arms der NSDAP, vor jüdischen Geschäften und verwehrten Kunden den Zutritt. Im selben Monat verabschiedete die nun nicht mehr demokratische Regierung ein Gesetz, das es ermöglichte, Juden aus ihren Ämtern in Schulen, Universitäten und öffentlichen Einrichtungen zu entfernen. Wenige Wochen nachdem sie an die Macht gekommen waren, begannen die Nationalsozialisten, die jüdische Emanzipation rückgängig zu machen. Deutlichsten Ausdruck fand dies in den Nürnberger Gesetzen vom September 1935, durch welche die Juden nicht mehr Staatsbürger, sondern nur noch Staatsangehörige waren. Weitere tiefgreifende Maßnahmen erfolgten schrittweise – 1933, 1935 und 1938 –, mit der Folge, dass die meisten Juden, zumindest am Anfang, beschlossen, auszuharren in der Hoffnung oder vielleicht im Glauben, der neueste Rückschlag wäre der letzte und das deutsche Volk werde früher oder später zur Besinnung kommen.

Das unmittelbare und dauerhafte Ziel der Nationalsozialisten war es, die jüdische Emigration zu erzwingen, indem sie den Juden das Leben in Deutschland zunehmend erschwerten. Diese Absicht belegt ein Memorandum, in dem dies explizit benannt wurde: «Den Juden sind die Lebensmöglichkeiten [in Deutschland] – nicht nur wirtschaftlich genommen – einzuschränken. Deutschland muß ihnen ein Land ohne Zukunft sein, in der wohl die alte Generation in ihren Restpositionen sterben, nicht aber die junge leben kann, so daß der Anreiz zur Auswanderung dauernd wach bleibt.»[2] Um dies zu beschleunigen, begannen die Behörden, die verschiedenen jüdischen Gruppierungen gegeneinander auszuspielen, um jedes Bewusstsein einer jüdischen Einheit auszulöschen und damit die Forderung nach Minderheitenrechten in der deutschen Gesellschaft im Keim zu ersticken.[3] Angesichts der tiefen Spaltungen innerhalb des deutschen Judentums hatte diese Strategie große Aussicht auf Erfolg.

Die deutschen Juden jener Zeit waren in hohem Maße in Deutschland akkulturiert und fühlten sich insbesondere durch ihre Teilnahme am Ersten Weltkrieg berechtigt, als vollwertige Deutsche anerkannt zu werden. Aber sie waren intern gespalten und reagierten daher auf die radikale Rücknahme ihres erreichten Status in unterschiedlicher und widersprüchlicher Weise. Als glühende Nationalisten hegten die Zionisten eine eigene Wertschätzung der Macht des Nationalismus. Einer ihrer Sprecher schrieb: «Wenn ein Volk sich erneut zur Nation und zu einem starken, alle Bezirke des Daseins umfassenden Staat bekennt, so haben wir als Zionisten ... ein tiefes Verständnis für den echten Urgrund zu zeigen, aus dem dies alles quillt.»[4]

Die Bürde der Führung

In einem Leitartikel der Zeitung des deutschen Zionismus wurde sogar eine dem NS-Jargon verwandte Sprache benutzt, und die Zionisten wurden als «nationale Juden» bezeichnet, «die den konstitutiven Wert des Volkstums und des Blutes für Mensch und Volk bejahen». Gleichzeitig jedoch grenzten die Zionisten ihre Bewegung entschieden vom Nationalsozialismus ab und betonten «die höhere Einheit des Menschengeschlechtes».[5] Am 21. Juni 1933 veröffentlichte die Zionistische Vereinigung für Deutschland eine ausführliche Stellungnahme, in der sie ihr Verhältnis zum neuen deutschen Staat darlegte und auf Parallelen zwischen dem jüdischen und dem nationalsozialistischen Verständnis von ethnischer Identität hinwies. Auch sie glaubten an eine Unterscheidung zwischen der jüdischen und der deutschen «Rasse» und propagierten die Auswanderung der Juden – im Fall der Zionisten nach Palästina. Die Organisation stand somit ganz im Einklang mit der NS-Politik der Absonderung,[6] und es kann nicht überraschen, dass die Zionisten unter allen jüdischen Gruppierungen diejenigen waren, die von den NS-Behörden tendenziell bevorzugt wurden, indem sie ihnen anfangs Privilegien gewährten, die anderen verweigert wurden.[7]

Aber auch die Zionisten hatten sich im Krieg als Patrioten betrachtet, und es fiel ihnen schwer, diese Kehrtwendung zu akzeptieren. Es gab natürlich einige, die das nationalsozialistische Deutschland sofort verließen und nach Palästina gingen, aber die meisten beschlossen vorerst zu bleiben. Und sie erkannten, dass sie in dieser Situation eine Führungsfigur brauchten, die innerhalb des deutschen Judentums breite Unterstützung genoss. Deshalb gehörten sie zu denen, die sich an Leo Baeck wandten und ihm die Führung für die vor ihnen liegende Zeit antrugen. Zwar waren die meisten Zionisten nicht aktiv religiös, aber sie wollten eine Führungspersönlichkeit, die nicht nur praktische Fähigkeiten, sondern auch spirituelle Qualitäten besaß. Das deutsche Judentum müsse «seelisch gestärkt» und nicht nur «physisch erhalten» werden.[8] In dem Rabbiner und Gelehrten Leo Baeck sahen sie jemanden, «der parteimäßig nicht einzureihen ist, weil seine eigenartige Persönlichkeit und sein gewaltiges Ethos, seine großen jüdischen Kenntnisse und Erfahrungen sowie seine Urteilskraft und sein Weltblick ihn über die üblichen Einteilungen erheben».[9] Wie wir gesehen haben, gehörte Baeck nicht der zionistischen Bewegung an. Aber als Mitglied der erweiterten Jewish Agency und als Unterstützer jüdischer Siedlungen im Land Israel konnten ihn die Zionisten wenn nicht als einen der Ihren, so doch als jemanden betrachten, der ihrem Anliegen Wohlwollen entgegenbrachte.

Während die Zionisten – nicht ohne Bedauern – bereit waren, auf ihren Anspruch auf volle Anerkennung als Deutsche zu verzichten, gab es am anderen Ende des Spektrums jene deutschen Juden, die weiter darauf beharrten, in jeder Hinsicht genauso deutsch zu sein wie die Nichtjuden. Sie lehnten den Zionismus entschieden ab und setzten ihre Angriffe gegen ihn auch nach dem Januar 1933 fort. Die Anhänger einer Gruppe innerhalb dieser Kategorie unter Führung des kompromisslosen Max Naumann erklärten sich zu «Deutschjuden», die ihr Judentum als spezifisch und einzigartig deutsch geprägt verstanden. Als sie von ihren Gegnern als «Juden-Nazis» verunglimpft wurden, griffen sie den Ausdruck bereitwillig auf: Es sei nicht das erste Mal, dass eine abwertend gemeinte Bezeichnung in Wahrheit ein Ehrentitel sei.[10] Anders als die Zionisten und zu ihrem großen Verdruss fanden diese Superpatrioten, die unbedingt ihre Staatstreue beweisen wollten, nicht die Gunst der Nationalsozialisten. Nichts, was ein Jude von sich behauptete, machte ihn in deren Augen zu einem vollwertigen Deutschen. Naumann und seinesgleichen wurden als «Assimilanten» verunglimpft. 1935 ging die Gestapo so weit, den Juden die Behauptung, sie seien vollwertige Deutsche, zu verbieten. Anders als die Zionisten hatten diese hundertprozentigen Deutschen unter den Juden für Leo Baeck nicht viel übrig. In ihren Augen gehörte er ins zionistische Lager und führte die deutschen Juden in ein «zionistisches Ghetto». Baeck zählte also zu ihren Gegnern. Als Baeck Präsident der Reichsvertretung der deutschen Juden wurde, weigerten sie sich, der Organisation beizutreten.

Zwischen diesen beiden Extremen standen die liberalen Juden, zu der als liberaler Rabbiner auch Leo Baeck zählte. Wie bei den Zionisten, deren Ansichten über Deutschland nicht ganz einheitlich waren, gab es auch unter den Liberalen Differenzen in der Frage, wie man auf den Umschwung reagieren solle. Für sie war die Entwicklung besonders schmerzlich, da der Liberalismus eine Idee des Fortschritts in Richtung auf eine humanere Welt vertrat und dabei Deutschland mit seiner reichen Kultur als treibende Kraft sah. Aber die NS-Behörden brandmarkten nicht nur die Gruppe um Naumann, sondern auch den politischen Arm der Liberalen, den Centralverein deutscher Staatsbürger jüdischen Glaubens, als «Assimilanten» und damit als Gegner der geplanten Absonderung deutscher Juden von deutschen Ariern.[11]

Intern waren die liberalen Juden in der Frage Deutschtum versus Judentum zerrissener als die anderen Gruppen. Fraktionen, die der einen oder anderen Richtung angehörten, gab es sowohl in ihren religiösen Organisationen als auch in ihrer politischen Verteidigungsorganisation, dem Centralverein. Doch sie alle empfanden einen Missklang zwischen «ihrem» Deutschland und dem, was aus Deutschland geworden war. Diejenigen unter den liberalen Juden, die besonders lautstark betonten, Deutsche zu sein – die Mitglieder der Reformgemeinde in Berlin –, brauchten am längsten, um die neue Situation zu erkennen. Der abrupte Umschwung war ein verheerender Schlag gegen so gut wie alles, woran sie glaubten – eine Annullierung ihrer Weltanschauung. Sie hatten nicht die Absicht, Deutschland zu verlassen. Noch 1935 riet ein Rabbiner der Reformgemeinde ausdrücklich von der Auswanderung ab.[12] Wie verstörend dieses veränderte Umfeld auf einige in der Reformgemeinde wirkte, zeigt sich in aller Eindringlichkeit in der Klage einer Frau, sie habe das Gefühl, Deutsche zu sein, verloren, und könne sich jetzt nur noch als Jüdin fühlen.[13] Mehrheitlich beharrte das liberale Judentum zwar nicht ganz so entschieden auf seinem Deutschtum wie die Reformgemeinde, war aber gespalten, und einige in der Führung standen der Position der Reformgemeinde, an der Loyalität gegenüber Deutschland festzuhalten, durchaus nahe. Aus dieser Gruppe kam der Vorschlag, mit der Regierung eine ähnliche Vereinbarung zu treffen wie das zwischen der katholischen Kirche und Hitler geschlossene Konkordat.[14] Im Jahr 1934 war diese Gruppe der Auffassung, Rechte in Deutschland könnten nur diejenigen Juden beanspruchen, «die sich als Kinder Deutschlands und als Glieder des deutschen Volkes fühlen». In ihrer Zeitung hieß es: «Wer der jüdischen Nation sich zurechnet, deren nationale Heimstätte Palästina ist, der bleibt in Deutschland ein Gast und Fremder, und er kann, er muß notgedrungen stören, wenn er gemeinsam mit denen auftritt, die hier ihre Heimat sehen und ihr Heimatrecht geltend machen.»[15] Die antizionistische Gruppe innerhalb der Liberalen hielt an ihrer Position fest, bis sie nur noch absurd war, während die andere Gruppe, zu der auch Baeck gehörte, Feindseligkeiten gegenüber dem Zionismus zurückwies und sich in der Frage der Auswanderung der zionistischen Position allmählich immer mehr annäherte.[16]

In den Wochen nach der Machtübernahme der Nationalsozialisten, gab Baeck in seiner Eigenschaft als Vorsitzender des Deutschen Rabbinerverbands dem Berliner Korrespondenten einer französischen Zeitung ein Interview, das auch in der jüdischen Presse veröffentlicht wurde. Es zeigt, dass selbst Baeck das Ausmaß dieses Umschwungs in seinem tiefsten Inneren noch nicht erfasst hatte. In dem Interview hob er zwei Punkte hervor. Der erste war die kategorische Ablehnung des Bolschewismus als «Gottlosen-Bewegung», wie es, obwohl im Einklang mit der NS-Ideologie, von einem religiösen Juden nicht anders zu erwarten war. Ein paar Monate später formulierte Baeck in der Zeitung der deutschen Zionisten einen ähnlichen Gedanken, als er ganz allgemein über gegensätzliche Konzepte von Herrschaft sprach und sich dabei indirekt abfällig über den Nationalsozialismus äußerte: «Es kann keine wahre Aristokratie und auch keine wahre Demokratie geben ohne die Religiosität, ohne die Beziehung zu Gott oder, was dasselbe besagt, ohne das Bewußtsein der Berufung, des

Auftrages. Jede Aristokratie und ebenso jede Demokratie ist, wenn sie nicht mehr fromm war, zur bloßen Schauwand geworden, die dann zerfiel, oder die ein Windstoß stürzte.»[17] Obwohl Baeck hier vor allem an die säkularisierte jüdische Führung dachte, könnte es auch als Anspielung auf das Hitlerregime gemeint gewesen sein, das, durch die gottlose Demokratie der Weimarer Republik an die Macht gekommen, im Begriff war, eine eigene, falsche Aristokratie zu schaffen.

Der zweite Punkt, den Baeck in dem Interview betonte, war das (vielleicht von dem Journalisten falsch zitierte) Beharren darauf, «die Erneuerung Deutschlands» sei «ein Ideal und eine Sehnsucht innerhalb der deutschen Juden». Angeblich fuhr Baeck fort: «Wir Juden hier hegen den ehrlichen Wunsch und die ehrliche Hoffnung, daß wir in Ruhe auch unser Verhältnis zu den neuen Herren in Deutschland aufrichtig werden gestalten können.»[18] Falls dies korrekt zitiert ist, hegte Baeck wie so viele andere zunächst die Illusion, die Geschehnisse bedeuteten keinen Umschwung, sondern nur einen zwar bedauerlichen, aber handhabbaren Regimewechsel.[19]

Noch im Juni 1933 konnte Baeck von Deutschland als jüdischer «Heimat» sprechen. Im Herbst jenes Jahres pries er die «Liebe und Treue», die deutsche Juden mit ihren nichtjüdischen Mitbürgern teilten; und wenige Monate später sprach er immer noch vom «deutschen Heimatboden».[20] Auch ihm fiel es schwer zu glauben, dass das deutsche Volk eine so scharfe Kehrtwende vollzogen hatte. Wie er dem namhaften Zionisten Arthur Ruppin im Sommer 1937 sagte, glaube er nach wie vor, 80 Prozent der Deutschen seien gegen die Verfolgung der Juden, hätten aber schlichtweg Angst, ihre Meinung offen zu äußern.[21] Doch Baeck erkannte auch die historische Notwendigkeit, den Jüngeren zur Ausreise in ein anderes Land zu verhelfen. Bereits 1933 schrieb er: «Es ist zur großen Aufgabe geworden, Plätze zu erkunden und Wege zu bahnen, wie auf dem heiligen Boden Palästinas, dem die Vorsehung eine neue Zeit gefügt hat, so überall, wo Charakter, Schweiß und Tüchtigkeit des deutschen Juden

Der Umschwung

sich bewähren können, niemandem Brot nehmend, sondern anderen Brot schaffend.»[22] In Deutschland dagegen gab es zunehmend weniger Brot für alle, und Juden, die bis dahin für wohltätige Zwecke gespendet hatten, wurden schon bald zu Almosenempfängern. Als 1935 das Saargebiet wieder ins Deutsche Reich eingegliedert wurde, hieß Baeck dessen jüdische Bevölkerung nicht in einem gemeinsamen Vaterland willkommen, sondern nur in einem gemeinsamen jüdischen Schicksal – in gemeinsamer Sorge und gemeinsamen Aufgaben.[23]

Wie viele andere jüdische und nichtjüdische Kritiker des NS-Regimes hoffte auch Baeck, Reichspräsident Paul von Hindenburg werde Hitler in Schach halten können. Nach der Machtübernahme der Nationalsozialisten setzte sich der ehemalige General für gewisse Vorrechte für jüdische Frontkämpfer des Ersten Weltkriegs ein. In einem Brief an Claude Montefiore in England schrieb Baeck: «Wir sind froh, daß Hindenburg Präsident bleibt.»[24] Als Hindenburg im Sommer 1934 starb, hielt Baeck im Rahmen einer Trauergedenkfeier in der neu erbauten liberalen Synagoge in der Berliner Prinzregentenstraße eine Rede. Er nannte ihn einen «Felsblock», in Anspielung darauf, dass Hindenburg sich, wenngleich letztlich erfolglos, Hitlers Weg in die Diktatur entgegengestellt hatte. Baeck betonte auch Hindenburgs aristokratische Haltung und stellte sie unausgesprochen der Demagogie des neuen Kanzlers gegenüber. Er muss rasch erkannt haben, dass Hitler, nachdem dieses letzte Hindernis aus dem Weg geräumt war, völlig ungehindert weitermachen konnte.[25] Dennoch träumte Baeck immer noch von einem Militärputsch gegen Hitler. Zu einem Mitstreiter sagte er: «Kein Mensch kann prophezeien, aber meine Konzeption ist immer noch die: ich wache eines Tages auf und werde an der Littfassäule Plakate mit dem Aufdruck finden: Ich habe die vollziehende Gewalt übernommen, General von ...»[26]

Anfangs versuchten einige aus den jüdischen Gruppierungen, eigenständig auf die neuen Machthaber zuzugehen. So gelang es Vertretern des Centralvereins schon früh, ein Treffen mit Reichsminister

Göring zu arrangieren, bei dem sie betonten, ihre Organisation habe mit Kommunisten und anderen Staatsfeinden nichts zu tun. Göring soll zu ihnen gesagt haben, die Sicherheit von Leben und Eigentum der jüdischen Staatsbürger, die sich der Regierung gegenüber loyal verhielten, sei gewährleistet.[27] Doch derartige Zusicherungen, falls sie überhaupt ernst gemeint waren, erwiesen sich als zunehmend wertlos. Und die Bemühungen anderer jüdischer Gruppen, mit den Behörden in Kontakt zu treten – etwa der Gruppe um Naumann und der orthodoxen Juden –, wurden einfach zurückgewiesen oder ignoriert. In einem Memorandum an Hitler im Oktober 1933 bekräftigten die orthodoxen Juden ihre Verbundenheit mit Deutschland und fragten, ob der Reichskanzler das Leben der Juden lediglich einschränken wolle oder ob er die Absicht habe, sie zu vernichten. Das Schreiben blieb unbeantwortet.[28] Eine Unterredung mit Hitler kam nicht infrage. Als eine Delegation des CV um eine solche Unterredung bat, wurde sie brüsk abgewiesen. Der Reichskanzler beschied ihnen unmissverständlich: «Ich habe kein Interesse daran, mich mit Juden zu treffen.»[29] Bald wurde offenkundig, dass sowohl das Bestreben der Nationalsozialisten, die jüdische Bevölkerung noch besser zu kontrollieren, als auch der Wunsch der Juden, gegenüber dem Regime geschlossen aufzutreten, die Gründung einer möglichst breit basierten Gesamtorganisation erforderlich machte, und zwar so schnell wie möglich. Angesichts der Meinungsverschiedenheiten innerhalb der Gemeinde war dies keine leichte Aufgabe.

Einheit schaffen

Ideologische und religiöse Differenzen innerhalb des Judentums, aber auch lokale Loyalitäten hatten die Schaffung einer handlungsfähigen reichsweiten Organisation bisher verhindert. 1869 war der Deutsch-Israelitische Gemeindebund gegründet worden, dessen Aktivitäten sich jedoch auf Bildung und Wohlfahrtspflege beschränkten. Außerdem war er auf Gemeindeebene organisiert und bezog daher den später gegründeten, aber zunehmend wichtigen Centralverein und die Zionisten nicht ein. 1932 kam es schließlich zur Schaffung einer gesamtdeutschen Vertretung aller jüdischen Landesverbände, und am 12. Februar 1933, wenige Tage nach Hitlers Machtübernahme, wurde Leo Baeck zu ihrem Präsidenten gewählt. In dieser Funktion schickten er und einer seiner Mitstreiter am 6. Juni 1933 an die Reichsregierung ein Schreiben mit der «dringenden Bitte» um eine Unterredung zur Erörterung von Fragen, die sich aus der neuen politischen Situation für die Juden ergaben. Drei Tage später folgte eine Erklärung, die deutschen Juden lehnten es ab, «immer wieder auf ihre jahrhundertealte deutsche Kultur zu verweisen, auf ihre dauernde Verbundenheit mit deutschem Land und deutschem Geist».[30] Sie verlangten jetzt eine auf dem Boden des Rechts und auf gegenseitigem Respekt beruhende Beziehung. Fast unnötig zu sagen, dass ihre Bemühungen vergeblich blieben. Wie die Vorstöße einzelner Gruppen wurde auch diese Bitte abgewiesen.[31] Solche Erfahrungen ließen eine wirklich repräsentative Organisation noch dringlicher erscheinen, und sei es lediglich, um innerjüdische Strategien abzustimmen. Die bestehende Organisation, die – sehr zum Verdruss des übrigen deutschen Judentums – von den preußischen Juden und besonders von der Berliner Gemeinde dominiert wurde, konnte diese Aufgabe nicht wirksam erfüllen. Für Baeck war sie nicht mehr als ein «vergrösserter Preussischer Landesverband oder ein vergrösserter Vorstand der Berliner Gemeinde», nicht aber ein «schlagfertiges Instrument der deutschen Judenheit in gefahrumdrohter Zeit».[32] Am 25. Juni, nach kaum einem halben Jahr, trat er enttäuscht vom Vorsitz zurück.[33] Dies hatte eine neue Initiative zur Gründung einer Organisation zur Folge, in der Baeck eine stärkere Führungsrolle spielen konnte.

Es wurde klar, dass eine wirklich repräsentative Vertretung den großen politischen jüdischen Organisationen – dem CV und den Zionisten, aber auch dem Reichsbund jüdischer Frontsoldaten, dessen Mitglieder im Ersten Weltkrieg gekämpft hatten – beträchtlichen Einfluss zubilligen musste. Trotz ihrer unterschiedlichen politischen Ausrichtung begründeten alle diese Organisationen gemeinsam eine Neuordnung des deutschen Judentums. Anders als die einzelnen Gemeinden wurden sie von Eliten geführt, die in der Regel jünger und wirtschaftlich weniger fest etabliert waren als die Männer, die die lokalen jüdischen Gemeinden und die regionalen Gemeindeverbände leiteten. Die Frage war, wie man diese auf reichsweiter Ebene agierende Führung und die ältere Ordnung der gemeindlichen Leitung in einer allumfassenden Einheit zusammenbringen konnte. Um effizient agieren zu können, war die Mitgliedschaft fast aller deutschen Juden erforderlich, dazu eine breite finanzielle Unterstützung und eine allgemein akzeptierte Führungsspitze.

Und es gab noch einen Grund zum Handeln, auch wenn sich die jüdische Führung dessen damals womöglich gar nicht bewusst war: Nach dem «Judengesetz» vom April 1933 plante die Regierung die Gründung einer Zwangsorganisation für alle Juden, einen «Judenrat» – dieselbe Bezeichnung, die die Nationalsozialisten später für die von der SS streng kontrollierten Räte in den jüdischen Ghettos Osteuropas verwendeten –, dessen einzige Funktion darin bestehen sollte, die Anweisungen des Regimes umzusetzen.[34] Dieser Plan machte die Schaffung einer freiwilligen, demokratischen Organisation noch dringlicher, um zu verhindern, dass das neue Regime den deutschen Juden eine staatlich kontrollierte Organisation aufzwang – wie es am Ende doch geschah, wenn auch erst sechs Jahre später, Anfang 1939. Inzwischen verfügte Reinhard Heydrich als Chef der Gestapo, dass alle jüdischen Organisationen ihre Versammlungen der örtlichen Polizei zu melden hatten. Zu diesen Versammlungen – und auch zu den jüdischen Gottesdiensten – erschienen Aufseher des Regimes, um sicherzustellen, dass nichts Verdächtiges gesagt wurde.[35]

Die Initiative zu einer neuen, allumfassenden «Reichsvertretung der deutschen Juden» (RV), wie sie zunächst hieß, kam von der jüdi-

Einheit schaffen

schen Gemeinde Essen. Der liberale Rabbiner Hugo Hahn gab zusammen mit einem Bankier und einem Rechtsanwalt den Anstoß. Alle drei waren Mitglieder einer Gruppe innerhalb des Centralvereins, welche die Jewish Agency for Palestine unterstützte. Ihre Strategie war es, die großen landesweiten Organisationen auf ihre Seite zu ziehen, die mächtige jüdische Gemeinde Berlin zu isolieren und schließlich deren Unterstützung zu gewinnen, da sie sich, wie man annahm, dieser Schmälerung ihres nationalen Einflusses zunächst entgegenstellen würde.

Den CV zu gewinnen war relativ einfach. In einem Artikel in der Zeitung des Verbands mit dem Titel «Geeint ins neue Jahr» betonte dessen Vorsitzender Julius Brodnitz die Notwendigkeit für die deutschen Juden, in einer so schwierigen Zeit ihre ideologischen Differenzen ad acta zu legen und gemeinsam für ihre Interessen zu kämpfen.[36] Die Zionisten waren schwerer zu überzeugen. Innerhalb ihres Lagers war eine Gruppe für die angestrebte Organisation, während die andere eine Zusammenarbeit mit Nichtzionisten ablehnte.[37] Überdies verlangten auch jene Zionisten, die eine Zusammenarbeit befürworteten, mehr Vertreter, als ihnen zunächst zugestanden wurden, obwohl sie zahlenmäßig mit dem CV nicht konkurrieren konnten. Sie argumentierten, aufgrund ihrer Möglichkeiten, Auswanderungswilligen zu helfen, und aufgrund ihrer guten Kontakte zum Ausland verdienten sie besondere Berücksichtigung.[38] Aber auch sie wurden bald zu Befürwortern, vor allem nachdem einer der Ihren, Siegfried Moses, stellvertretender Vorsitzender geworden war. Die im Reichsbund jüdischer Frontsoldaten organisierten Juden wiederum bildeten sich ein, als Soldaten von den Nationalsozialisten eher respektiert zu werden und deshalb in der neuen Organisation eine zentrale Führungsposition zu verdienen. Tatsächlich hatten sie eine Rolle dabei gespielt, dass Hindenburg den Mitgliedern aufgrund ihrer Verdienste für den Staat gewisse Zugeständnisse gemacht hatte.[39] Anfangs warnte ihr Sprecher, die Differenzen, die «im Geist des Judentums in Deutschland» tief verwurzelt seien, dürften nicht ignoriert werden, und eine erzwungene Einheit werde die Diversität ersticken.⁴⁰ Aber bald traten auch sie der neuen Organisation bei und erklärten, die Lage der deutschen Juden erfordere einen innerjüdischen Burgfrieden ähnlich dem Wilhelms II., der nach Ausbruch des Ersten Weltkriegs erklärte, angesichts der militärischen Bedrohung kenne er keine Parteien mehr, sondern nur noch Deutsche.⁴¹ Baeck genoss ihren Respekt; als Feldgeistlicher war er im Krieg ebenfalls Soldat gewesen. Auch die religiösen Liberalen kamen an Bord, ebenso die Vorstände der jüdischen Gemeinden, wenngleich der Berliner Vorstand nur äußerst widerstrebend.

Die kleineren, am glühendsten deutsch-national gesinnten Gruppen sowie die Orthodoxen lehnten einen Beitritt ab. Naumanns Deutschjuden, aber auch die jüdische Reformgemeinde Berlin wollten mit einer Organisation, in der auch Zionisten vertreten waren, nichts zu tun haben. Die Unabhängigen Orthodoxen Juden missbilligten gleichfalls die starke Rolle der Zionisten, fürchteten aber auch den Einfluss der Reichsvertretung auf die jüdische Bildung und Erziehung. 1934 lehnten sie die «von Buber und Baeck geistig bestimmte Reichsvertretung» als dem toratreuen Judentum widersprechend ab.⁴² Außerdem betrachteten sie deren Beschlüsse als eine Brüskierung der Orthodoxie. Daher, so erklärten sie, sähen sie sich gezwungen, ihre Interessen selbstständig und außerhalb der Reichsvertretung zu wahren, die keine legitime Führung sei.⁴³ Erst im Sommer 1938 traten sie der Organisation bei, sehr zum Kummer eines orthodoxen Rabbiners, der diesen Schritt als Glaubensabfall brandmarkte.⁴⁴

Glücklicherweise erhielten die Gründer der neuen Reichsvertretung Unterstützung von einflussreicher Seite inner- und außerhalb Deutschlands. Eine zentrale Rolle spielte dabei der jüdische Bankier Max Warburg, der zu diesem Zeitpunkt noch in Hamburg lebte und das Projekt tatkräftig vorantrieb. Angesichts der fortschreitenden Verarmung der deutschen Juden waren große Geldsummen erforderlich, um die Arbeit der Reichsvertretung zu unterstützen. Und anders als die jüdischen Gemeinden besaß die Reichsvertretung keinen

Einheit schaffen

öffentlich-rechtlichen Status und konnte somit auch von den deutschen Juden keine Steuern erheben. Beträchtliche finanzielle Mittel kamen aus dem Ausland, vom American Jewish Joint Distribution Committee und vom Central British Fund for German Jewry.[45] Warburg konnte sicherstellen, dass die benötigten Gelder auch ankamen.

Neben einer großen, repräsentativen Mitgliederzahl und ausreichenden Finanzmitteln gab es noch einen, vielleicht den wichtigsten Aspekt: Es bedurfte einer Persönlichkeit an der Spitze, die sowohl von allen vertretenen Gruppierungen wie auch von ausländischen Geldgebern respektiert wurde.

Seit Gründung der neuen Reichsvertretung kam für das Amt des Präsidenten sowie des Vorsitzenden der mit der Reichsvertretung verbundenen Wohlfahrtsorganisation Zentralausschuss für Hilfe und Aufbau nur einer infrage: Rabbiner Leo Baeck.[46] Mitglieder der Essener Gruppe hatten von Anfang an Baeck im Sinn, wegen seines Weitblicks und seines diplomatischen Geschicks. Er war im Vorstand des Centralvereins und Präsidiumsmitglied von Keren Hajessod, der Organisation, die Spenden für jüdische Siedlungen in Palästina sammelte, war also beiden Seiten genehm. Außerdem war er Großpräsident des deutschen Distrikts von B'nai B'rith und Vorsitzender des Allgemeinen Rabbinerverbands.[47] Nach seinem Rückzug aus der vorherigen, ineffizienten Organisation war Baeck jedoch zunächst zurückhaltend, erneut die Führung zu übernehmen. Erst auf Druck von Max Warburg erklärte er sich dazu bereit, obwohl Warburg laut seinem Biographen Ron Chernow später der Ansicht war, Baeck sei «zu friedfertig gewesen, als dass er unter eigensinnigen Köpfen Einigkeit hätte stiften können».[48] Auch andere fragten sich, ob er für eine so verantwortungsvolle Position wirklich der Richtige sei. Robert Weltsch, Herausgeber der zionistischen Zeitung, meinte, Baeck besitze zweifellos spirituelle Autorität, er frage sich aber, ob Baeck auch die «Härte» besitze, die diese Aufgabe in «einer Welt voll Widerstand und voll Feindschaft» erfordere.[49] Wenige Monate später jedoch begrüßte dieselbe Zeitung Baecks Berufung zum Präsidenten, da ihn seine Unparteilichkeit, seine außerordentliche Persönlichkeit und seine große Erfahrung für diese Position qualifizierten.[50] Schwieriger war es, den Vorstandsvorsitzenden der jüdischen Gemeinde Berlin, Heinrich Stahl, dazu zu bringen, Baeck als Präsidenten der neuen Organisation zu akzeptieren. In Deutschland lag die Führung der Gemeinden fast ausschließlich in der Hand von Laien, denen die Rabbiner Rechenschaft, wenn nicht Unterwürfigkeit schuldeten. Baeck war als führende Persönlichkeit der liberalen Rabbiner Berlins gewählt worden, aber Stahl, der mächtigste Gemeindevorsitzende ganz Deutschlands, ließ sich nicht so leicht überzeugen, Baecks Führung in einem Amt mit weltlicher Verantwortung zuzustimmen. Der wohlhabende Versicherungsdirektor hatte im Mai 1933 die Leitung der Berliner Gemeinde übernommen. Eingeladen, sich an den Diskussionen zur Gründung der Reichsvertretung zu beteiligen, erklärte er, Baeck, «den wir als den grossen Gelehrten schätzen und ehren, ist nicht unser Vertrauensmann in politischen Angelegenheiten».[51] Auch wenn er schließlich Baecks Wahl zustimmte, versuchte er später wiederholt, ihn zu stürzen.

Baeck hatte das Glück, dass ihm von den konstituierenden Organisationen Otto Hirsch an die Seite gestellt wurde. Als ehemaliger Verwaltungsbeamter besaß Hirsch organisatorisches Talent und politische Erfahrung, genau das, was Baeck fehlte. In den Jahren der Weimarer Republik war Hirsch Ministerialrat im württembergischen Innenministerium, wurde jedoch 1933 aus dem Staatsdienst entlassen. Als bewusster, praktizierender Jude stand er zudem ganz im Einklang mit Baecks eigenen Überzeugungen. 1926 war Hirsch Mitbegründer des Jüdischen Lehrhauses in seiner Heimatstadt Stuttgart gewesen, und er kannte die Werke der zeitgenössischen Philosophen Martin Buber und Franz Rosenzweig, die er als seine religiösen Mentoren betrachtete. Alljährlich an Pessach traf sich die Familie Hirsch mit den Baecks, um gemeinsam den Sederabend zu feiern. Als geschäftsführender Vorsitzender der Reichsvertretung war Hirsch die optimale Ergänzung zum Präsidenten Leo Baeck mit seinen spiritu-

Leo Baeck in einer Synagoge während der NS-Zeit;
zu seiner Linken Heinrich Stahl

ellen und diplomatischen Qualitäten.⁵² Einer, der Hirsch kannte, schrieb in seinen Memoiren, «die Verehrung für Leo Baeck und die Anerkennung der Integrität und der Selbstlosigkeit von Otto Hirsch» hätten «ein Zusammenspiel der leitenden Mitglieder des Präsidiums» geschaffen.⁵³ Ohne Otto Hirsch und Julius Seligsohn, einen weiteren engen Verbündeten, «hätte die Reichsvertretung die Schwierigkeiten, die ihr bisweilen bereitet wurden, und die Gefährdungen, von denen ihre Arbeit bedroht war, nicht bestehen können», bekundete Baeck nach dem Krieg. Und er fuhr fort: «Als sie beide genommen wurden, war eine Lücke entstanden, die nicht mehr ausgefüllt werden konnte.»⁵⁴

Am 17. September 1933, siebeneinhalb Monate nach Hitlers Machtübernahme, wurde Baeck Präsident der neu gegründeten Reichsvertretung des deutschen Judentums. Am selben Tag gab deren Führung eine Proklamation heraus, die von Baeck verfasst zu sein schien. Darin war von Tagen die Rede, «die hart und schwer sind, wie nur je Tage der jüdischen Geschichte». Für die Juden Deutschlands hätte sich die Situation grundlegend geändert, dies sollten sie «ohne Selbsttäuschung» erkennen. Da immer mehr jüdische Kinder die öffentlichen Schulen verließen, werde die Reichsvertretung mehr für die jüdische Bildung tun und junge Leute für neue Berufe ausbilden müssen, die sie «auf dem heiligen Boden Palästinas» ausüben konnten. Die Erklärung endete mit einer für Baeck typischen Note: «Wir bauen auf den lebendigen Gemeinschaftssinn und das Verantwortungsbewußtsein der deutschen Juden wie auch auf die opferwillige Hilfe unserer Brüder überall. Wir wollen zusammenstehen und im Vertrauen auf unseren Gott für die *Ehre des jüdischen Namens* arbeiten. Möge aus dem Leiden dieser Tage das Wesen des deutschen Juden neu erstehen!»[55]

Die Reichsvertretung war im nationalsozialistischen Deutschland eine Anomalie: eine demokratische Organisation mit einer Vielzahl divergierender Ansichten inmitten einer Diktatur. Die Freiheit, die die Reichsvertretung genoss, war dem Historiker Otto Dov Kulka zufolge «die Freiheit der Ausgegrenzten, die noch über Jahre bestehenblieb und sich schließlich als eine Freiheit der Verurteilten erwies».[56] Einem wohlwollenden Zeugen zufolge setzte Baeck bei diesen Treffen «den Ton für Einigkeit und Zielgerichtetheit. Ihn dabei zu beobachten, war eine Lektion in Sachen Führung». Er leitete mit wenigen Worten ein Thema ein und ließ dann eine manchmal langwierige und bisweilen kontroverse Diskussion zu, in die er sich kaum einmischte. Sobald sie abgeschlossen zu sein schien, fasste er sie in ein paar Sätzen zusammen und erzielte allgemeine Übereinkunft. Erst wenn man den Raum verließ, habe man erkannt, dass das, «was Dr. Baeck am Ende der Diskussion sagte, exakt das war, was er bereits zu Anfang skizziert hatte».[57] Es gibt keine zeitgenössische schriftliche Quelle, die dies belegt, aber verschiedene Personen, die dabei waren, erklärten, bei der allerersten Sitzung der Reichsvertretung habe Baeck einen Satz gesagt, der noch Jahrzehnte später zitiert werden sollte: «Die tausendjährige Geschichte des deutschen Judentums ist zu Ende.»[58] Einige glauben, diese Worte stammten aus der Zeit nach dem Holocaust. Es erscheint jedoch plausibel, dass sie bereits im Jahr 1933 gesprochen wurden und besagten, dass das jüdische Leben in Deutschland, wie es zwei Jahrtausende lang existiert hatte, nun offenbar an ein Ende gekommen war. Zumindest war eine neue Situation, die kaum Möglichkeiten der Fortsetzung des alten Lebens bot, an die Stelle dessen getreten, was vorher gewesen war.[59] Doch Baeck wäre nicht Baeck gewesen, hätte er es dabei bewenden lassen. Er war überzeugt, dass Taten das Schicksal wenden konnten, und deshalb warnte er die Juden: «Verlieren wir deutsche Juden die innere Haltung, dann könnte der Tag kommen, an dem auch jüdische Gemeinschaften des Auslandes in ihren Grundlagen erschüttert werden.»[60] Das deutsche Judentum war in Baecks Augen nicht nur in Gefahr, es hatte auch die Verpflichtung, durch seinen Zusammenhalt in dieser Zeit des äußeren Drucks den Juden anderer Länder ein Beispiel zu geben.

Physischer und spiritueller Rückhalt

Die neue Situation der deutschen Juden bedeutete für die Reichsvertretung eine beispiellose Bürde, zumal mit der wachsenden Verarmung die Zahl der internen Geldgeber zurückging. 1935 benötigte einer von fünf deutschen Juden Unterstützung.[61] Drei Jahre später war es einer von vier.[62] Neben der Armenfürsorge gab es weitere Aufgaben. Kernstück der Arbeit der Reichsvertretung waren laut einer Liste «Wohlfahrtspflege, Wirtschaftshilfe, Schul- und Bildungswesen, Berufsumschichtung und Vorbereitung zur Auswanderung in alle Länder».[63] Da jüngere Leute, die im Ausland leichter eine Arbeit finden konnten, in wachsender Zahl auswanderten, stieg der Altersdurchschnitt der jüdischen Gemeinden, deren in Deutschland verbliebene Mitglieder vor allem Altersheime und Sozialfürsorge benötigten.⁶⁴ Neben seiner Funktion als Präsident der Reichsvertretung war Baeck auch Vorsitzender der Zentralwohlfahrtsstelle, zwei Ämter, die er praktisch in Personalunion ausübte. So wie er von Otto Hirsch in der Reichsvertretung sachkundig unterstützt wurde, hatte er auch in der Wohlfahrtsarbeit engagierte Leute an seiner Seite, darunter kompetente Frauen mit Fachausbildung. Obwohl Baeck in der Wohlfahrtsarbeit eher eine Repräsentationsfigur als ein tatkräftiger Helfer blieb, genoss er aufgrund seiner Führungsrolle das Vertrauen jüdischer Einrichtungen im Ausland, deren Unterstützung dringend benötigt wurde. Dank seines hohen Ansehens konnte er anglo-jüdischen Führungspersönlichkeiten darlegen, warum man ihnen trotz all der Dankbarkeit, die man ihnen für ihre finanzielle Hilfe schulde, keine Kontrollbefugnisse in Deutschland zubilligte. Den deutschen Juden müsse es gestattet sein, ihre Angelegenheiten ohne Einmischung ausländischer Geldgeber zu regeln.⁶⁵ Doch das verlangte den deutschen Juden große Anstrengungen ab.

Als die Reichsregierung ihnen 1935 jegliche staatliche Unterstützung entzog, so dass die jüdische Gemeinschaft vollständig auf eigene Mittel angewiesen war, gründete die Reichsvertretung die Jüdische Winterhilfe, um mit Lebensmitteln, Kohle und Kleidung die Not verarmter Juden zu lindern. Bei der Eröffnung der Winterhilfe mit einem offiziellen Festakt im großen Saal des Brüdervereinshauses in Berlin hielt Baeck eine Rede. In der Vergangenheit hatte er oft auf die Unterschiede zwischen der christlichen Wohltätigkeit und dem jüdischen Imperativ der sozialen Gerechtigkeit hingewiesen. Und auch jetzt betonte er das jüdische Ideal der Fürsorge für Bedürftige. Not zu lindern sei eine Antwort auf das göttliche Gebot, eine Pflicht, die jedem Menschen von Gott auferlegt und Antrieb seines Handelns sei. «Um uns erhebt sich das Schicksal», sagte er. «Es droht uns oft zu erdrücken. Aber das wäre das Schlimmste, wenn das Leben mit seinem Druck uns sinnlos werden sollte. Aller wahre Glaube ist Glaube, der sich über das Schicksal erhebt, ist der Wille, der in diesem Glauben erwächst, der Wille zu gestalten und zu schaffen, das Gesetz zu erfüllen. Durch unsere Winterhilfe können wir stärker werden als das Schicksal.»⁶⁶

Hilfe für arme Juden war für Baeck nicht nur die Unterstützung Notleidender. Karitatives Handeln konnte dem Leben eine Bedeutung verleihen, die ihm sonst fehlen würde. Wenn jüdische Wohltäter anderen beistanden, waren sie keine Objekte mehr, sondern Subjekte, nicht mehr Opfer eines grausamen Regimes, das der Gerechtigkeit entsagte, sondern Verfechter einer gerechten Gesellschaft in ihren eigenen Reihen, wie es der Vision der Propheten des alten Israel entsprach. Der Herausgeber der zionistischen Zeitung kommentierte Baecks Rede mit den Worten, sie habe dem Werk, das nun begonnen werde, einen höheren Sinn gegeben. Klänge einer Mozart-Symphonie lösten den Ernst der Stimmung, und als der überfüllte Saal sich langsam leerte, konnte «eine große Zahl von Sammlerinnen mit Büchsen ... die erste Ernte einfahren».⁶⁷

In den nun folgenden Jahren wurde Baeck immer wieder gebeten, Juden, die noch über ausreichende finanzielle Mittel verfügten, zu Spenden für ihre weniger wohlhabenden Glaubensbrüder zu bewegen. Insbesondere liberale Juden waren stolz darauf gewesen, dass sie es mit unternehmerischem Geschick zu wirtschaftlichem Wohlstand gebracht hatten. Jetzt aber, da die Juden auf sich selbst gestellt waren, mussten persönliche Ambitionen hinter dem Opfer für die Gemeinschaft zurückstehen, davon war Baeck überzeugt. Einst hatten sich alteingesessene deutsche Juden nur für die armen osteuropäischen Juden in ihrer Mitte verantwortlich gefühlt – die Pflicht des *noblesse oblige*, die ihnen ihre herausgehobene soziale Position auferlegte. Jetzt jedoch benötigten auch viele der hier Geborenen finanziellen Beistand. Man müsse, schrieb Baeck in einem Artikel über jüdische Sozialarbeit, «die alten Einstellungen des Kopfes und des Herzens» aufgeben, die nun nicht mehr genügten, und stattdessen beginnen, neu zu denken und, was noch schwerer sei, neu zu fühlen. Sozialarbeit sei jetzt «Arbeit für uns selbst».⁶⁸

Nicht nur brauchte plötzlich eine größere Zahl deutscher Juden,

Die Bürde der Führung

die nicht mehr auf eigenen Beinen stehen konnte, Unterstützung für ihren Lebensunterhalt, es bedurften auch mehr Juden als in früheren Generationen des spirituellen Beistands. In der Weimarer Zeit waren die meisten Synagogen, abgesehen von den Hohen Feiertagen, nahezu leer gewesen, jetzt füllten sie sich in einem Maße, wie es in den vergangenen Jahren nicht vorgekommen war.[69] Die Gotteshäuser wurden Orte, an denen man sich unter seinesgleichen in Sicherheit fühlen konnte. Auch wenn dieser spirituelle Wiederaufschwung nicht die Mehrheit der Juden erfasste, hatten Baeck und andere Rabbiner nun die Gelegenheit, zu den Herzen einer spirituell tief erschütterten Gemeinde zu sprechen. Sie rezitierten traditionelle Texte, die sich auf Bösewichter der Vergangenheit bezogen, um indirekt auf die Peiniger der Gegenwart anzuspielen. Wir wissen, dass der Rabbiner Joachim Prinz dies häufig tat; andere, unter ihnen Baeck, taten es zweifellos auch. Zudem war die Synagoge der Ort, an dem man die Götzenbilder der NS-Ideologie vergessen und sich einer höheren Kraftquelle zuwenden konnte.

Die neue Situation führte nicht nur zu einer bescheidenen spirituellen Neubelebung. Da deutschen Juden der Zugang zu Erwerbstätigkeit, Bildung und Kultur versperrt war, kam es auch zu einer beachtlichen Erneuerung des jüdischen Wissens und zu einer neuen Wertschätzung des jüdischen Erbes. Jüdische Eltern in Deutschland waren stolz gewesen auf die Erfolge ihrer Kinder an nichtjüdischen Schulen, besonders in den Gymnasien. Lehrer hatten die Leistungen ihrer jüdischen Schüler gelobt und ausgezeichnet. Mit dem Aufstieg der Nationalsozialisten änderte sich die Atmosphäre grundlegend. Lehrer, die in die NSDAP eingetreten waren, lobten jüdische Kinder nicht mehr. Und von ihren Mitschülern, die den NS-Jugendorganisationen beigetreten waren, wurden sie auf dem Schulweg schikaniert. Obwohl die Eltern im Allgemeinen bestrebt waren, ihren Kindern den Besuch der öffentlichen Schulen so lange es ging zu ermöglichen, nahmen sie sie jetzt immer öfter von der Schule, zu ihrer Sicherheit und ihrem Wohlbefinden. Durch Quotenregelungen wurde die Zahl der jüdischen Schülerinnen und Schüler weiter reduziert. Eltern, die ihrer jüdischen Identität bisher wenig Bedeutung beigemessen hatten, schickten ihre Sprösslinge jetzt in jüdische Schulen, die einen Aufschwung erlebten wie seit Generationen nicht mehr. Die Kinder wurden von hervorragenden jüdischen Lehrern unterrichtet, die aus dem Staatsdienst entlassen worden waren. Auch dieser größere Bedarf im Bereich des Schulwesens strapazierte die finanziellen Mittel des organisierten deutschen Judentums. Und eine weitere Regelung des NS-Regimes zwang den Juden die Hinwendung zu sich selbst auf: Der Sicherheitsdienst verlangte, dass Lehrer an jüdischen Schulen, die immer noch eine deutsch-jüdische Identität propagierten, durch Zionisten ersetzt wurden, die eher bereit waren, diese Identität aufzugeben.[70] Im Rückblick betrachtet, hatte diese Verfügung für die deutschen Juden den positiven Effekt, dass jüdisches Bewusstsein unter jungen Leuten gestärkt wurde und sie eher zur Auswanderung bereit waren, sobald ihre persönliche Situation es ihnen erlaubte.

Diese Wendung nach innen führte nicht nur zu einer Zunahme jüdischer Schulen für Kinder. Erwachsene, die nur eine rudimentäre jüdische Erziehung erhalten hatten – in der Regel durch einen Rabbiner, der sie an den öffentlichen Schulen eine Stunde pro Woche unterrichtete –, fühlten sich plötzlich mit einer von außen aufgezwungenen jüdischen Identität gebrandmarkt, der zumeist inhaltliche Substanz fehlte. In den Jahren unmittelbar nach dem Aufstieg des Hitlerregimes versuchten viele deutsche Juden, diese Lücke zu füllen, indem sie Kurse zu allen möglichen jüdischen Themen besuchten. Leo Baeck beauftragte den von ihm bewunderten Martin Buber mit der jüdischen Erwachsenenbildung unter der Schirmherrschaft der Reichsvertretung. Dabei setzte er sich über den Widerstand der Berliner Gemeindeführung und der Orthodoxen hinweg und gab Buber sogar freie Hand zur Gestaltung eines Programms nach eigenem Ermessen.[71] Nach dem Vorbild des in der Weimarer Zeit in Frankfurt am Main gegründeten Jüdischen Lehrhauses entstanden jetzt in vielen Städten jüdische Volkshochschulen, die erstaunlich großen Anklang fanden. Rabbiner Prinz erinnerte sich, dass er seine Vorlesung zur jüdischen Geschichte vor Hunderten Zuhörern zwei Mal im selben überfüllten Saal halten musste.

Als 1934 das Jüdische Lehrhaus für Erwachsenenbildung in Berlin mit einem überwältigenden Zuhörerandrang seine Pforten öffnete, lud man, wenig überraschend, Baeck ein, die Eröffnungsvorlesung zu halten. Er sprach über «Geschichte und Gegenwart» und dabei auch über die Afroamerikaner, die er mit den Juden in Beziehung setzte. «Vielleicht das schlimmste Verbrechen das die weiße Rasse an den Negern beging», zitierte ihn die *Jüdische Allgemeine Zeitung*, sei «ihre Losreißung aus ihrer Heimat und damit die plötzliche Abtrennung von ihrer Tradition gewesen.»[72] Ein ähnliches Verbrechen an sich selbst hätten beinahe die deutschen Juden des 19. Jahrhunderts begangen, indem sie sich von ihrer Tradition abschnitten. Sodann stellte er das griechische Verständnis einer jeweils in der Gegenwart gipfelnden Geschichte der jüdischen Auffassung einer in die Zukunft weisenden Geschichte gegenüber. Damit wollte er der Vorstellung, jüdische Geschichte führe zur Assimilation – oder zur Verfolgung –, eine Absage erteilen. Die Idee der Geschichte, wie Baeck sie beschwor, führte in ein sicheres und neu erblühendes jüdisches Leben in Palästina oder einem anderen Land. Diese dringende Botschaft der Hoffnung enthalten viele seiner Reden und Schriften aus der NS-Zeit.

Wenige Monate später kam er erneut auf dieses Thema zurück, diesmal mit einem für seine Schriften ungewöhnlichen Sarkasmus. Er machte sich über diejenigen deutschen Juden lustig, die keine Gelegenheit ausgelassen hätten, ihre Bildung unter Beweis zu stellen. Sie hätten jede Ausstellung besucht, sich jeden Film angeschaut und alle neu erschienenen Bücher gelesen, um nur nicht überholt zu werden und zurückzubleiben. Dies sei eine Kulturbeflissenheit, eine «jüdische Hast», über die man zu Recht spotte. Wahre Bildung dagegen werde durch den Ausschluss aus der herrschenden Kultur nicht ausradiert, und die Hinwendung zum Jüdischen sei keine «Bildungsenge». Vielmehr, so Baeck, «vermögen wir uns hinzuwenden zu dem Echten, Bleibenden, zu dem, was in den Jahrtausenden seinen Platz hat, und von dem niemand uns trennen kann». Bildung bedeute Vertiefung, die innerhalb des Judentums und somit auch in der Gegenwart möglich sei. Der Weg dorthin sei «der Weg zu uns selber».[73]

Die meisten deutschen Juden – mit der markanten Ausnahme der Zionisten – hatten ihre jüdische Identität fast ausschließlich über ihre religiöse Zugehörigkeit definiert: die Zugehörigkeit zur jüdischen anstelle der christlichen Religion. Die Hochkultur war für sie deutsch, europäisch oder universell. Man begegnete ihr im Theater, in der Oper und im Konzertsaal, im Kunstmuseum und in der deutschen und der Weltliteratur. Gewiss, es gab Juden, die an dieser nichtjüdischen Sphäre teilhatten, und man war stolz auf den Philosophen Moses Mendelssohn, den Dichter Heinrich Heine, den Maler Max Liebermann. Aber dies war keine jüdische Sphäre der Kreativität, sondern eine, an der Juden nur teilhatten, zumeist lediglich am Rande. Nun aber wurden die Juden aus der herrschenden Kultur verdrängt und gezwungen, ein getrenntes, eigenes kulturelles Milieu zu schaffen – mit der Folge, dass in Berlin und anderswo jüdische Kulturbünde entstanden, die Theateraufführungen und Konzerte veranstalteten. Die jüdische Kultur füllte das Vakuum für jene Juden, die bereit waren, Veranstaltungen in einem geschlossenen jüdischen Rahmen zu unterstützen und zu besuchen. Nicht alle Juden begrüßten diese abgetrennte jüdische Kultur, doch die Kulturbünde waren bestrebt, mit Darbietungen auch nichtjüdischer Kompositionen und Werke die Verbindung zur europäischen Kultur aufrechtzuerhalten. Dennoch empfanden solche, die der jüdischen kulturellen Tradition fernstanden, all dies als Einengung. Sie wollten die Absonderung nicht hinnehmen, die ein klares Ziel des NS-Regimes war und in einem Regierungsdokument mit den Worten beschrieben wurde, «die Tätigkeit der jüdischen Kulturbünde» führe «die Juden langsam in ein geistiges Ghetto».[74] Trotz solcher Bedenken musste Baeck als Präsident der Reichsvertretung an alle Juden appellieren – ob sie nun die Kulturveranstaltungen besuchten oder nicht –, die jüdischen Kulturbünde finanziell zu unterstützen, und sei es allein deshalb, weil sie zahllosen zwangsentlassenen jüdischen Künstlerinnen und Künstlern den Lebensunterhalt sicherten. Einem Kulturbund beizutreten, so Baeck, gehe weit darüber hinaus, sich in schwierigen Zeiten Zerstreuung zu verschaffen. «Dem Kulturbund Treue zu halten, dem Kulturbund neue Mitglieder zu werben, scheint uns gemeinsame Ehrenpflicht aller Juden», erklärte er.[75] Neben der Erfüllung einer Pflicht sah Baeck in der Teilnahme an jüdischen Kulturveranstaltungen aber auch eine Überlebensnotwendigkeit: «Wir deutschen Juden werden schwerere entscheidende Zeiten bestehen», schrieb er 1934, «wenn wir es begreifen und erfassen, was unser Eigenes und Inneres, welches unsere Kultur ist.»[76] Neben führenden Kulturschaffenden wie Max Liebermann und Persönlichkeiten wie Martin Buber gehörte auch Leo Baeck dem Ehrenpräsidium des Berliner Kulturbunds an.

Für Baeck war echte Kultur kein Selbstzweck. Sie war eng verknüpft mit der Religion und für den Juden mit dem religiösen Judentum. In einem Artikel in der jüdischen Intellektuellenzeitschrift *Der Morgen* schrieb er 1937: «Jeder echte Künstler, so will es oft scheinen, ist unterwegs zur Frömmigkeit, alle wahre Kunst, ob sie es weiß oder nicht, ist in ihrem Ziele religiöse Kunst; denn das, was als Unsichtbares, Unerforschliches hinter dem Sichtbaren erlebt wird, will zu dem Ersten und Letzten, dem Ewigen hinführen … Erst in der Bedeutsamkeit, die von dem Ewigen, dem einen Gotte her kommt, erlebt er, der Jude, sich und alles andere wahrhaft. Nur von daher gewinnt sein Leben und sein Wesen das Künstlerische.»[77]

Die Reichsvertretung unterstützte aber nicht nur die Kultur, sondern auch den Sport, der jetzt gleichfalls für Juden getrennt organisiert werden musste. Baeck war ein passionierter Wanderer, vor allem in den Schweizer Bergen, aber über seine Einstellung zu sportlichen Aktivitäten ist wenig bekannt – mit Ausnahme eines kurzen Textes aus dem Jahr 1936. Darin spricht er vom Sport nicht als Vergnügen, sondern als Möglichkeit der Stärkung und Solidarität, die junge Juden in der neuen Situation so dringend brauchten. Der Sport sei eine Art Askese, ein Entsagen zur Vorbereitung auf die schwierigen Bedingungen, mit denen Auswanderer konfrontiert waren, wenn sie sich in dem Land ihrer Einwanderung an ein völlig anderes und in vielen Fällen körperlich forderndes Leben anpassen mussten. Für Baeck diente Sport aber nicht nur der körperlichen Ertüchtigung, sondern auch der charakterlichen Stärkung. Sogar im Sport entdeckte er eine Verbindung zum Judentum und zu Gott. Sportliche Betätigung gemeinsam mit anderen lasse die Menschen an einen Punkt gelangen, an dem sie «ihr kleines Ich hinter den großen Gedanken zurücktreten lassen» können, «daß sie jüdische Menschen werden, bewußt und ernst am jüdischen Gebote und am jüdischen Leben festhaltend».[78] Für Baeck konnten in den Jahren der nationalsozialistischen Herrschaft alle Bereiche der Aktivität – Wohltätigkeit, Bildung und Erziehung, Kultur und sogar Sport – auf die höhere Ebene eines einzigartig jüdischen Geistes gehoben werden.

Anfechtungen

Dass Baeck an seiner Position als Präsident der Reichsvertretung und später von deren Nachfolgeorganisation, der Reichsvereinigung, festhalten konnte, verdankte sich nicht nur der breiten Unterstützung innerhalb des deutschen Judentums. Ungeachtet ihrer Abneigung gegen Juden zollten auch die Regierungsbehörden diesem Juden, dessen Verhalten dem Stereotyp der NS-Ideologie so eklatant widersprach, zähneknirschend ihren Respekt. Baeck weigerte sich zu katzbuckeln. Der großgewachsene, schlanke Mann stand aufrecht vor den Beamten – würdevoll, zurückhaltend und absolut kontrolliert. Wie Max Grünewald, einer der wenigen Überlebenden der Reichsvertretung, berichtete, sprach Baeck, wenn er mit deutschen Beamten zu tun hatte, «mit ausgesuchter Höflichkeit, die an Verachtung grenzte».[79] Baeck wurde fünf Mal verhaftet, aber er ließ nicht zu, dass man ihn auf die von den Nationalsozialisten propagierte Karikatur des wehleidigen, flehenden Juden reduzierte. 1936 schrieb er, ein Mensch, der an den transzendenten Gott des Geheimnisses und des Gebotes glaube, beuge sich nicht, unterwerfe sich nicht; er fürchte sich nicht, für oder gegen etwas seine Stimme zu erheben.[80] Einmal wurden er und seine Mitstreiter ins Gestapo-Hauptquartier bestellt, wo man ihnen sagte, die Reichsvertretung sei ungeeignet, das deutsche Judentum zu repräsentieren, und eine andere Führung vorschlug, der Baecks Kritiker angehörten. Dem nach dem Krieg verfassten Bericht eines Mitarbeiters der Reichsvertretung zufolge bekundete der Beamte, ein gewisser Flesch, Baeck großen Respekt, obwohl dieser den Vorschlag zurückwies. Das habe Baeck selbst «überrascht, ja sogar bestürzt». Doch Flesch war sich gewiss bewusst, dass Baeck unter den Juden Deutschlands größtes Ansehen genoss.[81] Ihn gegen deren Willen abzusetzen, hätte Chaos provoziert, das nicht im Interesse der Nationalsozialisten sein konnte.

Trotz dieses Respekts seitens einiger NS-Beamten und trotz des hohen Ansehens, das er bei der großen Mehrheit der deutschen Juden genoss, gab es in der Gemeinde Personen, die weiter gegen seine Führung opponierten, um sich selbst an die Spitze zu bringen. Sogar unter seinen Mitarbeitern in der Reichsvertretung gab es einige, die ihren Präsidenten leicht abschätzig «Kardinal» nannten. Andere nahmen Anstoß an der Ausübung seiner Autorität. Laut einem, der all dies miterlebt hatte, war die Reichsvertretung, die in Essen «mit geballten Fäusten und zusammengebissenen Zähnen» gegründet worden war, ständigen Versuchen ausgesetzt, die hart erkämpfte Einheit zu untergraben, so dass sie Mühe hatte, sich bis zum Ende ihrer Existenz nach dem Pogrom 1938 als unabhängige Organisation zu behaupten.[82] Eine 1934 gegründete Schlichtungsstelle scheint so wenig bewirkt zu haben, dass die Aufgabe, die verschiedenen Fraktionen miteinander zu versöhnen, hauptsächlich Leo Baeck zufiel.[83] Anfangs bestand die größte Herausforderung darin, dem Anspruch jener Juden entgegenzutreten, die glaubten, sie allein seien die wahren Deutschen. Ihnen hielt Baeck entgegen, «vaterländische Gesinnung und Hingabe» seien «kein Sonderbesitz irgendwelcher Gruppe der deutschen Judenheit».[84] Dieser Streit trat zunehmend in den Hintergrund, je mehr die immer brutalere Politik der Nationalsozialisten die Forderung nach vaterländischer Treue als absurd erscheinen ließ. An dessen Stelle traten andere Konfliktpunkte, die mehr mit Machtkämpfen als mit Ideologie zu tun hatten.

Die tiefsten Gräben verliefen zwischen den Zionisten und dem Centralverein sowie zwischen dem Vorstand der Berliner Gemeinde und der Reichsvertretung. Wenige Monate nach deren Gründung hielt Baeck es für notwendig, in einer öffentlichen Erklärung alle Gruppen aufzurufen, «in dieser ernsten Zeit den polemischen Richtungskampf einzustellen».[85] Ohne Erfolg. Als Präsident der Reichsvertretung kostete es ihn viel Zeit und Mühe, die fragile Einheit der Organisation zu wahren. 1936 wurde ein aus vierundzwanzig Mitgliedern bestehender Rat gebildet, mit dem die administrativen Befugnisse auf eine breitere Basis gestellt wurden. Doch diese Maßnahme, von der sowohl die Zionisten als auch die liberale Gemeindeführung profitierten, konnte den Druck, der auf Baeck und Hirsch lastete, nicht lange mildern.

Zwei mächtige Männer setzten Baeck permanent zu. Ihre geringe Wertschätzung seiner Führung und ihr Wunsch, ihn abzulösen, führten dazu, dass sich zwischen ihnen und Baeck eine tiefe Antipathie entwickelte. Der eine, Heinrich Stahl, war nicht nur reich, er stand auch an der Spitze der Berliner jüdischen Gemeinde, der bei weitem größten und mächtigsten Deutschlands. Stahl engagierte sich für die jüdische Wohlfahrt und investierte großzügig Zeit und Geld in die Unterstützung mittelloser Juden. Im Gegenzug erwartete er das Privileg der Führung. Die Essener Initiative zur Gründung der Reichsvertretung betrachtete er als einen Putsch gegen diejenigen, denen die legitime Führung des deutschen Judentums zustand. Stahl gehörte zu den deutschen Juden, die eine Zeit lang glaubten, es sei das Beste, den Niedergang des Regimes abzuwarten. Zum Rabbiner

Prinz sagte er nach dessen eigenem Bekunden: «Mein Volk wird nicht so feige sein zu gehen.»[86] Wie Baeck war auch Stahl kein Zionist, aber wie Baeck unterstützte auch er die Gründung jüdischer Siedlungen in Palästina.[87] Da Stahl über einen starken Rückhalt in Berlin verfügte, blieb Baeck nichts anderes übrig, als ihn einzubeziehen und hinzunehmen, dass er in der Führung der reichsweiten Organisation verschiedene Positionen innehatte.

Der andere Widersacher Baecks, Georg Kareski, ein dubioser Finanzier mit politischen Ambitionen und ein militanter Antisozialist, war Vorsitzender der Staatszionistischen Organisation Deutschlands, einer Form des revisionistischen Zionismus, die die Massenauswanderung nach Palästina befürwortete. Doch im Unterschied zur Hauptströmung der revisionistischen Zionisten unter Führung von Wladimir Jabotinsky lehnte Kareski den internationalen Boykott deutscher Waren ab. Die Staatszionisten waren zwar nicht der Reichsvertretung beigetreten, aber 1937 unternahm Kareski einen gezielten Versuch, die Führung der Organisation an sich zu reißen. Dies geschah sowohl in Zusammenarbeit mit Heinrich Stahl, dessen Ansichten zum Zionismus mit den seinen kaum Berührungspunkte hatten, als auch unabhängig von ihm. Er forderte die Gestapo und das Propagandaministerium auf, ihn als Präsidenten der Reichsvertretung einzusetzen. Kareski, der in einem 1935 in Goebbels' Blatt *Der Angriff* erschienenen Interview skandalöserweise die durch die diskriminierenden Nürnberger Gesetze geschaffene Situation begrüßt hatte, strebte jetzt die Funktion eines «Kommissars für Auswanderung» an. In dieser Position wäre er das deutsch-jüdische Pendant des norwegischen Kollaborateurs Vidkun Quisling gewesen.[88] Anstelle der Reichsvertretung forderte der Vorsitzende der Staatszionisten eine zentralisierte autoritative Organisation mit ihm als «Führer», um die vollständige Emigration voranzutreiben. Da die Beschleunigung der Emigration – ohne Rücksicht darauf, wie die Juden nach ihrem Aufbruch aus Deutschland zurechtkommen sollten – zu diesem Zeitpunkt die Politik der Nationalsozialisten war, fand Kareski 1937 in seinem Bestreben, zusammen mit Stahl die Führung der Reichsvertretung zu übernehmen, die Unterstützung der Gestapo.[89] Dies kann nicht verwundern, denn aus Sicht der Nationalsozialisten war die Reichsvertretung zu einem «immer größeren Sammelbecken des assimilatorischen Judentums» geworden, deren Tätigkeit «zwangsläufig den Auswanderungsbestrebungen zuwiderlaufen» musste. Hauptaufgabe der Behörden war natürlich «die völlige Ausschaltung der Assimilanten aus dem jüdisch-politischen Leben, um die Judenfrage in Deutschland ihrer endgültigen Lösung näherzubringen».[90] Hatte die Gestapo zuvor die Politik einer Spaltung der jüdischen Führung favorisiert, so wollte sie jetzt Einheitlichkeit unter einer autoritativen Leitung, die ganz unter ihrer Kontrolle stand und sich der Aufgabe widmete, Deutschland so schnell wie möglich von seinen Juden zu befreien. Dafür war Kareski ein nützliches Werkzeug. Gleichzeitig drohten die Berliner unter Stahls Führung erneut mit einer Abspaltung von der Reichsvertretung und der Gründung einer Gegenorganisation. Erneut wurde die Forderung laut, die Reichsvertretung müsse von einem Mann der Tat und nicht von einem Rabbiner geleitet werden – mit anderen Worten, von Heinrich Stahl und nicht von Leo Baeck.[91] Auf ein von Stahl und Kareski im Namen der Berliner Gemeinde unterzeichnetes Schreiben an die Reichsvertretung, das darauf abzielte, Baeck und Hirsch zu stürzen, reagierten die beiden mit einem Brief, in dem sie erklärten, derartigen Drohungen niemals nachzugeben.[92] Natürlich mischte sich die Gestapo aufseiten Stahls und Kareskis in den Streit ein. Baeck und andere jüdische Führungsfiguren wurden ins Gestapo-Hauptquartier bestellt und aufgefordert, Kareski in den Präsidialausschuss zu berufen oder ihm sogar Otto Hirschs Position zu geben.[93] Zu diesem Zeitpunkt war die Reichsvertretung noch so unabhängig, dass Baeck den Befehl zurückweisen konnte. Er soll geantwortet haben: «Sie können mich zwingen, Kareski zum Mitglied des Präsidial-Ausschusses zu ernennen. Aber Sie können mich nicht zwingen, weiterhin Präsident der Reichsvertretung zu bleiben.»[94]

Die Bürde der Führung

Wenn Baeck imstande war, die Offensive von Stahl und Kareski abzuwehren, dann vor allem aufgrund der Rückendeckung durch jüdische Führungspersönlichkeiten im Ausland, die über Kareskis Kooperation mit der Gestapo entsetzt waren. Am 11. Juni 1937 erhielt Baeck einen im Namen der britischen Juden verfassten Brief von Sir Herbert Samuel, der dem Personal und der Führung der Reichsvertretung das Vertrauen aussprach.[95] Bei einer Sitzung des Präsidialausschusses und des Rats der RV wenige Tage später beschwerte sich Kareski mit deutlicher Anspielung auf das NS-Regime, sie habe «es nicht verstanden, sich das Vertrauen gewisser Kreise zu erwerben, auf die wir angewiesen [sind]».[96] Doch inzwischen war klar, dass mit der Absetzung Baecks eine wichtige Geldquelle versiegen würde, und damit konnte Baeck dem Druck der Nazis standhalten und gleichzeitig die Organisationsstruktur der RV stärken. Stahl fuhr nach Paris und London, um Spendengelder jüdischer Organisationen einzuwerben, ohne Erfolg. Ihm blieb also keine andere Wahl, als eine untergeordnete Position in ihr zu akzeptieren.[97] Man kam formell überein, dass die Reichsvertretung die einzige Vertretung der Juden Deutschlands war, sowohl gegenüber den deutschen Behörden als auch gegenüber jüdischen Hilfsorganisationen im Ausland. In einer von Max Warburg vorgeschlagenen Abstimmung wurde Baeck und Hirsch ohne Gegenstimmen das «uneingeschränkte Vertrauen» ausgesprochen, verbunden mit dem Wunsch, «dass die Reichsvertretung die von ihr übernommene Arbeit weiterführt».[98] Im Jahr darauf entzog die Regierung den Staatszionisten die Unterstützung, und die Gruppe wurde aufgelöst, offiziell deshalb, weil «ihr schädigende Verbindungen zu jüdischen Organisationen der Jabotinsky-Gruppe im Ausland nachgewiesen werden konnten»,[99] sowie aufgrund des Verdachts, junge Mitglieder der Bewegung, die nach Palästina auswanderten, arbeiteten für die Hagana, die illegale jüdische Armee, deren bloße Existenz der Vorstellung der Nationalsozialisten vom «verweichlichten Juden» widersprach. Kareski emigrierte nach Palästina, wo er wegen Kollaboration mit dem NS-Regime vor Gericht gestellt wurde.

Das Durchhaltevermögen stärken

Leo Baecks Aufgaben als Präsident der Reichsvertretung, obwohl unbestreitbar wichtig und von Tag zu Tag kräftezehrender, blieben in diesen schwierigen Jahren nicht seine einzigen. Nicht weniger bedeutsam, ja vielleicht sogar noch bedeutsamer war seine Rolle als Rabbiner, der Trost und Ermutigung spendete – eine Stimme, die, solange es noch möglich schien, versuchte, versteckte Kritik am NS-Regime zu üben und Hoffnung auf die Zukunft zu wecken.

Wie wir wissen, hatte Baeck bereits zehn Jahre vor Hitlers Machtantritt das romantische Christentum und dessen Unterwerfung unter den Staat kritisiert. Jetzt war er überzeugt, dass dies bei dem politischen Umbruch eine Rolle gespielt hatte. 1934 schrieb er, mit vorsichtig gewählten Worten und die Unterschiede zwischen Christentum und Judentum betonend, jedoch mit kaum verhüllter Anspielung auf die aktuelle Situation, die Religion in Deutschland habe ihre Unabhängigkeit verloren und sei zu einem «bloßen Werkzeug der Politik, Werkzeug des Staates» geworden. Unter solchen Umständen könne die Religion keine unabhängigen Botschaften übermitteln und die Entscheidungen des Regimes kritisieren: «Sie verliert das eigene Wort, das Wort von Gott, diese Kraft, zu wahren und zu bewegen.»[100] Den Juden fehle es zwar an politischer Macht, aber weil sie nicht mit dem Staat verbunden seien, könnten sie wenigstens kompromisslos an ihren religiösen Prinzipien festhalten. Zum Chanukkafest im selben Jahr kam Baeck erneut auf die Vorzüge des Judentums gegenüber dem Christentum zu sprechen. Da die deutschen Juden nicht verpflichtet seien, eine politische Macht zu unterstützen, genössen sie wahre Freiheit. Gewiss würden sie immer mehr in eine Ecke der Gesellschaft gedrängt, doch das führe nicht zwangsläufig zu einer Enge, sondern vielmehr zu einer Weite, die dem Rest der Gesellschaft fehle. An Chanukka, dem Fest der Befreiung von den Einschränkungen, die König Antiochus von Syrien den Juden des Altertums auferlegt hatte, sagte Baeck, dass auch die Juden seiner Zeit trotz der Beschränkung ihrer äußeren Freiheit innerlich frei seien, an dem festzuhalten, was ihr Eigenes sei.[101]

Neben der Aufforderung zur Wertschätzung der unverwechselbaren jüdischen Identität, die die Nationalsozialisten nicht zerstören könnten, ist in Baecks Schriften der frühen NS-Zeit immer wieder von «Haltung» und «Zurückhaltung» die Rede. Wahre Haltung lasse nicht zu, dass der Unterdrücker das eigene Selbstbild und die Selbstachtung zerstört. Sie trotze dem Schicksal. Wer Haltung besitze, besitze Selbstkontrolle und bewahre sich seine Würde. Zurückhaltung bedeute, «bei sich und in sich zu bleiben» und sich in seinem Verhalten nicht von Gefühlen leiten, sich nicht hinreißen zu lassen. Zurückhaltung sei die Vorbedingung für Haltung. 1934 schrieb Baeck in sehr allgemeinen Worten, dennoch aber mit deutlichem Bezug auf die Gegenwart: «Wenn den Menschen ein Schicksal trifft, so bleibt ihm eines, wodurch er dem Schicksal begegnen kann: die Haltung … Wahre Haltung ist immer Offenbarung eines seelischen Besitzes, sie ist der Ausdruck der inneren Festigkeit und Würde.» Die Juden, die ihr Selbsturteil so lange vom Urteil anderer abhängig gemacht hätten und «Menschen der Meinung und Mode» gewesen seien, hätten in dieser neuen Situation, so widrig sie auch sei, die Chance, «Menschen von Haltung» zu sein.[102]

Baecks Botschaften sprechen nicht von dem, was verloren, sondern von dem, was geblieben war. Die deutschen Juden seien in eine Situation geworfen, die sie nicht selbst geschaffen hätten. Baeck verwendet mehrfach das Wort «hineingestellt». Auf die Frage nach dem Warum gebe es keine Antwort, sondern nur Verzweiflung. Das einzig Hilfreiche sei, nach innen zu blicken. Die deutschen Juden seien im Begriff, ihren Platz in der deutschen Gesellschaft zu verlieren, und ihre Verbindungen zu anderen Deutschen und zu ihrem deutschen Erbe würden von Tag zu Tag mehr abgeschnitten. Ihr Judentum jedoch sei ihnen geblieben und könne ihnen Kraft schenken, wenn sie auf den vergeblichen Kampf verzichteten, die öffentliche Meinung ändern zu wollen; wenn sie die vergebliche Hoffnung aufgäben, das Verlorene wiedergewinnen zu können. Die alten Beziehungen zu den Nichtjuden waren in der Tat abgeschnitten, aber jetzt wurde ein Gefühl der Zusammengehörigkeit innerhalb des Judentums neu entdeckt.

Natürlich konnte Baeck nicht direkt auf Adolf Hitler Bezug nehmen. Doch in einer Rede in der Lessing-Loge des B'nai B'rith anlässlich ihres fünfzigsten Jubiläums 1935 machte er eine Anspielung, die einem Angriff auf den Führer gleichkam. Er blickte zurück auf die Zeit der Gründung der Loge und zitierte den Schweizer Kunsthistoriker Jakob Burckhardt, der an einen Freund geschrieben hatte: «In dem angehenden zwanzigsten Jahrhundert wird die Autorität wieder ihr Haupt erheben, und ein schreckliches Haupt.» Und Baeck fährt fort: «Uns dünkt das heute, wenn wir es wieder lesen, wie ein prophetisches Wort.»[103]

1935 verschlechterte sich die Lage der deutschen Juden weiter. Im Sommer kam es zu einer Welle antijüdischer Gewalt, und im Herbst jenes Jahres wurde ihnen mit den Nürnberger Gesetzen die Staatsbürgerschaft aberkannt und damit auch der rechtliche Status, den die Juden Deutschlands 1871, am Ende eines langen Kampfes für die bürgerliche Gleichstellung, errungen hatten. Die Reichsvertretung war jetzt nicht mehr die Vertretung der «deutschen Juden», sondern der «Juden in Deutschland», womit die Juden zu Fremden wurden. Offiziell waren sie nun keine Deutschen mehr. Die Nürnberger Gesetze definierten das Jüdischsein klar und deutlich nach «rassischen» Kriterien, und ein perfides antisemitisches Stereotyp wurde rechtlich verankert, als es den Juden verboten wurde, Dienstmädchen unter fünfunddreißig Jahren einzustellen, damit diese nicht den sexuellen Übergriffen ihrer lüsternen Arbeitgeber ausgesetzt seien. Immer mehr deutsche Juden bedurften des seelischen Zuspruchs, um der Verfolgung standzuhalten. 1935 verfasste Baeck zwei Botschaften, um einem immer verzagteren Judentum Mut zuzusprechen. Die beiden Texte sind sehr bekannt, dennoch lohnt es, sie in Erinnerung zu rufen und zu kommentieren. Der erste ist ein Wort des Trostes, der zweite ein religiös verbrämter Protest.

Den ersten Text schrieb Baeck im August 1935, kurz vor Inkrafttreten der Nürnberger Gesetze, anlässlich des Schabbat Nachamu, an dem aus dem Buch des Propheten Jesaja gelesen wird, ein Abschnitt, der mit Jesaja 40,1 beginnt:

> «Tröstet, tröstet mein Volk», ruft uns der heutige Sabbat zu. Woraus kann uns in diesen Tagen, in denen wir durch eine Flut von Beschimpfungen hindurchgehen müssen, Trost erwachsen? Er erwächst aus der Antwort, die unser Glauben, die unsere Ehre, die unsere Jugend uns gibt.
> Allen Schmähungen stellen wir die Hoheit unserer Religion entgegen, allen Kränkungen unser stetes Bemühen, in den Wegen unseres Judentums zu gehen, seinen Geboten nachzukommen.
> Die wahre Ehre gibt sich jeder selbst, er gibt sie sich durch ein Leben, das unantastbar und rein, schlicht und aufrecht ist, durch ein Leben auch von jener Zurückhaltung, die das Zeichen innerer Stärke ist. Unsere Ehre ist unsere Ehre vor Gott, sie allein wird bestehen.
> Unsere Jugend – gibt sie uns nicht ein Beispiel der Anspruchslosigkeit und des Mutes, auf neuen Wegen dieses schwere Leben zu meistern? Lasset uns, Eltern und Lehrer, ein Geschlecht heranziehen, streng und hart gegen sich selbst, hilfsbereit gegen jeden anderen, mit starkem Körper und frischem Geist, gläubig und fest sich verwurzelnd im Judentum.
> Laßt euch nicht niederdrücken und laßt euch nicht verbittern. Vertraut auf Den, dem die Zeiten gehören.[104]

In dieser kurzen Ansprache nennt Baeck drei Besitztümer, die das Naziregime den Juden nicht wegnehmen könne: den Glauben an Gott und die Bereitschaft, Gottes Gebote zu befolgen; die Ehre, die man sich selbst gibt; und eine jüdische Jugend, die sich – anders als frühere Generationen durch diese Prüfung gestärkt – dem Gemeinwohl verschrieben hat. Baecks Botschaft wurde an die Gemeinden und Landesverbände in ganz Deutschland verschickt und sollte vor Beginn des Gottesdienstes am «Schabbat des Trostes» öffentlich ver-

Das Durchhaltevermögen stärken

lesen werden. Sie wurde nicht vom Regime abgefangen. Trost war unabdingbar, und nur die Religion konnte ihn geben. Baeck verbreitete diese Botschaft auch mündlich. Im selben Jahr nahm er in Hamburg zusammen mit Martin Buber und seinem Freund Bruno Italiener, dem Rabbiner des Hamburger Reformtempels, an einer Vorlesungsreihe teil, die den treffenden Titel «Der Trost im Judentum» trug.[105]

Ein paar Wochen später, am 6. Oktober 1935, anlässlich des jüdischen Versöhnungstags Jom Kippur, verfasste Baeck eine zweite, noch wortmächtigere Botschaft, diesmal in Sätzen, die von den Behörden nicht ignoriert werden konnten. Der Text entstand kurz nach Erlass der Nürnberger Gesetze und hatte die Form eines Gebets, das am Vorabend von Jom Kippur öffentlich verlesen werden sollte:

> In dieser Stunde steht ganz Israel vor seinem Gott, dem richtenden und vergebenden. Vor ihm wollen wir allesamt unseren Weg prüfen, prüfen, was wir getan und was wir unterlassen, prüfen, wohin wir gegangen und wovon wir ferngeblieben sind. Wo immer wir gefehlt haben, wollen wir offen bekennen: «wir haben gesündigt», und wollen mit dem festen Willen zur Umkehr vor Gott beten: «vergib uns!»
>
> Wir stehen vor unserem Gotte. Mit derselben Kraft, mit der wir unsere Sünden bekannt, die Sünden des Einzelnen und die der Gesamtheit, sprechen wir es mit dem Gefühl des Abscheus aus, daß wir die Lüge, die sich gegen uns wendet, die Verleumdung, die sich gegen unsere Religion und ihre Zeugnisse kehrt, tief unter unseren Füßen sehen. Wir bekennen uns zu unserem Glauben und zu unserer Zukunft. – Wer hat der Welt das Geheimnis des Ewigen, des einen Gottes gekündet? Wer hat der Welt den Sinn für die Reinheit der Lebensführung, für die Reinheit der Familie offenbart? Wer hat der Welt die Achtung vor dem Menschen, dem Ebenbilde Gottes gegeben? Wer hat der Welt das Gebot der Gerechtigkeit, den sozialen Gedanken gewiesen? Der Geist der Propheten Israels, die Offenbarung Gottes an das jüdische Volk hat in dem allen gewirkt. In unserem Judentum ist es erwachsen und wächst es. An diesen Tatsachen prallt jede Beschimpfung ab.
>
> Wir stehen vor unserem Gott; auf Ihn bauen wir. In Ihm hat un-

sere Geschichte, hat unser Ausharren in allem Wandel, unsere Standhaftigkeit in aller Bedrängnis ihre Wahrheit und ihre Ehre. Unsere Geschichte ist eine Geschichte seelischer Größe, seelischer Würde. Sie fragen wir, wenn sich Angriff und Kränkung gegen uns kehren, wenn Not und Leid uns umdrängen. Von Geschlecht zu Geschlecht hat Gott unsere Väter geführt. Er wird auch uns und unsere Kinder durch unsere Tage hindurch leiten. Wir stehen vor unserem Gott. Sein Gebot, das wir erfüllen, gibt uns Kraft. Ihm beugen wir uns, und wir sind aufrecht vor den Menschen. Ihm dienen wir, und wir bleiben fest in allem Wechsel des Geschehens. Demütig vertrauen wir auf Ihn, und unsere Bahn liegt deutlich vor uns, wir sehen die Zukunft.

Ganz Israel steht in dieser Stunde vor seinem Gotte. Unser Gebet, unser Vertrauen, unser Bekennen ist das aller Juden auf Erden. Wir blicken aufeinander und wissen von uns, und wir blicken zu unserem Gotte empor und wissen von dem, was bleibt.

«Siehe, nicht schläft und nicht schlummert Er, der Israel hütet». «Er, der Frieden schafft in den Höhen, wird Frieden schaffen über uns und ganz Israel.»

Trauer und Schmerz erfüllen uns. Schweigend, durch Augenblicke des Schweigens vor unserem Gotte, wollen wir dem, was unsere Seele erfüllt, Ausdruck geben. Eindringlicher als alle Worte es vermöchten, wird diese schweigende Andacht sprechen.[106]

Ein kraftvoller Refrain durchzieht diese Botschaft. Fünf Mal wird wiederholt, dass die Juden am Tag der Versöhnung ihrer Überzeugung Ausdruck verleihen, dass sie grausamen menschlichen Behörden keine Rechenschaft schuldeten: Sie stehen vor Gott allein. Gott allein ist ihr Richter. Nur der Schöpfer kann ihren Wert als Menschen beurteilen: «Ihm beugen wir uns, und wir sind aufrecht vor den Menschen»; wir werden nicht zulassen, dass die NS-Behörden bestimmen, wer wir sind. So wie Martin Luther King bei seinem Protestmarsch zum Friedhof Arlington schweigen musste und nur eine Mahnwache halten konnte, spricht auch Baeck von einer «schweigenden Andacht, eindringlicher als alle Worte es vermöchten». Nach dem Krieg erinnerte er sich, dass besonders ein Satz des Gebets Anstoß erregte, in dem die Nationalsozialisten zwangsläufig einen

Angriff sehen mussten: «Wir sprechen es mit dem Gefühl des Abscheus aus, daß wir die Lüge, die sich gegen uns wendet, die Verleumdung, die sich gegen unsere Religion und ihre Zeugnisse kehrt, tief unter unseren Füßen sehen.»[107]

Achthundert Kopien von Baecks Gebet wurden an Synagogen in ganz Deutschland verschickt. Es sollte als kollektiver Protest von der Kanzel verlesen werden. Einer derjenigen, die vorhatten, es zu verlesen, war Max Warburg in Hamburg. Er schrieb später: «Da ich mich für feige gehalten hätte, den Protest von anderen verlesen zu lassen, während ich mich selbst nicht daran beteiligte, beschloss ich, ihn in der Synagoge des jüdischen Waisenhauses vorzutragen.»[108] Doch es kam dann doch nicht zu der von Baeck geplanten deutschlandweiten Verlesung. Die Nazis bekamen Wind davon und erließen ein Verbot. Baeck hatte keine andere Wahl, als die Empfänger des Gebets aufzufordern, es zu vernichten. An die jüdische Gemeinde Potsdam schickte er ein Telegramm: «Auf Anordnung Gestapa ersuche Aufruf keinesfalls irgendwann und irgendwo zu verlesen. Vernichtet Aufruf.»[109] Baeck zufolge wurde die Gestapo deshalb auf sein Gebet aufmerksam, weil ein Rabbiner törichterweise beim Innenminister seines Landes angefragt hatte, ob gegen die Verlesung des Textes Bedenken bestünden. Baeck wurde festgenommen, weil er ihn der Gestapo nicht zur Genehmigung vorgelegt hatte, und kam kurzzeitig in Haft. Seine Freilassung verdankte sich dem Umstand, dass zu einer Zeit, da die NS-Regierung auf die öffentliche Meinung des Auslands noch eine gewisse Rücksicht nahm, ein Auslandskorrespondent der Londoner *Times* seiner Zeitung sofort über die Festnahme berichtet hatte. Otto Hirsch hatte die Verantwortung dafür übernommen, dass das Gebet verschickt worden war. Er wurde verhaftet, und Baeck musste das Gestapo-Hauptquartier aufsuchen, um die Freilassung seines Mitarbeiters zu erbitten. Ohne Otto Hirsch, so erklärte er, könne er seine Arbeit in der Reichsvertretung nicht fortsetzen. Doch erst als Baeck ein zweites Mal vorsprach, wurde Hirsch freigelassen. Offenkundig war es für die Behörden zum damaligen

Die Bürde der Führung

Zeitpunkt noch von Vorteil, eine repräsentative Körperschaft der jüdischen Gemeinde als Ansprechpartner zu haben, auch wenn deren Führungsspitze nicht immer im Einklang mit ihren Wünschen agierte.[110]

Im folgenden Jahr, anlässlich der Hohen Feiertage im Herbst 1936, schickte Baeck erneut eine Botschaft an die jüdischen Gemeinden, diesmal jedoch ohne Bemerkungen, die bei den Behörden Anstoß erregen konnten. Diesmal wies er nicht darauf hin, dass vor Gott stehen etwas anderes bedeutete, als vor einem menschlichen Regime zu stehen. Diesmal betonte er die Notwendigkeit, innerhalb der jüdischen Gemeinde zu stehen und die Aufgaben der Wohlfahrt zu übernehmen, die eine gemeinsame Verpflichtung mit sich brächten. Angesichts der Spannungen innerhalb der Reichsvertretung war die innere Einheit nun das wichtigste Anliegen.

Dennoch konnte Baeck nicht umhin, auf die bösartige antijüdische Propaganda Hitlers und seiner Schergen Bezug zu nehmen, gegen die sich die Juden nicht wehren konnten, ohne eine desaströse Reaktion zu provozieren. Hans Reichmann erinnerte sich an Baecks Jom-Kippur-Predigt 1937 in der Synagoge in der Berliner Lützowstraße, wo er von der Kanzel herunter sagte: «Wir hören Worte, beleidigend, quälend, peinigend. Aber in uns tönt laut die Stimme des Schweigens.» Reichmann fügte hinzu, sogar Kinder hätten die Bedeutung dieser Worte verstanden. «Fünfzehnhundert Menschen verließen die Synagoge aufgewühlt und doch ermutigt. Sie antworteten mit ihrer ungebeugten Haltung, schweigend und doch sehr vernehmlich, auf die töricht-verruchten Vorwürfe, die der tückische Fanatiker wieder einmal seinem Chorus zugebrüllt hatte.»[111]

1938 wandte sich Baeck in seiner Botschaft zum jüdischen Neujahrsfest, wie schon im Sommer 1935, dem Thema des Trostes zu: Die Bedrückung des «Äußeren unseres Daseins» dürfe nicht das «Innere unseres Lebens» zerstören, sagte er. Verlassen von der Welt um uns, wenden wir uns Gott zu: «So wir mit Gott sind, wird Gott mit uns sein.»[112]

6

Unter Druck

Der Verlust der Unabhängigkeit

Mehr als fünf Jahre lang, zwischen Januar 1933 und November 1938, wurde ein die Juden diskriminierendes oder ausschließendes Gesetz nach dem anderen erlassen, dazu hatten sie permanent Verunglimpfungen und sporadische Akte der Gewalt zu ertragen. Doch in all dieser Zeit hatte sich die Reichsvertretung eine gewisse Unabhängigkeit bewahren können, solange sie die direkte Konfrontation mit dem Regime vermied. Diese Situation änderte sich mit dem Pogrom am 9./10. November 1938 und verschärfte sich weiter, als die Reichsvertretung durch eine anders strukturierte zentrale Organisation unter der direkten Kontrolle der Gestapo ersetzt wurde.

Das in Anspielung auf die geborstenen Scheiben jüdischer Geschäfte als «Kristallnacht» bekannt gewordene Pogrom war eine geplante und koordinierte Aktion, angestiftet von Propagandaminister Joseph Goebbels, der Hitlers stillschweigende Billigung erhalten hatte. Es wurde als Ausdruck des gerechten Volkszorns nach der Ermordung eines deutschen Legationssekretärs in Paris durch einen jungen Juden gerechtfertigt. Tatsächlich aber sollten dadurch die Juden gezwungen werden, noch schneller aus Deutschland zu fliehen und all ihr noch verbliebenes Vermögen zurückzulassen. In jener Nacht wurden einundneunzig Juden brutal ermordet, viele weitere verloren in den Tagen danach ihr Leben. Eine unbekannte Zahl wurde zusammengeschlagen oder misshandelt. 2000 Synagogen in Deutschland wurden zerstört, die meisten davon in Brand gesteckt.

Unter Druck

Die Fensterscheiben von rund 10 000 Geschäften jüdischer Besitzer oder Mieter wurden zerschlagen, die Läden geplündert. Zirka 30 000 jüdische Männer wurden in Konzentrationslager in Deutschland gebracht, und der dezimierten und verarmten jüdischen Bevölkerung wurde eine Geldbuße von einer Milliarde Reichsmark auferlegt. Einige Nachbarn von Juden, darunter auch Frauen und Jugendliche, unterstützten die SA, die Sturmabteilung der Nazis, tatkräftig bei der Durchführung des Pogroms, die meisten Deutschen jedoch verhielten sich passiv. Nur wenige verurteilten die Aktionen, und noch weniger intervenierten. Im Rückblick betrachtet war dieser großangelegte, sorgfältig geplante Akt der Gewalt der Wendepunkt, der in den Holocaust führte.

Baeck erkannte, dass weder er noch sonst jemand aus der jüdischen Führung etwas tun konnte, um das Pogrom zu stoppen. Ein Kollege der Lehranstalt suchte ihn auf, um «Ratschläge und Worte der Weisheit» zu erbitten, «und zu erfahren, was Baeck über die Gerechtigkeit Gottes dachte. Doch der einzige Trost, den Baeck bieten konnte, war die Überzeugung, das nationalsozialistische Regime könne jederzeit zusammenbrechen, und das sei unsere Rettung».[1] Dennoch versuchten Baeck und Hirsch am frühen Morgen des 10. November zum Staatssekretär in der Reichskanzlei vorzudringen, allerdings ohne Erfolg. Die Ausschreitungen gingen weiter, bis Goebbels schließlich am Nachmittag die Aktion für beendet erklärte. Baeck war zutiefst niedergeschlagen. Er war nicht imstande gewesen, die Katastrophe zu verhindern. Von den Erinnerungen an das Pogrom wurden er und andere, die es miterlebt hatten, noch in ihren Träumen heimgesucht. Fünfzehn Jahre später schrieb Baeck: «Wie oft sind die Bilder jener Nacht, in der der große Frevel geschah, dass die jüdischen Gotteshäuser zerstört wurden, wieder, ob wir es wollten oder nicht, vor uns hingetreten? Wieder meinten wir, auch wenn wir die Ohren abwandten, die Stimmen zu hören, die in jener Nacht uns zugerufen hatten: ‹Die Synagogen brennen!›»[2]

Zwei seiner Mitarbeiter, Otto Hirsch und Arthur Lilienthal, gehörten zu denen, die nach dem Pogrom in das Konzentrationslager im nahe gelegenen Oranienburg deportiert wurden. Baeck blieb verschont, vielleicht weil er im Ausland zu bekannt war. Das ermöglichte es ihm, an die Gestapo heranzutreten und um die Freilassung der beiden zu bitten. Die NS-Behörden brauchten Baeck, um die Auswanderung zügig voranzutreiben, deshalb argumentierte er, er benötige die Unterstützung seiner inhaftierten Mitarbeiter. Auf die Frage, ob Hirsch seine rechte Hand sei, erwiderte er: «Nein, ich bin die linke Hand von Hirsch.»[3] Nach dem Pogrom bemühte sich Baeck auch um die Freilassung von Rabbinerkollegen und Rabbinatsstudenten. Für einige inhaftierte Rabbiner konnte er Zertifikate für die Einwanderung nach Palästina oder Einreisegenehmigungen nach England erwirken, das er zu diesem Zweck besuchte. Er schrieb einen Artikel für das neue wöchentliche Nachrichtenmagazin, die einzige jüdische Zeitung, die noch erscheinen durfte. Darin heißt es: «In schicksalsschwerer Zeit sei ein Wort an alle Juden in Deutschland gerichtet: Haltet fest an euch, gehet den rechtschaffenen Weg, glaubt an eure Zukunft, vertraut auf den Ewigen, unseren Gott.» Baecks Text durfte nicht veröffentlicht werden, vermutlich wegen der Anspielung auf eine jüdische Zukunft.[4] Diese Zukunft, das war nun klar, konnte nur außerhalb Nazideutschlands liegen. An Ismar Elbogen, seinen Kollegen an der Lehranstalt, dem die Flucht nach New York gelungen war, schrieb er: «Die Arbeit hier ist gross; wir suchen zu helfen und zu stützen und vor allem Wege zu bahnen. Die Mühe ist nicht gering, sie muss getragen werden.»[5]

Noch vor dem Novemberpogrom, im März 1938, hatten die jüdischen Gemeinden ihren Status als Körperschaften des öffentlichen Rechts und damit das Recht zur Besteuerung ihrer Mitglieder verloren. Nach Ansicht der jüdischen Führung war daher jetzt eine straffere, einheitlichere und effizientere Organisation erforderlich. Bei einer Sitzung der Reichsvertretung im Juli 1938 wurde die Gründung eines Reichsverbands beschlossen, der an die Stelle der bisherigen Reichsvertretung, einer bloßen Repräsentanz gegenüber einer unzugänglichen Regierung, treten sollte. Der Verband sollte auf allen Gemeinden aufbauen, auch auf denen der Unabhängigen Orthodoxen, und alle Juden sollten steuerpflichtige Mitglieder werden. Erstmals sollte jetzt dem Führungsgremium eine Frau als Vertreterin des Jüdischen Frauenbundes angehören. Die bisherigen Organe der Reichsvertretung sollten weiterbestehen.⁶

Dem Reichsverband war nur eine sehr kurze Lebensdauer beschieden. Bereits am 1. Dezember 1938, wenige Wochen nach dem Novemberpogrom, hatte Gestapo-Chef Reinhard Heydrich den Rahmen für eine neue und obligatorische reichsweite jüdische Organisation abgesteckt.⁷ Unter dem Namen «Reichsvereinigung der Juden in Deutschland» wurde sie im Juli 1939 offiziell ins Leben gerufen.⁸ Der *Völkische Beobachter*, das Parteiorgan der NSDAP, jubelte, die der Schaffung der Organisation zugrunde liegende Verordnung bringe die «organisatorische Lösung der Judenfrage» ein entscheidendes Stück weiter und lasse keinen Zweifel «an der unveränderten nationalsozialistischen Auffassung, daß die Judenfrage erst dann als restlos gelöst zu betrachten ist, wenn kein Jude mehr in Deutschland ist ... Die Hauptsache ist, daß wir sie bald los werden, bald und restlos».⁹ Auch wenn die Führung weitgehend dieselbe blieb und, wie der Reichsverband, streng zentralistisch war, hatte sie ihre Unabhängigkeit weitgehend verloren. Die Reichsvereinigung operierte unter den wachsamen Augen der Behörden. Alle, die der rassischen Definition der Nationalsozialisten zufolge als Juden galten, auch nichtarische Christen und jüdische religiöse Dissidenten, wurden zur Zwangsmitgliedschaft verpflichtet, die nur durch Tod oder Auswanderung beendet werden konnte. Seit August 1938 waren die Juden klar als solche kenntlich. Alle, sogar Kleinkinder, mussten ihrem Eigennamen einen jüdischen Zwangsnamen hinzufügen, wenn sie ihn nicht bereits führten. Bei Frauen und Mädchen war es «Sara», bei Männern «Israel». Leo Baeck hieß nun Leo Israel Baeck.

Wie ihre Vorgängerorganisation konnte auch die Reichsvereinigung dank ihren Hilfsorganisationen, den Steuern ihrer Mitglieder

Der Verlust der Unabhängigkeit

sowie Spenden und Hilfsgeldern von Juden im Ausland Aufgaben der sozialen Wohlfahrt und Bildung übernehmen und sich um Ausreisevorbereitungen kümmern, nun jedoch ausschließlicher und gezielter als zuvor. Einzig die religiösen Angelegenheiten blieben in der Hand der Gemeinden, die jetzt als private Vereinigungen eingestuft wurden. Die beiden direkt mit der Auswanderung befassten jüdischen Organisationen, das Palästinaamt für das Land Israel und der Hilfsverein für die Auswanderung in andere Länder, wurden Unterabteilungen der Reichsvereinigung. Auf Druck der Behörden wurde die jüdische Führung autoritärer und weniger demokratisch. Mitarbeiter der Reichsvereinigung wurden von den NS-Behörden ernannt und waren ihnen und nicht dem deutschen Judentum rechenschaftspflichtig. Die reale Macht lag bei der zuständigen Aufsichtsbehörde, dem sogenannten Eichmann-Referat im Reichssicherheitshauptamt, und nicht bei der jüdischen Führung. Als Vorsitzender der neuen Organisation hatte Baeck wenig Spielraum, seine Handlungsmöglichkeiten waren von Anfang an begrenzt. Seine Position war mit derjenigen der Sprecher der «Judenräte» vergleichbar, die unter der Kontrolle der SS später die jüdischen Ghettos in Osteuropa verwalteten. Er tat, was er konnte, war aber eingebunden in eine Struktur, auf die er kaum Einfluss hatte. Zum Zeitpunkt der offiziellen Gründung der Reichsvereinigung 1939 war nicht vorherzusehen, dass sie nur zwei Jahre später zur bedrückenden Mitwirkung bei den Deportationen gezwungen werden würde.[10]

Baecks letzte Jahre in Berlin waren, falls das überhaupt möglich war, noch schwieriger als die Jahre zuvor. Bis März 1937 war ihm seine Frau Natalie eine große Stütze gewesen. Die Wohnung der Baecks hatte Freunden und Studenten des Seminars immer offen gestanden. Als Natalie an einem Schlaganfall starb, herbeigeführt vermutlich durch die schlimmen Sorgen und Ängste jener Zeit, verlor Baeck die Gefährtin seines Lebens. Jetzt hatte er nur noch eine Haushälterin, die für sein körperliches Wohlergehen sorgte. Es war für ihn der schwerste Schlag dieser schweren Jahre. Zwei Tage nach Natalies

Tod brachte er seine Gedanken zu Papier: «Wir sollen nun ohne dich sein, unser Leben ohne den Segen deines Lebens, ohne dich, die du so rein, so wahrhaftig, so klar warst, so hell, so echt, so fromm ... Du bist heimgegangen und lässt uns zurück ohne dich. Gott gebe die Kraft, durch die Tage hindurch zu gehen.»[11] Ein Freund, der oft bei den Baecks zu Besuch gewesen war und die eheliche Harmonie gespürt hatte, schrieb, die Ehe sei «ernst, heilig und tief glücklich» gewesen.[12] Monatelang nach Natalies Tod besuchte Baeck täglich ihr Grab auf dem Friedhof der Jüdischen Gemeinde in Berlin-Weißensee. Für ihren Grabstein ließ er auf Hebräisch eine Zeile aus dem letzten Kapitel des biblischen Buchs der Sprichwörter einmeißeln: «Du aber übertriffst sie alle» (Spr 31,29). Wie Baeck in einem Interview nach dem Krieg erzählte, schlug er alljährlich an ihrem Todestag seinen Studenten im Rabbinerseminar vor, eine Predigt über Frauen zu verfassen.[13]

Auch vertrauensvolle Kollegen und Freunde verließen jetzt Deutschland, unter ihnen Ismar Elbogen, dem er fast verzweifelt, aber sich in sein Schicksal fügend schrieb: «Es wird einsamer, aber das ist ja Menschenschicksal.»[14] Mit Natalies Tod und der wenig später erfolgten Abreise seiner Tochter, seines Schwiegersohns und seiner Enkelin nach Großbritannien blieb Baeck allein zurück, um zu tun, was er für seine Pflicht erachtete. An seinen alten Freund Hans-Hasso von Veltheim-Ostrau schrieb er Ende 1939: «Meine Tage ziehen durch stetige, kaum unterbrochene Arbeit hindurch. Es wird manchmal ein wenig schwer, aber die alte carcasse muß, was ja vielleicht auch ganz gesund ist. Und vor allem, ich erfahre, was das Wort ... meint: ‹Versuche so zu leben, als hättest du lange und als hättest du kurze Zeit zu leben.› So sei es nun auch für 1940 vorgenommen.»[15] Trotz dieser Bekundungen deutet ein Regierungsdokument darauf hin, dass Baeck ein Jahr später, Anfang 1941, an einem solchen Punkt der Verzweiflung angekommen war, dass er über seine Auswanderung zumindest nachdachte.[16] Doch am Ende siegte sein Pflichtgefühl, und er beschloss zu bleiben, trotz der sich zunehmend verschlechternden Bedingungen.

Der Verlust der Unabhängigkeit

Wenn Baecks Arbeit in seinen letzten Jahren in Berlin überhaupt erträglich war, dann vor allem wegen der nicht minder pflichtbewussten Tätigkeit seiner Mitarbeiterinnen und Mitarbeiter. Otto Hirsch war weiterhin Geschäftsführer und nicht weniger engagiert als Baeck. Als er im Februar 1941 verhaftet und im Konzentrationslager Mauthausen brutal ermordet wurde, verlor Baeck einen tüchtigen Mitstreiter und guten Freund. An Hirschs Sohn schrieb er, sein Vater sei erfüllt gewesen «von einer echten Vornehmheit, von einer Aristokratie des Denkens und Empfindens. Es war wie ein Geschenk der Vorsehung, dass er in ernster Zeit führend in unsere Arbeit trat, und so unersetzlich ist darum der Verlust, den auch wir erleiden».[17]

So bitter der Verlust von Hirsch für die Reichsvereinigung auch war, hatte Baeck das Glück, über engagierte Mitarbeiterinnen zu verfügen, unter ihnen Hannah Karminski, Cora Berliner und Paula Fürst. Sie gehörten zwar nicht dem Exekutivausschuss der Reichsvereinigung an, sorgten aber für eine effiziente Durchführung der Wohlfahrts- und Bildungsarbeit und der zur Auswanderung erforderlichen Maßnahmen. Alle drei kamen im Holocaust ums Leben. Baeck konnte sich auf diese Frauen voll und ganz verlassen. Eine besonders enge Beziehung hatte er zu Hannah Karminski, deren Büro bei der Reichsvereinigung direkt neben seinem lag.[18] Nach ihrer Deportation im November 1942 schrieb er über sie und Cora Berliner: «Fräulein Hannah wird uns allen, und wenn ich von mir sprechen darf, mir ganz besonders, hier in jedem Tage fehlen. Sie war immer der gute Geist im Hause, die reine Luft umgab sie, alle haben sie verehrt und geliebt. Wir waren in unserer Arbeitsstätte seit längerem Zimmernachbarn, und schon das war mir ein Beruhigendes und Erfreuendes, sie im Zimmer nebenan zu wissen. Nach der Trennung von unserer Freundin Cora war sie die einzige, mit der ich über alles, was mich bewegte, sprechen konnte.»[19]

Von anderen, mit denen Baeck in den Jahren der Reichsvereinigung zusammenarbeitete, konnte er das nicht sagen. Der Widerstand gegen seine Führung hielt an. Besonders in Heinrich Stahl hatte er einen erbitterten Gegner. Als sich die Reichsvereinigung im Frühjahr 1939 zu formieren begann, schickte Stahl ein zehnseitiges Kommuniqué an die Gestapo, in dem er der Reichsvertretung vorwarf, in ihrer Tätigkeit versagt zu haben. Erneut forderte er, die Leitung des deutschen Judentums der Berliner Gemeinde zu übertragen. Baeck nannte die Eingabe eine Denunziation und beschloss, die Zusammenarbeit mit Stahl zu beenden. Dieser genoss jedoch die Unterstützung der Nationalsozialisten, und so musste Baeck ihn als stellvertretenden Vorsitzenden der Reichsvereinigung hinnehmen, bevor Stahl ein paar Monate später zurücktrat.[20] Ein, zwei Tage vor seiner Deportation nach Theresienstadt, nachdem die Behörden sich gegen ihn gewandt hatten, schrieb Stahl einen bitteren Brief an seine im Ausland lebende Familie. Darin erhob er scharfe Vorwürfe gegen die Reichsvereinigung, «deren Präsident nach wie vor der Rabbi Baeck ist & deren Leitung in den Händen von unbekannten, einer religiösen Auffassung fernstehenden Juden liegt ... Streber – männliche & weibliche, Streber & Kriecher ... lenken die Geschicke der Juden & lassen sich ihre Massnahmen von den Nazis vorschreiben». Anders als Baeck habe er sich nie die Wünsche der Nazis diktieren lassen, und in seiner Opposition gegen die Maßnahmen der Nazis sei er von Baeck und Hirsch nie unterstützt worden. Stahl ging so weit zu behaupten, mit der Anordnung seiner Deportation habe Eichmann lediglich einem Wunsch der Reichsvereinigung entsprochen.[21] Diese Behauptung kann zwar nicht vollständig widerlegt werden, aber es existiert auch kein Beleg, der sie stützt.

Und noch jemand machte Baeck in diesen Jahren das Leben schwer. Nach Otto Hirschs Deportation 1941 übernahm dessen Funktionen der Soziologe und Intellektuelle Paul Eppstein, der die notwendigen Kontakte zur Gestapo aufrechterhalten sollte. Er erfüllte seine Aufgabe tatkräftig und entschlossen, wurde mehrmals verhaftet und bewies bei diesen Gelegenheiten beträchtlichen Mut, seine Meinung offen zu äußern.[22] Anders als Stahl versuchte Eppstein nicht, Baeck von seiner Führungsposition zu verdrängen, obwohl er sehr von sich eingenommen war und sich für absolut qualifiziert hielt für dieses Amt. Der Grund für die Spannungen zwischen ihm und Baeck lag in ihren extrem unterschiedlichen Charakteren. Herbert Strauss zufolge, der beide kannte, waren sie in ihren Wertvorstellungen und Begabungen und in ihrer Persönlichkeit so verschieden, dass Konflikte zwischen ihnen unvermeidlich waren. Hier der «grand rabbin» in der Tradition des Judentums und des abendländischen Idealismus; dort der Realist, der sich über soziale Tabus hinwegsetzte. Strauss zufolge erregte Eppstein Baecks Missfallen, weil er als verheirateter Mann eine intime Beziehung mit seiner gutaussehenden, eleganten Sekretärin hatte und sich mehr für die Jugend als für die Alten einsetzte.[23] Für den Rabbiner Baeck, einen strengen Moralisten, war es unerträglich, dass jemand persönliche Moral nicht ernst nahm. Baecks Abneigung gegen Eppstein wuchs, als er später dessen Verhalten in Theresienstadt beobachtete.

Die Gegenwart transzendieren

In diesen schwierigen Jahren wirkte Baeck weiter als Rabbiner, Gelehrter und Lehrer. Seine religiösen und intellektuellen Aufgaben verlangten keine Konfrontation, sondern lediglich den Einsatz für das spirituelle Wohl seiner Glaubensgenossen, um ihnen zu helfen, sich über die Verfolgung zu erheben, während er gleichzeitig selbst versuchte, sich über die beschwerliche und umstrittene Tätigkeit als Präsident der Reichsvereinigung zu erheben, die ihn so oft deprimierte.

In seinem Privatleben halfen ihm die jüdischen Feiertage, eine spirituelle Welt von seinen profanen Aufgaben als Repräsentant der Gemeinde abzutrennen. Wie alle Juden, die nach dem Pogrom von 1938 noch in Deutschland lebten, musste er viele Einschränkungen erdulden, auch im Bereich der rituellen Praxis, der in dieser Zeit der Entmenschlichung eine umso größere symbolische Bedeutung zukam. Zum Glück hatte er Bekannte, die um sein Wohl besorgt waren und deren Zuwendungen er mit anderen teilen konnte. Im Frühjahr 1940 schrieb er dem Rabbiner Immanuel Löw im ungarischen Szeged einen Dankesbrief für das ungesäuerte Brot, das er ihm für das Pessachfest geschickt hatte: «Sie haben mir mit Ihrer Mazzosendung – alle vier Pakete sind in bestem Zustande eingetroffen – eine sehr grosse Freude geschenkt; ich bin durch Ihre Güte wahrhaft gerührt. Ich werde nun meine Mazzot nicht, wie ich zuerst gemeint hatte, numerieren müssen, 1 1/2 für jeden Tag, sondern werde, dank Ihnen, nach Belieben, mit dem behaglichen Gefühl des Überschusses essen dürfen und werde auch Bekannte ein wenig mit versorgen können.»[24] Die Nationalsozialisten hatten den Juden die Ausübung ihres Glaubens nicht verboten, sie hatten ihnen die religiöse Praxis nur erschwert.

Nach Claude Montefiores Tod 1938 wurde Baeck Präsident der World Union for Progressive Judaism. Obwohl er allen Grund hatte, an der optimistischen Botschaft des religiösen Liberalismus zu verzweifeln, hielt er am Grundsatz der Liberalen, eine bessere Welt sei möglich, weiter fest.[25] Damit wollte er nicht nur ein Beispiel geben. Es entsprach seiner persönlichen Philosophie, trotz aller Rückschläge den Blick stets nach vorn zu richten.

Gewiss, die Gegenwart war düster und wurde immer düsterer. Die Juden, die noch in Deutschland waren, hatten das Gefühl, in der Falle zu sitzen, und es gab nichts, was auf eine baldige Rettung hindeutete. Wenn Baeck sich also an die deutschen Juden wandte, vermied er den Bezug zur Gegenwart und lenkte die Aufmerksamkeit auf die Vergangenheit und die Zukunft. Geschichte und Hoffnung waren sein Rezept gegen das Leid der Gegenwart. Er erinnerte an die Wanderung der Israeliten durch die Wüste. Wie ihre Vorfahren seien auch die Juden heute von Wüste umgeben. Die Israeliten hätten durchgehalten, bis sie nach vierzig Jahren ans Ziel gelangten und das Gelobte Land erreichten.[26] Baeck verwies auch auf die Verfolgungen, die die Juden im Mittelalter zu erdulden hatten, womit er eine weitere

Die Gegenwart transzendieren

Perspektive hinzufügte. Immer seien die Juden «umgeben und oft umfaßt und umringt» gewesen, das sei kein neues Phänomen. Sie seien in ihrer Existenz gefährdet gewesen durch die Völker, in deren Mitte sie lebten, trotz der Absonderung in eigenen Vierteln.[27] Aber sie hatten nicht nur Not und Trübsal erlebt. In einer Botschaft zum jüdischen Neujahrsfest rief Baeck seinen Glaubensbrüdern in Erinnerung, «wie in allen unseren Generationen Versunkenes wieder Zukunft geworden ist, wie sich uns stets das Leben, das beendet schien, erneuert hat».[28] Im Mittelalter habe sich diese Situation sogar als ein Segen erwiesen: Immer «umgeben» zu sein bedeutete, sich immer behaupten zu müssen. Diese Selbstbehauptung manifestierte sich für Baeck in dem, was er «verpflichtendes Denken» nannte, eine von Gott auferlegte Verpflichtung.[29] «Hinter uns Juden liegen weithin Zeiten äußerer Unfreiheit und innerer, seelischer Freiheit», schrieb er. Später, im 19. Jahrhundert, erlangten die Juden äußere Freiheit, allerdings um den Preis jener inneren Freiheit. Die äußere Freiheit hätten sie jetzt zwar verloren, aber die innere, seelische Freiheit könne jetzt wieder zu dem werden, was sie vor Jahrhunderten gewesen sei. Die Rückbesinnung auf die Vergangenheit, so Baeck, könne zur Chance und zum Ziel für die Gegenwart werden.[30]

Von der Last der Gegenwart könne man sich auch befreien, wenn man nicht in «Tagen», sondern in der größeren Dimension der «Zeiten» denke. In einem Aufsatz im *Schocken Almanach* 1938/39, dem letzten Jahr seines Erscheinens, schrieb Baeck von dem Menschen, der auf die «Zeiten» blickt: «Auch er erlebt, wie Geschehen und Denken sich durch die Menschheit bewegen; seine Tage werden von ihnen erfaßt, und Schicksal und Irrtum sind auch sein. Aber er vermag, sich zu den Zeiten zu erheben und zuletzt immer doch den Spruch des Ewigen zu vernehmen.»[31]

Aber was war mit der absehbaren Zukunft? Hatte es einen Sinn zu hoffen? Baeck bleibt ambivalent. Zu Beginn der nationalsozialistischen Herrschaft konnte er schreiben: «Geschicke kommen und Geschicke gehen, aber das Recht bleibt.»[32] Er konnte – indirekt –

über das NS-Regime auch sagen, in ihm vollziehe sich zwar die Umwandlung einer Welt des Lichts in eine Welt des Dunkels, aber es könne auch eine Rückverwandlung geben.[33] Im Verlauf der 1930er Jahre jedoch geriet das von den Nationalsozialisten diktierte politische Schicksal Deutschlands nicht ins Wanken, und die Argumente dafür, dass sich dies bald ändern werde, erschienen zunehmend weniger glaubwürdig. Jetzt war eine andere Sicht der Zukunft nötig, die keines politischen Wandels bedurfte, der jüdischer Kontrolle ohnehin entzogen war – keines Wandels in der Geschichte Deutschlands, sondern in der Geschichte des Judentums, das nach wie vor in jüdischen Händen lag:

> Über die Zukunft unseres deutschen Judentums wird jetzt entschieden. Menschen regen und bewegen sich in unseren Gemeinden, und ein späterer Tag wird sagen, was sie getan haben. Denn beides geben sich Menschen selbst: Zukunft und Zukunftlosigkeit. Aufgabe und Mensch ziehen einander an, und bestimmend wird, was sie einander sind: Zukunft wird bereitet, wenn ein Ich der Aufgabe dienen will; Zukunftlosigkeit, wenn die Aufgabe dem Ich dienen soll. Wir deutschen Juden haben unsere Geschichte; von ihrem Ertrage besteht unser Dasein. Wir deutschen Juden haben unsere Aufgabe; von ihrer Erfüllung werden unsere Kinder leben. Über die Zukunft des deutschen Judentums wird von uns entschieden.[34]

Wenn diese Botschaften auch einen Weg aufzeigten, sich über die äußeren Zwänge zu erheben, indem man nach innen blickte, so bedurfte es doch einer größeren Vision, die weder zurück noch nach innen gerichtet war, sondern weit voraus, auf das messianische Ziel aller Geschichte. In einem Aufsatz von 1936, in dem Baeck erneut die theologischen Unterschiede zwischen Judentum und Christentum darlegte, schrieb er, das Judentum lehne die Idee einer festgefügten Ordnung der Welt ab und richte den Blick auf eine Zukunft, die die Gegenwart transzendiert: «Vor das Denken tritt hier nicht das allein, was da ist, nicht nur, was gewesen ist, sondern vor allem, was werden soll, das also, was den sittlichen Willen des Menschen aufruft ... Das

Die Gegenwart transzendieren

Gottesreich wird so der Maßstab der ‹Schöpfungsordnung›, an ihm hat sie sich zu beweisen und zu rechtfertigen.»[35]

Die ultimative Transzendenz in dieser schweren Zeit war für Baeck also nicht der Blick zurück oder nach innen oder weit in die Zukunft, sondern der Blick hinauf zu Gott: «In leichten Tagen versteht sich alles von selbst, in ihnen können Sattheit und Gewohnheit so rasch zur Weisheit werden, kann sich der Unglaube dehnen und weiten. In schweren Tagen wird alles, alles Denken und Wollen und Tun zum Gebote des Mutes, zur Aufgabe, die zu lösen ist, und der Mensch ohne Glauben ist in ihnen ohne Boden und ohne Ziel, ohne Erde und ohne Himmel. Auch darum kann der Jude nie ohne den Glauben sein, denn er ist, seit er ist, der Mensch der schweren Tage, der Mensch der Entscheidungen.»[36]

Menschliche Freiheit gründe letztlich in den inneren Erfahrungen des Menschen. Sie liege jenseits aller Mitmenschen und aller Ereignisse. Anders als die normale Freiheit des menschlichen Willens, die «etwas Rationales ist», bedeute sie «ein Irrationales. Sie besteht in dem Wissen um das, was das allein Wirkliche ist, um die Verbindung des Menschen mit dem Göttlichen. Sie ist nicht eine Sicherung des Willens, sondern eine Gewißheit des Menschen, seine letzte Gewißheit, und dadurch seine Freiheit».[37] Dieses «Jenseits», von dem hier die Rede ist, kann zwar auch das Leben nach dem Tod bedeuten, aber für Baeck symbolisierte es das, was – auch wenn es von allen menschlichen Leiden befreit – nicht auf eine Welt nach dem Tod, sondern auf die Welt eines Gottes verweist, dessen moralische Botschaft klar ist, dessen Wesen jedoch ein Geheimnis bleibt. «Wir können nicht Gott erleben, sondern nur das Geheimnis, das um ihn ist», schrieb er 1941.[38] Mit diesem Blick auf das Jenseits, so undeutlich das Bild auch sei, würden die Juden über das hinausgehoben, was sie umgebe und bedrohe. Durch die Transzendenz der Gegenwart in Zeit, Raum und Dimension, so Baeck, konnten die deutschen Juden ihr Leben weiterführen, ohne unter der ihnen auferlegten Last zusammenzubrechen.

Wissenschaft als Trost

Schon früh in Baecks Karriere war die Wissenschaft mehr als nur eine intellektuelle Beschäftigung, auch mehr als eine Mission, seinen Glaubensgenossen oder den Nichtjuden das Judentum nahezubringen. In seinen letzten Jahren in Deutschland vor seiner Deportation im Januar 1943 wurde die Wissenschaft für Baeck auch ein Trost, eine Quelle geistiger Erneuerung und Ausdruck des höheren Selbst auf der Suche nach Wahrheit. Obwohl seine Verpflichtungen für die Gemeinde viel von seiner Zeit in Anspruch nahmen, vernachlässigte er seine wissenschaftliche Tätigkeit auch jetzt nicht. Sie wurde sogar noch wichtiger für ihn, denn sie ermöglichte es ihm, seine Energie auf etwas zu konzentrieren, was über seine Führungsaufgaben hinausging. Sie schenkte ihm eine Befriedigung, die einer anderen Sphäre seiner Persönlichkeit entsprang. Die Wissenschaft wies ihm «einen Weg in die Fernen»,[39] der ihm eine breitere Perspektive eröffnete. Sie war auch Ablenkung, Befreiung von den Verstrickungen einer feindseligen Umgebung, ja eine Art persönliche Transzendenz. Gelehrsamkeit und persönliche Rechtschaffenheit gehörten für Baeck unauflöslich zusammen. Die ideologisch kontaminierten Arbeiten der NS-Wissenschaftler, die er nicht beim Namen nennen durfte, waren in seinen Augen eine Korrumpierung der Wissenschaft durch korrupte Charaktere. Für ihn spiegelte die Wissenschaft den Menschen, der diese Wissenschaft betrieb. 1938 schrieb er: «Jede Wissenschaft bedarf ihrer immer weiter zu vervollkommnenden Technik, aber sie ist mehr als nur eine Technik; sie ist die Wissenschaft eines Menschen. Wie der Mensch ist, so ist seine Wissenschaft.»[40]

Obwohl er als Präsident des organisierten deutschen Judentums alle Hände voll zu tun hatte, war er auch ein wichtiger Organisator wissenschaftlicher jüdischer Aktivitäten. Bis die NS-Behörden all dem ein Ende setzten, hatte er den Vorsitz eines Gremiums für die Herausgabe der mehrbändigen Jubiläumsausgabe der Werke von

Wissenschaft als Trost

Moses Mendelssohn inne. Seine Aufgabe bestand darin, die Finanzierung der Beiträge zu sichern und die Autoren zur zügigen Einreichung ihrer Texte zu drängen.[41]

Auch in den Jahren des Nationalsozialismus schrieb Baeck weiter über die Beziehungen und die Unterschiede zwischen Christentum und Judentum. In einem längeren Aufsatz, der 1938 in einem kleinen Band separat erschien und seiner kurz zuvor verstorbenen Frau gewidmet war, untersuchte er die Evangelien als eine Quelle für die religiöse Geschichte des Judentums. Er wollte zeigen, wie die mündlichen Traditionen der Rabbinen des antiken Palästina in das Neue Testament eingeflossen waren, was «Zusammenklang», aber auch «Zwiespalt» zur Folge hatte. Zu einer Zeit, da christliche Wissenschaftler unter dem Einfluss der NS-Ideologie die jüdische Basis des Christentums leugneten, wollte Baeck darlegen, dass «das Evangelium als ein Stück jüdischer Geschichte, und kein geringes, als ein Zeugnis jüdischen Glaubens hervortritt».[42] Dieses Bemühen unterschied sich nicht sehr von dem, was ihn in seiner Jugend geleitet hatte, als er Adolf von Harnack widersprach. Aber in den Tagen geistiger Bedrängnis sollte dieses neue Werk den jüdischen Besitzesstolz wiederbeleben. Das verdeutlicht Baeck im letzten Abschnitt des ersten Kapitels, wo er schreibt, das Evangelium sei ein jüdisches Buch, «weil die reine Luft, die es erfüllt und in der es atmet, die der Heiligen Schrift ist, weil jüdischer Geist, und nur er, in ihm waltet, weil jüdische Not, jüdisches Wissen und jüdische Erwartung, sie allein, es durchklingen – ein jüdisches Buch inmitten der jüdischen Bücher. Das Judentum darf an ihm nicht vorübergehen, es nicht verkennen, noch hier verzichten wollen. Auch hier soll das Judentum sein Eigenes begreifen, um sein Eigenes wissen».[43] Nachdem Baeck zuvor die «romantische Religion» des Paulinismus und des lutherischen Protestantismus dafür verantwortlich gemacht hatte, dass die Religion keine Kritik an Staat und Gesellschaft übte, weist er nun der grundlegenden Quelle des Christentums, den Evangelien, einen Platz im Judentum ihrer Zeit zu – und rückt damit die beiden Religionen nicht in große Distanz, sondern in eine bemerkenswerte Nähe zueinander.

Im ersten Jahr der nationalsozialistischen Herrschaft veröffentlichte er eine Sammlung von Aufsätzen, die er in den zehn Jahren zuvor geschrieben hatte. *Wege im Judentum* umspannte ein weites Spektrum dessen, was ihn in der Zeit der Weimarer Republik interessiert hatte.[44] Der Band beschäftigte sich mit Theologie, Mystik, Erziehung und Bildung und enthielt darüber hinaus einige biographische Skizzen. Fünf Jahre später schloss er einen weiteren Band ab, den er *Aus drei Jahrtausenden* nannte.[45] Der Titel bekundet eine Verschiebung in Baecks Denken. Es ging ihm nun nicht mehr um die Suche nach dem Wesen des Judentums, sondern um die vielgestaltige Kreativität in der bemerkenswert langen jüdischen Geschichte. Einige Essays dieser Sammlung waren schon vor dem Ersten Weltkrieg erschienen, andere in der Zeit der Weimarer Republik; ein paar wenige entstanden in der Zeit des Nationalsozialismus. Von diesen sind einige besonders interessant.

Diese neueren Essays sind zwar wissenschaftlicher Art, dennoch aber nicht vollständig losgelöst von den Sorgen und Nöten ihrer Zeit. In drei anonymen althebräischen Gedichten entdeckte Baeck eine Botschaft des Trostes. Deren Verfasser kündeten von dem, was angesichts von Wanderung und Leid noch als Besitz blieb, und von der Basis für neue Hoffnung in einer feindlichen Welt.[46] Ein theologischer Aufsatz über den Glauben betont erneut die Einzigartigkeit des Judentums. Jüdischer Glaube, so Baeck, finde seinen Grund nicht in der Gewissheit der Gnade wie das Christentum, sondern ist eine «Wandlung des Standortes, die der Mensch kraft dessen, daß er von Gott geschaffen und das Ebenbild Gottes ist, zu vollbringen vermag, um dadurch gegenüber allem Wandelnden und Irdischen das große ‹Und dennoch›, die große Stetigkeit und Einheit seines Lebens zu erreichen».[47] Wie so oft in seinen Schriften spricht er auch hier von dem «Und dennoch». Es verweist auf das zu allen Zeiten, vor allem aber in diesen Zeiten schwer aufrechtzuerhaltende

Credo, dass es jenseits des Chaos und des Bösen einen Grund zur Hoffnung gibt.

Auch jetzt stellte er seine wissenschaftliche Arbeit in den Dienst seiner Philosophie des Judentums. Ein neuer Aufsatz über einen scheinbar schwer verständlichen Gegenstand, das frühjüdische mystische Buch *Bahir*, betont den kosmischen Optimismus, der die Welt durchdringt, und endet mit Sätzen, die auf seine eigenen Werke zutrafen: «Auch in dieser Mystik des Buches Bahir, wie in der gesamten Mystik des Judentums, waltet der eigentümliche und besondere jüdische Geist. Auch sie ist Mystik von der Aufgabe und von der Umkehr, von dem ewigen Geheimnis, welchem der Segen mit seinem Gebot entspringt.»[48]

In der jüdischen Literatur, die er jahrzehntelang im Rabbinerseminar unterrichtet hatte, gräbt Baeck zwei bekannte Midraschim aus, um die Leser des *Schocken Almanach* 1936/37 zu trösten. Darin heißt es, die Schechina, die weibliche Gegenwart Gottes, begleite die Juden, wohin sie auch immer verstreut werden würden. So wie die Schechina mit den jüdischen Vorfahren gegangen war, gehe sie auch mit den Juden der Gegenwart. Denn wie Rabbi Schimon ben Jochai lehrte: «Wohin immer die Gerechten gehen, die Schechina geht mit ihnen.»[49] Wie isoliert sie auch immer sein mochten, selbst im nationalsozialistischen Deutschland, waren die Juden nicht allein.

Wissenschaft diente der Erkenntnis, der Ermutigung und dem Trost. Doch in diesen Zeiten der verstärkten, oft frustrierenden gemeindlichen Tätigkeiten war sie für Baeck auch eine Quelle der geistigen Erneuerung. Zwischen 1933 und 1938 fand er in den frühen Morgenstunden Zeit, die Evangelien aus dem Griechischen ins Hebräische zu übersetzen, um die ältesten Elemente herauszuarbeiten. Bei einem Besuch in London 1938 im Zusammenhang mit der jüdischen Auswanderung verbrachte er seine freie Zeit in der Babylonischen Sammlung des British Museum. An Ismar Elbogen schrieb er 1940: «Meine Arbeit geht ihren gewohnten Gang, und in den freien Stunden gibt die Wissenschaft mit ihrem Weg in die Fernen ihre Befriedigung.»[50]

Unter Druck

Nach der erzwungenen Schließung des Jüdisch-Theologischen Seminars in Breslau 1938 nahm Baecks liberales Rabbinerseminar in Berlin – das 1934 erneut von einer Hochschule zu einer Lehranstalt heruntergestuft worden war – die Bürde auf sich, die jüdische Wissenschaft lebendig zu erhalten. Das ließen die NS-Behörden jedoch nicht zu. Baecks zweite, 1938 erschienene Aufsatzsammlung *Aus drei Jahrtausenden* wurde sofort nach Erscheinen beschlagnahmt, vielleicht wegen des in ihr enthaltenen, bereits 1922 entstandenen Essays «Romantische Religion», der als indirekter Angriff auf die Diktatur verstanden werden konnte; vielleicht aber auch einfach deshalb, weil schon allein die Vorstellung genuin wissenschaftlicher Publikationen jüdischer Autoren dem nazistischen Zerrbild des Juden widersprach, dem sein Menschsein abgesprochen wurde. Nur wenige Exemplare dieses Werks sind erhalten geblieben.

Jetzt veröffentlichte Baeck die – wie sich bald zeigen sollte – letzte Ausgabe der *Monatsschrift*, des führenden Organs der jüdischen Wissenschaft. Die Publikation dieses letzten Bandes war für Baeck ein eminent wichtiger Akt der Selbstbehauptung und Ehre. In einem Brief, in dem er Max Grünewald um einen Aufsatz bat, schrieb er, der Band sei «ein kleines Zeugnis dessen, dass wir hier irgendwie Subjekt bleiben wollen ... Ein letztes umfangreiches Heft, ein kleiner Band, der Monatsschrift möchte zeigen: ‹Gerüstet zogen sie›».[51] Im Februar 1941 konnte Baeck Elbogen berichten: «Der Band unserer Monatsschrift ist jetzt genehmigt; er wird wohl bald bei dem Buchbinder sein und, wie ich hoffe, Ihnen binnen kurzem zugehen mit dem Wunsche, Ihnen zu gefallen und Sie zu erfreuen.»[52] Die Reichsvereinigung gab einen Druckkostenzuschuss, und Baeck selbst steuerte den sehr kurzen philologischen Aufsatz «Der Ibri» (Der Hebräer) bei. Weder an diesem noch an den anderen Beiträgen schienen die nationalsozialistischen Zensoren Anstoß zu nehmen, und die Veröffentlichung wurde zunächst genehmigt.[53] Wir können uns Baecks Enttäuschung vorstellen, als der von ihm herausgegebene Band, der, wie er glaubte, der Propaganda die Reinheit entge-

Wissenschaft als Trost

genstellte, nach dem Erscheinen beschlagnahmt wurde wie zuvor sein Aufsatzband.

Neben seiner wissenschaftlichen Tätigkeit unterrichtete er weiter Semester für Semester Rabbinatsstudenten an der Lehranstalt, bis auch sie im Juli 1942 von der Gestapo geschlossen wurde. Als Bedenken laut wurden, die NS-Herrschaft und die schwindenden finanziellen Mittel könnten die Rabbinatsausbildung beeinträchtigen, wurde Baeck zum Leiter einer Kommission ernannt, die 1936 damit beauftragt wurde, die Aufrechterhaltung der Ausbildungsstandards zu sichern und, soweit möglich, für vergleichbare Lehrpläne in allen drei Einrichtungen zur Rabbinerausbildung zu sorgen.[54] Noch im Jahr 1940, nachdem fünf Studenten der Lehranstalt Deutschland hatten verlassen können, um ihr Studium am Hebrew Union College in Cincinnati fortzusetzen, und einige Fakultätsangehörige dort Dozenturen erhalten hatten, nahmen in Berlin neue Studenten ihre Rabbinatsausbildung auf. Auch Gasthörer besuchten Baecks Vorlesungen. Einer seiner Studenten war Abraham Joshua Heschel, der anschließend an dem Seminar unterrichtete und später in Amerika als Religionsphilosoph bekannt wurde. Heschel zufolge war Baeck «der gebildetste Mensch», dem er jemals begegnet war.[55]

1942 gab es nur noch drei Studenten, aber um ihretwillen – und um seiner selbst willen – erübrigte Baeck weiterhin Zeit für sie. Ernst Simon, ein Mitglied des deutsch-jüdischen Intellektuellenzirkels und in der zionistischen Erwachsenenbildung tätig, zeichnete folgendes Bild der Lehranstalt in den letzten Tagen ihres Bestehens: «Leo Baeck sitzt und ‹lernt› mit 3 Schülern, mitten im Massenwahnsinn des zweiten Weltkrieges! Das Bild, das diese Worte erwecken, erinnert in seiner zeitlichen Perspektive an die schlimmsten Zeiten des Mittelalters; in seiner überzeitlichen verbürgt es die Dauer des Judentums als Bewegung geistigen Widerstandes, des ‹ewigen Non-Konformismus›, wie Baeck selbst es charakterisiert hat.»[56]

Nathan Peter Levinson, ein Student jener Zeit, erinnerte sich an Baecks Seminare. Zu den Fächern, die Baeck unterrichtete, gehörte die Predigt in der Synagoge. Jeden Freitagmorgen hielt er ein homiletisches Praktikum ab, das von Studenten, aber auch von Gemeinderabbinern besucht wurde, die sich Anregungen für ihre Morgenpredigt am nächsten Tag erhofften. Baecks Kritik an den Predigten der Studenten war in der Regel freundlich, konnte aber manchmal auch verletzend sein. Eine Übungspredigt Levinsons soll Baeck mit den Worten kommentiert haben: «Mein lieber junger Kollege, Sie haben eine sehr gute Aussprache. Aber warum müssen Sie alles sagen, was Sie wissen? Ich könnte aus Ihrer Predigt mit Leichtigkeit zehn andere machen.»[57]

Für die Studenten der Lehranstalt war Baeck weit mehr als ein Lehrer. Die meisten seiner Kollegen waren gegangen, er war immer noch da: ein Symbol der Beharrlichkeit, zu dem die Studenten mit ihren Nöten kommen konnten, und ein Fels der Stärke inmitten des Chaos. Für einen anderen Studenten, Herbert Strauss, war er «der letzte herausragende Repräsentant freien jüdischen Denkens geworden, eine Symbolfigur, auf die wir all unsere Nöte projizieren konnten, als wenn er, Vaterfigur, die er war und sein wollte, die eisernen Grenzen hätte transzendieren können, in denen wir alle gefangen waren und denen er letztlich genauso machtlos ausgeliefert war wie wir».[58] Strauss beschrieb Baeck als einen «großen, schlanken Mann. Ein weißer Bart unterstrich seine vornehme, würdevolle Zurückhaltung und nie versiegende Höflichkeit».[59] Er verehrte ihn geradezu «wegen der Souveränität, mit der er über das Universum des europäischen Humanismus gebot», und entdeckte an seinem Lehrer Charakterzüge, die «Ausdruck der deutsch-jüdischen Symbiose» waren. Baeck habe ein Gefühl der spirituellen und emotionalen Sicherheit vermittelt. «Dass die Hochschule ein Symbol unserer Standhaftigkeit und unseres Stolzes geworden war, war in hohem Maße Leo Baecks Haltung zu verdanken», schrieb Strauss nach dem Krieg. Die Studenten hatten das Gefühl, auf einer «unberührten ‹Insel› zu leben, in die allerdings die Verfolgungsrealität immer wieder hereinbrach».[60]

In der Lehranstalt unterrichtete Baeck die weltweit erste Rabbi-

Wissenschaft als Trost

*Leo Baeck, ganz rechts sitzend, bei einer Abschiedsfeier
mit Studenten der Lehranstalt 1939*

natsstudentin Regina Jonas. 1941 stellte er ihr eine offizielle Beglaubigung der hebräisch-deutschen Übersetzung ihres Rabbinatsdiploms aus, die sie offensichtlich für bürokratische Zwecke benötigte. Baeck, der in der Vergangenheit einige Frauen ermuntert hatte, an der Lehranstalt zu studieren, unterstützte Jonas' Bestrebungen. Nach ihrer Ordination 1935 schrieb er seinem neuen «Fräulein Kollegin» einen Brief und gratulierte ihr: «Mögen Sie auf dem Platze, den Sie erreicht, ja fast erobert haben, stets Befriedigung und Erfüllung Ihrer Hoffnungen besitzen dürfen.»[61] Die Rabbinerin Jonas stellte sich gewöhnlich mit den Worten vor: «Mein Name ist Frau Regina Jonas. Ich bin nicht die Ehefrau eines Rabbiners, sondern Rabbinerin. Wie kann ich Ihnen helfen?»[62] Die Rabbinerin Jonas sollte Baeck in Theresienstadt wiederbegegnen, wo sie, wie er, seelsorgerisch tätig war, bevor sie nach Auschwitz deportiert und ermordet wurde.

Als Lehrer war Baeck stets pünktlich und höflich. Er war um das

Unter Druck

Wohlbefinden seiner Studenten ehrlich besorgt und bereitete seine Seminare sorgfältig vor. Als die Lehranstalt geschlossen wurde, schrieb er ihnen Empfehlungsbriefe und bescheinigte ihnen ihre Eignung als Rabbiner.[63] Tragischerweise haben die meisten seiner Studenten dieser letzten Jahre nicht überlebt. Verhandlungen, die Lehranstalt nach Cambridge oder London zu verlegen, scheiterten zum Teil an Baecks mangelnder Bereitschaft, seine Gemeinde in Deutschland zu verlassen, und sei es um den Preis des Fortbestands der Einrichtung. Nach Kriegsausbruch war der Plan dann nicht mehr umsetzbar.[64] Und doch sagte Baeck noch im Dezember 1942 zu einem seiner Studenten: «Wenn wir den Krieg überleben, werde ich dafür sorgen, dass die Arbeit der Lehranstalt in England fortgesetzt wird.»[65] Zu einer solchen Neubelebung kam es indes nicht; die noch verbliebenen Fakultätsmitglieder zerstreuten sich oder überlebten nicht.

Wie einige andere Repräsentanten des deutschen Judentums – einschließlich der oben erwähnten Frauen – lehnte auch Baeck die Gelegenheit einer Zuflucht in Großbritannien oder Amerika strikt ab. Auch wenn er einmal seine Auswanderung ernsthaft erwogen zu haben scheint, wies er alle Angebote beharrlich zurück: die Einladung, als Rabbiner am Rockdale Temple in Cincinnati zu arbeiten, ebenso wie das Angebot eines Gemeinderabbinats oder einer Universitätsprofessur in England. Seiner theologischen Auffassung zufolge hätte er, wenn er seine Herde im Stich gelassen hätte, Verrat an all dem begangen, wofür er stand: Baecks Gott, der Gott, der moralisches Handeln gebietet, verlangt dieses Handeln auch in Extremsituationen. Im Mittelalter, schrieb Baeck, dankten Juden, bevor sie ermordet wurden, Gott dafür, dass sie zu den Wenigen gehörten, die die Mizwa von *kiddusch haschem* vollziehen durften, die Heiligung des Namens Gottes durch ihren Märtyrertod. Schon im Frühjahr 1933 hatte er von der Kraft des Märtyrertums als einem «Geschenk» gesprochen, «das nicht von Gott, von oben, kommt, sondern Aufgabe jedes Einzelnen ist».[66] Beharrlich betonte er das Gebot des Gehorsams gegenüber Gott, eines Gehorsams, der keine Kompromisse

erlaube. Das Martyrium in der Erfüllung von Gottes Gebot war für
ihn die höchste Form von Heroismus. Wie die von ihm verehrten
Propheten angesichts von Tyrannei und drohender Gefahr keine
Kompromisse schlossen, so konnte auch er in dieser Situation als
Sprecher seines Volkes keine Kompromisse schließen. Jüdisches
Denken, das in der Welt des Handelns ohne Konsequenzen blieb, war
für ihn nicht authentisch. 1935 schrieb er: «Jüdisches Denken – der
Gegensatz zu ihm ist Denken, das zu nichts verpflichtet, Denken, wie
es im geruhigen Sinn, im wohltuenden Traum, im hinblickenden
Schauen immer wieder von Menschen gelebt wurde. Das ist nicht
jüdisches Denken und jüdische Existenz. Jüdische Existenz, das ist
das Denken, welches verpflichtet, jeden Einzelnen verpflichtet und in
jeder Stunde verpflichtet. Man kann nicht mit dem Kopf ein Jude und
mit dem Herzen etwas anderes sein, und auch nicht mit dem Herzen
ein Jude und mit dem Kopf etwas anderes.»[67]

Denken und Tun ließen sich für Baeck nicht auseinanderdividieren. Hätte er seine bedrängte Gemeinde verlassen, hätte er die Einheit seines eigenen Seins zerstört. Man solle, so seine Überzeugung, über den göttlichen Imperativ nicht nur nachdenken, man müsse ihn auch leben. Und wenn sein Ausharren in Deutschland im Dienst anderer das Martyrium bedeutete, dann sollte es eben so sein.

Den Verzweifelten bei der Ausreise helfen

Der wichtigste Grund für Baeck, im nationalsozialistischen Deutschland zu bleiben, war jetzt die Notwendigkeit, anderen dabei zu helfen, das Land so schnell wie möglich zu verlassen. Für die noch verbliebenen deutschen Juden war dies das vordringliche Ziel, wichtiger als alles andere. Das dank der weitgespannten Einrichtungen für Erwachsenenbildung wiedererwachte Interesse an der jüdischen Kultur hatte einer von außen auferlegten jüdischen Identität einen neuen Gehalt gegeben. Jetzt aber ging es vor allem darum, die zur Auswanderung nötigen Mittel zu beschaffen. Bereits 1937 hatte Rabbiner Joachim Prinz geschrieben: «So zerrann der Traum der Erneuerung. Unsere Menschen, die noch im Jahre 1933 begierig in sich alles einsogen, was Judentum hieß, haben es heute oft innerlich verlassen. Es ist keine Forderung mehr, sondern eine [einengende] Lebensform. Sie verlassen – gelangweilt – die Kurse, die Vortragssäle und auch oft die Schulen und horchen erst wieder auf, wenn man ihnen sagt: Zertifikate – Chamada – Affidavit – Transfer – Berechtigungsschein und Arbeitserlaubnis.»[68]

Die noch in Deutschland verbliebenen Juden lebten mit der Hoffnung, dass es irgendwo einen Zufluchtsort für sie geben würde. Ausgerechnet der verstärkte wirtschaftliche Druck des NS-Regimes und die sich dadurch beschleunigende Verarmung erschwerten jedoch jetzt das Bemühen, die finanziellen Mittel für eine erfolgreiche Auswanderung aufzubringen. Ein Gesuch der Reichsvertretung, die Erwerbsmöglichkeiten der Juden nicht noch weiter einzuschränken, blieb ungehört.[69] Für die Nationalsozialisten wäre dies ein Schritt zurück gewesen. Sie versuchten ja, durch wachsenden, nicht verminderten Druck «den Auswanderungsgedanken zu nähren» und «die Idee von einem vielleicht doch noch möglichen Weiterverbleiben in Deutschland immer mehr [zu] untergraben».[70] Diese Strategie sowie der gezielte Entzug finanzieller Ressourcen erschwerten Baecks Arbeit. Hinzu kam die ablehnende Haltung jener Staaten, die als Einwanderungsländer infrage kamen.

Am 20. Januar 1938, noch Monate vor dem Novemberpogrom, gab die Reichsvertretung unter Baecks Leitung eine Erklärung heraus, die von der gesamten jüdischen Presse veröffentlicht wurde und in der es hieß:

> Die Reichsvertretung sieht es als ihre Pflicht an, auch dem Verlangen nach Beschleunigung der Auswanderung Rechnung zu tragen. Sie sieht sich aber auch genötigt, vor übertriebenen Erwartungen zu warnen. Die Möglichkeiten der Auswanderung hängen nicht nur von ihrem Willen und der Arbeit der Wanderungsorganisationen

ab, sondern vor allem von der Bereitwilligkeit der anderen Länder, ihre Tore für die Juden aus Deutschland, ebenso wie auch für die in Osteuropa, offen zu halten. Darauf hat aber die Reichsvertretung keinen bestimmenden Einfluß. Sie kann nicht Wunder tun und sie vermag nicht, die Bedingungen, die ihrer Absicht in der Welt entgegenstehen, zu ändern ...
Die Reichsvertretung richtet in dieser Stunde einen Appell an die Palästinaregierung, den Juden in Deutschland, vor allem den ausgebildeten jungen Juden, die sich für den Aufbau Palästinas einsetzen wollen, den Weg dorthin nicht zu verlegen. Sie richtet ihren Appell an die überseeischen Länder, insbesondere an die [Länder] mit dünn besiedelten Gebieten, durch Gestaltung und Handhabung der Einwandererbestimmungen eine größere Zahl nützlicher Einwanderer aufzunehmen.[71]

Welche Haltung die verschiedenen Länder gegenüber der jüdischen Einwanderung auch immer einnahmen: Die Bürde, den Juden die Auswanderung zu erleichtern, lastete allein auf jüdischen Schultern, vor allem auf Baeck und seinen Mitarbeitern. Sie nannten ihre Aufgabe «die letzte Phase des Auflösungsprozesses des deutschen Judentums».[72] Diese Bürde zu tragen, davon war Baeck überzeugt, bedeutete jedoch keine Schwächung der deutschen Juden, sondern eine Stärkung der Gemeinschaft. Bei der Uraufführung eines wenige Monate später von der Reichsvertretung produzierten und in einer Reihe von jüdischen Gemeinden in ganz Deutschland gezeigten Filmberichts mit dem Titel *Schaffender Wille – Juden werden Handwerker und Bauern* brachte Baeck einen für ihn typischen Gedanken zum Ausdruck: Mit der den deutschen Juden auferlegten Aufgabe sei ihre Schicksalsgemeinschaft zu einer Willensgemeinschaft geworden. Die Vorbereitung auf ein neues Leben außerhalb Deutschlands oder die Unterstützung anderer bei diesem Vorhaben sei kollektiver Imperativ für alle Juden und mache sie, zumindest in einer hoffnungsvollen Hinsicht, zu Herren ihres Schicksals.[73]

Im Juli 1938 fand in Évian-les-Bains, einem französischen Kurort am Genfer See, eine Konferenz statt, bei der über die Situation der

Juden in Deutschland und mögliche Zufluchtsorte für sie beraten wurde. Hier trafen sich auf Einladung der Vereinigten Staaten Vertreter aus zweiunddreißig Ländern. Otto Hirsch nahm als Repräsentant des deutschen Judentums teil. Das Ergebnis war enttäuschend. Mit Ausnahme der Dominikanischen Republik und Costa Ricas machte kein Land Zusagen. Sowohl die Nationalsozialisten als auch die deutschen Juden waren mit diesem Resultat unzufrieden. Die Nationalsozialisten erkannten, dass sie die unerwünschte jüdische Bevölkerung nicht so schnell loswurden, auch wenn sie jetzt sagen konnten, dass sie nicht die Einzigen waren, die die Juden nicht wollten. Évian hatte ihre Ideologie bestätigt. Die jüdische Führung wiederum musste einsehen, dass die Nationen der Welt die deutschen Juden ihrem Schicksal überließen. Die Vereinigten Staaten lehnten eine Erhöhung ihrer niedrigen Einwanderquote ab, die sie erst in den letzten Jahren überhaupt erfüllten; und denen, die Visa beantragten, wurden alle möglichen Steine in den Weg gelegt. Großbritannien begrenzte die Zertifikate für jüdische Einwanderer nach Palästina und veröffentlichte 1939 ein Weißbuch, das deren Zahl auf jährlich 15 000 beschränkte. Die Situation wurde immer aussichtsloser.

Von den mehr als eine halbe Million Juden, die im Januar 1933 in Deutschland gelebt hatten, blieben nach dem Novemberpogrom weniger als 200 000 übrig. Rund 164 000 von ihnen, etwa ein Drittel der ursprünglichen jüdischen Bevölkerung, lebten noch in Deutschland, als im Oktober 1941 die Deportationen begannen. Von ihnen entgingen nicht mehr als 10 000 der Deportation, einige überlebten bis Kriegsende in Verstecken, andere wurden aufgespürt und ermordet.[74] Ähnlich viele setzten ihrem Leben durch Selbstmord ein Ende, sie zogen den Tod von eigener Hand dem unermesslichen Leid und der Deportation vor.[75] Nach dem Novemberpogrom handelte es sich bei mehr als der Hälfte der jüdischen Beerdigungen um solche von Menschen, die Suizid begangen hatten.[76] Um diese Zeit riet Mahatma Gandhi den deutschen Juden, an einem bestimmten Tag zur selben Stunde kollektiven Selbstmord zu begehen und dadurch das Gewissen Europas wachzurütteln.[77] Doch ein solcher Rat war unvereinbar mit Baecks Achtung vor dem Leben, wie sie auch im Judentum verankert war. Hans-Hasso von Veltheim-Ostrau, dem Gandhi diesen Rat erteilte, wagte es seinerzeit nicht, ihn seinem Freund Leo Baeck weiterzugeben.

Dass die Zahl derer, die letztlich deportiert wurden, nicht noch höher war, verdankte sich in nicht geringem Maße der Reichsvertretung und ihrer Nachfolgeorganisation, der Reichsvereinigung. Zusammen mit ihren eigenen und den ihnen angeschlossenen Hilfsorganisationen bemühten sie sich um die Vorbereitung und Erleichterung der Auswanderung nach Palästina oder in andere Länder. Je mehr sich die Lebensbedingungen in Deutschland verschlechterten, desto größer wurde der Druck auf die Führung und ihre Mitarbeiter. Es war klar, dass die Jüngeren Vorrang hatten. Sie zeigten nicht nur die größte Entschlossenheit auszuwandern, sondern hatten auch in Deutschland nicht ganz so tiefe Wurzeln geschlagen. Gut ausgebildet und vorbereitet, waren ihre Aussichten, im Ausland eine Arbeit zu finden, sehr viel besser als die der Älteren. Die Auswanderung der Jungen war jedoch kein reiner Segen, denn zurückgelassen wurde eine jüdische Bevölkerung, die überwiegend höheren Alters, ohne Arbeit und oftmals krank war. Schon 1936 war die Hälfte der in Deutschland lebenden Juden über vierzig Jahre alt, und viele von ihnen waren auf Unterstützung angewiesen. Ein damals von der Reichsvertretung zum jüdischen Neujahr herausgegebener Kalender benannte die Probleme: «Wenig Jugend, eine verhältnismäßig dünne Schicht der Erwerbsfähigen und eine Überzahl von Alten kennzeichnen die [derzeitige] Lage. Dieses Bild wird immer ungünstiger durch Abwanderung gerade der Jugendlichen und Erwerbsfähigen.»[78] Doch Auswanderung bedeutete Rettung. Nachdem Leo Baeck, wie er nach dem Krieg schrieb, erkannt hatte, «daß man keine Hoffnung auf eine baldige Beseitigung der nationalsozialistischen Gewaltherrschaft hegen» konnte, schlug er vor, damit zu beginnen, «die Jugend in andere Länder zu führen, und daß die Älteren zunächst ausharren sollten, um Positionen soweit wie möglich zu halten und so die Fortwanderung der Jugend zu ermöglichen».[79] Bis zum Jahr 1938 hatten sich zahlreiche junge jüdische Emigranten in vielen Ländern eine neue Existenz aufgebaut. Nach Baecks Ansicht wurde ihr Erfolg zu ihrer Verpflichtung. Diejenigen, die das Glück gehabt hatten, auswandern zu können, hätten nun die Pflicht, die Zurückgebliebenen finanziell zu unterstützen und den Angehörigen der älteren Generation, sobald sie nachkommen konnten, ihren Lebensunterhalt zu sichern.[80]

Die Kinder bildeten eine eigene Kategorie. Als immer unsicherer wurde, ob ihre Eltern eine Möglichkeit zur Auswanderung finden würden, stellte sich die Frage, ob es nicht eine moralische Pflicht sei, sich um die Ausreise der Kinder zu bemühen, ohne Begleitung ihrer Eltern, die vielleicht später – möglicherweise aber auch nicht – nachkommen würden. Zunächst sprach sich Baeck dagegen aus. Bereits Anfang 1933 wurde vorgeschlagen, Kindern das leidvolle Leben in Deutschland dadurch zu ersparen, dass man versuchte, einen Platz in jüdischen Familien mit Verbindungen zu B'nai B'rith in Amerika für sie zu finden. Aber Baeck war der Auffassung, dass, wenn es nicht zwingende Gründe gab, Kinder bis zum Alter von vierzehn Jahren besser im Kreis ihrer Familie bleiben sollten. Wichtiger erschien es ihm, «jungen Menschen nach dem schulpflichtigen Alter die Möglichkeit einer geordneten Ausbildung für die Zukunft zu geben».[81] Baeck glaubte offenbar, in Deutschland sei eine solche Ausbildung immer noch möglich.

Nach dem Novemberpogrom 1938 änderte er seine Meinung. England bot jetzt an, unbegleitete jüdische Kinder im Rahmen einer Operation aufzunehmen, die als «Kindertransport» bekannt wurde. Rund zehntausend vorwiegend jüdische Kinder aus Deutschland und Österreich wurden in den Monaten nach dem Pogrom in das Vereinigte Königreich geholt und in Pflegeheimen untergebracht. Zu ihnen gehörte im Januar 1939 auch Baecks Enkelin Marianne, der er jeden Freitag vor dem Abendessen Hebräisch beigebracht hatte. Ihre Eltern konnten zweieinhalb Monate später nachkommen, auch wenn einem Auto mit 3 in Leder gekleideten Männern gefragt, in der Erdener Straße sei ein Mord geschehen, wahrscheinlich ein politischer. Und an der Ecke stehen Gruppen erregter Maurer. [...] In der Trabenerstraße sagt ein Schupo, von einem Mord in der Erdener Straße wisse er nichts, aber er habe zwei Frauen sagen hören, der ›Präsident‹ Rathenau sei ermordet. Ich eiskalt vor Entsetzen und hoffend, es sei nicht wahr, renne die paar Schritte zu Rathenaus Haus, sehe Autos zu Hauf und flüsternde Gruppen – frage – ja, es sei wahr. [...] Der Diener packt losweinend meine Hand. Und dann gehen wir ins Arbeitszimmer. Da liegt vorm Schreibtisch auf der Erde, mit weißem Laken bedeckt, ein längliches Etwas. Schlage das Laken zurück: Sein Gesicht, der rechte Unterkiefer durch eine drei Finger breit klaffende Wunde gespalten, der weißgewordene Spitzbart durch darüber geronnenes Blut wieder braun.«[10]

Kurz nach Mittag erschienen in Berlin die ersten Extrablätter mit der Meldung von dem Tod des Ministers, und am Abend machten sämtliche Abendausgaben der zweimal täglich erscheinenden Berliner Zeitungen mit der Meldung über den Rathenaumord auf, während die Presse außerhalb der Hauptstadt erst tags darauf über das Attentat berichtete. In Gegenden, in denen keine Lokalzeitungen mit Sonntagsausgaben erschienen, erfuhr die Bevölkerung in einer Zeit, die noch kein Radio kannte, nicht vor Montag, dem 26. Juni, von den Schüssen in der Koenigsallee, und mancherorts blieb der Mord am Außenminister auch noch Wochen später weithin unbekannt, wie sich während der Fahndung nach den Mördern Rathenaus zeigen sollte.

Von denen fehlte allerdings vorerst jede Spur. Die Polizeiwache Grunewald hatte zwar unmittelbar nach Bekanntwerden des Attentats Anstrengungen zur Verfolgung der Täter aufgenommen und mehrere Fahrradstreifen ausgesandt, die schon zehn Minuten nach dem Anschlag an der Mordstelle eintrafen. Freilich hätten sie dem Wagen der Mörder aber auch dann nicht folgen können, wenn sie während des Überfalls zur Stelle gewesen wären. Immerhin konnte schnell festgestellt werden, auf welchen Straßen der Wagen der Rathenaumörder durch den Grunewald in Richtung Schmargendorf entkommen war. Unverzüglich wurden daraufhin sämtliche Polizeistationen an den aus Berlin herausführenden Autostraßen angewiesen, auf den Kraftwagen der Mörder zu achten. Ferner wurden am Tatort einige Patronenhülsen, Kaliber 9, sowie Teile des Zünders und die Abreißschlaufe der verwendeten Handgranate geborgen. Gegen 12 Uhr trafen der Berliner Polizeipräsident Richter und der Chef der Berliner Kriminalpolizei Hoppe mit Bernhard Weiß, dem Leiter ihrer politischen Abteilung, an der Stelle des Verbrechens ein, eine Dreiviertelstunde später auch zwei Vertreter der Staatsanwaltschaft. Von Anfang an schien alles darauf hinzudeuten, dass der Anschlag von langer Hand vorbereitet war. Denn die für den Überfall gewählte Straßenkreuzung, die jedes Fahrzeug zu vorsichtigem Fahren zwang und ein Entkommen in verschiedene Richtungen erlaubte, war so günstig gewählt, dass die Täter die Fahrgewohnheiten ihres Opfers anscheinend genau ausgekundschaftet hatten. In der Tagespresse wurde schon am Tag nach dem Mord die Vermutung geäußert, dass die Täter nicht auf eigene Veranlassung gehandelt hätten: »Immer deutlicher zeigte es sich, daß die Mitteilungen über Verschwörergilden, über geheime Verbindungen und selbst über ›Mörderzentralen‹ keine Phantasiegebilde sind.«[11]

Zu einer Festigung des unbestimmten Verdachts, »daß ursächliche Zusammenhänge zwischen der Ermordung Erzbergers, dem Mordversuch auf Scheidemann und der gewaltsamen Beseitigung Rathenaus vorhanden sind«[12], konnten aber auch die Erhebungen der Polizei zunächst nichts beitragen. Die Untersuchung ergab lediglich, dass die Munition der zum Anschlag verwendeten Maschinenpistole aus Heeresbeständen stammte und die auf Rathenau geschleuderte Handgranate eine Kriegsanfertigung war. Die Maschinenpistole selbst hingegen war von den Tätern während eines kurzen Haltes auf ihrer Flucht in ein Schmargendorfer Gartengrundstück geworfen worden und konnte erst am 3. Juli 1922 gefunden werden. Die polizeiamtliche Bekanntmachung vom 24. Juni 1922, die auf Hinweise zur Ergreifung der Täter die Summe von einer Million Mark auslobte, ließ aufgrund der sich widersprechenden Zeugenaussagen sogar offen, ob in dem Mörderauto außer dem Chauffeur noch zwei oder drei Insassen gesessen hätten, und gab ihr Alter vage mit »etwa zwanzig bis dreißig Jahre« an. Wie Oberreichsanwalt Ludwig Ebermayer in einem Vermerk festhielt, sollten die Ermittlungen daher vorerst in drei Richtungen geführt werden. Zunächst ginge es darum, den Zusammenhang mit den antritt der Nationalsozialisten geformt hatte. Es sei, fuhr er fort, nicht das erste Mal in ihrer Geschichte, dass Juden entwurzelt würden und etwas von ihrem Ursprungsort mit sich nähmen. Sie seien Kolonisatoren in einem positiven Sinn. Baeck schrieb: «Heute hat das Schicksal uns wieder zu den Räumen der Welt hingeführt. Kolonisatoren, Kolonisten ziehen hinaus. Kolonien werden gegründet, die bleiben sollen, wenn die Muttergemeinde schwindet. Juden aus Deutschland sind einst allenthalben Erbauer von Gemeinden, Erbauer auch von Häusern jüdischer Wissenschaft gewesen. So soll es heute wieder sein ... Etwas von der Musik ewiger Offenbarung will auch heute in den Herzen tönen, um die Weiten zu verbinden, die Fernen zu einen.»[89] Wie anders auch immer die Länder seien, in die sie verstreut würden, der Geist des deutschen Judentums werde eine bindende Kraft sein. Denen, die Deutschland verließen, versicherte er, Emigration könne es zwar erforderlich machen, individuellen Raum aufzugeben, zwinge aber nicht dazu, die alten religiösen und kulturellen Bindungen abzuschneiden. Das neue Land könne «Heimat» werden, die Deutschland nicht mehr sein konnte.[90]

Obwohl Baeck sich vergeblich bemühte, weitere Möglichkeiten der Emigration zu finden, hielten er und andere aus der Führung der Reichsvereinigung der Juden in Deutschland, trotz aller Entbehrungen und Gefahren, an ihren Aufgaben fest. Von Baeck wissen wir, dass er im Winter 1940 «ohne Kohle oder sonstiges Heizmaterial» auskommen musste. Hirsch wiederum schenkte einem bedürftigen Juden einen Anzug und ein Paar Schuhe, die er selbst hätte brauchen können.[91] Baeck hegte große Achtung für jene, die es, wie er selbst, als ihre Pflicht betrachteten zu bleiben, um anderen Juden beizustehen. Insbesondere lobte er Rabbiner, die auf Möglichkeiten zur Auswanderung verzichteten, um mit Rat und Trost an der Seite ihrer Gemeinde zu bleiben. Ende 1939 waren noch sechsunddreißig Rabbiner in Deutschland, zwölf von ihnen in Berlin. Die meisten bekannteren Rabbiner jedoch hatten nach dem Novemberpogrom im Jahr zuvor Deutschland verlassen oder wurden von der Gestapo gezwungen, ihre Gemeinden ohne geistlichen Beistand zurückzulassen, was die Angst vieler Juden vor einer – oftmals unmöglich gewordenen – Auswanderung noch verschlimmerte.[92] Baeck unterschied zwischen den Rabbinern, deren Leben in Gefahr war – denen man androhte, sie ins Konzentrationslager zu schicken, wenn sie Deutschland nicht verließen –, und denen, die zumindest vorerst noch relativ sicher waren. Einerseits drückte er Joseph H. Hertz, dem Oberrabbiner des Vereinigten Königreichs, seine Dankbarkeit aus für sein Bemühen, für deutsche Rabbiner, die in sein Land kamen, eine Gemeinde zu finden.[93] Andererseits lobte er Manfred Swarsensky, einen der jüngeren, und Max Dienemann, einen der älteren Rabbiner, weil sie unter Gefahr für ihr eigenes Leben ihre Rabbinertätigkeit in Deutschland fortsetzten.[94] Es gab eine dritte Kategorie, für die Baeck nur Verachtung übrig hatte: jene deutschen Rabbiner, die, aus welchen Gründen auch immer, nicht in unmittelbarer Gefahr waren, aber trotzdem ihre Schäflein im Stich ließen. Die Entscheidung, ihre jüdischen Glaubensgenossen, für die sie Verantwortung trugen, zu verlassen, war für ihn Ausdruck der Moral der Weimarer Republik, wie oben beschrieben, eine Moral, die Baeck so tief verachtete. In einem ungewöhnlich wütenden und offenherzigen Brief an Lily Montagu in London äußerte er sich über Max Nussbaum, der später in Hollywood Reformrabbiner wurde:

> Wir hatten im letzten Jahrzehnt in Deutschland einige begabte junge Rabbiner – Dr. N. gehört zu ihnen –, in denen das Streben nach dem schauspielerischen und rhetorischen Effekt stärker war als die moralische Qualität, und bei denen das Auftreten mehr galt als die Arbeit. Es war, wie wenn der dandy und der comedian das Ideal geworden wäre, und auch die Religiosität nur eine Rolle wäre, welche man spielte. Auch die moralische Lebensführung entsprach nicht den Anforderungen, die an einen Rabbiner gestellt werden müssen. Die Predigten dieser Rabbiner haben eine Zeit lang einen grossen Zulauf gehabt, aufs Ganze gesehen haben sie mehr Schaden als Segen gebracht ...

Widerstand

> Heute bedarf hier die Gemeinde des Rabbiners mehr als je. Dr. N. ist wohl derjenige Rabbiner in Deutschland, der am wenigsten in Gefahr ist, denn er ist rumänischer Staatsbürger und geniesst den Schutz der rumänischen Legation; er ist hier so der einzige Rabbiner unter 60 Jahren gewesen, der nicht verhaftet worden ist. Es ist schmerzlich, dass er in diesen Tagen, in denen die Seelsorge des Rabbiners täglich gebraucht wird, in diesen Tagen, in denen die Echtheit des Rabbiners sich erweisen soll, nun schon drei Wochen abwesend ist. Wie der Rabbiner sein soll, sehen wir an dem Beispiel eines anderen jungen Rabbiners, des Ihnen bekannten Dr. Swarsensky. Sofort nachdem er aus dem Konzentrationslager, in welchem er eine vorbildliche Haltung auch bewiesen hatte, entlassen war, hat er unermüdlich, trotz körperlicher Beschwerden, von früh bis spät sich an die Arbeit seines Amtes begeben.[95]

Baeck selbst kam von früh bis spät seinen Verpflichtungen nach, nicht nur als Seelsorger, sondern auch, was noch wichtiger war, als geachtete Führungsfigur aller deutschen Juden. In diesen letzten Jahren vor seiner Deportation war er gezwungen, äußerst schwierige und umstrittene Entscheidungen zu treffen.

Widerstand

Man könnte sagen, Baeck habe in dieser ganzen Zeit in einer Form von Opposition gegen das Naziregime gestanden, die als «geistiger Widerstand» bezeichnet wurde. Für viele seiner Schriften aus der NS-Zeit trifft das auf jeden Fall zu. Aber was war mit einem Widerstand, der über den geistigen Widerstand hinausging und das Ziel hatte, die Vernichtungspläne des Regimes zu behindern? Und was mit der Bürde der Entscheidung, das eigene Wissen über solche Pläne mit anderen zu teilen oder nicht zu teilen?

Leo Baeck war kein Befürworter des gewaltsamen Widerstands gegen das NS-Regime. Den Brandanschlag der kommunistisch-jüdischen Widerstandsgruppe um Herbert Baum im Mai 1942 auf eine antikommunistische Ausstellung im Berliner Lustgarten mit dem sarkastischen Titel «Das Sowjetparadies» konnte Baeck aus mindestens drei Gründen nicht gutheißen: wegen seiner seit langem gehegten Abneigung gegen den Kommunismus; der Erfahrung, dass solche Aktionen wenig bewirkten; und, das Wichtigste, der Einsicht, dass die Vergeltungsschläge des Regimes nicht nur die Urheber trafen, sondern die jüdische Bevölkerung als Ganze. Baum und seine Mitstreiter wurden verhaftet; wenige Tage später wurden Baeck und die gesamte jüdische Führung von der Gestapo einbestellt und für die Vorkommnisse verantwortlich gemacht. Sie mussten vier Stunden lang mit dem Gesicht zur Wand stehen, und nur Baeck und einem Vertreter der Wiener Gemeinde wurde es erlaubt, sich für eine Viertelstunde zu setzen. Anschließend teilte man ihnen mit, es seien 500 Juden in Berlin festgenommen worden, jeweils hundert für einen der fünf am Brandanschlag beteiligten Juden. Von ihnen seien 250 erschossen und 250 deportiert worden. Sollte es weitere Sabotageakte mit Beteiligung von Juden geben, müssten sie mit neuen und noch viel härteren Strafmaßnahmen rechnen. Die Erschießungen fanden im nahe gelegenen Konzentrationslager Sachsenhausen statt, und die Reichsvereinigung wurde aufgefordert, «den Sachverhalt in geeigneter Weise den Juden bekannt zu geben».[96] Der Reichsvereinigung blieb nichts anderes übrig, als eine Mitteilung mit dem Ziel zu veröffentlichen, den noch in Deutschland verbliebenen Juden einzuschärfen, dass die Folgen für das Verhalten jedes Einzelnen die gesamte Gemeinschaft träfen. Alle Bemühungen, die noch verbliebenen Mitglieder der Baum-Gruppe zu überzeugen, Aktivitäten einzustellen, die die Juden gefährdeten, fruchteten nichts. Baeck soll gesagt haben: «Offen gestanden habe ich nicht daran geglaubt, daß unter diesen Umständen die Vernunft siegen würde ... Was sie getan haben, war von vornherein Wahnsinn. Jetzt wissen sie es wenigstens ... Es gibt nichts, was wir noch tun können.»[97]

Anfangs schickte Baeck lediglich Protestnoten an die Regierung, um gegen die antijüdischen Aktionen Einspruch zu erheben. Die

Proteste erwiesen sich zwar als nutzlos, dennoch waren sie ein Gebot der Selbstachtung. Als 1934 eine Sondernummer des berüchtigten Nazi-Blatts *Der Stürmer* über angebliche jüdische Ritualmorde mit grauenerregenden Karikaturen von Juden erschien, sandte Baeck im Namen der Reichsvertretung ein Telegramm an Hitler, in dem er diese Diffamierung verurteilte.[98] Um Unterstützung für seinen Protest bemüht, schrieb er an die höchste protestantische Autorität im Land, den Reichsbischof: «Wir sind dessen gewiß, daß die tiefe Entrüstung, die wir empfinden, von jedem gläubigen Christen geteilt wird.»[99] Weder von Hitler noch vom Reichsbischof ist eine schriftliche Antwort überliefert. Allerdings ließ Hitler aus Angst vor unerwünschten und unkontrollierten Gewaltakten gegen einzelne Juden die noch verbliebenen Exemplare der Zeitung beschlagnahmen. Lügen zu korrigieren, das wurde zunehmend klar, zeigte wenig Wirkung; und Baeck glaubte auch nicht wirklich, dass dies etwas nützen würde. Solche Einsprüche hatten eher einen nach innen gerichteten Zweck. Wie Baeck es in einer Erklärung der Reichsvertretung gegen einen perfiden antisemitischen Angriff Julius Streichers, des Herausgebers des *Stürmer*, formulierte: «Zur Wahrung unserer Ehre bleibt uns nichts als feierlicher Protest!»[100]

Ein wirkungsvolleres Mittel, um Druck auf die NS-Regierung auszuüben, war nach Ansicht einiger der Boykott deutscher Waren im Ausland. Doch zumindest anfangs und offiziell waren die Juden in Deutschland dagegen. Sie befürchteten, aufgrund ihrer Verbindungen zu jüdischen Glaubensgenossen, besonders in Amerika, vom Regime für den Boykott verantwortlich gemacht zu werden und mit Konsequenzen rechnen zu müssen. Als die Nationalsozialisten 1937 die Auflösung der Loge B'nai B'rith verfügten, wurden Baeck und achtzig weitere Mitarbeiter der Reichsvertretung verhaftet, offenkundig weil man glaubte, diese internationale Organisation, an deren Spitze in Deutschland Leo Baeck stand, diene als Verbindungsstelle, über die deutsche Juden ihre Glaubensgenossen in Amerika ermunterten, am Boykott festzuhalten. Baeck und Hirsch hatten keine andere Wahl, als im Namen der Reichsvertretung mit allem Nachdruck zu erklären, dass sie den Boykott nicht unterstützt, sondern unter dem verminderten Absatz deutscher Waren im Ausland nicht weniger gelitten hätten als Nichtjuden.[101] Der Boykott behinderte zudem ihr Bemühen um die Auswanderung. Die deutschen Juden schlossen mit dem NS-Regime ein «Transfer-Abkommen», das es jüdischen Auswanderern nach Palästina erlaubte, das ihnen noch verbliebene Vermögen für den Kauf deutscher Waren zu verwenden, die ihnen in ihre neue Heimat geschickt wurden. Das Abkommen nützte der deutschen Wirtschaft, half aber auch den Emigranten. Daraufhin kam es zu einer Kontroverse zwischen der Führung der deutschen Juden, besonders den Zionisten,[102] und jüdischen Führungsfiguren in Amerika, die auf einen Wirtschaftsboykott drängten, weil sie ihn als das beste Mittel betrachteten, das NS-Regime zu Fall zu bringen. Abba Hillel Silver, Reformrabbiner in Cleveland und ironischerweise ein führender Zionist, geißelte die Führung der deutschen Juden hart für ihre Kurzsichtigkeit. Er hielt sie für «feige»; auch wenn sie litten, täten die deutschen Juden besser daran, in Deutschland zu bleiben und den Boykott nicht zu unterminieren, um mit dem Kauf deutscher Waren im Ausland nicht ein wirtschaftliches Projekt zum Scheitern zu bringen, das «diese abscheulichen Feinde der Zivilisation schwächen und schließlich vernichten» würde, wie er glaubte.[103]

Zwischen dem Novemberpogrom 1938 und den großangelegten Deportationen, die im Oktober 1941 begannen, standen Baeck und seine Mitarbeiter gezwungenermaßen in sporadischem Kontakt mit der Gestapo und anderen Funktionären des Regimes, die sich jetzt direkter in jüdische Angelegenheiten einschalteten. Bei Treffen, von deren Inhalt wir kaum etwas wissen, erwies sich Baeck innerhalb der Grenzen des Möglichen als ein geschickter und standhafter politischer Taktiker. Fünf Mal wurde er kurzzeitig verhaftet, offenkundig um ihn «mürbe zu machen». Man wollte ihn auch zu unvorsichtigen Äußerungen veranlassen, indem man ihn mit Informanten in eine Zelle sperrte. Aber damit unterschätzte man Baecks Intelligenz.[104]

Bei der Polizei wie unter seinen Kollegen hatte er den Spitznamen «alter Fuchs».[105] Im Laufe der Zeit wurde das Klima dieser Gespräche immer feindseliger. Anfangs waren Beamte, die noch aus der Weimarer Zeit stammten, zumindest freundlich. Aber sie gingen nacheinander in den Ruhestand oder wurden durch Jüngere ersetzt, die von der NS-Ideologie zumeist tief durchdrungen waren.[106]

Die Gestapo mischte sich nicht nur immer stärker in jüdische Angelegenheiten ein, sie versuchte auch, jüdische Funktionsträger – und Juden allgemein – zu demütigen, indem sie sie zwang, gegen ihr religiöses Gewissen zu handeln. In der im Herbst 1939, kurz nach Kriegsausbruch, erlassenen Verordnung, alle Juden müssten ihre Rundfunkapparate persönlich in den Polizeistationen abgeben, war als Termin dafür ausgerechnet der Versöhnungstag festgesetzt, der höchste Feiertag im jüdischen liturgischen Kalender. Zuwiderhandlungen würden schwer bestraft werden. Aber Baeck fügte sich nicht, sondern lieferte sein Gerät erst nach dem Feiertag ab. Bei seiner Ankunft hörte er einen Polizeibeamten zu seinen Kollegen sagen: «Habe ich euch nicht gesagt, daß Rabbi Baeck an seinem heiligen Tage nicht aufkreuzen würde?»[107] Offenkundig meldete der Polizist den Regelverstoß nicht der Gestapo, so dass Baeck der Strafe entging.

Baeck suchte Unterstützung, wo immer er sie finden konnte. Über den jüdischen Theologen Hans-Joachim Schoeps nahm er Verbindung zur antinazistischen Bekennenden Kirche auf, ob mit greifbaren Resultaten, wissen wir nicht.[108] Wenn Baeck von der Kirchenführung enttäuscht war, so wurde er durch couragierte Einzelne ermutigt. Durchschnittsdeutsche, die entschiedene Regimegegner waren, gab es zwar nur wenige, aber diese taten, was sie konnten, um ihre Sorge um Männer und Frauen zu bekunden, die vor Inkrafttreten der Nürnberger Gesetze ihre Mitbürger gewesen waren, zumindest offiziell. Oft waren sie auch ihre Nachbarn gewesen. Manchmal beschafften diese Männer und Frauen ihren jüdischen Bekannten Lebensmittel, da die Rationen für Juden sehr viel stärker beschränkt waren als für Nichtjuden. Juden zu helfen war für sie eine Form des Widerstands. Selbst Fremde demonstrierten unter Gefahr für sich selbst durch ihr Handeln manchmal ihren Abscheu gegenüber der Diskriminierung. Im Herbst 1941, kurz nach Einführung des gelben Sterns, den alle Juden, auch Baeck, tragen mussten, wurde er erneut zur Gestapo vorgeladen. «Nun, Herr Dr. Baeck», sagte der Beamte spöttisch zu ihm, «auch Sie werden wohl nicht leugnen können, daß das ganze deutsche Volk hinter den Maßnahmen des Führers steht und damit auch hinter seiner Judenpolitik.» Baeck erzählte später, was er darauf antwortete: «Zu dieser Frage möchte ich mich nicht äußern, aber ich möchte dieses eine sagen: wenn ich jetzt von hier nach Haus gehe, zu Fuß gehe ... mit meinem gelben Stern, so wird mir – dessen bin ich ganz gewiß – nichts Schlimmes zustoßen. Dagegen wird sich da und dort jemand an mich heranzudrängen versuchen, ein fremder Mensch, wird sich etwas ängstlich umsehen und mir die Hand drücken. Vielleicht auch wird er mir einen Apfel zustecken, ein Stück Schokolade oder auch eine Zigarette. Sonst aber wird mir nichts geschehen. Ich weiß nicht, ob der Führer, wenn er an meiner Stelle wäre, die gleiche Erfahrung machen würde.»[109]

Nichtjüdische Freunde von früher ließen Baeck auch während der Zeit des Nationalsozialismus nicht im Stich. Ihn zu Hause zu besuchen, erforderte einigen Mut, da es zahlreiche Verfügungen gab, die es Nichtjuden streng verboten, sich mit Juden zu treffen. Nach einem Erlass vom 24. Oktober 1941 konnten solche Kontakte mit Verhaftung und Konzentrationslager bestraft werden. Trotzdem kamen sie, unter ihnen die deutschen Aristokraten, mit denen Baeck in der Weimarer Zeit Freundschaft geschlossen hatte. Dass sie entschlossen waren, ihren Prinzipien treu zu bleiben und sich von der Demagogie nicht mitreißen zu lassen, bestätigte Baeck in seiner Ansicht, «dass Demokratie nicht auf Massen gegründet werden kann, sondern nur auf eine Aristokratie».[110] Graf Hermann Keyserling, so Baeck später, bewies ihm seine Treue «auch in den bösen Jahren, wo so manche mir aus dem Wege zu gehen suchten».[111] Sichtlich besorgt um das körperliche und geistige Wohl seines Freundes, stattete Hans-Hasso

Widerstand

von Veltheim-Ostrau noch 1942 Baeck wiederholt einen Besuch ab, begleitet von zwei seiner jungen Freunde, die als Wehrmachtssoldaten im Kriegseinsatz waren. Neben Lebensmitteln schickte Veltheim ihm einmal einen Band mit subversiven Antikriegsgedichten von Reinhold Schneider, die in NS-Deutschland verboten waren. Dank dem jungen Soldaten Constantin Cramer von Laue, für den aufgrund seines Dienstes in der Wehrmacht der Umgang mit einem Juden besonders gefährlich war, blieb Baeck über die Ereignisse im Osten informiert. Über ihn erhielt er auch Lebensmittel. In der Abgeschiedenheit von Baecks Wohnung wurde über Themen diskutiert, die in Briefen nicht angesprochen werden konnten, denn Baecks Post unterlag besonderer Kontrolle. Die beiden jüngeren Besucher waren von dem bedrängten Sprecher der deutschen Juden tief beeindruckt. Nach einem Gespräch mit Baeck schrieb einer der beiden, Charles-Victor von Lüttichau, an Veltheim, Baeck besitze ein starkes Charisma, er sei «ein unglaublich abgeklärter Patriarch! Es war ein Erlebnis für mich».[112] Veltheims Cousine Elisabeth von Thadden war gleichfalls um Baecks Wohlergehen besorgt. Anders als Veltheim war sie im politischen Widerstand aktiv, wofür sie mit dem Leben bezahlen musste. Wahrscheinlich war sie es, die Baeck später als die Gräfin erwähnte, die «jeden Freitag zu mir nach Hause kam und Gemüse mitbrachte, das auf den Lebensmittelmarken für Juden nicht vorgesehen war».[113] Eine andere Besucherin war die katholische Sozialarbeiterin Gertrud Luckner, die Hilfe für nach Polen deportierte Juden organisierte und mit Baecks Unterstützung auch in Deutschland verbliebenen Juden half. Auch sie wurde schließlich verhaftet und ins Konzentrationslager Ravensbrück deportiert, das sie zum Glück überlebte. Für Baeck gab es «in allen Ländern nicht viele, die ihr gleichkommen».[114]

Über diese Kontakte erhielt Baeck zuverlässige Informationen über den Kriegsverlauf. Ein Artilleriemajor mit guten Verbindungen entwarf Karten mit Lageskizzen der Streitkräfte beider Seiten, die der jüdische Archivar Jacob Jacobson zu Baeck brachte. Dieser versteckte sie in einer hebräischen Konkordanz unter dem Stichwort *milchamah* (Krieg).[115] Aus einer «schwarzen Kasse» der Reichsvereinigung erhielten einige jener Juden Geld, die nach Beginn der Deportationen 1941 und dem Verbot weiterer Auswanderung illegal in Deutschland lebten.[116]

In seinen letzten Jahren in Berlin knüpfte Baeck Kontakte zu zwei reichen und mächtigen Männern, die beide Hitlergegner waren: Robert Bosch und Carl Goerdeler. Sein Mittelsmann zu Bosch war Hans Walz, Direktor der Robert-Bosch-Werke in Stuttgart, den er seit 1934 kannte. Baeck schenkte ihm sein uneingeschränktes Vertrauen, nachdem er erfahren hatte, dass Walz der Verfasser einer Denkschrift gewesen war, in der er nach der Weltwirtschaftskrise gefordert hatte, die Juden an die Spitze des deutschen Wiederaufbaus zu stellen, «weil sonst Deutschland politisch und wirtschaftlich zusammenbrechen müsse».[117] Walz stand seit 1935 mit Baeck in Verbindung und besuchte ihn ab 1939 mehrfach in Berlin. Wie Bosch kannte auch er Otto Hirsch aus dessen Zeit als Regierungsbeamter in Württemberg. Jetzt unterstützte er die Reichsvereinigung mit Hilfsgeldern, die über ein Konto der Robert Bosch GmbH verbucht wurden. Mit diesen geheimen Zahlungen half man gefährdeten Juden, zu fliehen oder unterzutauchen. Nach Hirschs Verhaftung versuchte Robert Bosch vergeblich, seine Freilassung zu erwirken. Hirsch wurde wenig später im Konzentrationslager ermordet.[118]

Über Bosch trat Baeck in Verbindung zu Carl Goerdeler, einem namhaften konservativen Politiker, ehemaligen Leipziger Oberbürgermeister und eingeschworenen Nazigegner. Bosch hielt engen Kontakt zu Goerdeler und unterstützte seinen Widerstand. Nach dem gescheiterten Hitler-Attentat am 20. Juli 1944 wurde Goerdeler denunziert und hingerichtet. Aber auch ein erfolgreicher Anschlag hätte nicht mehr viele jüdische Leben gerettet, denn in Deutschland waren nur noch wenige Juden übrig. Nach dem Krieg sagte Baeck, er habe sich in den ersten Jahren der NS-Zeit mit Goerdeler getroffen und an einigen Treffen des militanten Widerstands teilgenommen.

Er habe gehofft, ein früher gewaltsamer Sturz der Regierung werde der Judenverfolgung ein Ende setzen, jedoch erkannt, dass die Juden kaum Mittel und Möglichkeiten hatten, dies selbst zu tun. Offenkundig baute er auf Goerdeler und dessen Mitstreiter. Er hegte eine hohe Wertschätzung für diesen rechtskonservativen Politiker und äußerte nach dem Krieg die Überzeugung, Deutschland werde ihn und seinen Kreis eines Tages in vollem Umfang wertschätzen. Das Ziel, «für das sie ihr Leben eingesetzt haben», sagte er, «wird in seiner ganzen dramatischen Größe gewürdigt werden».[119]

Doch es ist unwahrscheinlich, dass die antinazistischen Konservativen, wären sie an die Macht gekommen, die vollen Bürgerrechte, die die Juden zwischen 1871 und 1933 genossen hatten, wiederhergestellt hätten. Nur wenige im Widerstand befürworteten dieses Ziel.[120] Wissenschaftler bezweifeln daher Baecks nach dem Krieg aus der Erinnerung gemachte Aussage, Goerdeler habe 1942 unter anderen auch ihn gebeten, eine Proklamation «An das Deutsche Volk» zu verfassen, die nach dem Zusammenbruch des Regimes veröffentlicht werden sollte.[121] Baecks Erinnerung zufolge wurde sein Entwurf unter den eingereichten Fassungen vom organisierten Widerstand ausgewählt. Ob er tatsächlich einen solchen Aufruf verfasste, bleibt aber fraglich, weil ein solches Dokument nie ans Licht kam und es wenig glaubhaft erscheint, dass deutsche Konservative einen Juden um einen Aufruf baten, in dem es um die Zukunft der gesamten deutschen Nation ging. Und doch äußerte im Jahr 2001 Goerdelers Tochter die Überzeugung, ein solcher Auftrag aus Kreisen des konservativen Widerstands habe durchaus im Bereich des Möglichen gelegen.[122] Baeck versprach nach dem Krieg, über seine Beziehung zu Goerdeler zu schreiben, kam aber nie dazu. Vielleicht sollte der von ihm erbetene Text lediglich als informelles Dokument mit Empfehlungen zur Stellung der Juden nach einem erfolgreichen Putsch dienen und wurde nach dem gescheiterten Attentat vernichtet. Da es jedoch keinen klaren Beleg gibt, muss die Angelegenheit als ungelöst gelten.

Rätselhaft ist ein weiterer Auftrag, den Baeck erhielt. In diesem

Fall liegt das Dokument vor, sogar in mehreren Kopien, doch der Auftraggeber und die Umstände der Entstehung liegen im Dunkeln. 1955 berichtete Baeck Freunden in London, man habe ihn gebeten, ein Buch «über die Entwicklung der Juden in Europa» zu schreiben, das «der Information der Öffentlichkeit nach der Befreiung» dienen sollte.[123] Er habe zwischen 1938 und 1941 an dem Projekt gearbeitet, meist in den Morgenstunden ab vier Uhr. Bei der Erstellung des Werks, das schließlich fünf maschinenschriftliche Bände umfasste, seien ihm zwei Koautoren und zwei Sekretärinnen behilflich gewesen.[124] Es seien vier Kopien angefertigt worden, sagte Baeck, obwohl später ein fünftes Exemplar gefunden wurde. Das Manuskript trug den Titel «Die Entwicklung der Rechtsstellung und des Platzes der Juden in Europa, vornehmlich in Deutschland, vom Altertum bis zum Beginn der Aufklärungszeit»[125] und hatte einen Umfang von 1245 Seiten.

Ungelöst nun ist die Frage nach der Quelle und dem Zeitpunkt der Beauftragung. War es, wie Baeck behauptete, der organisierte Widerstand, der ihn 1938 damit beauftragte, oder war es eine Abteilung der Reichsregierung zu einem sehr viel späteren Zeitpunkt, nämlich im März 1942? Nach Entdeckung von Aktennotizen der Gestapo vor ein paar Jahren steht außer Zweifel, dass das Reichssicherheitshauptamt in das Projekt involviert war, es überwachte und auf eine zügige Fertigstellung drängte.[126] Dass Baeck eine Sondererlaubnis zur Entleihung von Büchern aus der Preußischen Staatsbibliothek erhielt, ist ein weiterer Beleg dafür, dass dieses Projekt unter staatlicher Kontrolle stand. Insbesondere sind die Namen der von Baeck in dem Manuskript erwähnten jüdischen Autoren mit einem roten «J» markiert wie in anderen NS-Dokumenten, die jüdische Namen erwähnen. Aber wie hatten Baeck und seine Mitarbeiter in den nur sieben Monaten zwischen März und Oktober 1942 ein so umfangreiches Manuskript fertigstellen können? Da weitere Belege fehlen, kann diese Frage nicht definitiv beantwortet werden. Es erscheint jedoch vorstellbar, dass der Auftrag ursprünglich aus Kreisen des Wider-

Widerstand

stands kam, die Gestapo davon Kenntnis erhielt und beschloss, davon zu profitieren,[127] vielleicht mit demselben Ziel, mit dem sie jüdische Kultgegenstände bewahrte: als Zeugnisse einer zerstörten Kultur.

Entscheidend ist die Frage nach dem Inhalt des Manuskripts. Es enthält keine einzige historisch dokumentierte Selbstbezichtigung hinsichtlich der Anschuldigungen, die von den Nationalsozialisten und Antisemiten früherer Zeit gegen die Juden erhoben wurden. Es ist, ganz im Gegenteil, eine fundierte wissenschaftliche Arbeit, die, wenn überhaupt, eher zur Apologie als zum Schuldeingeständnis tendiert.[128] Es waren der Wissenschaftler Baeck und seine Koautoren, die in einem akademisch gehaltenen Ton jüdische Geschichte schrieben.

Fragwürdiger ist Baecks Entscheidung, Juden nicht über das zu informieren, was sie im Osten erwartete, und jüdische Glaubensgenossen, unter ihnen Studenten des Rabbinerseminars, aufzufordern, bei den Vorbereitungen zur Deportation mitzuwirken. Von den Gräueltaten im Osten erfuhr Baeck bereits in der Anfangsphase, als Menschen in Gaswagen mit Kohlenmonoxid erstickt wurden. Nach dem Krieg sagte er zu Eric Boehm:

> Den ersten Hinweis auf das Ausmaß der Bestialität der Nazis erhielt ich im Sommer 1941. Eine Nichtjüdin sagte mir, sie habe ihren jüdischen Ehemann bei seiner Deportation freiwillig begleitet. In Polen wurden sie getrennt. Sie sah, wie Hunderte Juden in Bussen zusammengepfercht wurden, die wegfuhren und leer zurückkamen. Das Gerücht, dass die Busse eine Vergasungsanlage hatten, wurde durch den Apparat bestätigt, der an allen bis auf einen Bus angebracht war. In diesem Bus fuhr eine Gruppe, die diejenigen begrub, die vergast worden waren; die Totengräber wurden anschließend erschossen. Ähnliche Geschichten erzählten Soldaten auf Heimaturlaub. So erfuhr ich, dass die meisten Juden, die nach Osten transportiert wurden, entweder zur Zwangsarbeit oder in den Tod geschickt wurden.[129]

Unter Druck

Dieses Wissen stellte Baeck vor ein schweres Dilemma. Sollte er zumindest einige aus der Gemeinde informieren, damit sie untertauchen konnten? Herbert Strauss, damals Student am Liberalen Seminar, fragte sich später, warum Baeck ihn bei persönlichen Begegnungen im Dunkeln beließ, auch noch, nachdem Strauss sich versteckt hatte. Strauss, der Baeck sehr bewunderte, schrieb: «Wenn er die Öffentlichkeit darüber informiert hätte, was uns in Osteuropa erwartete, hätte er damit Leben gerettet, wenn es ihn auch sein eigenes gekostet hätte?»[130] Andererseits hätte die Enthüllung dessen, was er gehört hatte, auch den negativen Effekt haben können, dass sich die Zahl der Selbstmorde erhöhte und damit jede Möglichkeit ausgeschlossen gewesen wäre, dass, entgegen aller Wahrscheinlichkeit, einige Juden in Deutschland oder in Polen überlebten – oder sogar das NS-Regime vorher zusammenbrach. Dass die zumeist älteren und gebrechlichen noch in Deutschland verbliebenen Juden in einer Illusion lebten, mag Baeck für besser gehalten haben, als ihnen tagtäglich in Erinnerung zu rufen, dass sie dazu bestimmt waren zu sterben; sie hätten ohnehin so gut wie nichts dagegen tun können. Es war ein Dilemma, bei dem es für beide Positionen moralische Argumente gab.

Und noch eine Entscheidung wurde Baeck und seinen Mitarbeitern aufgezwungen, als im Oktober 1941 die Massendeportationen aus Berlin begannen und die Auswanderung nicht mehr erlaubt war. In einem frühen Bericht zu den Ereignissen heißt es, die Gestapo habe die jüdische Führung vor eine schwerwiegende Wahl gestellt. Mit Beginn der sogenannten «Umsiedlung» der Berliner Juden sollte die jüdische Gemeinde kooperieren. Andernfalls würden die Maßnahmen von SA und SS durchgeführt werden, und «man weiß ja, wie das dann werden würde».[131] Die Gestapo sagte also: Wenn ihr euch weigert, uns bei der Benachrichtigung und der Sammlung der für die Deportation bestimmten Juden zu helfen, machen wir es selbst – und auf eine sehr viel unsanftere Weise. Es war klar, dass die Reichsvereinigung keine Möglichkeit hatte, sich den Deportationen entgegen-

Widerstand

zustellen. Aber hätte Baeck deshalb zulassen sollen, dass die Gestapo-Schergen die zur Deportation vorgesehenen Juden misshandelten, noch bevor sie die Sammelstellen erreichten? Wäre es nicht ein moralischer Akt, wenn man versuchte, zu Beginn eines grausamen Weges wenigstens einen kurzen Moment des Mitgefühls zu ermöglichen? War andererseits eine solche Mitwirkung nicht eine Form der Kollaboration mit dem Naziaggressor? Aber Kollaboration mit Aggressoren implizierte das Einverständnis mit deren Zielen, was selbstverständlich hier nicht der Fall war. Die Mitwirkung von Juden konnte vielmehr als ein Akt der Menschlichkeit betrachtet werden. Einer, der kurzzeitig als «Helfer» tätig war, bezeugte später, wie sehr die zur Deportation Vorgesehenen «es zu schätzen wußten, daß wir es waren, die ihnen beim Packen halfen, ihr letztes Mahl in ihrer Wohnung teilten, ihnen Ratschläge gaben und sie zu trösten suchten – wir, und nicht ein paar SS-Leute».[132]

Baeck entschied, dass unter denen, die zu den Unglücklichen geschickt wurden, um sie über das Bevorstehende zu informieren oder sie zu den Sammelstellen zu begleiten, Rabbinatsstudenten sein sollten, die Baeck nach wie vor an der Lehranstalt unterrichtete. Einer von ihnen war Ernst Ludwig Ehrlich, der berichtete, Baeck habe ihm drei Deportationsbriefe gegeben, die er überbringen sollte. Als es in einem Fall zu einem Selbstmord kam, nachdem er die Nachricht überbracht hatte, weigerte er sich, weitere solche Briefe zu übergeben, die Baecks Sekretärin ihm aushändigen wollte. Baeck akzeptierte diese Entscheidung, und damit war die Sache erledigt. Ehrlich überlebte und wurde nach dem Krieg Rabbiner in der Schweiz; seine Bewunderung für Baeck blieb auch nach dem Holocaust ungebrochen. Seiner Ansicht nach spiegelte die umstrittene Entscheidung seines Lehrers ein seelsorgerisches Selbstverständnis, das über jede Kritik erhaben war.[133] Nach dem Krieg legte Baeck selbst seine damaligen Überlegungen dar: «Ich machte es mir zum Prinzip, keine Ernennungen durch die Nazis anzunehmen und nichts zu tun, was ihnen helfen konnte. Aber später, als sich die Frage stellte, ob jüdische Helfer an der Abholung der Juden zur Deportation mitwirken sollten, vertrat ich den Standpunkt, dass dies besser war, weil sie zumindest sanfter und hilfreicher sein konnten als die Gestapo und die Qual erträglicher machen würden. Es lag schwerlich in unserer Macht, dem Befehl wirksamen Widerstand entgegenzusetzen.»[134]

Zuvor jedoch, im Oktober 1940, als Juden aus Baden, der Pfalz und dem Saarland in das Lager Gurs in Südfrankreich deportiert wurden, schaute die Reichsvereinigung nicht einfach nur zu, sondern tat, was sie konnte, um dies zu verhindern. Mitarbeiter der Reichsvereinigung warnten ihre Glaubensgenossen, die für die Deportation vorgesehen, aber nicht zu Hause waren, nicht dorthin zurückzukehren. Otto Hirsch legte bei den Behörden Protest ein und verlangte die Rückholung der Deportierten. Um ihrer vehementen Opposition Ausdruck zu verleihen, drohten die Vorstandsmitglieder der Reichsvereinigung mit ihrem geschlossenen Rücktritt. Insgeheim informierten sie die Auslandspresse. Zusätzlich verkündete die Reichsvereinigung in einem Rundbrief einen Tag des Fastens für alle ihre Mitarbeiter in ganz Deutschland als Akt des Protests. Es sollten bestimmte Gebete gesprochen und am darauffolgenden Schabbat Predigten zum Thema gehalten werden. Aber das Reichssicherheitshauptamt zwang die Reichsvereinigung, ihre Ankündigung zu widerrufen. Julius Seligsohn, ein von Baeck sehr geschätzter wichtiger Mitarbeiter der Reichsvereinigung, war für den Rundbrief verantwortlich. Er und Baecks engster Mitarbeiter Otto Hirsch wurden verhaftet und ermordet. Damit war klar, dass derartige Protestaktionen nicht nur sinnlos waren, sondern alles nur noch schlimmer machten, denn Vergeltungsmaßnahmen folgten auf dem Fuße.[135]

Baecks letzte Jahre in Berlin waren einsam. Ihm fehlte der Trost seiner geliebten Frau. Und sein einziges Enkelkind und kurz danach auch dessen Eltern waren jetzt in England. Frustrierende Debatten mit Heinrich Stahl und Paul Eppstein zehrten an seinen Kräften. Nach der Ermordung von Otto Hirsch und Julius Seligsohn und der Deportation einiger Frauen, die im aufopfernden Dienst der Gemeinde standen, hatte Baeck nur noch wenige Vertraute und Freunde in der Reichsvereinigung. Er saß allein in einem der schäbigen Büros der Organisation. Immerhin konnte er seine Tätigkeit an der Lehranstalt noch bis zum Sommer 1942 fortsetzen, was ein Segen war, und er knüpfte enge Beziehungen zu seinen Studenten. Im Seminar konnte er ein Judentum vermitteln, das irgendwie das Dunkel überleben würde, daran glaubte Baeck ganz fest. Diese Überzeugung fand Ausdruck nicht nur in seinem Unterricht, sondern auch in seinem neuen Buchprojekt, das jüdische Geschichte und Theologie miteinander verknüpfte. Am 9. November 1941 kündigte Baeck Veltheim an, dass er ihm Teile eines neuen Manuskripts zur sicheren Aufbewahrung zusenden werde.[136] Weitere Kapitel folgten. Das Projekt führte er in Theresienstadt und später in London weiter. Es markierte eine Verschiebung im Verständnis des Judentums von der Religion hin zur religiösen Gemeinschaft des jüdischen Volkes, von einer religiösen Essenz, die losgelöst war von der Geschichte, hin zur gelebten Existenz in der Geschichte. Nach einem langen Reifungsprozess erschien es schließlich, zuerst auf Deutsch, unter dem Titel *Dieses Volk. Jüdische Existenz*.

Doch nicht nur die Wissenschaft brachte in diesen Zeiten ein wenig Licht in die Dunkelheit. Auch die Erfüllung dessen, was er als seine Pflicht gegenüber seinen jüdischen Glaubensgenossen betrachtete, hielt Baeck am Leben. Für ihn stand die Pflicht an erster Stelle, und sie schien ihm jetzt noch wichtiger als jemals zuvor. Einen großen Teil seiner Zeit widmete er in diesen letzten Jahren in Berlin der seelsorgerischen Betreuung von Männern und Frauen, die von Angst und Sorge überwältigt wurden, von der Ungewissheit, was aus ihnen werden würde. Doch so schwer und vielleicht auch unwahrscheinlich es schien, konnte Baeck ihnen doch ein wenig Zukunftshoffnung geben, während ihre Welt zusammenbrach. Menschen in Bedrängnis psychischen Beistand zu leisten gab auch Baeck selbst einen Lebenssinn. In einem Aufruf an seine Glaubensgenossen im Juni 1942, den er mit Leo Israel Baeck unterzeichnete, hieß es: «Jüdische Gemeinschaft bedeutet heute mehr denn je: Gemeinschaft der Helfenden. Helfen, mit ganzem Herzen, mit ganzer Seele, mit ganzem Vermögen ist *Jüdische Pflicht*.»[137] Doch dies erforderte ein hohes Maß an Engagement, insbesondere von Baeck selbst. An einen ehemaligen Mitarbeiter der Reichsvereinigung, der kurz zuvor in Palästina angekommen war, hatte er 1939 geschrieben: «Wir sind hier weiter bemüht, im ‹Und dennoch› zu bleiben und, wie Sie vor Monaten sagten, ‹das Gespenst des Chaos zu bannen›. Es lastet oft schwer auf Kopf und Schulter.»[138]

Einem anderen Freund, dem die Flucht nach Argentinien geglückt war, schüttete der sonst so zurückhaltende Baeck sein Herz aus – nicht ohne etwas Positives hinzuzufügen: «Was soll ich von mir erzählen? Der Kreis ist enger und einsamer geworden. Ich stehe in der täglichen Arbeit, um zu helfen und zu nützen, wo es möglich ist, und ich bin dankbar, wann immer ich einem Menschen etwas sein kann. Von meinen Kindern und meiner Enkelin erhalte ich, zu meiner tiefen Dankbarkeit, regelmässige gute Nachrichten. Auch dafür bin ich dankbar, dass ich mit meiner Gesundheit zufrieden sein darf.»[139]

Und in einem anderen Brief schrieb er: «Mir selbst gehen meine Tage in der Arbeit, der oft so schweren und vergeblichen, hin. Doch sie bringt immer wieder die guten, glücklichen Augenblicke, wenn es möglich wird, Menschen zu helfen und zur Seite zu stehen.»[140] Dieser Brief war einer seiner letzten aus Deutschland, knapp einen Monat, bevor sein Wirken in Berlin gewaltsam beendet wurde.

Ab September 1941 mussten die deutschen Juden den gelben Stern sichtbar auf ihrer Kleidung aufgenäht tragen. Die Massendeportationen, für Berlin ausgerechnet am jüdischen Versöhnungstag angekündigt, begannen einen Monat später. Nachdem die Opfer an den Sammelstellen zusammengetrieben worden waren, wurden sie in Züge, zumeist Viehwaggons, verladen und in den Osten geschickt, ohne dass sie wussten, wohin. Beschönigende Bezeichnungen sollten die Ungeheuerlichkeit verschleiern. Die Deportationen wurden «Wohnsitzverlegung» oder «Evakuierung» genannt oder sogar «Ab-

Widerstand

wanderung». Als Zielort wurde nur «der Osten» angegeben. Drei Jahre lang, vom Novemberpogrom bis zum Auswanderungsverbot und zum Beginn der Deportationen, hatte sich die Reichsvereinigung unter Druck bemüht, die Auswanderung zu erleichtern.

Am 27. Januar 1943 war Baeck selbst an der Reihe. Sie kamen frühmorgens, um ihn zu holen. Später erinnerte er sich: «Ich war vollständig angekleidet, als es um Viertel vor sechs an der Tür klingelte. Nur die Gestapo konnte um diese Zeit kommen. Meine Haushälterin ließ zwei Männer in Zivil herein. Einer von ihnen sagte zu mir: ‹Wir haben Anweisung, Sie nach Theresienstadt zu bringen.›»[141] Baeck widersetzte sich nicht. Er musste damit gerechnet haben, dass dieser Tag früher oder später kommen würde. Aber auch jetzt ließ er nicht zu, dass er zum Objekt degradiert wurde, dass er sich einfach passiv auslieferte. Er verlangte Zeit, um Briefe an Verwandte und Freunde zu schreiben, und tat etwas, das Kritiker ihm später als pedantisches Festhalten an bürgerlichen Normen vorwarfen, für ihn selbst jedoch ein Weg war, sich moralisch über seine Peiniger zu erheben: Er wollte erst gehen, wenn er seine Gas- und Stromrechnung bezahlt hatte.[142] Die Sammelstelle, zu der er gebracht wurde, war die ehemalige Knabenschule der Jüdischen Gemeinde in der Großen Hamburger Straße, vor der einst eine Büste Moses Mendelssohns gestanden hatte; gleich daneben lag der erste jüdische Friedhof Berlins aus dem Jahr 1672. Am nächsten Tag bestieg Baeck einen Zug Richtung Süden. Seine Rolle als nomineller Sprecher des deutschen Judentums war damit beendet. Die Aufgaben, die jetzt vor ihm lagen, würde er in physischer Beschränkung erfüllen.

7

Theresienstadt

Der Ort

In einem denkwürdigen Text beschrieb Baeck seine Erinnerungen an Theresienstadt und die dort herrschenden Bedingungen:

> Was war das erste, was der empfand, der dort eintrat? Wenn er durch das Festungstor, zwischen den Bastionen und Wällen, hineingetrieben war, dann war ein Tor des Schicksals, vielleicht für immer, hinter ihm zugetan. Er war eingeschlossen. Und drinnen war er noch besonders abgeschlossen, ein Teil der Festungsstadt, der bessere und gesündere, war als Gebiet der S. S. abgetrennt. In einem Raume, der vorher in militärischer Enge kaum mehr als 3000 Menschen hatte beherbergen sollen, waren hier oft fast 45 000 zusammengepfercht,[1] in Kasernen und sonstigen Häusern, hart beieinander, dicht übereinander. Über den Strassen war, wenn die Sonne schien, der dicke Staub, den die hohen Wälle nicht hinausliessen, und wenn der Regen oder der Schnee gefallen war, der tiefe, zähe Schmutz, der täglich zu wachsen schien. Und von überall her und überall hin kam das Ungeziefer, das grosse Heer der Kriechenden, Springenden, Fliegenden gegen das Heer der Gehenden, Sitzenden, Liegenden, der Hungrigen gegen die Hungernden – ein stündlicher Kampf bei Tage und bei Nacht. Monat um Monat, Jahr um Jahr war das die Welt, und die Menge verschlang den Einzelnen. Er war eingeschlossen in die Masse, so wie er umschlossen war von Enge und Staub und Schmutz, von den wimmelnden Scharen der Insekten und umschlossen war, fast von innen und von aussen her, von dem Hunger, der nicht enden zu wollen schien – im Lager der Konzentrierten, niemals für sich allein.[2]

Theresienstadt

Theresienstadt, heute unter seinem tschechischen Namen Terezín bekannt, liegt am Fluss Eger in einer fruchtbaren Ebene mit umliegenden Hügeln, siebzig Kilometer von Prag entfernt. Kaiser Joseph II. ließ die Stadt 1780 als Festung der Habsburger erbauen und benannte sie nach seiner Mutter, Kaiserin Maria Theresia. Es gab eine kleine und eine große Festung, letztere auf einer Fläche von siebenhundert mal fünfhundert Metern. Als die Nationalsozialisten 1938 das Sudetenland, einen Teil der Tschechoslowakei, in das Deutsche Reich eingliederten, wurde Theresienstadt deutsches Territorium. Zwei Jahre später begann die Gestapo, die Zivilbevölkerung aus der Stadt zu vertreiben, und errichtete ein Ghetto für tschechische, deutsche und österreichische Juden. Unter den mehr als 140 000 Juden, die während der gesamten Zeit seiner Existenz in das Ghetto Theresienstadt gebracht wurden, waren alle Altersgruppen vertreten; 15 000 der Insassen waren Kinder; 42 000 kamen aus Deutschland. Von denen, die mit Transporten aus ihrer Heimat ins Ghetto kamen, waren bei Kriegsende weniger als 6000 am Leben. Die anderen starben im Ghetto an Hunger oder Krankheit (33 000) oder wurden in eines der Todeslager gebracht, hauptsächlich nach Auschwitz (88 000). Die meisten, die bei der Befreiung des Ghettos im Mai 1945 durch die Sowjets noch lebten, waren kurz zuvor aus Lagern im Osten dorthin gebracht worden.[3]

Die große Mehrheit der Häftlinge war in elf riesigen, kaum beheizten und überfüllten Kasernen untergebracht, einige wenige fanden in den ehemaligen Wohnhäusern Unterkunft. Die Kasernen waren nach Männern, Frauen und Kindern getrennt. Der private Raum war auf ein Bett und einen Koffer mit ein paar persönlichen Habseligkeiten begrenzt – eine für Leib *und* Seele bedrohliche Situation. Baeck erinnerte sich, vielleicht ein wenig übertreibend: «In einem immer mehr verengerten kleinen Bezirk wurden immer mehr Menschen hineingepreßt, so daß einer am anderen sich rieb und stieß: jede Selbstsucht mit ihrer Gier sollte [nach dem Willen der SS] aufwuchern und jede Anständigkeit verkümmern.»[4] Die gut ausgestattete SS-Lagerkommandantur dagegen lag an dem begrünten, von Bäu-

Der Ort

men gesäumten zentralen Platz und war komfortabel und geräumig. Jenseits des Flusses befand sich die Kleine Festung, der gefürchtete Ort der Einkerkerung, Folter und Erschießungen.

Einige Autoren, unter ihnen auch Baeck, nannten es ein Konzentrationslager, aber Theresienstadt fehlten die meisten Merkmale der Konzentrations- und Todeslager. Es gab keinen elektrischen Lagerzaun und keine Gaskammern. Die Insassen trugen keine gestreiften Uniformen und genossen innerhalb der Ghettomauern ein gewisses Maß an Freiheit, das es in den Lagern nicht gab. Auch wenn, wie in den Lagern, die kargen Mahlzeiten zentral zubereitet und verteilt wurden und die Insassen permanent hungrig waren, konnten jene Glücklichen, die Verbindungen zur Außenwelt hatten, Lebensmittelpakete von Privatpersonen oder Hilfsorganisationen erhalten. Gottesdienste, ja sogar Trauungen und Bar-Mizwa-Zeremonien wurden geduldet, auch eine Vielzahl kultureller Aktivitäten. Unter strikter Kontrolle durch die SS konnten sich die Insassen mit einem Ältestenrat selbst verwalten. Doch die wachsame SS war jederzeit bereit, Verstöße gegen die strengen Regeln zu bestrafen: schwerere Verstöße mit Exekution in der kleinen Festung, kleinere Verstöße mit Stockschlägen durch einen Mithäftling, der dazu gezwungen wurde. Fluchtversuche bedeuteten immer den Tod. Schwere Arbeit, meist zur Unterstützung der Kriegsanstrengungen der Nazis, mussten alle verrichten, die gesund genug waren, auch Kinder ab einem bestimmten Alter. Wie in den Ghettos im Osten starben auch hier viele Menschen an Hunger und Krankheit; und wie jene Ghettos war auch Theresienstadt nicht die Endstation, sondern nur Durchgangsstation auf dem Weg in ein Todeslager. Das Überleben im Ghetto war ein täglicher Kampf gegen Bedingungen, die den Überlebenswillen eines Menschen zerstören konnten. Dysenterie war an der Tagesordnung, so dass sich vor den wenigen Latrinen lange Schlangen ungeduldiger Erkrankter bildeten. Baeck gehörte zu den vielen, die davon betroffen waren. Er fastete drei Tage lang und betrachtete es als Glück, sich wieder erholt zu haben.

Theresienstadt

Die meisten deutschen Juden wurden nicht nach Theresienstadt geschickt. Die große Mehrheit, insbesondere die Jüngeren, die kein Visum zur Einwanderung in ein anderes Land hatten erhalten können, wurden direkt in ein Lager im Osten deportiert – in ein Todeslager, vorrangig nach Auschwitz. Wer vor Besteigen des Zugs ein «T» für Theresienstadt bekam, atmete auf, dass es kein «O» für Osten war. Auch wenn die Deportierten nicht wussten, was genau ihr Schicksal im Osten war, so wussten sie doch, dass Theresienstadt besser war als Osten. Für Theresienstadt ausgesucht wurden vor allem ältere Menschen (die Nationalsozialisten sprachen gern von einem «Altersheim»), verwundete oder dekorierte jüdische Soldaten des Ersten Weltkriegs und Mitarbeiter der Reichsvereinigung. Sie durften in Personenzügen reisen. Jeder erhielt eine Transportnummer, die jedoch nicht auf den Arm tätowiert wurde wie in Auschwitz. Baecks Nummer war 187 894. Wie er später sagte, bestand sein täglicher Kampf von nun an darin, nicht zur bloßen Nummer zu werden, nie vor dem Schmutz und der Gemeinheit zu kapitulieren und immer den Respekt vor sich selbst zu bewahren.[5]

Die Befehlsgewalt in Theresienstadt lag in den Händen des SS-Kommandanten. Er hatte die Kontrolle über eine Bevölkerung von tschechischen Juden jeden Alters sowie vorwiegend älteren deutschen und österreichischen Juden. Dem Kommandanten unterstellt war eine jüdische Selbstverwaltung mit einem «Judenältesten» an der Spitze, der von den Nationalsozialisten ernannt wurde, aber in Angelegenheiten des täglichen Lebens eine gewisse Freiheit hatte. Die meiste Zeit, die Baeck im Ghetto war, hatte diese Position Paul Eppstein inne, ein tüchtiger Funktionär, dessen Lebenswandel in Berlin Baeck jedoch nicht gefallen hatte. Der Älteste hatte zwei Stellvertreter an seiner Seite sowie den Ältestenrat, dem Baeck angehörte und dessen Vorsitz er ab Dezember 1944 innehatte, als keine Transporte mehr nach Auschwitz abgingen. Baeck war Leiter der Fürsorgeabteilung, die sich insbesondere um die Belange der Alten und Kinder zu kümmern hatte.

Der Ort

Als ehemaliger Präsident der Reichsvereinigung erhielt Baeck einen Sonderstatus und damit eine bessere Unterkunft als die meisten anderen deutschen Juden, die nach Theresienstadt kamen. Als einer von 114 «Prominenten», die in Deutschland hohe Positionen innegehabt oder in hohem Ansehen gestanden hatten, wurde er nicht in den Kasernen untergebracht. Wenige Wochen nach seiner Ankunft fand man für ihn zwei relativ geräumige Zimmer in einem der Häuser, die zuvor von der Zivilbevölkerung der Stadt bewohnt gewesen waren. Es war das Haus, das prominenten Juden, die ihre Religion praktizierten, zugedacht war. Seine ehemalige Haushälterin bewohnte das zweite Zimmer.[6] Eine Besucherin erinnerte sich, dass Baecks Zimmer ein «richtiges Bett» sowie einen Tisch mit zwei Stühlen hatte und – was außergewöhnlich war – sogar einen Ofen für den Winter.[7] Hier konnte er sich mit alten Freunden und Bekannten treffen und über das Leben vor Theresienstadt, über die Lehranstalt und ihre Studenten reden.[8] Doch anders als die meisten Insassen mit Prominentenstatus ging Baeck nicht auf Abstand zu jenen, die nicht dieser Kategorie angehörten. Er hatte vielmehr das Gefühl, dass ihm daraus eine Verpflichtung erwuchs, verschaffte ihm seine Position doch die Möglichkeit, anderen in ihren materiellen und geistigen Nöten zu helfen. Ob gewollt oder ungewollt, konnte er als Vorbild dienen.[9]

Es wurde zwischen «Prominenten A» und «Prominenten B» unterschieden. Nur die von der SS bestimmten Angehörigen der Kategorie «A» hatten den zusätzlichen Vorteil, vor der Deportation in den Osten geschützt zu sein; Angehörige der Kategorie «B» genossen diesen Schutz nicht. Baeck war ein Prominenter der Kategorie «B».[10]

Nach ihrer Ankunft am Bahnhof Bauschowitz mussten sich die Deportierten auf einen langen Fußmarsch zu den Toren des Ghettos machen. Alle körperlich Gesunden wurden zunächst in eine Arbeitskolonne eingeteilt, bevor ihnen eine dauerhafte Arbeit zugewiesen wurde. In der ersten Zeit war der Schabbat auch in Theresienstadt ein Ruhetag, doch später, im Zuge der Kriegsanstrengungen, mussten die Juden jeden Tag arbeiten, auch an den Hohen Feiertagen.[11] Zu den Pflichten des neunundsechzigjährigen Baeck in den ersten Wochen nach seiner Ankunft gehörte es, Leichenkarren zu ziehen, die dazu benutzt wurden, Brot, Kartoffeln und andere Dinge durch das Ghetto zu transportieren. Er lehnte jede Sonderbehandlung ab. Nach dem Krieg sagte er dem jüdischen Philosophen Emil Fackenheim, einem ehemaligen Studenten in der Lehranstalt, dass er die Gelegenheit genutzt habe, um mit dem Juden, der mit ihm den Karren zog, über Platon und Jesaja zu sprechen, und das habe ihm die körperliche Arbeit erträglich gemacht.[12]

Rabbiner im Ghetto

Leo Baecks Ankunft im Ghetto am 28. Januar 1943 machte Eindruck, nicht nur bei den Lagerinsassen aus Deutschland, die ihn kannten oder zumindest von ihm gehört hatten. Auch viele andere merkten, dass ein besonderer Mensch angekommen war, jemand, dem sie sich in einer Notlage anvertrauen konnten.[13] Er gab ihnen das Gefühl, dass sie mehr waren als nur die Transportnummer, die sie bei ihrer Deportation erhalten hatten – dass sie Namen trugen, dass sie menschliche Individuen waren und dass ihre äußere Knechtschaft ein gewisses Maß an innerer Freiheit nicht ausschloss. Später erinnerte sich Baeck, dass es ein ständiges Ringen darum war, Momente zu schaffen, in denen eine unpersönliche Masse wenigstens für kurze Zeit eine miteinander verbundene Gemeinschaft wurde. Während die Strategie der SS-Wachen darin bestand, Solidarität im Keim zu ersticken und Feindseligkeit zwischen den Insassen zu schüren, besonders in ihrem Kampf um ein wenig mehr Essen, bemühte sich Baeck, so gut er es in dieser Vorhölle vermochte, diesen Prozess umzukehren und Gemeinschaft zu schaffen.

Viel von seiner Zeit in Theresienstadt widmete Baeck seinen Aufgaben als Rabbiner, nicht viel anders als in Berlin. Zusammen mit anderen Rabbinern hielt er am Schabbat Gottesdienste, die ein Überlebender als «übervoll» beschrieb, «getragen von dem echten Bedürfnis, sich im Gebet Gott nahe zu fühlen».[14] Ein anderer, selbst Rabbiner, verglich die Gottesdienste auf Dachböden und in Kellern mit denen in den Katakomben Roms. Sie machten, wie er schrieb, einen gewaltigen Eindruck auf die Gläubigen und deren Rabbiner.[15] Nicht lange nach seiner Ankunft vollzog Baeck auf dem Dachboden der Magdeburger Kaserne eine feierliche Trauung.[16] Einige Zeit später leitete er die Beerdigungszeremonie der Tochter Theodor Herzls, des Begründers des politischen Zionismus. Bei diesem Anlass soll er gesagt haben: «Wenn wir auf die Worte des Vaters dieser Unglücklichen gehört hätten, wären wir heute nicht alle hier.»[17] Immer und immer wieder musste Baeck über die aufeinandergestapelten kargen Särge mit den in Tücher gewickelten Toten das Kaddisch sprechen, das traditionelle Totengebet. Er verfasste eine schlichte Ansprache, die von nun an bei allen Begräbnissen deutsch und tschechisch gehalten wurde.[18] Später beschrieb er seinen Kampf, in den Toten, die in einem langen Zug durch das Ghetto hinausgetragen wurden, nicht die Transportnummer zu sehen, sondern den Namen und die Individualität. Es war eine bittere und nur allzu häufige Szene:

> Ein tiefer dunkler Gang in einem Festungswall, beinahe selbst wie ein Massengrab, war die Totenhalle. Dort standen, in langer, langer Reihe oft – es hat Tage gegeben, an denen mehr als hundert Menschen starben –, die dürftigen Särge der Toten, immer zwei oder drei übereinander, und die Namen wurden verlesen und das alte Totengebet, das Jahrtausende alte, gesprochen. Und dann wurden die Särge aufgehoben und hinausgetragen, während der Psalm gesungen wurde, der seit Geschlechtern die Toten auf ihrem letzten Wege begleitet: «Wer im Geheimnis des Allmächtigen wohnt» bis hin zu dem Schlusse: «Ich werde ihn meine Hilfe schauen lassen!» [Ps. 91,1 und 16] Es war wie eine Demonstration, ein Stück Freiheit in der Knechtschaft. Draussen standen die grossen schweren Wagen, und die Särge wurden auf sie hinaufgestellt. Etwa fünfzig Schritte war es gewährt, ihnen zu folgen, die Grenze des Lagers war dann erreicht. Nur die Toten zogen hinaus, zur Verbrennungsstätte hin.[19]

Neuankömmlinge und Juden, die zu körperlicher Arbeit verpflichtet waren, mussten die sterblichen Überreste der Toten begraben. Aber nicht aufgrund seiner Durchführung ritueller Zeremonien behielten Überlebende den Rabbiner Baeck in besonderer Erinnerung, sondern aufgrund seiner seelsorgerischen Tätigkeit. Nachdem man ihm eine Unterkunft zugewiesen hatte, machte er es sich zur Gewohnheit, Neuankömmlinge an der «Schleuse» zu empfangen, diejenigen, die er von Berlin kannte, zu begrüßen, ihnen Trost zuzusprechen und die Befremdlichkeit des Ortes ein wenig zu mildern.[20] So wie er als Geistlicher im Ersten Weltkrieg verwundete Soldaten besucht hatte, besuchte er jetzt die Kranken und Mutlosen, jene, die niemanden hatten, der sich um sie kümmerte. Bei diesen Gelegenheiten konnte er mit Mitgefangenen sprechen und ihnen beistehen. Für die Trostbedürftigen waren diese Besuche ein Lichtschimmer, der wenigstens für einen kurzen Moment das Dunkel erträglicher machte.[21] Baeck brachte auch kleine Geschenke mit, vor allem Lebensmittel aus den Paketen, die er aufgrund seiner Bekanntheit in der Welt draußen in relativ großer Zahl erhielt. Einem Überlebenden zufolge wurde er zum «hervorragenden Wohltäter für die Bedrängten des Ghettos». Er schien weniger der Leiter der Sozialfürsorge im Ghetto zu sein als «die Verkörperung des guten Geistes eines religiös orientierten Judentums ... Seine Sorge galt den Alten und den Jungen, den Vernachlässigten und Behinderten».[22] Baeck unterschied im Ghetto nicht zwischen Juden und Nichtjuden, sondern versuchte, allen beizustehen, die in Not waren. Für den Dichter, Gelehrten und Theresienstadt-Überlebenden H. G. Adler verkörperte Baeck das Gewissen des Lagers.[23]

Wenn er sich nicht um die physische Not der am meisten benachteiligten Ghettoinsassen kümmerte, bemühte er sich, sie aufzumuntern. In einem Vortrag nach dem Krieg beschrieb die Dichterin Ilse Blumenthal-Weiss ihre gelegentlichen Begegnungen mit Baeck, wenn sie die drangvolle Enge ihrer Kaserne verlassen und sich in seinem Zimmer von den Kümmernissen der Gegenwart ablenken konnte: «Es waren Feierstunden, die ich mit Baeck verbrachte, Stunden, da alle Schrecken, Ängste und Entbehrungen nicht vorhanden schienen. Denn niemals, wirklich niemals sprachen wir über die furchtbare Lage, in der wir uns befanden. Man halte mich nicht für überschwenglich, wenn ich jene Stunden mit einem Höhenflug des Geistes vergleiche. Verstand es Baeck doch, mich mehr denn je davon zu überzeugen, dass es selbst unter den erniedrigendsten Bedingungen möglich ist, den wahren Werten des Lebens treu zu bleiben.»[24]

Gelegentlich versammelte er einen kleinen Kreis von sechs bis acht Personen in seinem Zimmer, um über ein Thema zu diskutieren, das einer von ihnen vorschlug. Baeck äußerte sich erst ganz am Schluss, aber was er sagte, wurde als der Höhepunkt des Abends betrachtet. Ganz gleich, worum es ging – Wissenschaft, Kunst oder Politik –, er hatte immer etwas anzubieten. Die Ärztin Edith Kramer, eine der Teilnehmerinnen, beschrieb diese Abende als «einen der wenigen hellen Punkte im Leben von Theresienstadt».[25]

Baeck wusste, dass das physische Überleben eines Menschen von äußeren Umständen abhing, die sich ihm entzogen: ob man tödlich erkrankte, gefoltert oder in der Kleinen Festung ermordet wurde oder ob all das an einem vorüberging. Aber wie in Berlin unterschied er auch jetzt zwischen dem Schicksal, das dem Menschen von außen aufgezwungen wurde, und der inneren Haltung, die man nach wie vor selbst kontrollieren konnte. Um innerlich stark zu bleiben, brauchte man seiner Ansicht nach zweierlei: Geduld und Phantasie. Geduld war die Widerstandskraft, die den Lebenswillen aufrechterhielt. Phantasie bedeutete die Vision, die trotz allem eine Zukunft möglich erscheinen ließ. Doch das eine bedingte das andere. Geduld ohne Phantasie konnte den Ghettobewohner «in ein reines Sklaventum» sinken lassen, Phantasie ohne Geduld konnte ein «Traum im Schlafe des Tages» werden und zu einer gefährlichen Abkehr von der Alltagsrealität führen. Wie es typisch für Baeck war, verknüpfte er beides mit der Moral: Die moralische Geduld befähige den Einzelnen, an seinen Mitmenschen festzuhalten und das Band zwischen dem eigenen Ich und den anderen nicht zerreißen zu lassen. Die moralische Phantasie wiederum befähige ihn, sich in andere hineinzudenken und für ihr Leid und ihr Glück Mitgefühl zu entwickeln.[26] Baecks eigene moralische Phantasie war eine Antwort auf die Notwendigkeit der Empathie, die unter den gegebenen Umständen dringlicher war als je zuvor.

Für Baeck als Rabbiner war Theresienstadt das Grauen, nicht nur wegen der erlittenen Entbehrungen. Es war auch ein Ort, der sein scharfes moralisches Empfinden beleidigte. Der Intellektuelle Paul Eppstein, der sich in Berlin Baecks Unmut zugezogen hatte, wurde zusammen mit seiner Frau etwa zur selben Zeit wie Baeck nach Theresienstadt deportiert. Zuvor hatte er ernsthaft erwogen, Nazideutschland zu verlassen.[27] Kurz nach seiner Ankunft wurde Eppstein von der SS zum «Judenältesten» ernannt, der höchsten jüdischen Autorität im Ghetto, eine Position, die er zu seinem persönlichen Vorteil nutzte. Der Älteste, so behauptete H. G. Adler später, habe bekanntermaßen Personen «in Transporte nach Osten geschoben», nur weil sie, obwohl Zionisten wie er selbst, es gewagt hatten, über die grassierende Korruption der Verwaltung des jüdischen Ghettos die Wahrheit zu sagen. Als der Häftling Vladimir Weiss eine lange Eingabe an Eppstein richtete, in der er betrügerische Manipulationen bei der Lebensmittelverteilung anprangerte, verschwanden er, seine Frau und sein Kind mit dem nächsten Transport.[28] Baeck, der die erste Auflage von Adlers Buch über Theresienstadt kannte und dafür ein Vorwort schrieb, wusste von Eppsteins Machenschaften und war darüber entsetzt. Es war nicht nur die zweifelhafte Erfüllung seiner formellen Pflichten, was Baeck – und nicht nur ihn allein – bekümmerte. Es war auch eine Frage des moralischen Feingefühls: Einmal veranstaltete eine Gruppe von Insassen ohne bindenden Einwand seitens Eppstein einen Maskenball am selben Tag, an dem ein Transport in den Osten zusammengestellt wurde.

Vielleicht war es aber vor allem Eppsteins Privatleben, an dem der

Rabbiner Anstoß nahm. Anders als Baeck erhielt Eppstein von der SS besondere Gefälligkeiten, insbesondere das Recht, seinen Konzertflügel ins Ghetto mitzunehmen, der in einem geräumigen Zimmer aufgestellt wurde. Er unterhielt bedenkenlos eine außereheliche Beziehung zu einer Frau, der er eine private Unterkunft beschaffte; davon wussten alle. Die Überlebende Vera Schiff erinnerte sich, dass «eine Freundin von mir, Helen, eine Frau von außergewöhnlicher Schönheit und großem Charme, Eppsteins Geliebte wurde... Obwohl sie ihn leidenschaftlich liebte, hatte [sogar] sie Zweifel an seinem Charakter».[29] Dass Baecks Abneigung gegen Eppstein vor allem in dessen privater Lebensführung begründet lag, wurde von Jacob Jacobson bezeugt, einem anderen Überlebenden, der eher zu Eppsteins Verteidigern gehörte. Jacobson zufolge beruhte Baecks Aversion auf «tatsächlichen oder vermuteten, vielleicht auch nur übertriebenen Abirrungen von dem für einen verheirateten Lagerleiter vorauszusetzenden geraden Weg». Obwohl Jacobson, anders als Baeck, über Eppstein kein Urteil fällen wollte, kam er zu dem Schluss: «Es muss zugegeben werden, es wäre besser gewesen, wenn er in seiner Position als Judenältester keinen Anlass zu leichtfertiger Kritik an seinem persönlichen Verhalten gegeben hätte.»[30] Als Jacobson die beiden miteinander versöhnen wollte, soll Baeck geantwortet haben, falls er und Eppstein das Lager überlebten, würde er nie wieder mit ihm zusammenarbeiten. Der Judenälteste entsprach einfach nicht Baecks moralischen Standards. Eppstein wurde zu einer tragischen Figur und am jüdischen Versöhnungstag des Jahres 1944 in der Kleinen Festung ermordet, weil er dem Willen der SS nicht vollständig gefügig gewesen war.[31]

Eppsteins persönliches Verhalten war nicht untypisch für Häftlinge in Theresienstadt. Obwohl Männer und Frauen größtenteils voneinander getrennt waren, gab es für junge Leute reichlich Gelegenheit zu einem Stelldichein. Wie es eine Überlebende formulierte: «Die Moral ging hier zum Teufel.»[32] Sie erzählte von einem Jugendklub, zu dem junge Frauen erst dann Zutritt erhielten, wenn sie mit allen männlichen Mitgliedern des Klubs geschlafen hatten. Ein anderer Überlebender erzählte, was zwischen jüngeren Eheleuten geschah: Nach dem Abendessen «ging jeder seiner Wege, die Frau zu ihrem Liebhaber – oft der Ehemann einer anderen –, der Ehemann zu seiner Geliebten».[33] Zdenek Lederer erklärte es so: «Nur die Gegenwart war real, und der beste Weg, deren niederschmetternde Konsequenzen zu bekämpfen, war die Suche nach Vergnügungen, besonders sexuellen Vergnügungen.»[34] Nach Ansicht des puritanischen Leo Baeck trug ein solches Verhalten, wenngleich es verständlich war, dazu bei, eine Atmosphäre, die durch die vielen Entbehrungen und dunklen Wolken einer ungewissen Zukunft bereits schwer erträglich war, noch weiter zu vergiften. Zum Glück für ihn und nicht zuletzt dank seiner Initiative existierte in Theresienstadt noch eine andere Kultur, wie es auch eine andere Kultur der Juden in der Zeit der Weimarer Republik gegeben hatte, die nichts mit flüchtigen körperlichen Vergnügungen zu tun hatte, sondern den Geist anregen und über die leidvolle Wirklichkeit erheben konnte.

Die Vorträge

Auch wenn die Insassen von Theresienstadt viele Stunden am Tag arbeiten mussten und fast immer hungrig waren, gab es abends eine Zeit, zu der Interessierte und körperlich Gesunde an Bildungs- und Kulturangeboten auf einem bemerkenswert hohen Niveau teilnehmen konnten. Zu der vielgestaltigen Bevölkerung des Ghettos zählten Komponisten, Musiker, Schauspieler, Universitätsprofessoren, bildende Künstler und Intellektuelle. Sie brachten genügend Energie auf, um musikalische Aufführungen, Theaterproduktionen sowie Vorträge zu einem breiten Themenspektrum zu organisieren. Kinder zu unterrichten war offiziell verboten, aber den Kindern und ihren Betreuerinnen und Betreuern gelang es dennoch, die Kinderoper *Brundibár* auf die Bühne zu bringen, mit mehr als vierzig Vorstellun-

Die Vorträge

gen. Im Ghetto gab es Konzerte mit klassischer Musik, die man in glücklicheren Zeiten gehört hatte, aber es wurden auch Originalkompositionen und Kantorialmusik aufgeführt, wie man sie aus der Synagoge kannte. Nur ein Teil der Ghettobewohner war imstande und interessiert, an diesen künstlerischen Darbietungen teilzunehmen. Wir wissen nicht, an wie vielen solchen Veranstaltungen, wenn überhaupt, Leo Baeck teilnahm. Einem Bericht zufolge «boykottierte» er die Nachmittagskonzerte der Lagerkapelle, vielleicht weil die Musik mit einer Kultur verbunden war, die nicht seinem Geschmack entsprach. Eppstein engagierte sich in diesem Bereich des kulturellen Lebens in Theresienstadt sehr viel stärker als Baeck.[35] Der Rabbiner interessierte sich für eine andere Form der organisierten Freizeit: für wissenschaftliche und geistig anregende Vorträge.

Vorträge im eigentlichen Sinn begannen im Sommer 1942, sechs Monate vor Baecks Ankunft, und setzten sich bis Mai 1945 fort, dem Monat der Befreiung des Ghettos. Einer Zählung zufolge gab es insgesamt 520 Referenten und mindestens 2430 Vorträge.[36] Insassen, die vor ihrer Deportation ein intellektuell reges Leben geführt hatten, sehnten sich danach, wenigstens in diesem geringen Maß eine Verbindung zu ihrem früheren Leben herzustellen. Die NS-Behörden missbilligten solche Vorträge, sprachen sie doch den Juden die Fähigkeit ab, tiefe Wahrheiten zum Ausdruck zu bringen. Aber da die Vorträge in der Regel spätabends und nicht in einem öffentlichen Rahmen gehalten wurden und zudem nützlich waren, um das Ghetto nach außen als einen angenehmen Aufenthaltsort zu präsentieren, wurden sie nicht verboten.[37] Sein Leben lang, sagte Baeck später, habe er das Licht geliebt. Doch in Theresienstadt kamen Licht und Leben erst nach Einbruch der Nacht. «Hier lernte ich die Dunkelheit lieben.»[38]

Es gab häufig Vorträge, oft vor einem großen Publikum. Selbst die Älteren nahmen es auf sich, lange in den überfüllten Unterkünften zu stehen, gewöhnlich auf dem Dachboden einer der Kasernen. Einem Bericht zufolge konnte selbst bittere Kälte Männer und Frauen nicht abschrecken, die dunklen Stufen zu einem Dachboden hinaufzusteigen, wo ein eisiger Wind durch die Ritzen pfiff.[39] In manchen Wochen fanden bis zu hundert Vorträge zu anspruchsvolleren, teils aber auch zu populären Themen statt. Die Referenten, in der Regel Spezialisten auf ihrem Gebiet, konnten im Bedarfsfall zur Vorbereitung die relativ große Bücherei in Theresienstadt benutzen. Der Leiter des «Vortragswesens» erinnerte sich, wie ergreifend es war, «wenn an Vorabenden katastrophaler Transporte Veranstalter und Publikum Trost und Haltung suchten und gewannen, aus Darbietungen echt künstlerischer oder wissenschaftlicher Natur».[40]

Angesichts von Baecks beharrlicher Weigerung, bei Predigten oder Reden zu rhetorischen Tricks zu greifen, und angesichts seiner nicht besonders kräftigen, ziemlich hohen Stimme und seines Unwillens, ein Thema durch übermäßige Vereinfachung kleinzureden, ist es erstaunlich, dass er mit seinen Vorträgen nicht nur den verfügbaren Raum füllte, sondern zum «populärsten Vortragenden in Theresienstadt» wurde. Der tschechische Jude Norbert Troller nannte in seinen Erinnerungen an Theresienstadt Baecks Vorträge «klug und brillant».[41] Philipp Manes, der die Vorträge organisierte und später in Auschwitz ermordet wurde, dessen Tagebuch aber gerettet werden konnte, schrieb, Baecks Vorträge seien «Muster kristallklarer Darstellungen. Ihm zuzuhören, ist ein Genuß».[42]

> Als ich Dr. Leo Baeck zum ersten Male sprechen hörte, war ich erstaunt und überrascht von der Wandlung, die sich seit Berlin eingestellt hat. Er ist völlig anders geworden, leicht und fließend, angenehm anzuhören. In ruhiger Haltung spricht er, ohne Pathos, überzeugend, eindringlich, einprägsam. So stellten wir uns den Philosophen vor, der am Abend seines Lebens die Ernte vieler Jahrzehnte eingebracht und nunmehr davon in froher Geberlaune schenkend verteilt.
>
> Man drängt sich zu seinen Vorträgen, die er ohne das geringste Zeichen von Ermüdung stehend hält ... den Spinoza-Vortrag mußte er wiederholen, von so tiefer Wirkung war er.[43]

Die Vorträge

Für den fünfhundertsten Vortrag am 6. August 1944 wählte Manes Baeck aus, «den würdigsten Redner, den wir im Ghetto – so reich an guten Rednern – besitzen».[44] Eintrittskarten waren sehr begehrt und schwer zu bekommen, denn der Platz war begrenzt.[45] Baeck sprach über ein Thema, für das er sich schon seit langem interessierte: «Lebensalter».[46] Erneut war Manes voll des Lobes: «Dr. Baeck spricht stehend und mit einer Wärme und Hingegebenheit an sein Thema, was immer fesselt. Über eine Stunde hält er uns im Banne seiner Worte, es blühte ein Leben, unser aller Leben, vor uns auf – mit dem einen Motto, man wird nicht alt, wenn man die Kindheit nicht vergißt. Wie Dr. Baeck dieses Leben sich entwickeln und aneinanderreihen läßt, ist ein Erlebnis, das selten bleibt. Atemlos lauschten die Hörer dem nunmehr 71jährigen Redner, der durch seine Frische und geistige Jugendlichkeit den Vortrag absolut beweist und erhärtet. Nicht enden wollender Beifall dankte.»[47] Am nächsten Tag lief Manes Baeck über den Weg, der auf ihn zukam und sich *bei ihm* für den schönen Abend bedankte, mit jener Bescheidenheit, die ihn auch jetzt auszeichnete.

Manes stand nicht allein mit seiner hohen Wertschätzung für Baecks Vorträge in Theresienstadt. Trude Simonsohn, damals noch recht jung, äußerte sich in einem Interview nach dem Krieg ähnlich begeistert: «Mir ist unvergeßlich, wie Leo Baeck auf dem Boden einer Kaserne über Judentum und Hellenismus sprach. Diese zwei Stunden waren für mich, als ob ich an der Universität wäre und nicht im Lager. Man hat sich so in das Geistige hineinversetzt, daß man vergessen hat, daß man friert, daß man Hunger hat und auf einem eiskalten Boden steht.»[48]

Angesichts der im Ghetto herrschenden Zwietracht war Baecks Talent, fast jeden seiner Zuhörer anzusprechen, gewiss ein Grund für die Popularität seiner Vorträge. In mehr als einer Hinsicht dienten sie als eine Brücke: zwischen Juden aus verschiedenen Ländern; zwischen religiösen und säkularen Juden und Juden nur aufgrund der «rassischen» Definition; und nicht zuletzt auch als eine Brücke zwischen der europäischen Kultur und dem jüdischen Erbe.[49] Ruth Klüger, später eine namhafte Literaturwissenschaftlerin, war in dem Jahr, das sie in Theresienstadt verbrachte, erst elf. Aber auch sie besuchte Baecks Vorträge und erinnerte sich besonders daran, dass es ihm gelang, scheinbar obsolete biblische Mythen wie die Geschichte von der Erschaffung der Welt in sieben Tagen mit der modernen Wissenschaft zu verbinden. Das Maß der biblischen Tage sei nicht dasselbe wie das moderne, sagte er. In der Reihenfolge der Schöpfung hingegen stimme die Überlieferung ziemlich genau mit der modernen Wissenschaft überein. Baeck, so Klüger, «gab uns unser Erbe zurück, die Bibel im Geiste der Aufklärung, man konnte beides haben, den alten Mythos, die neue Wissenschaft». Und sie fügte hinzu: «Baeck muß ein hochbegabter Prediger gewesen sein – wie würde ich mir sonst das alles gemerkt haben?»[50] Jacob Jacobson ging noch weiter, als er sagte, Baecks «ernster moralischer Anspruch, seine große geistige Disziplin und der Zauber seiner Persönlichkeit konnte nur Ehrerbietung wecken; und wenn man Dr. Baeck und seinen Worten Ehrerbietung erwies, erwies man dem Wesen des Judentums Ehrerbietung».[51] Baeck selbst, erstaunt über den großen Andrang bei seinem Vortrag über Platon, fragte sich: «Gibt es ein anderes Volk auf Erden, das eine so tiefe und wahre Beziehung zum Geist hat, dass es angesichts von Erniedrigung und Gefahr nach dem Wort des Philosophen verlangt?»[52]

Während seiner Zeit in Theresienstadt hielt er Vorträge zu mindestens achtunddreißig verschiedenen Themen. Er sprach über Geschichte und Philosophie, über allgemeine und spezifisch jüdische Themen und manchmal sogar über mehr als nur ein Thema. Zu seinen geschichtlichen Vorträgen zählten «Die Religion der Naturvölker», «Die messianische Idee», «Die Zeit der Makkabäer», «Der Talmud», «Das Ghetto des Mittelalters», «Die jüdische Mystik des Mittelalters», «Der Übergang vom Mittelalter zur Neuen Zeit» und «Das Jahrhundert der Aufklärung». Er porträtierte bedeutende jüdische und nichtjüdische Philosophen wie Platon, Maimonides, Gali-

Die Vorträge

Leo Baeck mit «Judenstern» als Zuhörer eines Vortrags in Theresienstadt 1944

leo Galilei, Spinoza, Moses Mendelssohn, Kant und Hermann Cohen. In Theresienstadt, wo Juden, die zuvor Schreibtischtätigkeiten ausgeübt hatten, zu körperlicher Arbeit gezwungen wurden, war ein Vortrag offenkundig von besonderer Bedeutung. Er trug den Titel «Die Stellung des Arbeiters in der jüdischen Lehre».[53]

Baeck wählte seine Themen und die Art und Weise der Darstellung ganz bewusst nicht nach wissenschaftlichen, sondern nach spirituellen Erwägungen aus. Nach dem Krieg wurde er gefragt, warum er über den griechischen Philosophen Platon gesprochen habe. Seine Antwort lautete: «Menschen in Bedrängnis sollte man helfen, ihren Geist zu erweitern und an etwas anderes als die Gegenwart zu denken.»[54] Seine Zuhörer sollten ihren Geist zu dem Idealisten und Visionär Platon erheben. Insgesamt handelte etwa die Hälfte der Vorträge Baecks von nichtjüdischen Denkern und Themen. Auf diese Weise konnte er das Interesse von Zuhörern wecken, denen Gestalten und Themen aus der allgemeinen Geschichte und Philosophie vertrauter waren als jüdische Themen. Sie hatten das Gefühl, dass es «für einen Moment wieder so war wie früher», wie einer von ihnen sagte.[55] Doch das heißt nicht, dass Baeck bedeutenden jüdischen Persönlichkeiten keine Beachtung schenkte oder seine Vorträge zu nichtjüdischen Themen als säkular bezeichnet werden können. Ein Vortrag ohne einen religiösen Bezug wäre für Baeck undenkbar gewesen. Bedauerlicherweise ist der Text nur eines einzigen seiner Vorträge erhalten. Über «Geschichtsschreibung» sprach er am 15. Juni 1944 im «Gemeinschaftshaus» in Theresienstadt.[56] Baeck leitet seinen Vortrag mit ein paar grundlegenden Überlegungen ein: Geschichte sei nicht bedeutungslos; sie bestehe nicht aus Fragmenten, die aneinandergefügt werden müssen, sondern bilde einen «Lebenszusammenhang» von der Vergangenheit in die Gegenwart und weiter in die Zukunft. Der Besitz von Geschichte sei Kennzeichen einer zivilisierten Menschheit, und die Geschichtsschreibung bedürfe der wissenschaftlichen Fähigkeit und der künstlerischen Gabe. Baeck geht historisch vor, beginnend mit einer kritischen Analyse der griechischen Historiker Herodot und Thukydides und weiter mit dem Hellenisten Polybios und dem Römer Tacitus. Er bewundert die Griechen, kritisiert jedoch Polybios für seine Unterwürfigkeit unter die römischen Eroberer und Tacitus für seinen eklatanten Mangel an Sinn für Gerechtigkeit. Wie sehr, so Baeck, unterscheide sich in dieser Hinsicht Tacitus' Geschichtsschreibung von der des alten Israel. «Gerechtigkeit ist für die israelitisch-jüdische Geschichtsschreibung der letzte Sinn der Geschichte», sagt er. «Wenn das Recht unterginge, dann hätte es keinen Sinn mehr, auf Erden zu leben.» Und offenkundig, um seinen Zuhörern Mut zu machen, fährt er fort: «Wahre Geschichte ist Geschichte des Geistes, des Menschengeistes, der bisweilen ohnmächtig scheinen mag, aber doch zuletzt der Überlegene und Überlebende ist, weil er, wenn er auch die Macht nicht hat, dennoch die Kraft besitzt, die Kraft, die nie aufhören kann.»[57]

Die Vorträge

Nach einer kurzen Erörterung moderner Historiker – darunter Gibbon und Macaulay in England sowie Niebuhr, Ranke und Mommsen in Deutschland – schließt Baeck mit allgemeinen Bemerkungen, die für seine Zuhörer ergreifend gewesen sein müssen. Ein Volk sterbe, wenn sein Geist sterbe. Ohne es explizit zu sagen, deutet er an, dass ein solches Sterben in Deutschland stattfinde, deutsche Historiker aber keine Notiz davon nähmen, sondern schwiegen. Der Historiker jedoch müsse das Gewissen seines Volkes sein und damit «das aufnehmen, was die Propheten Israels gewesen sind und gezeigt haben»: Er müsse über das eng Nationale hinaus zum Universalen gelangen, zu einer umfassenden Sicht, die einen erstorbenen Geist wieder lebendig machen könne. «Das ist noch jetzt die grosse Aufgabe der Geschichtsschreibung», beschließt Baeck seinen Vortrag in Theresienstadt. «Wiedergeburt manches Volkes könnte dadurch gegeben sein, ein Entdecken der grossen Lebenszusammenhänge, ein Sichfinden aller zur Menschheit.»[58] Dachte Baeck an das nationalsozialistische Deutschland, als er von einem Geist sprach, der trotz allem wiedergeboren werden könne, oder meinte er eine Wiedergeburt des jüdischen Volkes? Wir wissen es nicht, Baeck konkretisiert es nicht. Dennoch waren diese hoffnungsvollen Schlusssätze nicht nur typisch für Baeck, sondern vielleicht auch ein fragiler Trost für seine Zuhörer.

Zu den Referenten in Theresienstadt gehörte auch Regina Jonas, die am Berliner Seminar bei Baeck studiert hatte. Ihre Vorträge firmierten unter dem Titel «Vorträge des einzigen weiblichen Rabbiners Regina Jonas». Doch während sich Baeck auf das Abstrakte und Ideelle konzentrierte, referierte Jonas über den Kern der religiösen Traditionen des Judentums. Baeck sprach als Rabbiner, der auch ein Intellektueller war, Jonas sprach strikt als Rabbinerin. Ihre Vorträge handelten von den religiösen Pflichten, den Freuden der Heiligung des Schabbat und der Chanukkafeier, von Müttern und Vätern in der jüdischen Tradition, vom jüdischen Gebet und von der Notwendigkeit des Gottesdienstes auch und gerade in Theresienstadt. Es ist kein vollständiger Text eines ihrer Vorträge erhalten geblieben, aber einmal sagte sie: «Mann und Frau, Frau und Mann, haben diese Pflicht [die moralische Aufgabe der Juden] in gleicher jüdischer Treue übernommen. Diesem Ideal dient auch unsere ernste, prüfungsreiche Theresienstädter Arbeit.»[59] Mindestens sechs ihrer Vorträge waren der jüdischen Frau gewidmet – deren Stellung in der Bibel und im jüdischen Gesetz, in der jüdischen Kultur und der jüdischen Geschichte. Jonas hielt insgesamt vierundvierzig Vorträge, die eher Predigten waren. Wenn sie nicht öffentlich sprach, besuchte sie jüdische Frauen in den Häusern und Kasernen und überzeugte sie von der Bedeutung des Judentums auch und ganz besonders unter den gegebenen Umständen. Regina Jonas wurde wenige Wochen vor Baeck nach Theresienstadt deportiert; anders als er überlebte sie nicht. Zusammen mit ihrer Mutter wurde sie am 15. Oktober 1944 mit einem der letzten Transporte nach Auschwitz deportiert.[60]

Überleben

Die Bedingungen in Theresienstadt änderten sich ständig, manchmal schienen sie sich zu verbessern, dann verschlechterten sie sich wieder. Als im Herbst 1943 ein paar hundert dänische Juden eintrafen, war den Behörden klar, dass Vertreter aus Dänemark verlangen würden, das Ghetto zu besichtigen. Daher beschlossen die Nationalsozialisten, es vorzeigbar zu machen. Bei Ankunft der Kommission, der zwei Vertreter der dänischen Regierung und ein Vertreter des Internationalen Roten Kreuzes angehörten, im Juni des folgenden Jahres hatte die SS das Lager einer «Verschönerung» unterzogen, so dass es aussah wie ein Erholungsort oder, wie es die Deutschen damals nannten, ein jüdisches Heim für die Kranken und Alten. Die Besucher, die acht Stunden vor Ort verbrachten, wurden von SS-Offizieren durch das Ghetto geführt. Nach ihrer Rückkehr berichteten sie – fälschlicherweise –, sie hätten «mit allen sprechen können» und den Eindruck gewonnen, Theresienstadt sei «kein Durchgangslager». Nach Einschätzung der Delegation «sahen die Bewohner gesund aus und nicht unterernährt», es gebe keine Läuse oder anderes Ungeziefer.[61] Aber vielleicht war die Täuschung doch nicht perfekt gewesen. Ein Ghetto-Überlebender meinte, die frisch gestrichenen Häuserfassaden und die auffallende Künstlichkeit der Szenerie hätten auf die Wahrheit hingedeutet. Es steht außer Zweifel, dass der Besuch für die Ghettobewohner keine dauerhafte Verbesserung ihrer Lage brachte. Baeck erinnerte sich, wie ernüchtert er und andere waren, dass das Täuschungsmanöver so erfolgreich gewesen war. «Es schien, als wollten sie die Wahrheit gar nicht wissen», sagte er. «Die Wirkung auf unsere Moral war niederschmetternd. Wir fühlten uns vergessen und im Stich gelassen.»[62] Monate später, kurz vor der Befreiung, kam eine weitere Rotkreuz-Delegation ins Ghetto. Diesmal war es Baeck, der sie durch das Ghetto führte und ihnen zeigte, wie es wirklich war. Der «Kinderpavillon», den man den vorherigen Besuchern stolz gezeigt hatte, so erklärte ihnen Baeck, sei in Wahrheit nie benutzt worden.[63]

Die Verschönerung war nicht der einzige Versuch der SS, der Welt ein positives Bild von Theresienstadt vorzugaukeln. Es wurde auch ein Film gedreht. Unter anderem zeigt er eine Szene mit Insassen, die im nahe gelegenen Fluss baden, was in Wirklichkeit streng verboten war. Und er zeigt Zuhörer eines Vortrags, unter ihnen Leo Baeck, der der intendierten Zielgruppe des Films außerhalb Deutschlands vermutlich besser bekannt war als irgendeiner der anderen. Er trägt den «Judenstern» und sitzt, aufmerksam dem Vortrag lauschend, in der ersten Reihe. Der Film wurde nie öffentlich gezeigt.[64] Die Transporte nach Osten gingen weiter.

Baeck war in Theresienstadt auch gezwungen, sehr persönliche Entscheidungen zu treffen. Einflussreiche Personen wie er konnten erwirken, dass Freunde und Verwandte von den Deportationen ausgenommen und an ihrer Stelle andere abtransportiert wurden, das war nicht ungewöhnlich. Ein solcher moralischer Kompromiss erschien Baeck grundsätzlich unmöglich, und als seine eigene Familie betroffen war, weigerte er sich zu intervenieren – mit der Folge, dass seine Nichte und sein Neffe in den Transport in ein Todeslager kamen.[65] Andere seiner Verwandten starben im Ghetto Theresienstadt oder wurden sofort nach Osten deportiert. Baeck verlor in Theresienstadt vier Schwestern, drei von ihnen vor, die vierte kurz nach seiner Ankunft. Seine beiden Brüder kamen in einem Todeslager ums Leben. Diese persönlichen Verluste gehörten zu den leidvollen Erinnerungen, die Baecks späteres Widerstreben erklären, über seine Erlebnisse im Ghetto zu sprechen.[66]

Merkwürdigerweise glaubten die NS-Behörden, Baeck sei im Ghetto umgekommen. Anscheinend war ein gewisser Rabbiner Beck aus Mähren gestorben, und die Sache war publik geworden. Es verbreitete sich die Annahme, es handle sich um den Rabbiner Leo Baeck. Zu den wenigen öffentlichen Erinnerungen Baecks an Theresienstadt zählt ein Wortwechsel im April 1945, als Baeck in einem der Ghetto-Büros war:

> Die Tür öffnete sich und ein SS-Offizier trat ein. Es war Eichmann. Er war sichtlich betroffen, mich zu sehen. «Herr Baeck, Sie leben noch?» Er sah mich sorgfältig an, als wenn er seinen Augen nicht traute, und fügte kalt hinzu: «Ich dachte, Sie wären tot.»
> «Herr Eichmann, Sie scheinen ein zukünftiges Ereignis vorauszusagen.»
> «Jetzt verstehe ich. Totgesagte leben länger, nicht wahr?»[67]

Diese überdeutliche Anspielung in den Worten Adolf Eichmanns, des Organisators der Verfolgung, Vertreibung und Ermordung von Juden, dem Baeck schon in Berlin begegnet war, gab ihm die Gewissheit, dass sein Ende in der einen oder anderen Weise unmittelbar bevorstand. Dennoch ließ er sich nicht einschüchtern. Als Eichmann ihm die Tür versperrte, legte er seine Hand auf Eichmanns Arm, direkt unter der Schulter, schob ihn sanft zur Seite und ging. Während er die Treppe hinunterging, spürte er Eichmanns erstaunten Blick im Rücken.[68]

Überleben

Baeck schrieb unverzüglich Abschiedsbriefe, sagte Freunden Lebwohl und machte sich bereit für das, was kommen würde. Doch soweit wir wissen, tauchte seine Nummer nicht für den Transport nach Auschwitz auf. Wäre es anders gekommen, hätte Baeck gewiss darauf verzichtet, einen Ersatz für sich vorzuschlagen. Nach dem zu urteilen, was er zuvor geschrieben hatte, hätte er wohl das Gebot von *kiddusch haschem* vollzogen, den Märtyrertod: ein Selbstopfer anstelle der Rettung des eigenen Lebens auf Kosten eines anderen. Glücklicherweise hatte Baeck in Theresienstadt bei den Deportationen keinerlei Funktion. Die SS legte die Anzahl der Personen, die Altersstufe und das Geschlecht fest, und diesen Vorgaben entsprechend musste die jüdische Selbstverwaltung die Transporte zusammenstellen. Den Vorsitz des Ältestenrats übernahm Baeck erst, nachdem die letzten Transporte abgegangen waren.[69]

Wie wir wissen, war Baeck noch in Berlin gezwungen gewesen, zwei höchst umstrittene Entscheidungen zu treffen: in der Frage, ob Juden dabei mitwirken sollten, die zur Deportation Bestimmten zu informieren und zu den Sammelstellen zu begleiten; und ob er künftigen Opfern sagen sollte, was sie, nach allem, was er Grund hatte anzunehmen, am Ende ihrer Reise erwartete. In Theresienstadt hatte er mit der Organisation der Deportationen nichts zu tun; dafür wurde das zweite Dilemma immer akuter und quälender. Nachdem er – spätestens im August 1943 – erfahren hatte, welches Schicksal diejenigen erwartete, die in Viehwaggons verladen und aus Theresienstadt weggebracht wurden: Sollte er sein Wissen öffentlich machen?[70]

Nach der Befreiung des Ghettos begegnete Heinrich Liebrecht, ein ehemaliger Ghettoinsasse, der Auschwitz überlebt hatte und nach Theresienstadt zurückgekehrt war, Leo Baeck auf den Wällen der Festung. Sie erkannten und umarmten einander, glücklich darüber, dass sie noch am Leben waren. «Zuweilen», soll Baeck zu ihm gesagt haben, «hing es nur an einem seidenen Faden bei mir wie für alle Theresienstädter.»[71] Liebrecht ergriff die Gelegenheit, Baeck zu seinen Entscheidungen zu befragen. Im Verlauf des folgenden Gesprächs sagte Baeck, dass er die Möglichkeit zum physischen Widerstand verworfen habe, die Liebrecht ihm seinerzeit vorgeschlagen hatte. Baeck rief ihm das Schicksal seiner tüchtigen Mitarbeiterinnen und Mitarbeiter in Berlin in Erinnerung, die allein auf den bloßen Verdacht hin, aktiven Widerstand zu leisten, umgebracht worden waren. Als dann aber im Oktober 1944 die sogenannten Arbeitstransporte vom Ghetto abgingen, so Baeck, habe er ernstlich den physischen Widerstand erwogen, dann indes erneut verworfen. Die Vergeltung der Nationalsozialisten in Theresienstadt wäre nicht weniger massiv und brutal gewesen als in Berlin. Auf die Frage, ob er gewusst habe, wohin die Transporte gingen, sagte Baeck:

> Ob nach Auschwitz, wußte ich nicht. Aber daß man die nicht zu schwerer Arbeit Fähigen wahrscheinlich sofort umbringen würde und die Arbeitsfähigen bis zu ihrer Vernichtung durch Hunger und Entbehrungen für die Kriegsmaschinerie arbeiten zu lassen beabsichtigte, das war mir als das Ziel der Gestapo bekannt. – Ich wand mich damals in Gewissensqualen: Sollte man die Qualen der für den Abtransport Bestimmten durch ein selbst herbeigeführtes Massaker verkürzen oder dem Überleben einiger, wenn auch vielleicht ganz weniger, eine Chance geben? Ich sagte mir dann schließlich: wenn auch nur ein einziger überleben werde, dürfe man ihn nicht opfern.[72]

Als Baeck nach dem Krieg erfuhr, dass einige aus Theresienstadt Deportierte tatsächlich die Todeslager überlebt hatten, war sein Gewissen zumindest etwas beruhigt, und er fühlte sich in seiner Entscheidung bestätigt. Ein aus Verzweiflung begangener Massenselbstmord wäre nicht besser ausgegangen.

Einige waren mit Baeck der Ansicht, es sei besser, Stillschweigen zu bewahren. Zu ihnen zählte auch Paul Eppstein, für dessen Charakter Baeck so wenig übrighatte. Auch Eppstein befürchtete, dass den nahezu 35 000 Insassen des Theresienstädter Ghettos sonst eine Katastrophe drohte.[73] Er hielt es für besser, wenn nur einige wenige die Wahrheit kannten. Die wenigen, die bei der Befreiung des Ghet-

Überleben

tos noch am Leben waren, waren gleichfalls überzeugt, dies sei die richtige Entscheidung gewesen. Charlotte Opfermann erinnerte sich: «Wir wollten es nicht wissen ... es hatte bereits so viele Selbstmorde gegeben.»[74] Und die Überlebende Ruth Bondy sagte: «Wir wussten, dass Transporte die Trennung von der Familie bedeuteten, das Exil ins Unbekannte, und dass alles von vorne beginnen würde, unter noch schwierigeren Bedingungen.» Doch sie fügte hinzu: «Diejenigen, die unwissend in die Gaskammern gingen, konnten ihre Meinung nicht äußern.»[75]

Einer von denen, die Baeck nach dem Krieg widersprachen, war Paul Tillich, einer seiner Freunde und Bewunderer. Baecks Verteidiger fanden es richtig, Mitgefühl zu zeigen und die Not nicht durch Angst noch weiter zu verschlimmern. Tillich dagegen war der Auffassung, Baeck hätte seine Informationen weitergeben sollen. «Die ganze existentielle Wahrheit», so der protestantische Theologe, sollte immer zugänglich gemacht werden, «ebenso wie dem unheilbaren Patienten immer die ganze Wahrheit gesagt werden sollte».[76] Doch in der damaligen Zeit war es üblich, einem Todkranken das schmerzliche Bewusstsein seines bevorstehenden Endes zu ersparen. Abgesehen davon, dass der Tod nicht für alle absolut sicher war und ein solches Wissen eine «Katastrophe» ausgelöst hätte, wie Eppstein es ausgedrückt hatte, folgte Baeck mit seinem Stillschweigen nicht nur seiner persönlichen, sondern auch der damals herrschenden Moral.

Im Dezember 1944 verbreitete sich im Ghetto das Wissen über die Konzentrationslager, als vierhundert slowakische Juden, die über Auschwitz informiert waren, aus einem Lager in der Slowakei eintrafen und berichteten, was sie wussten.[77] Aber jetzt schien der Sieg der Alliierten näher als je zuvor. Die Rote Armee war nicht mehr weit entfernt, und die deutschen Behörden trieb die Sorge um, was für ein Bild das Ghetto der Weltöffentlichkeit präsentieren würde. Gleichzeitig wollten sie die Zahl der Holocaust-Überlebenden auf «natürliche» Weise verringern und schickten rund fünfzehntausend hungernde und todkranke Insassen aus Arbeits- und Konzentrationslagern im

Osten nach Theresienstadt. Völlig erschöpft und nur noch Haut und Knochen, konnten sie nicht essen, was man ihnen anbot. Viele brachen zusammen und starben. Sie brachten eine Fleckfieber-Epidemie mit, die sich schon bald im ganzen Ghetto ausbreitete. Baeck erinnerte sich, dass die letzten Wochen vor der Befreiung am 10. Mai 1945 mit die schlimmsten waren: «Von überall her aus den Lagern wurden die Flecktyphus-Kranken in offenen Güterwagen nach Th. gebracht – aus einem Zuge haben wir mehr als hundert Menschen, die unterwegs gestorben waren, herausgetragen, es war wie ein Los, wen die Ansteckung traf, und der Plan war klar, das Lager zu ‹liquidieren›.»[78] Im Mai, als die Krankheit besonders schwer wütete, starben 730 Personen, einige vor und einige nach der Befreiung. Die noch verbliebenen Bewohner des Ghettos harrten geduldig aus, bis medizinische Hilfe eintraf und die Menschen kräftig genug waren, um das Ghetto zu Fuß zu verlassen.

Erneut – diesmal nach der Befreiung durch die Rote Armee – verzichtete Baeck auf die Möglichkeit, sich einer Verantwortung zu entziehen, die ihm erst kurz zuvor auferlegt worden war. In diesen letzten Tagen, nachdem er endlich eingewilligt hatte, sich aktiv an den Entscheidungen im Ghetto zu beteiligen, übernahm er offizielle Aufgaben. Er fuhr für einen Tag nach Prag, wo er Medikamente abholte, die aus Amerika eingetroffen waren und für die Kranken bestimmt waren. In der tschechischen Hauptstadt sagte der amerikanische Major Patrick Dolan, der die Medikamente gebracht hatte, zu ihm, er sei befugt, ihn nach England zu fliegen, wo seine Familie schon auf ihn warte. Baeck lehnte ab. Er müsse noch vier oder fünf Wochen bleiben, um den kranken und den gesunden Überlebenden des befreiten Ghettos zu helfen, Kraft zu schöpfen und eine Möglichkeit zur Abreise zu finden. Erst einen Monat später, Ende Juni, als der Major wiederkam, um ihn abzuholen, ging er mit. Am 1. Juli, so erinnerte sich Baeck, brachte ihn eine große amerikanische Flying Fortress nach Paris. Von dort flog er mit einem englischen Kampfflugzeug nach London, wo seine Tochter, sein Schwiegersohn und seine Enkelin ihn ungeduldig erwarteten. Für den Rest seines Lebens war Baeck dankbar, vor dem – Eichmanns verhüllter Drohung zufolge sicheren – Tod gerettet worden zu sein.

Als die siegreichen Sowjets das Ghetto besetzten, drängten sie die befreiten Opfer, Rache an ihren Peinigern zu nehmen. Einige Holocaust-Überlebende taten es. Baeck nahm an solchen Aktionen nicht teil. Erich Warburg, der an der Evakuierung Theresienstadts beteiligt war, berichtete, was Baeck damals sagte: «Berührt sie nicht, ignoriert sie. Es ist nicht unsere Aufgabe, ein Unrecht mit einem anderen Unrecht zu vergelten.»[79] Unter Berufung auf den Römerbrief (Röm 12,19) erklärte er, Rache gehöre Gott allein.[80]

Aber die schmerzvollen Erinnerungen an seine Erfahrungen in Theresienstadt ließen sich nicht so einfach abschütteln. Sosehr Baeck sich auch bemühte, sie in die Vergangenheit zu verbannen, es gelang ihm nicht: «Vor mir tauchen so manches Mal die Schatten auf, die Schatten derer, die zu Grunde gegangen, die Schatten derer, die zu Grunde richteten. Es vergeht kaum ein Tag, an dem nicht ein Bild vor mir steht oder ein Ton in mein Ohr tritt: das jähe Pochen oder Schellen, wenn die Schergen, wie an manchem Tage, um mich hierhin oder dorthin zu holen, Eintritt forderten. Ein Freund hier [in London], dessen Vater mir nahe stand, pflegt zu sagen: time is a good healer (Zeit ist ein guter Heiler). Ob er recht hat? Es ist schwer, aus einer schweren Zeit wieder ganz hergestellt zu werden, und vielleicht dauert doch manchmal die Genesung so lange wie die Krankheit.»[81] Trotzdem weigerte er sich, in der Vergangenheit zu leben. In London angekommen, blickte er zurück im Zorn, aber er schaute auch voller Hoffnung in die Zukunft.

8

Nach der Katastrophe

Blick zurück und nach vorn

Als Baeck nach fast dreißig Monaten der Not und Entbehrungen am 5. Juli 1945 in London ankam, sah er abgezehrt aus; er hatte fast 30 Kilo Gewicht verloren. Jetzt konnte er in dem simplen Glück eines Familienlebens endlich entspannen. In Theresienstadt hatte er von dieser Rettung geträumt und den Tag herbeigesehnt, an dem er eine Wiese, ein Feld oder gar einen Wald sehen und ohne Hunger einschlafen konnte. «Es war der grosse Traum, einmal wieder unter den Lebenden und nicht unter Umkommenden ... zu sein.»[1] An einen Kollegen schrieb er kurz nach seiner Ankunft: «Hier haben mich nach allem Furchtbaren, Schmerzlichen, das mich umgeben und begleitet hatte, Freuden empfangen, die Freuden jedes Tages, mit meinen Kindern und [meiner Enkelin] Marianne zusammen zu sein.»[2]

Die letzten zehn Jahre seines Lebens waren für Baeck keine lange Phase der Regeneration, er stürzte sich vielmehr in eine Vielzahl von Aktivitäten im Dienst des Judentums, nicht viel anders als in den Jahren der Weimarer Republik. Erneut bekleidete er in der jüdischen Gemeinde mehrere hohe Ämter. Er nahm seine Funktion als Präsident der World Union for Progressive Judaism wieder auf, die er neben dem Vorsitz der Association of Synagogues of Great Britain und der Jewish Society for Human Service innehatte. Er führte den Council for the Protection of the Rights and Interests of Jews from Germany und leitete bei einem Besuch in Deutschland eine Tagung des europäischen Rabbinerverbands. Er war zu einer Symbolfigur

Nach der Katastrophe

geworden und genoss höchsten Respekt, ja Verehrung in allen Kreisen, denen er angehörte. Wie in der Vergangenheit füllten seine Aktivitäten in diversen Organisationen nur einen Teil seines beeindruckend vollen Terminkalenders. Auch diese Jahre waren eine geistig produktive Zeit, in der er sich dem Schreiben und dem Unterrichten widmete, nunmehr für eine Leser- und Hörerschaft in den alten und neuen Zentren des jüdischen Lebens in Europa, Amerika und Israel. Überall war er bestrebt, das wertvollste Erbe des deutschen Judentums zu vermitteln. Zu seinen alten und neuen Bekanntschaften zählten christliche Einzelpersonen und Gruppen, denen gegenüber er jetzt jene Elemente betonte, die beide Religionen einten, ohne jedoch die früher konstatierten Unterschiede außer Acht zu lassen.

Am 21. Dezember 1945, nur wenige Monate nach seiner Ankunft in London, stieg Baeck in den Vereinigten Staaten aus dem Flugzeug, wo er von zahlreichen namhaften Persönlichkeiten begrüßt wurde. Es war der Beginn einer dreimonatigen Tour zum Zweck einer Spendensammlung für den United Jewish Appeal, der Baecks internationales Renommee nutzen wollte, um Hilfsgelder für mittellose Juden in Europa und Palästina zu beschaffen, viele von ihnen Holocaust-Überlebende. Die deutsch-jüdische Zeitung *Aufbau* ergriff die Gelegenheit, um ihn nach seiner Ankunft mit Fragen über Deutschland zu bestürmen. Baeck äußerte Zweifel, ob das Land seiner Geburt, mit dem er einst so eng verbunden gewesen war, zu moralischer Größe zurückfinden werde. Allerdings differenzierte er: «Die ältere Generation der Deutschen, jene über 40 Jahre, hat nicht selten sich anständig benommen», sagte er. «Doch die Jüngeren, und namentlich die Hitler-Jugend, war durch und durch verrottet und pervertiert. Sie ist so verdorben, dass ich nicht sehe, wie Re-Education hier noch helfen kann. Eine Neu-Erziehung der Deutschen hat eigentlich nur Zweck bei den Kindern unter sechs Jahren.»[3] Nach seiner Ankunft in London hatte Baeck davor gewarnt, es zu versäumen, das deutsche Volk für seine Taten verantwortlich zu machen und die Bestrafung

Blick zurück und nach vorn

hinauszuzögern. Er riet zu Strenge. Demokratische Methoden, so glaubte er, seien nicht wirksam, wenn man es mit einem Feind der Demokratie zu tun habe. Nur wenn man gleichzeitig die kranken Teile des deutschen politischen Gemeinwesens unbarmherzig entferne, könnten sich die gesunden Teile erholen.[4]

Baeck machte das gesamte deutsche Volk verantwortlich für das, was den Juden angetan worden war. Die Deutschen hätten an ihren Verbrechen Gefallen gefunden und versucht, sich daran zu bereichern. Sie «billigten sie und hätten den Verbrechern applaudiert, wenn sie siegreich gewesen wären».[5] An erster Stelle machte Baeck die geistige Führung an den Universitäten verantwortlich, die sich dem Regime so bereitwillig unterworfen hatten, räumte jedoch ein, dass das NS-Regime die Menschen unter Druck gesetzt hatte. Bei einem Besuch in der Schweiz nach dem Krieg kam der nichtjüdische Psychoanalytiker Carl Gustav Jung zu ihm und bat um Verständnis für seine anfängliche Unterstützung des NS-Regimes. Angesichts der neuen Aussichten für Deutschland im Jahr 1933 sei er «ausgerutscht». Für Baeck war das eine faule Ausrede, aber da Jung offenkundig Reue zeigte, kam es zu einer Wiederaufnahme ihrer Beziehung, die in Keyserlings «Schule der Weisheit» begonnen hatte.[6]

Ähnlich pessimistisch beurteilte Baeck die Zukunft eines deutschen Judentums in dessen ehemaliger Heimat. Vehement bestritt er diese Möglichkeit und erinnerte daran, dass er den Glauben daran schon Jahre vorher verloren hatte. «Nein!», sagte er. «Die Geschichte des deutschen Judentums ist definitiv zu Ende. Die Uhr kann nicht wieder zurückgestellt werden. Ich habe das schon erkannt, als ich noch in Deutschland war. Als ich damals den deutschen Juden den Rat gab: ‹Schickt erst alle jungen Menschen fort, Ihr Älteren haltet aus, bis Ihr nachkommen könnt!› bin ich als Defaitist verschrieen worden ... Zwischen den deutschen Juden und dem Deutschland der Epoche 1933–45 steht zuviel. Soviel Mord, Raub und Plünderung, soviel Blut und Tränen und Gräber können nicht mehr ausgelöscht werden ... Die nährende Humusschicht ist nicht mehr vorhanden.»[7]

Nach der Katastrophe

Wie Baeck die Situation im Jahr 1945 beurteilte, gab es für ein verseuchtes Land oder für eine jüdische Gemeinde von Überlebenden in ihrem Herkunftsland keine unmittelbare Hoffnung. Drei Jahre später, 1948, vertrat er immer noch die Ansicht, die in Deutschland lebenden Juden sollten nicht den Wunsch haben zu bleiben. «Es wäre, als würde man in einem Friedhof der eigenen Brüder und Schwestern leben.»[8]

Er war zutiefst enttäuscht, dass selbst nach Bekanntwerden der systematischen Vernichtung der Juden führende deutsche Intellektuelle dies nicht ausdrücklich verurteilten. Als Friedrich Meinecke, Franz Rosenzweigs Lehrer und ein renommierter Historiker, 1946 das Buch *Die deutsche Katastrophe* veröffentlichte, schwieg er über den «Bankrott, der ihn doch zuerst angehen sollte, von dem Bankrott der Universitäten», schrieb Baeck voll Bedauern. Bei seiner Erörterung der Faktoren, die zum Aufstieg des Nationalsozialismus geführt hatten, ließ Meinecke auch die lange Geschichte des deutschen Antisemitismus unerwähnt, ebenso die schwere Schuld der schweigenden Kirchen und der Literaten. Baeck war zwar ein Schüler Wilhelm Diltheys gewesen, der die Aufgabe des Historikers darin sah, historische Phänomene einfühlsam «zu verstehen», aber der Holocaust setzte einem solchen Verstehen Grenzen. Baeck kritisierte Meineckes Historismus, der es ihm, im Bemühen, alles zu verstehen, ermöglicht habe, alles zu entschuldigen. Sein Historismus sei ein bequemer Schlupfwinkel, um sich nicht der Vergangenheit stellen zu müssen. Wenn man verständnisvoll schreibe, sei man «in seiner gehorsamen Feigheit dann auch noch historisch gerechtfertigt; denn die Niedertracht erscheint nun als historischer Process».[9]

Auch in den Schriften und Reden deutscher Politiker in den Jahren unmittelbar nach dem Krieg vermisste Baeck die Würdigung dessen, was die Juden zur deutschen Gesellschaft und Kultur beigetragen hatten. Sein Fazit kam der umstrittenen These des Kabbala-Forschers und jüdischen Intellektuellen Gershom Scholem nahe, dass nämlich die Liebe der deutschen Juden zu ihrem Land von der

Blick zurück und nach vorn

nichtjüdischen Öffentlichkeit in keiner Weise erwidert worden sei. Baeck kritisierte die Blindheit – seine eigene und die anderer – für die dunklen Flecken der Weimarer Republik und schrieb, «wie einsam wir Juden unter allen den Menschen im deutschen Lande waren, und wir selber ahnten es kaum».[10] Der Mythos der «deutschen Torah», die Rassenlehre, schrieb Baeck an Scholem, sei an deutschen Schulen und Universitäten kanonisiert worden: der Mythos von der allumfassenden Totalität der Weltsicht des «Volkes», des deutschen Volkes minus den Juden.[11]

In seinen ersten Monaten in London versuchte Baeck, die hinter ihm liegende Zeit zu verdrängen. Die Erinnerung daran war schmerzlich, und noch schmerzlicher war es, über das zu schreiben oder zu sprechen, was er selbst erlebt hatte. Er hatte so viele ihm nahestehende Menschen verloren. In Anspielung auf ein Psalmwort schrieb er: «Ich habe schweigen machen mich selbst.»[12] Doch seine privaten Verpflichtungen zwangen ihn zurückzublicken. Er erhielt regelmäßig Briefe, in denen er um Auskunft über Verwandte und Bekannte gebeten wurde, die er in Berlin gekannt oder mit denen er in Theresienstadt Kontakt gehabt hatte. Baeck führte, wie er später sagte, «einen täglichen Kampf mit einer Korrespondenz», zu der er sich verpflichtet fühlte.[13] In der Antwort auf den Brief einer alten Bekannten schrieb er: «Ich war dort [in Theresienstadt] mit Ihrer verewigten Mutter oft zusammen ... Ich fand sie bald auf und sie erzählte mir von Ihnen und Ihrer Schwester ... Mir schien es, dass es ihr nur Freude war, sich mit mir zu unterhalten u. so in die Gegenwart ein Stück Vergangenheit hineinleuchten zu lassen.» Er erzählte die traurige Geschichte seiner ehemaligen Mitarbeiterinnen Hannah Karminski und Cora Berliner, die er sehr geschätzt hatte. Die erkrankte Hannah Karminski war in den Osten deportiert worden und nach einigen Tagen gestorben. Auch Cora Berliner war verschleppt worden. Baeck fügte hinzu: «Ich halte noch an der Hoffnung fest, sie wiederzusehen.»[14] In einem anderen Brief schrieb er: «Man darf nicht alle Hoffnung aufgeben. Es kommen immer wieder Lebenszeichen aus dem Osten.»[15] Und Baeck gab die Hoffnung nicht auf. Seine beiden Brüder waren in den Osten verschleppt worden und dort verschollen, und doch schrieb er 1946: «Ich weiss, wie dünn und vielleicht wesenlos diese Hoffnung ist, aber ich klammere mich an sie fest, eines Tages vielleicht doch noch von ihnen zu hören und sie wiederzusehen.»[16]

Man erbat auch Leumundszeugnisse von ihm, um Personen, die er kannte, vom Verdacht freizusprechen, sie hätten der Sache der Nationalsozialisten gedient. Hans Walz, dem Geschäftsführer der Robert Bosch GmbH, der Baecks Tätigkeit in der NS-Zeit finanziell unterstützt hatte, stellte Baeck ein solches Zeugnis aus. Walz sei ein Mann von lauterem Charakter, der den Nationalsozialismus abgelehnt habe, schrieb er.[17] Eine solche Bitte richtete auch sein alter Freund Hans-Hasso von Veltheim-Ostrau an ihn. In seinem Fall ging es darum zu rechtfertigen, warum Veltheim 1937 «Anwärter» auf Mitgliedschaft in der NSDAP geworden war. Dies war offenkundig notwendig gewesen, um einen Auslandspass zu erhalten und reisen zu können. Veltheim schrieb an Baeck, er habe vielen Juden bei ihrer Flucht aus Deutschland und ihrer Ansiedlung in einem anderen Land geholfen.[18] Nun war es an Baeck, ihm zu helfen. Seit langem ein großer Bewunderer deutscher Aristokraten, die keine Antisemiten waren, wurde er nach dem Holocaust zu Veltheims Gönner und Beschützer.

Baeck hatte lange an der Idee eines stetigen moralischen Fortschritts gezweifelt. 1945 bestritt er ihn explizit: Es gebe nur einen technischen Fortschritt, der, ungeschmälert vom Lauf der Geschichte, in die Zukunft voranschreiten könne. «Moralischer Fortschritt» dagegen müsse «immer von neuem erstrebt und vollendet werden».[19] Wie nach dem Ersten Weltkrieg war er auch jetzt zuversichtlich, die Katastrophe des Krieges werde die Nationen zur Besinnung bringen. «Die staatliche Souveränität wird jetzt zugunsten eines höheren gemeinsamen Interesses auf etwas Relatives beschränkt ... Die Idee des ‹Nationalen› hat erheblich an Wert verloren und die Idee des ‹Internationalen› an Wert und Substanz gewonnen, auch wenn die alte Idee hier und da immer noch ihre konvulsivischen Krämpfe hat.»[20] Er beschwor frühere Formen eines gemeinsamen Ganzen – das Vereinigte Königreich und die Vereinigten Staaten – als Modell für die Idee «Vereinter Nationen». Die neue Gemeinschaft der Völker, so hoffte Baeck, werde eine Welt schaffen, die nicht auf dem «Dämon der Staatsraison»[21] basiere, sondern auf einem breiten Menschheitskonzept. Die Nationen würden «Nationen von Menschen» sein, die nicht in nationalen, sondern in universellen Begriffen denken. Gemeinsam würden sie eine «Menschheitskultur» schaffen.[22] Doch in dem nun beginnenden Kalten Krieg schwand Baecks Zuversicht erneut. Auch nachdem sechs Millionen Juden und viele Millionen Nichtjuden ihr Leben verloren hatten, sei die Lektion nicht gelernt worden. In seinem letzten großen Werk *Dieses Volk. Jüdische Existenz* fragte er: «Ist eine Menschheitsepoche im Beginnen – eine Epoche, an deren Anfang eine Heimsuchung dieses Volkes stand wie ‹ein Opfer für viele›?» Und er fuhr fort: «Spätere werden die Antwort hören.»[23]

Die von Baeck erhoffte Menschheitskultur machte es erforderlich, vom Konzept des Staates in der Mitte des Spektrums der politischen Organisation abzurücken und sich stattdessen dem Individuum am einen und der Menschheit am anderen Ende dieses Spektrums zuzuwenden. Die Weimarer Republik sei stolz auf Gesetze gewesen, «denen die Idee der Freiheit innewohnte». Ihre Gründer und Repräsentanten dachten, das politische Gefüge der Weimarer Republik werde Intoleranz und Verfolgung verhindern. Doch diese Erwartung hatte sich als falsch erwiesen. Es sei, wie Baeck nun schrieb, «nur ein kurzer Traum [gewesen], dem zwangsläufig ein düsteres Erwachen folgte». Es komme nicht auf den Staat an, sondern auf die, die ihn bildeten und ihm dienten. «Was zählt, sind Menschen von Recht und Gerechtigkeit. Entscheidend ist die Erziehung gerechter Menschen.» Nicht nur, indem man Gesetze umgestalte, sondern auch, indem man eine andere Art Individuum gestalte, könnten weitere Katastrophen verhindert werden, besonders im neuen Deutschland.[24]

In den letzten zehn Jahren seines Lebens betonte Baeck immer wieder, das Individuum sei das irreduzible und unaussprechliche («ineffabile») Konstituens der Menschheit. Das Recht des Einzelnen, anders zu sein, sei unveräußerlich und dürfe von keiner Gruppe der Gemeinschaft und von keinem Staat gebrochen werden. Gerechtigkeit allein, für die Baeck sich so entschieden einsetzte, reiche nicht aus. Was hinzukommen müsse, sei die Menschlichkeit, und sie erfordere die Anerkennung individueller Unterschiede. «Die Gerechtigkeit», schrieb er, «bemisst alle nach den gleichen Maßstäben. Doch die Menschlichkeit verweist darauf, dass diejenigen, die bemessen werden, unterschiedliche Menschen sind. Jeder von ihnen ist eine Welt für sich.»[25] Es sei beides erforderlich: «Gerechtigkeit ist die Grundlage; auf ihr und auf ihr allein kann und sollte die Menschlichkeit erbaut werden, damit die menschliche Gesellschaft fest gegründet ist, eine Gesellschaft, in der alle ihren Platz haben, um für die großen Aufgaben zu leben, für die der Schöpfer sie geschaffen hat, jeder mit seiner individuellen Natur, jeder mit seiner einzigartigen Persönlichkeit.»[26] Aber nicht nur die Gerechtigkeit finde ihren Grund in humanen Individuen, auch der Frieden. Das Ideal eines Weltfriedens hänge letztlich nicht von den Nationen ab, sondern, wie die Gerechtigkeit, von den einzelnen Menschen. Die Aufgabe bestehe darin, Männer und Frauen so zu erziehen, dass sie dieses Ideal verkörpern.[27] Dafür müsse man gegen das kämpfen, was Baeck jetzt als die ursprünglich nichtmoralische menschliche Natur betrachtete. In einem wissenschaftlichen Vortrag mit dem lateinischen Titel «Individuum ineffabile», den er 1947 vor der renommierten Eranos-Gesellschaft in Ascona hielt, sagte er, der Mensch sei von Natur aus nicht selbstlos, gerecht, wahrhaftig und liebevoll. Die Natur stehe außerhalb der Moral. Erst der eine Gott, geheimnisvoll in seinem Wesen, aber erkennbar durch das moralische Gebot, mache aus dem Geschöpf der Natur die sittliche Person und erfülle damit deren Individualität.[28]

Das Vermächtnis ihrer Propheten und das Leid, das ihnen in Ermangelung dieser drei Werte in der Welt – Gerechtigkeit, Menschlichkeit und Frieden – zugefügt wurde, erlege den Juden eine besondere Verpflichtung auf, die Entwicklung dieser Werte voranzutreiben. Gering an Zahl, seien sie zwar nicht in der Lage, große politische und wirtschaftliche Veränderungen zu bewirken, wohl aber könnten sie das innere Leben der Individuen beeinflussen. Dieses innere Leben, so Baeck, sei letztlich die Grundlage zur Verwirklichung moralischer Ziele. Wie schon 1935, als er den Juden Deutschlands mit seinem öffentlichen Gebet Trost zugesprochen hatte, betonte er auch jetzt, dass das Judentum «aufrecht im Strom der historischen Ereignisse steht».[29] Es müsse das Gewissen der Menschheit sein und dazu beitragen, ein Bewusstsein für das Böse zu entwickeln, das er «die Kraft des öffentlichen Gewissens, des erwachten Weltgewissens» nannte.[30]

Um das Gewissen der Menschheit wachzurütteln, so Baeck, müsse man es wagen, die Stimme zu erheben. In einer Rede an die Delegierten der ersten Tagung der World Union for Progressive Judaism nach dem Krieg, die 1946 in London stattfand, forderte er dazu auf, sich in das Weltgeschehen einzumischen:

> Wir als Juden dürfen uns vor den Problemen der Zeit nicht zurückziehen und uns als Juden nicht verstecken ... Wir sind Juden auch um der Menschheit willen; wir sollten da sein, ganz besonders in dieser Welt nach dem Krieg; wir müssen unsere Fragen stellen und müssen unsere Antwort geben. Das Gewissen der Menschheit wachzurütteln könnte hier unser bestes verbrieftes Recht sein. Gewiss werden wir um unseres großen Ja, unserer großen Forderung willen oft ein Nein aussprechen müssen gegenüber vielem, das auf der Welt geschieht und die Welt regiert. Um der Gerechtigkeit und der Liebe willen, um des Versprechens willen werden wir oft Anklage erheben müssen; Nein sagen und anklagen, weil wir sind, was wir sind und sein sollten, Gottes loyalste Opposition auf Erden, die Unerschütterlichen und Hartnäckigen um Gottes willen.[31]

Nach der Katastrophe

Laut dem nach London geflüchteten Rabbiner Caesar Seligmann, einst geistliches Oberhaupt der liberalen Synagoge in Frankfurt am Main, war eines von Baecks Lieblingszitaten aus der jüdischen Literatur der Imperativ *letaken olam be-malkhut schadai*, die Welt unter der Herrschaft Gottes geradezurichten.[32] Dieser Satz, verkürzt auf *tikun olam*, der Gottes soziales Gebot beschreibt, wurde in allen Strömungen des liberalen Judentums zu einer zunehmend populären hebräischen Wendung.

Das Erbe

Zunächst zumindest hegte Baeck Zweifel, ob in der neu gegründeten Bundesrepublik Deutschland wieder eine blühende jüdische Gemeinde entstehen könne. Aber er war von Anfang an überzeugt davon, dass das spirituelle und intellektuelle Erbe des deutschen Judentums bewahrenswert sei, wo immer deutsche Juden jetzt verstreut lebten. In seinem Aufsatz «Die Idee bleibt», der in einer Publikation überlebender Mitglieder des nichtzionistischen Kartellconvents deutscher Studenten jüdischen Glaubens (K. C.) erschien, erinnerte er an ein Deutschland aus der Zeit vor den Nationalsozialisten, das sich als Teil der Welt verstanden hatte, insbesondere an das Deutschland der Klassik, die Zeit der großen Dichter, Denker und Musiker.[33] Von diesem Deutschland habe die ganze Welt gesprochen, etwa Thomas Carlyle in England und Ralph Waldo Emerson in Amerika. Den Juden habe dieses Deutschland mehr bedeutet als anderen. Es sei das Land von Moses Mendelssohns Freund Gotthold Ephraim Lessing gewesen; von Christian Wilhelm Dohm, der sich für die politischen Rechte von Juden einsetzte; und das Land der Brüder Humboldt, die sich für jüdische Belange engagierten. Auf deutschem Boden sei die kritische jüdische Wissenschaft entstanden. Und es sei der klassische Geist jener Zeit gewesen, der Geist der deutschen Aufklärung, der «in die Seelen von Juden eingezogen ist», auch wenn so

Das Erbe

manche meinten, sie seien verpflichtet, dafür etwas von ihrem Judentum aufzugeben. Erst allmählich hätten die deutschen Juden eingesehen, dass ihr wichtigster Beitrag nicht darin bestand, in der Kultur und Gesellschaft ihrer Umgebung aufzugehen, sondern darin, «ihre Besonderheit, ihre Eigentümlichkeit» sichtbar zu machen. Mehr und mehr sei jedoch erkennbar geworden, worauf Deutschland zusteuerte. Es habe sich nicht mehr als Teil Europas gesehen, sondern sich von seinen Nachbarn und von seiner eigenen humanistischen Tradition abgewandt. Der Antisemitismus sei das erste Symptom dieser Scheidung gewesen und bald zu ihrer treibenden Kraft geworden. Schließlich habe sich Deutschland tragischerweise von der Menschheit und der Menschlichkeit losgesagt. Doch die jüdische Gemeinschaft habe an diesen Werten festgehalten. Ihr Judentum, in dem sich verinnerlichte Werte mit Werten verknüpft hätten, die einst in Deutschland beheimatet waren, sei eine Idee, so Baeck, die bleiben werde. Über die Jahre gingen aus dem deutschen Judentum große Gestalten hervor, über die Baeck in öffentlichen Vorträgen sprach, die er in den letzten Monaten seines Lebens in Deutschland hielt. Er wies auf Josel von Rosheim hin, der im 16. Jahrhundert für jüdische Rechte gekämpft hatte, um sich sodann auf vier Persönlichkeiten zu konzentrieren, die unterschiedliche Formen des jüdischen Bewusstseins verkörperten: den Philosophen Moses Mendelssohn; den Sozialisten und Vorläufer des Zionismus Moses Hess; den tragisch ermordeten deutschen Außenminister Walther Rathenau; und den Theologen Franz Rosenzweig, dem Baeck in enger Freundschaft verbunden war. Baeck widmete die Vorlesungen «der Erinnerung an das einstige deutsche Judentum und seine große geistige Geschichte».[34] Wo immer deutsche Juden jetzt lebten: Ihr edles Erbe, in dem sich jüdische mit aufklärerischen Werten verbanden, werde an neuen Orten und in neuen Formen weitergeführt.

In anderen Texten ging Baeck auf dieses deutsch-jüdische Erbe, das er für wert erachtete, auf andere Länder übertragen zu werden, genauer ein. Die deutschen Juden, so erklärte er, hätten ein Talent zur

Organisation, das sie befähige, effiziente jüdische Gemeinden zu gründen; sie legten großen Wert auf Bildung und auf die Verpflichtung zur Philanthropie. Und von Anfang an seien auch starke jüdische Frauen beteiligt gewesen. An Ottilie Schönewald, die letzte Präsidentin des Jüdischen Frauenbundes, schrieb er: «In der Geschichte des Judentums in Deutschland in der grossen Generation vor dem Hereinbrechen der Finsternis hatte der Frauenbund seinen eigenen Platz und seine eigenen Wege.» In der Weimarer Republik habe der Jüdische Frauenbund die Romantik der allgemeinen Frauenbewegung überwunden und seine Aktivitäten erfolgreich auf drei wichtige Bereiche fokussiert: das Spirituelle, das Soziale und das Politische.[35] In der NS-Zeit sei die Stärke der Frauen noch deutlicher geworden:

> Was jüdische Frauen in jenen Jahren vollbracht haben in Deutschland in dieser Not, kein Wort reicht daran. Was diese Frauen an Hingebung, an Mut bewiesen haben, weniges kann als Beispiel an die Seite gestellt werden. Wer es mit angesehen hat, wie in Berlin nach der Verbrennung der Synagogen, als die Männer aus den Häusern geschleppt wurden, und nach den Lagern gebracht wurden, wie damals die jüdischen Frauen das Polizeipräsidium am Alexanderplatz, man kann es nicht anders sagen, erstürmt haben, wie sie dort erklärten, sie würden nicht weichen, bis man ihnen ihre Männer zurückgeben würde oder wenigstens sagen, wo sie hingekommen sind, der hat ein Grosses in der Geschichte erlebt und wird es nie vergessen.[36]

So seien die jüdischen Männer gleichsam auf dem Rücken ihrer Frauen aus Deutschland in die Länder der Freiheit gelangt. Erneut kam Baeck auf Hannah Karminski und jetzt auch auf Martha Hirsch zu sprechen, die Frau seines ehemaligen Mitstreiters Otto Hirsch. «Wer in den letzten Stunden von Martha Hirsch, bevor sie fortgeschleppt wurde, mit ihr zusammen war, hat gewissermassen für sein ganzes Leben einen Segen empfangen.»[37]

Dies war das Erbe, das Baeck bewahrt wissen wollte: das Vermächtnis des deutschen Judentums insgesamt und das Vermächtnis

Das Erbe

einzelner Juden. Er hoffte auf eine Neubelebung, da es «in den letzten Jahrzehnten vor der jüdischen Katastrophe Anzeichen einer jüdischen Renaissance in Deutschland gegeben» habe. «Diese Kräfte sind nicht ausgelöscht worden, und es ist an uns, sie neu zu entwickeln. So wie das Erbe des sephardischen Judentums nach wie vor Realität ist, so werden auch die Errungenschaften des aschkenasischen Judentums von Straßburg bis Lemberg, von Prag bis Skandinavien im jüdischen Leben weiter eine Rolle spielen.»[38] Doch Baeck wusste, dass für eine solche Renaissance zweierlei notwendig war: finanzielle Mittel zur Unterstützung der verarmten deutsch-jüdischen Emigranten und Bücher, um den Geist zu nähren. Er war entschlossen, beides zu beschaffen.

Den jüdischen Flüchtlingen aus Deutschland, die sich in den Vereinigten Staaten, in Großbritannien, Südamerika und anderswo eine neue Existenz aufzubauen begannen, war vor ihrem Aufbruch ein Großteil ihres Besitzes, wenn nicht alles geraubt worden. Einige waren nicht in der Lage, selbst für ihren Lebensunterhalt zu sorgen. Die Älteren mussten für ihre letzten Jahre in Altersheimen untergebracht werden. Liegenschaften jüdischer Organisationen und Institutionen wie der Loge B'nai B'rith in Deutschland waren beschlagnahmt worden und mussten jetzt zurückgegeben werden. Als Präsident des Council for the Protection of the Rights and Interests of the Jews from Germany mit Sitz in London bemühte sich Baeck darum, Verlorenes wiederzugewinnen. Er wurde zum wichtigsten Fürsprecher der deutschen Flüchtlinge und Überlebenden, aber er konnte wenig ausrichten. 1950 forderte er das American Jewish Joint Distribution Committee auf, rasch zu handeln, um Entschädigungszahlungen zu erhalten, denn «falls überhaupt ein Gefühl der Verantwortung für die Verbrechen des Nazismus existierte, ist es aufgrund des Selbstmitleids des alten und der Selbstgefälligkeit des neuen Deutschlands weitgehend verschwunden».[39] Jahrelang versuchte er, die Jewish Restitution Successor Organization (JRSO) dazu zu bringen, «20 Prozent der Nettoerlöse aus der Liquidierung erbenloser und nicht beanspruchter jüdischer Vermögen in der amerikanischen Zone Deutschlands diesem Komitee zuzuweisen», damit es an die Organisation für jüdische Flüchtlinge aus Deutschland in der ganzen Welt verteilt werden könne.[40] Baeck erhob diese Forderung in den nachfolgenden fünf Jahren immer wieder, aber ohne Erfolg. Die Führung der JRSO wies keiner Einzelgruppe einen bestimmten Prozentsatz der Entschädigungsgelder zu. Die Organisation wollte die Verteilung der Gelder selbst kontrollieren, von denen, wie sie erklärte, ein Teil bereits an deutsch-jüdische Flüchtlinge gegangen sei.[41] Schließlich schrieb Baeck tief enttäuscht einen Brief an Monroe Goldwater, den Präsidenten der JRSO. Es sei wichtig, die verfügbaren Gelder unter jüdischen Flüchtlingen und Überlebenden weltweit zu verteilen, aber es sei ungerecht, den deutsch-jüdischen Flüchtlingen einen bestimmten Anteil zu verweigern: «Die verfügbaren Gelder waren Gelder, die die Eltern, Vorfahren und Verwandten von Juden erwirtschaftet haben, die in Deutschland lebten und in verschiedenen Ländern Zuflucht fanden. Diese Menschen, die diese Gelder durch ihren Fleiß und ihre Begabung erworben hatten, hatten ein feines soziales Gespür und waren stets bereit, bedrängten Juden zu helfen, ganz egal, wo sie lebten.»[42] Nun, da die einstigen Wohltäter selbst in Not geraten seien, würden ihre Forderungen zurückgewiesen. Baeck sah sich gezwungen, den Austritt des Council aus der JRSO zu erklären.[43]

Zu dem Konflikt um die Verteilung der Entschädigungsgelder kam ein Streit darüber hinzu, wer die jüdischen Bücher erhalten sollte, die deutsch-jüdischen Einzelpersonen und Institutionen gehört hatten. Es entwickelte sich ein Tauziehen zwischen Amerika (vertreten durch den renommierten jüdischen Historiker Salo Baron), Israel (vertreten durch den Gelehrten der jüdischen Mystik Gershom Scholem) und dem Vereinigten Königreich (vertreten durch Leo Baeck). Jeder von ihnen wollte einen Anteil an den beschlagnahmten Büchern, und hier kamen ideologische Differenzen ins Spiel. Das amerikanische Judentum war zahlenmäßig am größten und verfügte über bedeutende Einrichtungen der jüdischen Gelehrsamkeit und beanspruchte vor allem deshalb den Löwenanteil. Aus zionistischer Sicht war Israel das große spirituelle Zentrum des jüdischen Volkes weltweit und sollte daher die notwendigen Mittel erhalten, um diese Aufgabe weiterhin zu erfüllen. Scholem schrieb an Baeck: «Die Anschauung der [Hebräischen] Universität geht dahin, daß Jerusalem als die zentrale geistige Erbin und Nachfolgerin jener in der Katastrophe unseres Volkes zugrunde gegangenen Institutionen des zentraleuropäischen Judentums anzusehen ist.»[44] Das von Baeck für England geltend gemachte Argument war am schwächsten, gründete es doch vor allem darauf, dass hier eine große Zahl deutscher Juden lebte, die bestrebt waren, die deutsch-jüdischen geistigen und wissenschaftlichen Traditionen in neuen Einrichtungen der jüdischen Gelehrsamkeit fortzusetzen, die bereits gegründet waren oder in naher Zukunft gegründet werden würden.[45] Baeck erkannte die Zentralität der israelischen Forderung an und räumte ein, dass auch Amerika ein Recht auf einige Bände habe. Er war lediglich gegen ein Monopol. An Salo Baron schrieb er, die ehemals deutschen Juden «sollten einen Anteil an dem kulturellen Besitz erhalten, der über einen langen Zeitraum hinweg ihren Gemeinden und Institutionen gehört hatte. Dieser Anspruch ist nicht nur sentimental, sondern Ausdruck der Tatsache, dass dieses Band und damit ein tief empfundenes Bewusstsein für das eigene Erbe immer noch existiert.»[46]

1947 gründeten deutsche Juden in London die Society for Jewish Studies, die sich wöchentlich zu Vorträgen traf und deren Mitgliederzahl stetig wuchs. Bald veranstaltete sie regelmäßige akademische Seminare. Die Gesellschaft brauchte dringend jüdische Bücher, da sie sich mit der relativ kleinen Bibliothek einer der örtlichen Gemeinden begnügen musste. Baeck, der bei seiner Deportation nach Theresienstadt seine eigene Bibliothek verloren hatte, wurde zum Vorsitzenden und Rektor der Gesellschaft gewählt. Er war auch deren populärster Redner, zu dessen Vorträgen bis zu hundertfünfzig Zuhörer kamen. Vor allem für diese Gesellschaft wollte Baeck die noch existierenden

Bücher aus der Lehranstalt in Berlin erwerben, wo er so viele Jahre unterrichtet hatte; sie würden von den in England lebenden deutschen Juden besonders geschätzt und benutzt werden. Baeck fand, er als der letzte Überlebende aus dem Lehrerkollegium und der Verwaltung der Lehranstalt könne bei der Verteilung der Bücher besondere Ansprüche geltend machen.[47] In diesem Fall waren seine Bemühungen zumindest teilweise erfolgreich: Durch Vermittlung des Committee for Restoration of Jewish Books, Museums and Archives erhielt die Gesellschaft beschlagnahmte Bücher aus Europa.[48] 1956 wurde die erhoffte Nachfolgeinstitution der Berliner Lehranstalt als Rabbinerseminar in London gegründet, das bis heute dem liberalen wie dem Reformjudentum Großbritanniens dient. Nachdem Leo Baeck im Gründungsjahr der Einrichtung gestorben war, erhielt sie den Namen Leo Baeck College.

Ein neues Deutschland

Bundeskanzler Adenauers Bereitschaft, sowohl dem Staat Israel als auch den verfolgten Juden in der Diaspora Entschädigungszahlungen zu leisten, war für Baeck ein Zeichen dafür, dass Deutschland begann, für seine Verbrechen die Verantwortung zu übernehmen. Es sei nicht zuerst eine Frage des Geldes, erklärte er gegenüber dem *Aufbau*. Die Bereitschaft, Wiedergutmachung zu leisten, zeige, dass sich das neue Deutschland auf die Seite von Recht und Gesetz stelle.[49] Aber das war kein hinreichender Grund für Baeck, dem deutschen Volk seine Verbrechen zu verzeihen. Vergebung sei etwas, was nur ein Individuum einem anderen Individuum erweisen könne. Er sei bereit, «denen, die mir Böses getan haben, zu vergeben», erklärte er. Aber einem Volk könne nur Gott vergeben. Baeck glaubte nicht an eine Kollektivschuld, kein Zweifel hingegen bestand für ihn an einer Kollektivverantwortung des deutschen Volkes.[50] In einem privaten Brief unterschied er mit einem für ihn untypischen Sarkasmus zwi-

Ein neues Deutschland

schen den Tätern und den wenigen aktiven Nazigegnern. Er bestritt nicht, dass es in Deutschland immer moralisch gewissenhafte Menschen gegeben habe und weiterhin gebe, aber es seien wenige: «Ich selbst habe wertvolle Freunde dort, mit denen ich in dauernder Verbindung bleibe. Ich bin in der Litteratur ueber die Kannibalenstaemme nicht sehr versiert, aber vielleicht hat es unter diesen auch einzelne treffliche Menschen gegeben, die sich der Zubereitung und des Genusses von Menschenfleisch enthielten.»[51] 1952 jedoch, in dem Jahr, in dem Martin Buber in Frankfurt den Friedenspreis des Deutschen Buchhandels erhielt, begann Baeck, von Versöhnung zwischen Deutschland, dem jüdischen Volk und dem Staat Israel zu sprechen – solange diese Versöhnung nicht mit Vergessen einhergehe. Es gebe vieles, was an diese Vergangenheit erinnere. In der nach dem Krieg gegründeten deutschen Zeitschrift *Merkur* erklärte er, die Schatten der Toten seien stets gegenwärtig: «Sie gehen mit jedem Juden und bleiben bei ihm, wenn er auf neuen Boden tritt. Im Lande Israel heißt die Losung: ‹das Einbringen der Verstreuten›. Auch die Schatten werden dort eingebracht. Auch sie verlangen dort ihr Wort.» Baeck nahm kein Blatt vor den Mund, um darauf hinzuweisen, dass sich das deutsche Volk bereitwillig seinen übelsten Elementen überantwortet hatte. Aber Versöhnung – Frieden zwischen dem jüdischen und dem deutschen Volk – sei möglich, wenn zügelloser Nationalismus und die Staatsvergötzung der Vergangenheit einem neuen Humanismus wichen. In einer für ihn typischen Weise schloss er mit einer hoffnungsvollen religiösen Note: «Für die Menschheit kann es etwas bedeuten, wenn dieser Friede ehrlich, und das heißt auch: ohne Vergeßlichkeit, betrachtet und vorbereitet und, so Gott will, schließlich geschlossen wird.»[52]

Nach dem Holocaust waren viele Juden gegen jegliche Form der Kontaktaufnahme mit dem neuen Deutschland. Jahrelang lehnte das zu Ehren Baecks benannte Leo Baeck Institut eine Vertretung in Deutschland ab. Rabbiner Alexander Schindler, später Präsident der Union der Gemeinden des amerikanischen Reformjudentums, stellte Baecks Besuche in Deutschland infrage: «Die Hand, die Sie dort schütteln», sagte er zu ihm, «könnte die Hand sein, die einen Dolch gehalten hat.»[53] Dennoch entschloss sich Baeck im September 1948, fast sechs Jahre nach seiner Deportation, zu einem Besuch im neuen Deutschland. Es war die erste von einem halben Dutzend solcher Reisen. Bei seinem ersten Besuch, der drei Wochen dauerte, reiste er von Hamburg aus durch deutsche Städte, die letzte Station war Frankfurt. Menschen, die ihn kannten, Juden und Christen gleichermaßen, suchten seine Nähe, um ein paar Worte mit ihm zu wechseln. Für einen Fünfundsiebzigjährigen absolvierte er ein erstaunliches Pensum. Er hielt Vorträge und predigte, immer ohne Textvorlage, ja sogar ohne Notizen und, seinem Reisebegleiter zufolge, ohne sich jemals zu wiederholen. In Hamburg hielt er an der Universität einen Vortrag zum Thema «Du sollst hoffen!» In Hannover, der Stadt des Philosophen Leibniz, sprach er über die Zukunft Europas, in Düsseldorf, wo er Gemeinderabbiner gewesen war, sprach er über den Sinn der Geschichte und an der Universität Köln über das Wesen der Demokratie. Wo immer er auftrat, war der Saal brechend voll. Juden, die irgendwie überlebt hatten, kamen, um ihn zu hören, ebenso Regierungsvertreter, Angehörige der Besatzungsstreitkräfte und Kirchenführer. In Bremen hielt er eine jüdische Neujahrspredigt für die dortigen Juden, und in Frankfurt übermittelte er der neu gegründeten jüdischen Gemeinde zum Versöhnungstag eine Botschaft. Es war seine längste Deutschlandreise. Nicht bereit, über die Vergangenheit hinwegzusehen, nutzte Baeck sie für einen erschütternden Besuch im Konzentrationslager Bergen-Belsen. Seine nachfolgenden Besuche waren kürzer und erfüllten jeweils einen bestimmten Zweck.[54]

Auf einer solchen Deutschlandreise im Sommer 1954 sprach er anlässlich des 750. Todestags von Moses Maimonides über diesen großen jüdischen Rechtsgelehrten und Philosophen. Der Vortrag fand im Plenarsaal des Düsseldorfer Landtags statt. Unter den Zuhörern waren neben den Mitgliedern der kleinen jüdischen Gemeinde eine

Ein neues Deutschland

Vielzahl prominenter Persönlichkeiten aus Politik, Diplomatie und Universität. Nichtjuden füllten den Saal, um einen maßgeblichen jüdischen Denker über den bedeutendsten jüdischen Gelehrten des Mittelalters sprechen zu hören. Was Baeck in seinem Vortrag herausstrich, war Maimonides' bemerkenswerte Unabhängigkeit. In einer Epoche der Unruhen war es dem Rambam, wie er in der jüdischen Tradition genannt wird, gelungen, seinen Glaubensgrundsätzen treu zu bleiben und dennoch an den intellektuellen Aktivitäten der islamischen Welt teilzunehmen, in der er lebte. Er war ein Wissenschaftler und gleichzeitig ein religiöser Mensch gewesen. Für Baeck war Maimonides ein Vorbild an moralischer Rechtschaffenheit, ein Gelehrter und ein Sprecher seiner Gemeinde, der äußerem Druck standgehalten und sich seine jüdische Identität bewahrt hatte. «Das war dieser Mann, Rabbi Moses ben Maimon, der Rambam», sagte er am Ende seiner Ausführungen. «Seiner gedenken, heißt, an uns eine Frage richten, die uns selbst gilt.»[55]

Zu denen, die bei Baecks Düsseldorfer Rede anwesend waren, gehörte Bundespräsident Theodor Heuss. Als Heuss nach dem anschließenden Empfang die große Freitreppe hinuntergegangen war, drückte er dem Juden und dem Christen, die ihn begleiteten, die Hand und sagte: «Dieser Vortrag von Dr. Baeck war für mich eines meiner schönsten Erlebnisse.» Und als er Hunderte von Düsseldorfern sah, die gewartet hatten, um ihn zu sehen, fügte er hinzu: «Aber ebenso groß ist meine Freude, zu sehen, daß so viele Deutsche die halbe Nacht auf der Straße stehen, um ihre Landesväter zu erwarten, obgleich sie wissen, daß sie bei den Juden waren.»[56] In den 1930er Jahren war Heuss ein passiver Gegner des NS-Regimes gewesen, jetzt bemühte er sich, ein anderes Deutschland mitzugestalten. Er prägte den Begriff der «Kollektivscham» für die Verbrechen der Deutschen und wollte verhindern, dass diese Schande verdrängt wurde. Durch Otto Hirsch, der Heuss seit der Studentenzeit in Württemberg kannte, hatte Baeck ihn schon vor dem Krieg flüchtig kennengelernt und vor allem mit Heuss' dynamischer Ehefrau Elly Heuss-Knapp,

Leo Baeck (rechts) mit Theodor Heuss, ab 1949 erster
deutscher Bundespräsident, im Jahr 1947

die in christlicher Theologie bewandert war, tiefgründige Gespräche geführt.

Nach dem Krieg besuchte Leo Baeck bei seinen Deutschlandreisen den Bundespräsidenten auf dessen Einladung regelmäßig in seinem Haus; sie begegneten einander mit großem Respekt. An den befreundeten Künstler Ludwig Meidner, der 1931 sein Porträt gemalt hatte, schrieb Baeck: «Es ist, wenn ich so sagen darf, ein geschichtliches Stück für das Deutsche Volk, dass dieser Mann Präsident der Westdeutschen Republik ist.»⁵⁷ Heuss widersprach Baecks Ansicht, das Christentum sei eine Form der romantischen Religion. Doch ihr Verhältnis war von einer solchen Offenheit und Freimütigkeit, dass Baeck – mit unverkennbarem Bezug auf die 1930er Jahre, aber auch einer versteckten Mahnung für die Gegenwart – Heuss zu dessen siebzigstem Geburtstag schreiben konnte, das deutsche Volk habe zugelassen, dass die bürgerliche Moral in Unmoral abglitt. Aufgerufen zu handeln, seien die Deutschen ängstlich gewesen. Angst sei an die Stelle des unabhängigen Denkens getreten, die Masse an die Stelle der Gemeinschaft.⁵⁸ Heuss betrachtete Baeck als einen modernen Nathan den Weisen,⁵⁹ für Baeck wiederum verkörperte Heuss die Hoffnung auf das neue Deutschland. Als ihm auf Vorschlag des Bundespräsidenten das Große Bundesverdienstkreuz verliehen und 1953 in London überreicht werden sollte, lehnte Baeck die Ehrung nicht ab.⁶⁰

Er wurde zuversichtlich, dass sich unter der Ägide von Menschen wie Theodor Heuss in Deutschland vielleicht doch eine neue jüdische Gemeinde entwickelte, auch wenn er nicht glaubte, dass sie so blühen und gedeihen konnte wie in der Vergangenheit. Jüdische Gemeinden wurden in West- und in Ostdeutschland gegründet, und Baeck fühlte sich verpflichtet, sie zu unterstützen, so gut er konnte – ohne jedoch selbst zurückzukehren und in einer solchen Gemeinde zu leben.⁶¹ Die neuen kleinen jüdischen Gemeinden, so Baeck bei seinen Deutschlandbesuchen und in seiner Korrespondenz, seien in ihrer religiösen Ausrichtung ganz anders als jene, die er gekannt habe. Vor dem Krieg sei die Mehrheit der deutschen Juden liberal und gemäßigt konservativ gewesen. Jetzt gehörten sie mehrheitlich entweder dem orthodoxen Judentum an oder waren so «träge», dass sie die Leitung der Gemeinde den Orthodoxen überließen.⁶² Außerdem fehle in Deutschland heute die Klasse der gebildeten Juden. Viele Gemeindemitglieder kämen jetzt aus Osteuropa und hätten keine direkte Beziehung zu den Traditionen des deutschen Judentums.

Nicht alle waren entweder streng religiös oder religiös indifferent. Es gab auch eine Minderheit nichtorthodoxer Juden, einige betreut von Rabbinern, die am Liberalen Seminar in Berlin bei Baeck studiert hatten. Letztere wandten sich jetzt an ihren ehemaligen Lehrer und baten ihn um Rat bei den praktischen Problemen der Gemeindeführung. Obwohl Baeck im Ausland lebte, war er für sie die maßgebliche Autorität. Ihre Hauptsorge galt dem religiösen Status von Nichtjuden. Sollten nichtjüdische Ehefrauen auf einem jüdischen Friedhof beigesetzt werden? Wer sollte, was die Ehe mit einem Juden oder einer Jüdin anging, als jüdisch betrachtet werden? War für jemanden, der zwangsweise getauft worden war, ein Wiedereintritt in die jüdische Religionsgemeinschaft notwendig?[63] Auf der Suche nach rabbinischen Texten, die seine Ansichten stützten, nahm Baeck in seinen Antworten oft Bezug auf die überlieferte Literatur zum jüdischen Gesetz und war bemüht, Beispiele aus der alten Praxis ausfindig zu machen, die er mit seinem Gewissen vereinbaren konnte. Er war konservativ genug, einen Schüler zu ermuntern, nicht nur im Gottesdienst, sondern auch im Religionsunterricht «das Käppchen» aufzusetzen. In der Frage der Geschlechtertrennung im Gottesdienst vertrat er dieselbe Auffassung wie schon in der Weimarer Republik. Erneut äußerte er Bedenken, was unangemessene Gespräche zwischen den Geschlechtern während des Gottesdienstes betraf, und schrieb, «Sitten und Formen» gehörten «zu den Dingen, die eine nützliche Bremse in revolutionären Zeiten sind. Die Trennung der Geschlechter im Gottesdienst, die sich übrigens hier und dort auch im calvinistischen Gebiete findet, gibt dem Gottesdienst eine ganz eigene Würde.»[64] Sein Rat war derselbe wie in der Vergangenheit: Das Beste sei ein Bereich für jene Gläubigen, die eine gemischte Sitzordnung wünschten, und ein Bereich für alle, die dies nicht wünschten.

Ein großes Problem mit Konfliktstoff zwischen den orthodoxen Autoritäten in Deutschland und den liberalen Rabbinern stellte die Konversion zum Judentum dar, die von den Orthodoxen erschwert

Ein neues Deutschland

Leo Baeck auf der Kanzel der Synagoge Pestalozzistraße
in Berlin, 17. August 1951

wurde. In einem Brief an Steven Schwarzschild, damals ein liberaler Rabbiner in Berlin, argumentierte Baeck, bei der Entscheidung über die Aufnahme von Konversionswilligen sollten subjektive, nicht nur rechtliche Aspekte eine Rolle spielen:

Nach der Katastrophe

Mir sind oft Fälle begegnet, in denen ich vom religionsgesetzlichen Standpunkt aus keinerlei Bedenken hätte haben können, den Betreffenden aufzunehmen, aber ich hatte es abgelehnt, ihn aufzunehmen, weil sich Gründe menschlicher Sauberkeit gegen die Aufnahme erhoben. Umgekehrt hatte ich bisweilen kein Bedenken, jemand aufzunehmen, obwohl ich den religionsgesetzlichen Bestimmungen eine recht weitgehende Interpretation geben musste, weil der persönliche, menschliche Eindruck, den ich gewann, mir sagte, dass es geboten sei... Als ich im vergangenen Jahr in Deutschland war, habe ich die mannigfaltigen Anfragen, die in dieser Beziehung an mich gerichtet wurden, immer dahin beantwortet, dass der Mensch und sein Erlebnis ins Auge gefasst werden sollten und darnach die Entscheidung getroffen werden dürfte.[65]

Baeck, der jeglichen Dogmatismus in der Theologie ablehnte, war auch gegen Rigidität in der Glaubenspraxis.

Amerika

Den Status, den Baeck im Nachkriegsdeutschland genoss, besaß er auch in einer Gemeinschaft, in der sein Name vor dem Krieg nur sehr wenigen ein Begriff war: unter den Juden der Vereinigten Staaten. Schon 1945, nur Monate nach dem Wiedersehen mit seiner Familie in London, reiste Baeck, wie bereits erwähnt, nach Amerika, um für den United Jewish Appeal zur Unterstützung bedürftiger Juden Spendengelder zu sammeln. Bei diesem Besuch wurde ihm die Ehrendoktorwürde des Jewish Theological Seminary of America verliehen, des Rabbinerseminars des konservativen Judentums in Amerika. Dies geschah auf Vorschlag von Abraham Joshua Heschel, Baecks ehemaligem Studenten an der Lehranstalt, der schon bald ein erfolgreicher jüdischer Theologe werden sollte. Baeck freute sich, dass Heschel im amerikanischen Judentum eine produktive Aufgabe für sich gefunden hatte.[66] Während der achtunddreißigjährige Heschel als religiöser Denker und Bürgerrechtsaktivist erst später be-

Amerika

kannt wurde, war Baeck eine Berühmtheit, was durch die Aura des mutigen Holocaust-Überlebenden, die ihn umgab, noch verstärkt wurde. Und Baeck war mehr als bereit, dies für Belange einzusetzen, die ihm wichtig waren.

Keine Gruppe zeigte sich mehr darauf erpicht, seinen Ruhm zu nutzen, als die Union of American Hebrew Congregations (UAHC), der Dachverband der jüdischen Reformgemeinden, der heute als Union for Reform Judaism bekannt ist. In den ersten Monaten des Jahres 1948 beschloss deren tatkräftiger Präsident, Rabbiner Maurice Eisendrath, eine «amerikanisch-jüdische Kavalkade» durch US-amerikanische Städte zu führen und um Unterstützung für das Reformjudentum zu werben. Mit Leo Baeck als Hauptredner weckte diese Veranstaltung, die einer religiösen Wiederbelebung gleichkam, überall Aufmerksamkeit. Und so lud Eisendrath Baeck zu einem zweiten Besuch in die Vereinigten Staaten ein. Er sollte in seiner offiziellen Funktion als Präsident der World Union for Progressive Judaism, der internationalen Organisation, zu der auch die UAHC gehörte, an dieser Tournee teilnehmen. Beeindruckt von der Vitalität des amerikanischen Judentums äußerte Baeck die Hoffnung, dass die Zentrale der World Union for Progressive Judaism (WUPJ), die seit ihrer Gründung 1926 in London beheimatet war, bald zu dem größeren und dynamischeren Judentum Amerikas übersiedeln werde.[67]

Auch in den Vereinigten Staaten hatte Baeck einen dicht gedrängten Zeitplan. Die Leute ließen sich trotz seines starken Akzents nicht davon abschrecken, ihn zu sehen und zu hören. In New York hielt er im Jewish Institute of Religion eine Vortragsreihe. Das Rabbinerseminar war 1922 von Stephen Wise gegründet worden, einem führenden Repräsentanten des Zionismus und «liberalen» Rabbiner (eine Bezeichnung, der er gegenüber «Reformrabbiner» den Vorzug gab). Von New York reiste Baeck weiter nach Florida und Kalifornien, dann nach Detroit, Pittsburgh, Chicago, Boston und so weiter – insgesamt waren es elf Städte zwischen der Ost- und der Westküste.

Auf dieser und auf anderen Reisen besuchte er Albert Einstein in Princeton, der im Laufe der Jahre ein guter Freund geworden war. Baecks Besuch 1948 hatte, wie er in einem Brief schrieb, sowohl einen öffentlichen als auch einen privaten Zweck: «um den spirituellen Herzschlag des amerikanischen Israel zu beschleunigen» und «die Menschen aus den lieben alten vergessenen jüdischen Gemeinden Deutschlands wiederzusehen».[68] Die ehemals deutschen Juden, die jetzt in Amerika lebten, waren für solche Begegnungen ebenso dankbar wie jene in England nach seiner Befreiung aus Theresienstadt. Der *Aufbau* berichtete, Baeck zeige bei seinen Gesprächen und Vorträgen keine Spuren der im Ghetto ausgestandenen Leiden: «Sprühend lebendig ist seine Rede, hell und klar sein Blick und sein Gang energisch und aufrecht.»[69]

Baeck bewunderte den Geist des Respekts, der bei den amerikanischen Präsidentschaftswahlen zwischen den großen politischen Parteien herrsche. Weimar sei als Demokratie gescheitert, Amerika dagegen sei es gelungen, die Demokratie in seiner politischen Ideologie zu verankern. Er war tief beeindruckt, dass die Parteien nach einem erbitterten Wahlkampf ehrlich zusammenarbeiten konnten. «Es ist hier keine blosse Formsache, dass der Erste, der dem Sieger gratuliert, der unterlegene Gegenkandidat ist. Der Gegner bleibt der Mitbürger.»[70] In einem Interview mit dem Reporter einer amerikanischen Wochenzeitschrift drückte Baeck seinen Respekt nicht nur für die amerikanischen Juden aus, sondern auch für das, was die Vereinigten Staaten während der NS-Zeit verkörpert hatten und was sie in Zukunft sein könnten. Amerika, so erklärte er, habe eine besondere Bedeutung «für alle Juden Europas, die wie ich irgendwann inhaftiert und von Verzweiflung überwältigt waren. Für mich bedeutete Amerika immer Hoffnung. Wir konnten ohne Nahrung und ohne Kleidung leben, aber ohne Hoffnung konnten wir nicht leben, und solange es ein Amerika gab, wussten wir, dass es unsere Rettung sein würde. Und bei diesem meinem Besuch in Amerika war mein erstes Gefühl, dass das Land der Mittelpunkt der Welt geworden war. Noch

Amerika

mehr vielleicht war es ein Atlas geworden, der die Welt auf seinen Schultern trägt.»[71] Baeck hatte Woodrow Wilsons – erfolgloses – Bemühen um einen Beitritt der Vereinigten Staaten in den Völkerbund nach dem Ersten Weltkrieg gelobt; jetzt würdigte er Amerika dafür, dass es seine Kraft und seinen Idealismus in den Dienst der Idee der Vereinten Nationen stellte.[72]

Baecks Renommee war so groß, dass namhafte amerikanische Politiker und öffentliche Figuren sich mit ihm treffen wollten. Am 11. Februar 1948, nach einer Kranzniederlegung am Grab von Franklin D. Roosevelt in Hyde Park am Hudson, war er Gast bei einem Mittagessen mit Roosevelts Witwe Eleanor. Im New Yorker Rathaus wurde er von Bürgermeister William F. O'Dwyer empfangen, dem Baeck für seine Hilfe dankte, die er den Überlebenden in der ersten Zeit nach der Befreiung aus den Lagern geschickt hatte. Eine längere Unterredung hatte er mit Präsident Truman, von dessen tiefer Frömmigkeit und von dessen Idealismus – den er auch früheren US-Präsidenten zuschrieb – er beeindruckt war.[73] Er appellierte an Truman zu tun, was er konnte, um die Not der *displaced persons* zu lindern, der Vertriebenen, die nach dem Krieg keine Heimat mehr hatten. Das Leid der jüdischen Vertriebenen war ihm ein moralisches Anliegen. «Holen Sie die heimatlos gewordenen Juden aus den Lagern in Deutschland und machen Sie aus ihnen Personen, die in Palästina oder anderen Ländern eine Heimat haben», appellierte er an den US-Präsidenten. «Geben Sie ihnen eine rechtmäßige Heimat und das Recht auf eine eigene Heimat.»[74]

Die größte Ehre, die Baeck bei seinem Besuch in Amerika zuteilwurde, war die Einladung, die Sitzung des Repräsentantenhauses in Washington mit einem Gebet zu eröffnen. Obwohl dies vor ihm bereits mehr als fünfzig Rabbiner getan hatten (der erste im Jahr 1860), wurde dieses Privileg nun erstmals einem nichtamerikanischen Rabbiner gewährt.[75] Von besonderer Bedeutung für Baeck war die Tatsache, dass dieser Tag zufällig auf Abraham Lincolns Geburtstag fiel. Baeck bewunderte den Präsidenten des Amerikanischen Bürger-

Nach der Katastrophe

Leo Baeck eröffnet am 12. Februar 1948 die Sitzung des Repräsentantenhauses in Washington mit einem Gebet; hinter ihm der Geistliche des Repräsentantenhauses

kriegs seit langem für seine Integrität und seinen Mut. 1930 hatte er bei einem Besuch in Washington erklärt, das Lincoln Memorial sei der schönste Ort der Stadt. In New York hatte er sich eine Zeit lang in Harlem aufgehalten, «dem lokalen Negerviertel», und 1940 in Berlin hatte er «die herrliche kurze Rede von Abraham Lincoln am 19. November 1863 in Gettysburg» wiedergelesen, «in der es am Schluß heißt: ... that this nation, under God, shall have a new birth of freedom». Und mit kaum verhohlener Anspielung auf Deutschland hatte er hinzugefügt: «Die Frage steht da. Die Antwort?»[76] Jetzt erhielt er die Gelegenheit, seine Wertschätzung für Lincoln öffentlich zu bekunden und zugleich ein zentrales Element seiner eigenen religiösen Überzeugung in sein Gebet einzubeziehen:

Amerika

Unser Vater, unser Gott, wir beten zu Dir an diesem Tage, an dem vor hundertneununddreißig Jahren der Mann geboren wurde, der Dein Diener wurde, «der Mann, in dem der Geist ist», und der um dieses Landes willen zum Zeugen und Zeugnis der Menschheit geworden ist, zum Verkünder Deines Gebots und Deiner Verheißung, zum immerwährenden Segen für dieses Land und die Menschheit ... Allmächtiger Gott, Du erwählst Menschen und wählst Nationen, «um sie an den Ort zu führen, den Du bereitet hast». Du änderst die Zeiten und die Jahreszeiten; Du lässt Geschichte in die Welt treten. Dein Diener Abraham Lincoln sagte in einer Botschaft an den Kongress: «Wir können der Geschichte nicht entfliehen.» So hilf uns, o Gott, dass wir uns der Geschichte nicht entziehen, sondern dass uns Geschichte gewährt werde.[77]

Dieses Gebet spiegelt Baecks Überzeugung, dass es immer ein transzendentes Element gibt, das als treibende Kraft des Guten in der Geschichte wirkt, auch wenn der Ursprung dieser Kraft im Geheimnis verborgen liegt. Baeck formulierte es so: «Nicht das Begrenzte, das vom Tage des Menschen kommt, sondern das Göttliche macht die Geschichte.»[78] Lincolns Ausspruch «Wir können der Geschichte nicht entfliehen» interpretierte Baeck in der Weise, dass wir uns dem göttlichen moralischen Imperativ, der menschliches Handeln fordert und damit die Geschichte vorantreibt, nicht entziehen können. Nach der Tragödie, die die Welt soeben erlebt hatte, bildeten Lincolns Worte für Baeck den Auftakt für seine glühende Hoffnung auf eine göttlich inspirierte Geschichte, die die Menschheit in eine bessere Zukunft führt.

Sein Besuch im Jahr 1948 führte Baeck auch an das Hebrew Union College in Cincinnati, das 1875 von dem Rabbiner Isaac Mayer Wise gegründete Rabbinerseminar des Reformjudentums. Hier konnte er mit regelmäßigen, jeweils ein Semester dauernden Aufenthalten bis 1953 seine Lehrtätigkeit wiederaufnehmen, ohne die ihm in seinem Leben etwas gefehlt zu haben scheint. Sie ließ ihm auch genügend Zeit für eigene wissenschaftliche Studien, bei denen ihm die hervor-

Nach der Katastrophe

Leo Baeck mit Eugen Täubler zu seiner Rechten, Selma Stern-Täubler zu seiner Linken sowie Manja Guttmann, Ehefrau von Alexander Guttmann, mit den drei Guttmann-Kindern in Cincinnati, 1948

ragende jüdische Bibliothek des College zugutekam. In Cincinnati war sein Lebensrhythmus entspannt, denn er hatte wöchentlich nur eine einzige Vorlesung für Studenten der letzten Jahrgangsstufe zu halten. Das College hatte ihm eine komfortable Wohnung zur Verfügung gestellt, wo Studenten ihn häufig besuchten und mit ihm über alle möglichen Themen diskutierten.[79] Doch nur wenige von ihnen waren imstande, seinen Vorlesungen zur Gänze zu folgen. Er wurde bewundert, aber seine Ausführungen verstanden nur ein paar wenige, und von diesen stammten einige selbst aus Deutschland und wurden seine Schüler. Baeck freute sich, dass auch einige amerikanische Universitätsprofessoren, die seinen Gedankengängen offenbar müheloser folgen konnten, zu seinen Vorlesungen kamen.

Mit den deutschen Juden, die sich in Cincinnati angesiedelt hatten, hatte Baeck mehr Gemeinsamkeiten als mit den meisten ameri-

Leo Baeck mit jungen Leuten am Hebrew Union College in Cincinnati (undatiert)

kanischen Studenten. Zu ihnen zählte der Kunsthistoriker Franz Landsberger, einer der elf deutsch-jüdischen Wissenschaftler, die wie Heschel – gegen den starken Widerstand des US-Außenministeriums – vom Hebrew Union College nach Cincinnati geholt und damit vor dem fast sicheren Tod durch die Hand der Nazis gerettet worden waren.[80] Landsberger, Direktor des Jüdischen Museums in Berlin vor dessen erzwungener Schließung, wurde nach dem Novemberpogrom 1938 in das Konzentrationslager Sachsenhausen deportiert. In Cincinnati veröffentlichte er sein bahnbrechendes Werk *History of Jewish Art*. Er war ein großer Bewunderer Baecks und verbrachte viele Stunden mit ihm in seinem Haus in Cincinnati.[81] Selma Stern, eine herausragende Historikerin des deutschen Judentums und Ehefrau des Althistorikers Eugen Täubler, war eine weitere geschätzte Bekannte. Baeck hatte sie schon in Deutschland kennengelernt und bewundert.

Nach der Katastrophe

Ihr war die Flucht in letzter Minute geglückt, jetzt lebte sie mit ihrem Mann in Cincinnati, wo sie ihre wissenschaftlichen Forschungen fortsetzte und bedeutende Schriften veröffentlichte; gleichzeitig war sie Archivarin in den American Jewish Archives auf dem Campus des Hebrew Union College. Bei seinen Aufenthalten in Cincinnati war Baeck regelmäßiger Gast bei ihr zu Hause, begegnete ihr oft auf der Straße und besuchte sie in ihrem Büro im Archiv. Stern bewunderte Baeck für seine Standhaftigkeit im nationalsozialistischen Deutschland. Über ihre Gespräche mit ihm in Cincinnati schrieb sie: «Ich kann alles mit ihm besprechen, Persönliches, Menschliches, Wissenschaftliches ... Diese Gespräche haben ... mir immer wieder Kraft gegeben.»[82]

Baeck wurde regelmäßig von seiner Enkelin nach Cincinnati begleitet, und es war für ihn eine persönliche Freude, dass Marianne in Cincinnati den Rabbinatsstudenten A. Stanley Dreyfus kennenlernte, der bald ihr Ehemann wurde und die rabbinische Tradition der Familie Baeck fortsetzte.[83]

Israel

Neben Deutschland und Amerika besuchte Baeck nach dem Krieg 1947 auch Palästina – und, vier Jahre später, den neuen Staat Israel. Im Sommer 1947 reiste er sieben Wochen durch das Land. Im Laufe der Jahre hatte sich Baeck zu einem begeisterten Kulturzionisten entwickelt und wurde sich der Bedeutung der jüdischen Besiedlung dieses alten Landes für die jüdische Welt immer mehr bewusst. Kurz nach der Staatsgründung drückte er es besonders prägnant aus: «Das Schicksal Palästinas wird unser Schicksal sein. Wir sind mit einem jüdischen Palästina verbunden. Es ist unsere Zukunft, die wir dort aufbauen.»[84] Er konnte von dem schwärmen, was dort geleistet worden war, und beschrieb, wenngleich vorsichtig, die Rückkehr nach Zion in religiöser Begrifflichkeit. Es war, als wäre, «wie durch jene

Fügung der Vorsehung, die vor der Not die Hilfe schickt, in Jahrzehnten, die wir erlebt haben, der alte Boden der Väter, das Land Israel, zu einem Boden der Juden geworden, zu einem Boden der Zuflucht nicht nur, sondern zu einem Boden des Aufbaus und zugleich wie zu einem Platze der Weltgeschichte».[85] Nach Baecks Ansicht war das zionistische Projekt seinem Zweck nach rational, seiner Bedeutung nach aber auch mystisch, eine Zuflucht für die Überlebenden und zugleich eine Hoffnung für die Zukunft. «Ohne Israel zu bejahen», erklärte Baeck bei der Tagung zum fünfundzwanzigsten Jubiläum der World Union for Progressive Judaism 1951, «kann es keine jüdische Hoffnung, keine spirituelle, moralische und messianische Hoffnung geben.»[86]

Ein Jahr später schrieb er an Lily Montagu, bei seinem Israelbesuch 1951 habe er die Absicht betont, in Jerusalem ein Rabbinerseminar zu gründen. Doch zugleich mahnte er, dies müsse «das Anliegen des gesamten Judentums» sein und dürfe «von der politischen Orthodoxie und insbesondere vom amerikanischen Judentum nicht vereinnahmt werden».[87] Er war zudem überzeugt davon, dass eines Tages jemand mutig fordern würde, die World Union nach Israel zu verlegen.[88] Aber er äußerte auch seinen Unmut über die Diskriminierung progressiver Rabbiner in Israel durch ein politisch kontrolliertes orthodoxes Rabbinat. Der Staat erkannte Eheschließungen durch Rabbiner, die nicht vom Oberrabbinat Israels autorisiert waren, nicht an und tut es bis heute nicht. Als man Baeck hierzu um eine schriftliche Stellungnahme bat, warnte er vor dem schweren Schaden einer solchen Politik für die jüdische Einheit. Wenn diese Politik nicht zurückgenommen werde, wäre ein tiefes Schisma innerhalb des Judentums die Folge, vergleichbar dem Schisma zwischen der chassidischen Bewegung und deren Gegnern im 18. Jahrhundert.[89] In einem persönlichen Brief verurteilte er die Weigerung des israelischen orthodoxen Rabbinats, das jüdische Gesetz flexibel anzuwenden, um unterdrückten Ehefrauen, den sogenannten *agunot*, die Möglichkeit zu geben, sich von ihren Männern scheiden zu lassen, die ihnen den

Scheidungsbrief verweigerten.[90] Doch solche Defizite taten Baecks positiver Haltung gegenüber Israel und der zionistischen Verbundenheit mit dem Land keinen Abbruch. Als er nach der Staatsgründung unter jungen Juden in Amerika einen schwindenden Zionismus feststellte, drängte er, es komme darauf an, «etwas, was mit Israel verbinden kann, an seine Stelle zu setzen».[91]

Seine Israelreise 1947 führte Baeck durch das ganze Land, von dessen nördlicher Grenze bis zum Negev im Süden. Natürlich besuchte er auch Orte wie die kollektive Siedlung Shawei Zion («Rückkehrer nach Zion») und das Kibbuz Hasore'a («Der Sämann»), wo sich deutsche Juden niedergelassen hatten. Er dachte an seinen Besuch im Jahr 1935. Es waren bittersüße Erinnerungen. Damals hatte ihn seine Frau Natalie begleitet, nur zwei Jahre vor ihrem Tod, «und mir war es jetzt immer, als begleitete sie mich wieder und spräche zu mir».[92] Im Einklang mit der zionistischen Ideologie seiner Zeit argumentierte Baeck, die Urbarmachung von «Wüste, Sumpf und felsiger Ödnis» gebe den Juden ein Recht auf das Land, das sie fruchtbar gemacht hatten. Es sei nichts weniger als «ein Gebot des Lebens, dem Boden Leben zu geben».[93]

Was Baeck an Israel besonders beeindruckte, war sein Pioniergeist und sein soziales Gefüge, die Bereitschaft zu harter Arbeit, um den Boden zu bebauen und einen utopischen Sozialismus zu verwirklichen, der nicht auf den Klassenkonflikt gegründet war. Er verglich die Siedler mit den Pilgervätern. Wie diese würden sich auch die jüdischen Landwirte bemühen, dem Land einen neuen Geist einzupflanzen, einen sozialen Idealismus über alle politischen Differenzen hinweg.[94] Baeck ging sogar so weit zu erklären, der Staat Israel sei kein Staat im alten europäischen, sondern in einem neuen Sinn: eine «soziale Gesamtgemeinschaft», ein «Sozialismus in Freiheit» im Sinne des deutsch-jüdischen Soziologen Franz Oppenheimer. «Dort wird niemandem etwas aufgezwungen, aber alles wird von der Kollektivität freiwillig getan.»[95] Damit seien die jüdischen Siedler auf eine Zukunft ohne staatliche Herrschaft gerichtet, die in der europä-

Israel

ischen Vergangenheit so zerstörerisch gewesen sei, auf das Individuum, das Gemeinschaftliche und das Universelle – Werte, die, so Baecks Hoffnung, die Zeit nach dem Krieg und dem Holocaust überall prägen würden. Aber würde der Staat Israel die Bewährungsprobe bestehen, an der Deutschland gescheitert war? Würde es ein Staat werden, der die staatlich ausgerichteten Interessen überwand, um den Interessen der Menschen zu dienen? Baeck formulierte es so: «Auf diesem alten heiligen Boden ist jetzt der Staat Israel. Wo ein Staat ist, könnte der Dämon der staatlichen Interessen, der Staatsraison, sein Haupt erheben. Und so wird sich zeigen, ob auch hier, und hier vor allem, das Judentum sich als universelle Religion beweisen kann.»[96] Wenn man einem überlieferten Bericht glauben kann, äußerte Baeck mindestens einmal den Wunsch, die ihm noch «bleibenden Jahre im Heiligen Land zu verbringen».[97]

Es überrascht nicht, dass Baeck unter den zionistischen Wortführern die gemäßigte Haltung Chaim Weizmanns dem aggressiven Etatismus David Ben-Gurions ebenso vorzog wie die Diplomatie von Stephen Wise der Militanz von Abba Hillel Silver.[98] Im Gespräch mit Reportern in New York wenige Monate nach seinem Israelbesuch von 1947 beschrieb er das Verhältnis zwischen Juden und Arabern in glühenden Worten, die an Theodor Herzls utopischen Roman *Altneuland* erinnern. Als ein junger Reporter ihn fragte: «Wie werden die Juden in Palästina mit den Arabern auskommen?», antwortete Baeck:

> Sie werden mit ihnen auskommen, wenn man sie in Ruhe lässt, weil 95 Prozent der Araber in Palästina froh sind, dass sie die Juden in Palästina haben, und glücklich darüber, dass sie da sind. Wann immer ich diesen Sommer eine jüdische Siedlung besuchte, war meine erste Frage: «Wie sind eure Beziehungen zu euren arabischen Nachbarn?» Und die Antwort war immer – ja, immer – «Unsere Beziehungen sind gut» oder «bestens». Lasst die Juden und die Araber in Ruhe, und sie werden zusammenleben und Freunde sein. Sie

Nach der Katastrophe

müssen wissen, dass es einen Grund gibt, warum alle den Juden in Palästina helfen sollten; sie sollten ihnen helfen, weil sie versuchen, nicht theoretisch, sondern ganz real eine wahre Bruderschaft der Menschheit in Palästina aufzubauen – eine echte Demokratie.[99]

Baeck war allerdings nicht so naiv zu glauben, dass das, was er von ein paar bäuerlichen Siedlern gehört hatte und einem neugierigen Reporter übermitteln wollte, die ganze Wirklichkeit war. Einen Monat später, kurz vor der Unabhängigkeitserklärung Israels, schickte er zusammen mit seinem langjährigen Freund Albert Einstein einen Appell an die *New York Times*. Darin wird beklagt, dass «arabische und jüdische Extremisten heute leichtsinnigerweise Palästina in einen sinnlosen Krieg drängen». Zu einer Zeit, da arabische Kontingente und Mitglieder der jüdischen Irgun Terrorakte verübten, betrachteten sie es, so die Unterzeichner, als ihre Pflicht, «nachdrücklich zu erklären, dass wir Methoden des Terrorismus und des fanatischen Nationalismus, wenn sie von Juden verübt werden, ebenso wenig billigen wie jene, die von Arabern verübt werden». Baeck identifizierte sich mit denjenigen in Palästina, die eine Versöhnung zwischen Arabern und Juden wollten. Zu ihnen gehörten Judah Magnes, Präsident der Hebräischen Universität, Martin Buber sowie Kurt Wilhelm, Rabbiner der liberalen Gemeinde in Jerusalem. «Die jüdische Einwanderung nach Palästina», heißt es in dem Appell, müsse «in optimalem Maße gestattet werden». Auf einem eigenen jüdischen Staat bestanden sie nicht.[100] Baecks Ansicht nach bedeutete die Teilung Palästinas in einen jüdischen und einen arabischen Staat die Balkanisierung – zwei kleine Staaten, von denen keiner voll lebensfähig wäre. Und doch erkannte er kurz vor der Annahme des UN-Teilungsplans im November 1947 durch die Generalversammlung der Vereinten Nationen, dass die Zeit gekommen war, stillschweigend zuzustimmen. Wenn eine wirtschaftliche Zusammenarbeit zu beiderseitigem Nutzen erreicht werde, ließen sich die Auswirkungen der Balkanisierung begrenzen.[101]

Israel

Nach Israels siegreichem Unabhängigkeitskrieg 1948 blieb Baeck dem Land Israel und seinen jüdischen Bewohnern weiter eng verbunden. Aber er konnte die Augen nicht vor dem verschließen, was er als eine Tragödie betrachtete: die Vertreibung Hunderttausender palästinensischer Araber. Es sei, so erklärte er, seine tiefe Liebe zu dem Land und seinen Bewohnern, die ihn zwinge, die Situation klar zu sehen. Er schrieb: «Es ist ein Sprichwort, daß Liebe blind mache, aber wenn irgend ein Sprichwort irrig und trügerisch ist, so ist es dieses. Nicht Liebe macht blind, sondern Kälte, Gleichgültigkeit, Haß macht blind. Liebe macht sehend; man muß mit dem Blicke der Liebe sehen, um zu verstehen, um zur Wahrheit zu gelangen. Wer so sieht, der erkennt, wie sich hier ein Großes vollzieht, wie hier eine neue Form der Gemeinschaft von Menschen geschaffen wird. Gewiß, wir mußten auch auf manches blicken, was unrecht, unjüdisch war, auf manches, wovon wir in tiefem Schmerze uns abwenden mußten; gerade die Liebe sieht auch das, sie sieht es in dem Schmerze der Liebe.»[102] Die Frage war, was die Juden, viele von ihnen selber Flüchtlinge, mit den arabischen Flüchtlingen eines Krieges machen sollten, den die Araber selbst begonnen hatten – Flüchtlinge, für die, so Baeck, die Juden dennoch Verantwortung trugen. Ohne «eine vernünftige und rasche Lösung des Flüchtlingsproblems» könne es keinen Frieden mit der arabischen Welt geben.[103]

Ein kleiner Kreis britischer Juden, unter ihnen Leo Baeck, überlegte, wie man, wenigstens in bescheidenem Maß, die Not der palästinensischen Flüchtlinge lindern konnte. Sie nannten sich Jewish Society for Human Service und gründeten in diesem Rahmen das Committee for Relief in the Middle East. Baeck wurde Präsident der Gesellschaft, ihr Vorsitzender war Norman Bentwich, ein gemäßigter Kulturzionist, der eine Zeit lang Justizminister im britischen Mandatsgebiet Palästina gewesen ist und nunmehr Professor für Internationale Beziehungen an der Hebräischen Universität war. Die dritte zentrale Figur in der Führung war der linksgerichtete Humanist und Verleger Victor Gollancz. Bei der ersten Sitzung der Gruppe im Frühjahr 1948 rief Baeck zum Handeln auf. In einem Spendenaufruf wurde die Ausgewogenheit der Hilfsmaßnahmen dargelegt, mit denen das Komitee notleidende Juden und Araber unterstützen wollte: «Wir waren und sind nicht der Ansicht, dass das Leid der Araber in irgendeiner Weise ‹wichtiger› ist oder es größerer Anstrengungen bedarf, es zu lindern, als das Leid der Juden, das seit fast zweitausend Jahren jedes erträgliche Maß übersteigt. Vielmehr waren und sind wir der Überzeugung, dass das Leid der Araber oder irgendeines anderen Volkes nicht weniger wichtig ist als das Leid unserer jüdischen Glaubensgenossen.»[104] Das Komitee wollte Juden *und* Araber im Staat Israel unterstützen und die Hilfe dann auf arabische Flüchtlinge jenseits der Grenzen ausdehnen. Baeck und seine Mitstreiter sahen darin die Umsetzung des jüdischen Universalismus in einem nationalen jüdischen Kontext. Bentwich zufolge sagte Baeck überschwänglich: «Das ist das jüdische Gebot: Wir können nicht für das Reich Gottes bereit sein, wenn wir uns nicht für menschliche Not einsetzen. Wenn wir Menschen in Not helfen, helfen wir auch unserer Seele und der ganzen Menschheit.»[105] Messianische Hoffnungen, sosehr Baeck sie auch hegte, durften die unmittelbaren Nöte nicht in den Schatten stellen. Zweimal veröffentlichte die Leitung der Gruppe einen Spendenaufruf im *Jewish Chronicle*, der führenden jüdischen Zeitung Großbritanniens.[106] Doch die Resultate waren mager, und die Unterstützung musste sich auf Juden und Araber innerhalb der Grenzen des jüdischen Staates beschränken. Zudem akzeptierten die Regierungen der umliegenden arabischen Staaten ohnehin keine Flüchtlingshilfe jüdischer Provenienz.

Bei seinen beiden Reisen, die Baeck nach dem Krieg in das Land Israel unternahm, wurde er herzlich aufgenommen, besonders von alten Freunden und Bekannten, die mit seiner universalistischen Weltsicht sympathisierten. 1951 empfing ihn Gershom Scholem am Flughafen, beherbergte ihn in seinem Haus in Jerusalem und veranstaltete vor seiner Abreise einen Abschiedsabend. Bei der Sederfeier am Pessachfest war Baeck Scholems Gast.[107] Baeck verbrachte viel

Zeit mit Vorlesungen und Reden. 1947 sprach er auf Hebräisch zu Universitätsstudenten und auf Deutsch zu neuen Einwanderern. 1951 lud ihn die Hebräische Universität ein, die Orde Wingate Lecture zu halten, benannt nach dem hochrangigen britischen Offizier, der vor der Staatsgründung in der jüdischen Armee aktiv gewesen war. Baecks Vortrag trug den englischen Titel «The Psychological Root of the Law» (Die psychologische Wurzel des Gesetzes) und unterstrich die Bedeutung des Gesetzes als desjenigen Elements, das nicht nur der Religion, sondern auch der Gesellschaft Kontinuität und Stabilität verleihe: «Das Gesetz ist das dauerhafte und bleibende Element, kraft dessen die Schöpfung Schöpfung, die Offenbarung Offenbarung und der Bund der Bund bleibt.» Das Gesetz liefere das negative moralische Gebot, «das große ‹Du sollst nicht›» als wichtigen Vorläufer des «Du sollst», das dessen Konsequenz ist.[108]

Bei all seiner Liebe zu Israel und den mit Israel verbundenen Hoffnungen musste Baeck erkennen, dass die alte Heimstatt – zumindest demographisch in den Jahren unmittelbar nach dem Krieg – nicht das einzige spirituelle Zentrum des Weltjudentums war. Es war, wie es scheint, der jüdische Philosoph und Historiker Simon Rawidowicz, von dem die Idee stammte, das jüdische Volk als Ellipse mit zwei Brennpunkten zu beschreiben: dem Land Israel und der Diaspora Israel.[109] Unklar ist, ob Baeck diese Idee von Rawidowicz übernahm oder ob er von allein darauf kam. Jedenfalls wurde der Gedanke eines Volkes mit zwei Brennpunkten mit jeweils einer spezifischen Bestimmung zu einem Schlüsselelement seiner jüdischen Weltsicht. In einem Vortrag 1950 in New York sagte er, eine solche Aufspaltung habe es im Judentum der Vergangenheit immer wieder gegeben, in der Antike ebenso wie im Mittelalter. Und auch heute lasse sich eine Ellipse erkennen, deren neu belebter alter Brennpunkt das Land Israel sei und dessen neuer Brennpunkt die Juden Amerikas seien. Jeder der beiden habe seine besondere Funktion: das amerikanische Judentum in der Unterstützung Israels, «damit es sich seinen breiten Horizont und seine Universalität des Denkens und der

Perspektive bewahre»; und das israelische Judentum, um die unverzichtbare «Kraft der Besonderheit» nicht zu verlieren, inner- und außerhalb der Grenzen Israels. Gemeinsam könnten diese zwei Brennpunkte das jüdische Erbe der Offenbarung und das Bewusstsein der großen Aufgabe, dieses Erbe in die Wirklichkeit umzusetzen, bewahren.[110]

Neu über das Christentum nachdenken

Nach der Katastrophe der Vernichtung der Juden in fast allen von den Nationalsozialisten besetzten Ländern – Länder, die seit langem vom protestantischen oder katholischen Christentum geprägt waren – konnte Baeck die Tochterreligion des Judentums nicht von Schuld freisprechen. Mit mehr Mut und mehr religiöser Achtung für die Juden und das Judentum hätten die Kirchen das Unglück vielleicht verhindern oder zumindest abmildern können. Doch bis auf ein paar wenige Einzelne hätten sie geschwiegen und damit dem Ansehen des Christentums großen Schaden zugefügt. Ein paar Monate nach seiner Befreiung aus Theresienstadt, immer noch fassungslos angesichts der Katastrophe, schrieb Baeck über das Christentum: «Eine Religion, die in Tagen, da sich die Gewalt gegen die Idee erhebt, die Leugnung der Moral gegen das moralische Gesetz, der bedingungslose Gehorsam gegenüber dem Menschen gegen die Gottesfurcht – eine Religion, die in solchen Tagen einen Platz außerhalb des Schlachtfelds wählt und lieber zögert und mit der Zeit geht, hat einen Teil ihrer Seele begraben. Eine Religion, die in Tagen schweigt, die das Wort der Religion verlangen, hat sich selbst verleugnet... Eine Religion, die in ernsten Tagen die Welt nicht aufruft, Rechenschaft abzulegen, wird früher oder später von der Weltgeschichte zur Rechenschaft gezogen werden.»[111]

Baeck war lange überzeugt gewesen, dass das Christentum, verstanden als eine Form der «romantischen Religion», die sich auf das individuelle Seelenheil konzentrierte, dem Staat in gefährlicher Weise unterwürfig war. Da einige Kirchenführer Hitler ihre Unterstützung gewährt und andere es vorgezogen hatten zu schweigen, als sie von der Verfolgung der Juden erfuhren, konnte Baeck diese Position schwerlich aufgeben.[112] Erst im April 1950 verabschiedete die Evangelische Synode bei ihrer Tagung in Berlin-Spandau eine Resolution, in der eine gewisse Mitschuld eingestanden wurde. Darin hieß es: «Wir sprechen es aus, daß wir durch Unterlassen und Schweigen vor dem Gott der Barmherzigkeit mitschuldig geworden sind an dem Frevel, der durch Menschen unseres Volkes an den Juden begangen worden ist.» Für Baeck war diese Erklärung ein großer Fortschritt, auch wenn sie fünf Jahre zu spät kam. «Allein er [der Hirtenbrief] verdient immerhin Dank – ‹better half a loaf than no bread.›»[113]

Einige aus der christlichen Führung jedoch hatten die Bewährungsprobe bestanden, und bei seinen Besuchen in Deutschland traf Baeck sich gern mit ihnen. 1951 gab sein ehemaliger Rabbinatsstudent Peter Levinson, der als liberaler Rabbiner nach Berlin zurückgekehrt war, für seinen alten Lehrer einen Empfang, zu dem auch zwei prominente Vertreter des antinazistischen Klerus eingeladen waren: der evangelische Bischof Otto Dibelius, der im Leitungsgremium der unabhängigen Bekennenden Kirche gewesen war, und der Reformtheologe Heinrich Grüber, der denunziert worden war, weil er Sympathie mit den Juden bekundet hatte.[114] Nach dem Tod des Münchner Kardinals Michael von Faulhaber am 12. Juni 1952 verfasste Baeck eine Würdigung dieses katholischen Gegners der «Deformationsbewegung» der Nationalsozialisten. Zwar hatte Faulhaber einst unter dem Einfluss der christlichen Lehre gestanden, die Juden seien von Gott verflucht, aber Baeck hob das Positive hervor. Er würdigte Faulhabers Kenntnis der hebräischen Sprache, insbesondere aber seine Bereitschaft, freundliche Beziehungen zur jüdischen Gemeinde auch dann noch aufrechtzuerhalten, als es gefährlich wurde. «Seine unermüdliche Stimme, die seine Moral und seine intellektuelle Kraft belegt, fand Gehör. Er verlor nie den Mut.»[115] Nach dem Holocaust gelobte Faulhaber, er werde alles in seiner Macht Stehende tun, um den Antisemitismus aus den Herzen der bayerischen Katholiken herauszureißen. In den letzten Monaten seines Lebens hegte Baeck auch eine große Wertschätzung für den großen lutherischen Gelehrten, Theologen und Arzt Albert Schweitzer, der in Afrika ein Krankenhaus aufgebaut und das Diktum der «Ehrfurcht vor dem Leben» geprägt hatte. Baeck, der mindestens ein persönliches Gespräch mit Schweitzer führte, bewunderte den Nobelpreisträger vor allem für seine Tatkraft: für seine Leidenschaft, die sein Leben durchdrang und ihm seine Leistungen ermöglichte.[116]

In diesen Jahren wurden Baecks wissenschaftliche Arbeiten, die anfangs vor allem polemisch und apologetisch gewesen waren, zunehmend ausgewogener, was die Beziehungen zwischen Christentum und Judentum betraf. Die beiden Religionen, so hoffte er, würden in moralischer Hinsicht eine wechselseitige Beziehung entwickeln. «Judentum und Christentum werden einander Ermahnung und Warnung sein: das Christentum als das Gewissen des Judentums und das Judentum als das Gewissen des Christentums.»[117] In London besuchte Baeck manchmal anglikanische Gottesdienste, deren Predigten ihm sehr viel besser gefielen als christliche Predigten in Deutschland.[118] Er warb für gegenseitigen Respekt auf der Basis des Verständnisses der eigenen und der Wertschätzung der anderen Religion: «Je mehr das Judentum sich selber versteht, um so mehr wird es das Christentum, das Große in ihm begreifen. Und die christliche Kirche sollte nie vergessen, daß es für sie keine Bibel ohne die jüdische Bibel geben kann.»[119] Während er in seinen früheren Schriften die hebräischen Propheten als beispielhaft für eine bedingungslose Verpflichtung gegenüber der Moral hervorgehoben hatte, konzentrierte er sich später auf die Rabbinen der alten Zeit, und in seinen letzten Jahren schließlich gelangte er zu einer wohlwollenderen Sicht des Apostels Paulus.

Baecks populäre Studie über die Pharisäer, die zuerst 1927 erschienen war und nach dem Krieg in einer erweiterten Fassung wiederaufgelegt wurde, enthält dennoch ein apologetisches Element. Wie Abraham Geiger im 19. Jahrhundert wollte auch Baeck zeigen, dass die Pharisäer nicht so waren, wie sie im Neuen Testament dargestellt werden: keine verabscheuungswürdigen Heuchler, sondern so, wie Josephus sie beschrieb, und vor allem so, wie sie sich in ihrer eigenen Literatur präsentieren. Sie bildeten, so Baeck, eine Gemeinde, die der Heiligkeit einen hohen Wert beimaß, und sie waren Lehrer des mündlichen Gesetzes; sie waren keine Sekte oder politische Partei, sondern «eine Bewegung im jüdischen Volke»[120] – mit diesen Worten hatte Baeck auch das moderne liberale Judentum beschrieben. Wie die Propheten seien auch die Pharisäer keine Anhänger des alten Opferdienstes gewesen; für sie konnte an dessen Stelle das Gebet und an die Stelle des Tempels die Synagoge treten. Ihre erklärten Gegner waren nicht die Anhänger Jesu, sondern die Priesterhierarchie, die ihre Interessen schützte und sich die Lehre nicht aus der Hand nehmen lassen wollte, statt sie, wie es die Pharisäer anstrebten, auf eine breitere Grundlage im Volk zu stellen. Tatsächlich beteten die Pharisäer für die Wiedererrichtung des Tempels, ein Traum, für den Baeck seinen missbilligenden Lieblingsbegriff «Romantik» benutzte.[121] Aber vor allem richteten sie ihren Blick auf das erhoffte und erstrebte Reich Gottes. Ihre Überzeugung, das Reich Gottes sei noch nicht gekommen, markierte den entscheidenden Unterschied zu Paulus, dem Baeck sich jetzt erneut zuwandte.

1952 veröffentlichte er in einer jüdischen Zeitschrift einen wissenschaftlichen Artikel in englischer Sprache mit dem Titel «The Faith of Paul».[122] In krassem Gegensatz zu Baecks früherer Darstellung steht Paulus hier nicht am Ursprung einer gefährlichen «romantischen Religion». Vielmehr wird er als ein Jude seiner Zeit dargestellt, mit all dem Wohlwollen und Verständnis für historische Gestalten, wie Baeck es von Wilhelm Dilthey gelernt hatte. Wenn es in dieser Studie eine polemische Absicht gab, dann war es der Widerspruch gegen die spalterischen Tendenzen von NS-Theologen, die Paulus aus seinem jüdischen Umfeld hatten herauslösen wollen. Für Baeck kam Paulus' Trennung vom Judentum nicht von innen, sondern von Einflüssen außerhalb des alten Palästina. Das hellenistische Denken, von dem Tarsus geprägt war, und insbesondere die weit verbreiteten Mysterienkulte jener Zeit machten diese Einflüsse spürbar. «Durch sie ließ sich Paulus weit aus den Grenzen des Judentums hinaustragen.» Auch wenn Paulus die Gültigkeit des jüdischen Gesetzes nicht bestritt, gelangte er zu der Überzeugung, dass die Zeit der Tora, die mit der Ankunft des Messias enden sollte, mit der Ankunft Jesu abgeschlossen war und die Zeit des Messias begonnen hatte. Anders als die Juden seiner Zeit, so Baeck, predigte «Paulus nicht das Warten auf ein zukünftiges Zeitalter. Mit dem auferstandenen Christus verkündigte er das gegenwärtige Reich Gottes».[123] Das trennte ihn von seiner jüdischen Herkunft. Baeck betonte jedoch, dass Paulus das jüdische Volk deshalb keineswegs verachtet habe. Kapitel 11 des Römerbriefs, in dem es heißt, Gott habe die Juden nicht verstoßen, fand Baeck «erschütternd. Es offenbart die Aufrichtigkeit dieses Mannes, die Tiefe seines im jüdischen Volke wurzelnden Gefühls».[124]

Um die deutschen Juden in ihrer Gemeinde zu halten, hatte Baeck einst die Unterschiede zwischen dem Judentum und anderen Religionen hervorgehoben. Jetzt stellte er dem Wunsch, die Einzigartigkeit des Judentums zu betonen, dessen Gemeinsamkeiten mit anderen Religionen an die Seite. Judentum und Christentum, so Baeck, verbinde das gemeinsame Erbe der Hebräischen Bibel und die gemeinsame Hoffnung auf eine bessere Zeit, im Christentum verstanden als die zweite Ankunft des Messias und im Judentum als ein Ereignis, das noch nicht eingetreten war. Den Islam wiederum trenne wenig vom Judentum, das hätten mittelalterliche jüdische Denker immer ausgesprochen. Beide Religionen unterstrichen die Einheit Gottes. Allerdings hätten sich Islam und Judentum durch den Konflikt im Nahen Osten voneinander entfremdet. «Alles hängt davon ab», schrieb er, «daß so, wie es einst im Mittelalter zum Segen für beide geworden war, ein Weg vom Islam zum Judentum, von der arabischen zur israelitischen Welt, ein Weg von Israel und seiner Religion zur arabischen Welt und ihrer Religion gefunden werde.»[125]

Baeck stellte auch fest, dass der Islam seine Religion bemerkenswert erfolgreich verbreitete. In den vergangenen Jahren habe er eine «große missionarische Kraft» entfaltet, vor allem in Asien und Afrika, während «die christliche Mission, aufs Ganze gesehen, stillsteht». Auch wenn die Missionierung für viele christliche Gruppen ein wichtiges Element ihrer Religion bleibe, sei der Islam in dieser Hinsicht heute erfolgreicher als Christentum und Judentum. Im Unterschied zu anderen jüdischen Führungspersonen, insbesondere im Staat Israel, respektierte Baeck den Missionierungsdrang der beiden Tochterreligionen des Judentums und versuchte nicht, durch dessen Zurückweisung seine eigene Religion als toleranter abzugrenzen. Proselytismus sei das Recht jeder Religion und Ausdruck des Glaubenseifers von deren Anhängern. Es sei unredlich, das Recht auf Proselytismus nur der eigenen Religion zuzubilligen. Es sei aber auch eine Herabwürdigung der eigenen Religion, zu glauben, sie besitze keine breite Attraktivität.[126] Eine solche Abkehr von der missionarischen Aufgabe sei ein Zeichen «innerer Schwäche und Trägheit oder sogar Selbstbezogenheit, die religiösem Verhalten widerspricht».[127] Baeck hatte es stets befürwortet, Nichtjuden zum Judentum zu bekehren – und nach dem Holocaust befürwortete er es umso mehr. «Wir brauchen eine größere Ausdehnung um unser selbst willen», erklärte er.[128] Doch er glaubte nicht mehr daran, dass die Botschaft des Judentums in Form einer Apologie übermittelt werden sollte, die die weniger erfreulichen Aspekte unter den Tisch kehrte. An einen ehemaligen Schüler schrieb er: «Nur, wenn wir unser Judentum auch mit seinen Ecken und Kanten zeigen, wird es auf die andern, die ehrlichen Willens sind, Eindruck machen.»[129]

Das Volk des Gebots

Im religiösen Denken seiner letzten Lebensjahre vollzog Baeck keinen scharfen Bruch. Er glaubte nach wie vor an die zweifache Bindung des Individuums an Gott: an das Bewusstsein des transzendenten Gottes, dessen Wesen geheimnisvoll blieb, und an das unausweichliche moralische Gebot, das dieser Gott in jeder Generation an jeden Einzelnen richtet. Baeck stellte jedoch auch neue Überlegungen an und bemühte sich, typisch für ihn, weiter, seinen Glaubensgenossen, aber auch Nichtjuden, die sich von der Botschaft des Judentums angesprochen fühlten, seine Ideen zu vermitteln.

Wie in der Vergangenheit wandte er sich auch jetzt vor allem an Menschen, die ihren jüdischen Glauben ernst nahmen, dessen orthodoxer Ausprägung jedoch spirituell fernstanden. Wenngleich zögerlich, die damit verbundenen Verpflichtungen zu übernehmen, blieb Baeck nominell an der Spitze der World Union for Progressive Judaism, bis ihn 1953 sein Gesundheitszustand zwang, die Führung an Lily Montagu zu übergeben.[130] Im Sommer 1946, als er bei der internationalen Tagung der WUPJ in London die Hauptrede hielt, hatte er seine Funktion als Präsident der World Union wiederaufgenommen. Expliziter als in der Vergangenheit verwies er auf die Bedeutung der Tradition für die liberalen Juden, selbst wenn diese Tradition von der offiziellen Orthodoxie in gewisser Weise entstellt worden sei. Es gehe nicht darum, die Tradition zu kritisieren oder für weitere religiöse Reformen zu streiten, sondern um eine kritische Wertschätzung. Er sagte: «Die Tradition sollte für uns nicht nur ein Wort sein. Die jüdische Tradition steht auf heiligem Boden; wir müssen uns ihren Pforten mit Ehrerbietung nähern und sollten auch für die Disziplin und sogar für die in diese Tradition eingewobenen asketischen Züge Verständnis haben; und selbst für ihre – wenn ich so sagen darf – verzerrte Erscheinungsform sollten wir Verständnis haben. Verständnis und Ehrerbietung gehören zum eigentlichen Wesen des progressiven Judentums.»[131]

Leo Baeck (links) mit Lily Montagu und
Martin Buber (wahrscheinlich 1951)

Stärker als in der Vergangenheit betonte Baeck gegenüber den liberalen Juden jetzt das «wahre Gespür für die Gegenwart Gottes, eine Sphäre der Frömmigkeit, die stetig in unser Leben einfließen sollte». Ohne dieses Gespür würde die jüdische Existenz allzu leicht leer werden, die Poesie würde aus dem Leben der liberalen Juden verdrängt und sie würden von der Prosa erdrückt werden.[132] Er war nach wie vor überzeugt, dass die Ritualgesetze keine göttlichen Gebote im selben Sinn wie moralische Gebote waren, aber er hielt sie für essenziell, damit sich die Juden «des höchsten Gebotes des göttlichen Gesetzes bewusst» werden, das für Baeck das moralische Gesetz war. Vielleicht, so Baeck weiter, sollten die liberalen Juden eigene Gesetze für die rituelle Praxis formulieren, «in einer reformierten Weise» – genau das, was die nächste Generation der Reformjuden in Amerika tat, als sie «Richtlinien» zur jüdischen religiösen Praxis herauszugeben begann.[133] Baeck zufolge sollten das konservative Judentum und das Reformjudentum in den Vereinigten Staaten einander nicht bekämpfen, sondern ergänzen. Die ein breiteres Spektrum religiöser Praxis repräsentierende Form des Judentums könnte ihrem radikaleren Pendant die Werte der Beachtung ritueller Traditionen vor Augen führen, während die weniger traditionelle Form die in diesen Traditionen enthaltenen spirituellen Werte veranschaulichen könnte.[134]

Wenn Baeck nach dem Holocaust seine Mahnung erneuerte, das progressive Judentum könne keinen Bestand haben, wenn es den Blick nicht nach innen richte, um Kontinuität und Authentizität zu finden, so betonte er jetzt zugleich stärker die Bedeutung des Blicks nach außen. «Ein egoistisches liberales Judentum, das nur an sich selbst denkt», sagte er in der oben zitierten Ansprache 1946, «und vergisst, dass es für das größere Ganze eine Aufgabe zu erfüllen hat – ein solches liberales, progressives Judentum wäre ein Widerspruch in sich. Es wäre weder liberal noch progressiv, und es wäre auch nicht jüdisch.»[135] Die zentrale Botschaft des Judentums für die Welt sei es, «zu sagen, wie weit der Weg bis zur messianischen Zeit noch ist». Vielleicht war es das in der jüngsten Vergangenheit von Juden erlittene Leid, das ihnen in seinen Augen eine besondere Verantwortung auferlegte, auf die moralische Unzulänglichkeit der Welt hinzuweisen und sich all jenen totalitären Kräften entgegenzustellen, die versuchten, Menschen und Nationen einen das Gewissen beherrschenden Absolutismus aufzuzwingen. Die Juden dürften «zu keinem Unrecht, zu keiner Lüge schweigen ... sondern [müssten] jeder Einschläferung und Manipulation des Gewissens entgegentreten».[136]

1953, in seiner letzten Rede, die er auf einer Tagung der World Union for Progressive Judaism zu halten imstande war, skizzierte er einen neuen Weg. In der Vergangenheit hätten die liberalen Juden Fortschritt in der politischen Gleichstellung gesucht, die sie in Deutschland zeitweilig und in Amerika sogar dauerhaft erreicht hätten. Ein weiterer politischer Fortschritt für das jüdische Volk sei die Gründung eines eigenen Staates gewesen. Für die jüdischen Staatsbürger und die Unterstützer des jüdischen Volkes und seines Staates sei es nun an der Zeit, als neues Ziel nicht den Einzelnen, sondern die jüdische Religion selbst ins Auge zu fassen und nicht religiöse Reformen, sondern den Sieg der Gerechtigkeit und Liebe über die Tyrannei der jüngsten Vergangenheit zu stellen. Die Juden, sagte Baeck, glaubten «an die permanente Aufgabe, nicht an das schon Erreichte. Mit jeder neuen Generation stellen sich die Probleme der Welt aufs Neue. Wir sollten die Gelegenheit nicht verpassen. Unsere Religion sollte auf die Welt zugehen. Die Menschheit, so scheint es, wartet auf uns.»[137] Baeck meinte damit keine konkreten Aktionen, und die Erwartungen waren gewiss hochgesteckt für ein kleines Volk, doch für progressive Juden, die in Deutschland kein wirkmächtiges Programm der sozialen Gerechtigkeit hatten etablieren können, waren sie eine Herausforderung. In einem neuen historischen Umfeld, davon war Baeck überzeugt, sollten sie ihre Stimme erheben, um auf der Grundlage ihrer religiösen Tradition Gerechtigkeit einzufordern.

Sosehr für Baeck weiter die Tat im Zentrum des Judentums stand, betonte er nun jedoch auch das Bewusstsein von deren Ursprung, das er für nicht weniger wichtig erachtete als die Tat selbst. Moralisches Handeln gründe im göttlichen Geheimnis, das der rationalen Erkenntnis Grenzen setze, obwohl es im Zentrum der Frömmigkeit stehe.[138] «Das Letzte alles Wissens und das Erste aller Religion ist das Geheimnis. Ein Weg des Wissens geht so zum Geheimnis und ein Weg des Geheimnisses zum Wissen.»[139] Der Tat, die nicht aus der Anerkennung des Geheimnisses komme, fehle jene Kraft, die nur deren göttlicher, der Vernunft unzugänglicher Ursprung verleiht. An Rabbiner Max Wiener, einen ehemaligen Kollegen am Liberalen Seminar in Berlin, der schon 1933 in einem bahnbrechenden Werk von einem modernen Judentum jenseits des rationalen Verstehens gesprochen hatte, schrieb Baeck 1947: «Alles Rationale wurzelt doch in einem Irrationalen und alles Gebot erhält seine Kraft und seine Legitimation dadurch, dass es dort wurzelt. Wenn der Satz ‹Liebe Deinen Nächsten wie Dich selbst› [Lev 19,18] so zitiert wird, so ist er eigentlich amputiert. Der Satz ist vollständig erst, wenn das ‹Ich bin der Ewige, Dein Gott› beigefügt ist.»[140] Ein säkulares Judentum war für ihn ein Missverständnis. Er war fest davon überzeugt, dass «einer, der das Geheimnis nicht begreift, auch das Judentum niemals begreifen wird».[141] Das Bewusstsein des Geheimnisses, das Baeck auf das Überleben des jüdischen Volkes bezog, lag für ihn nicht in der menschlichen Vernunft, sondern im Bereich des Empfindens.[142] Ein rein rationales Judentum sei kein adäquates Judentum. Der Krieg und das, was später Holocaust genannt wurde, hatten das göttliche Geheimnis nur vertieft. Baeck versuchte nie eine Theodizee, eine rationale Erklärung für die jüdische Tragödie. Wie für den biblischen Hiob konnte es auch für ihn keine überzeugende Antwort geben, sondern nur die Akzeptanz einer unerkennbaren und unerklärbaren Präsenz.[143] Der Holocaust war zutiefst erschütternd, und wenn Baeck sich dafür entschied, sich nicht damit zu befassen, dann vielleicht auch aus Angst, die traumatische Erinnerung daran könnte eine erhoffte jüdische Zukunft überschatten.

Auch wenn es für die jüngste Vergangenheit keine theologische Erklärung gab, war für Baeck selbst nach einer so entsetzlichen Katastrophe Hoffnung auf eine Zukunft möglich.[144] Ein Judentum ohne den geheimnisvollen gebietenden Gott war für Baeck kein Judentum. Dasselbe galt für ein Judentum, das den Glauben an die Zukunft aufgegeben hatte – einen Glauben, den Baeck «das große ‹Du sollst hoffen!›» nannte, «die messianische Geduld und den geduldigen Messianismus».[145] Diese Suche und dieses Streben nach einer besseren Zukunft war eine Lebensnotwendigkeit, und zwar nicht nur für die Juden. «Vielleicht», sagte er einmal, «stirbt ein Mensch erst, wenn er nichts anderes mehr sieht als die Vergangenheit und den gegenwärtigen Augenblick.»[146] Doch für Baeck reichte Hoffen allein nicht aus, war dies doch letztlich eine zwar ehrfurchtsvolle, dennoch aber passive Haltung. Die messianische Vision von Gerechtigkeit und Frieden müsse mit dem Gebot verknüpft werden, mit der Aufgabe des Menschen, dieses Ziel zu erreichen.[147] Das Judentum sei ebenso sehr eine Religion «des Weges» wie des messianischen Ziels. «Der Ausdruck ‹das erwählte Volk›, der so oft missverstanden wird, bedeutet in Wirklichkeit:… das Volk des erwählten Weges, des von Gott gezeigten und vom Menschen erwählten Weges – das Volk des kategorischen Gebots und des kategorischen Vertrauens, das durch die Beständigkeit der Tat vor der Illusion und durch die Beständigkeit der Hoffnung vor der Verzweiflung gerettet wird.»[148]

Neben seinen Vorträgen, zu denen er in Großbritannien, Amerika, Deutschland und Israel eingeladen wurde, leitete Baeck einen wöchentlichen Vortragskurs in London, das «Montagsseminar». Zu seinen Zuhörern zählten Rabbiner und Laien aus Deutschland, die in England Zuflucht gefunden hatten. Einige Nichtjuden, die Deutsch konnten, kamen ebenfalls, um ihn zu hören. Gemeinsam bildeten sie einen intimen Kreis, in dem Baeck sich wohlfühlte, in seiner Muttersprache reden und weniger formell als in anderen Zusammenkünften seine Gedanken äußern konnte. Er benutzte kein Manuskript, sondern nur ein Zettelchen mit ein paar Notizen. In diesem Kreis fühlte er sich frei, persönliche Erfahrungen und Gefühle auszusprechen, was er in früheren Predigten oder Vorträgen nur selten getan hatte. Der Autor Hans Bach, der regelmäßig an diesen Vorträgen teilnahm, erinnerte sich, dass man, wenn Baeck liebevoll über das Kindesalter sprach, sein Entzücken am Spiel mit seinem kleinen Urenkel spüren konnte. Umgekehrt hallten, wenn er streng über Luther sprach, seine Erfahrungen in der NS-Zeit nach, als man ihn hatte zum Schweigen bringen wollen.[149]

Die Vorträge, die er im ersten Halbjahr 1956 hielt, handelten hauptsächlich von den Epochen der jüdischen Geschichte. Gegen Ende seines Lebens kehrte Baecks Denken immer mehr zur Geschichte der Juden zurück. In diesen Vorträgen sprach er darüber, dass sich jeder Historiker, der einen längeren Zeitraum der Geschichte beschreiben wolle, mit dem Problem der Periodisierung auseinandersetzen müsse. Wie Historiker des Judentums vor ihm, allen voran Nachman Krochmal aus Galizien und Heinrich Graetz, stellte auch Baeck fest, dass nicht nur das Individuum, sondern auch ein Volk eine Kindheit und eine Jugend, eine Zeit der Kraft und Reife und eine Zeit der zunehmenden Schwäche besitze und schließlich untergehe. Bei einigen Völkern vollziehe sich diese Entwicklung schnell, bei anderen erstrecke sie sich über einen längeren Zeitraum. Was die jüdische Geschichte auszeichne, sei, dass das jüdische Volk nicht eine, sondern mehrere dieser Perioden oder «Epochen» – der von Baeck bevorzugte Begriff – durchlaufen habe. Während sich andere Völker von ihrem Niedergang nicht wieder erholten, habe das jüdische Volk mehrfach eine Wiedergeburt erlebt. Wenn ein Zentrum jüdischer Besiedlung und Gelehrsamkeit untergegangen sei, sei ein neues entstanden; auf den Untergang des einen sei das Entstehen und Aufblühen eines anderen gefolgt. Der Tod sei immer wieder durch eine Renaissance abgewendet worden: «Wiedergeburt ist der Beginn, der Durchbruch», sagte Baeck, «die Epoche ist die Ausdehnung, die Weite, die sich das neu Geborene im gesamten Raum seiner Möglichkeiten schafft.»[150] Für ihn war die jüdische Geschichte eine Geschichte der Epochen und damit eine Geschichte der Wiedergeburten: Mit den Propheten sei eine neue Epoche mit neuen Ideen geboren worden, mit den Rabbinen eine vom jüdischen Gesetz geprägte Epoche entstanden, auch wenn unter den Rabbinen – wie auch in den nachfolgenden Epochen – die zentralen Ideen der prophetischen Epoche weitergelebt hätten. Anstelle des Wesens sei hier die historische Entwicklung ins Zentrum gerückt.

Die Montagsseminare mit diesen Vorträgen bekunden eine naturalistische theologische Position, die an anderer Stelle nicht so explizit ist. Über das Gebet sagte er in diesen Vorträgen, es dürfe nicht als ein Dialog verstanden werden: «Wenn ein Mensch mit Gott spricht, ist das im höchsten Sinne des Wortes ein Monolog. Es ist nicht ein Dialog, denn der Gesprächspartner ist nicht gegenwärtig. Der Mensch spricht gewissermaßen mit seinem höheren Ich, mit der Offenbarung Gottes, die in ihm ist ... Also er spricht im höchsten Sinne mit sich selbst.»[151] Damit ist impliziert, dass Gott nicht auf das

Das Volk des Gebots

Gebet antwortet, das hier keine nach außen gerichtete Bitte ist, sondern das Streben nach einer inneren Verwandlung.[152] Diese informellen Vorträge sind nicht vollständig erhalten und wurden erst acht Jahre nach seinem Tod veröffentlicht. Während der Zeit dieser Vorträge arbeitete Baeck intensiv an einer detaillierteren Darstellung der jüdischen Geschichte in ihrer Gesamtheit, die erst mit Teil 2 seiner in Buchform veröffentlichten Geschichte der jüdischen Religion, *Dieses Volk. Jüdische Existenz*, abgeschlossen war.

Dieses zweite und letzte große Werk, dessen englische Übersetzung *This People Israel: The Meaning of Jewish Existence* lautet, ist vom Umfang her mit *Das Wesen des Judentums* vergleichbar, unterscheidet sich von diesem jedoch grundlegend. Hier geht es Baeck nicht um die *Essenz* des Judentums, sondern um die *Existenz* des jüdischen Volkes als dem historischen Träger seiner Religion. Es ist ein Versuch, die Vielfalt und Fülle der spirituellen Epochen des jüdischen Volkes zu beschreiben, und sein Fokus wechselt zwischen der Religion und dem Volk. Jüdische Identität, so Baeck, könne nur von demjenigen ganz verstanden und verinnerlicht werden, der sich nicht auf die Religion oder die Geschichte beschränke – nur von dem also, der die Werte von beiden übernommen habe. Judentum und jüdische Geschichte, davon ist Baeck jetzt überzeugt, stehen in einer wechselseitigen Beziehung, die nur der Historiker ganz durchdringen kann, der auch die Gültigkeit der Religion anerkennt. «Man kann die Geschichte begreifen, nur wenn man in den Glauben eingedrungen ist, und man kann den Glauben verstehen, nur wenn man auch die Geschichte erfaßt.»[153]

Baeck hatte *Dieses Volk. Jüdische Existenz* noch in Berlin zu schreiben begonnen und im Theresienstädter Ghetto daran weitergearbeitet, wann immer er einen ruhigen Augenblick und einen Fetzen Papier zur Hand gehabt hatte. Nach dem Krieg, in London, nahm er die Arbeit daran wieder auf. Der erste Teil erschien 1955, der zweite posthum, zwei Jahre später. Baecks Wunsch entsprechend wurde das Werk auf Deutsch im neuen Deutschland veröffentlicht, vielleicht

Nach der Katastrophe

Leo Baeck schreibend, wahrscheinlich in London (undatiert)

weil er fand, das deutsche Volk bedürfe dessen Botschaft besonders dringend.[154] Es war in einer für ihn leidvollen Zeit entstanden, einer Zeit, die ihn zu einer persönlichen Bekräftigung dieses unterdrückten jüdischen Volkes in Vergangenheit und Gegenwart drängte: «In dunkler Zeit ist dieses Buch geschrieben worden. Damals, als dem jüdischen Leben die Vernichtung angesagt und weithin zugefügt wurde, war in dem, der dann diese Seiten niedergeschrieben hat, das Verlangen erwacht, sich selbst Rechenschaft zu geben, Rechenschaft von diesem jüdischen Leben, diesem jüdischen Volke.»[155]

Dieses Volk. Jüdische Existenz entzieht sich jeder einfachen Klassifikation. Das Buch kann weder als rein historiographisches noch als rein theologisches oder philosophisches Werk betrachtet werden, denn es umschließt alle drei Bereiche. Der Ton ist manchmal nüchtern, dann aber auch rhapsodisch und erhebt sich, um Baecks Lieblingsbegriff zu verwenden, zur «Poesie». Insofern es eine Geschichte

Das Volk des Gebots

des jüdischen Volkes ist, ist es eine Geschichte seines Geistes und nicht seines Körpers, eine Geschichte der Bejahungen und der Höhepunkte weit mehr als der Tiefpunkte. Es enthält sich der Verneinung und Verzweiflung zugunsten der Hoffnung und Erwartung. Es spricht vom Geheimnis, welches das Gebot verlangt, und vom Gebot, welches das Geheimnis verlangt, und es spricht von der Wiedergeburt, die den Tod auslöscht. Es ist die Antwort des jüdischen Volkes im Gang der Geschichte auf die Frage Gottes: Wird es seiner moralischen Aufgabe in der Welt treu bleiben?

Die beiden Bände sind keine leichte Lektüre. Baeck vermeidet Spezifisches und enttäuscht damit den Wunsch nach konkreten Beispielen und Argumenten, die seine Behauptungen stützen. Er nennt nur wenige historische Daten und bemisst die jüdische Geschichte nicht nach Jahrhunderten, sondern nach Jahrtausenden, die die Zeit der Bibel, der Rabbinen, des Mittelalters und der Moderne umspannen und jeweils eine Epoche bilden. Jede Epoche erlebt nach der ersten eine neue Wiedergeburt, die neue Fragen und neue Antworten hervorbringt. Das Werk bewegt sich auf einer spirituellen Ebene und entfaltet eine hochgradig idealisierte Sicht des jüdischen Volkes. Man könnte es als einen Lobgesang auf den Bund bezeichnen, der Israel an seinen Gott bindet, angefangen mit Abraham und weiter durch die Jahrtausende, als Tribut an ein «ewiges Volk». Es ist ein zutiefst religiöses Buch, geschrieben aus dem Judentum heraus, und keine Untersuchung des Judentums von außen. In der Art des Midrasch interpretiert – und mehr noch bezeugt – Baeck die fortdauernde Beziehung zwischen Gott und dem jüdischen Volk. Die säkulare Geschichte interessiert ihn kaum, eher die Frage, wie die Juden von Generation zu Generation auf Gottes Forderung nach Gerechtigkeit in der Welt geantwortet haben und wie sie auf dem Weg zum messianischen Ziel in der Geschichte vorangeschritten sind.

In diesem Werk bekundet Baeck allen Strömungen der jüdischen Geschichte seinen Respekt. Im vierten Jahrtausend, wie er den Geschichtsraum der heutigen Zeit nennt, erwähnt er die Buchdruckerei

Nach der Katastrophe

Romm in Wilna, die den Standardtext des Talmud mit seinen Kommentaren neu herausgegeben hat.[156] Er schreibt anerkennend über das breite Spektrum moderner jüdischer Denker und namhafter Persönlichkeiten im Osten und im Westen, Zionisten ebenso wie Nichtzionisten. Kaum ein Wort verliert er über das Novemberpogrom 1938 und den nachfolgenden Holocaust, und er gibt keinen Anhaltspunkt dafür, dass diese Tragödie in ihm Zweifel an der Gegenwart Gottes geweckt hat. Die Herausforderung des Buches richtet sich nicht an Gott, sondern an seine jüdischen Glaubensgenossen. Werden sie in einer neuen, friedlichen Zeit an ihrer messianischen Vision festhalten? Werden sie das Volk des Gebots bleiben?

Die letzten fast zwanzig Jahre seines Lebens war Leo Baeck Witwer und lebte ohne die emotionale Unterstützung seiner geliebten Natalie. 1950 schrieb er von «der ersten grossen Einsamkeit, als vor dreizehn Jahren mir meine Frau genommen worden war».[157] Es folgten weitere Einsamkeiten, als Freunde und Weggefährten ermordet wurden. Aber er konnte ein Dankgebet sprechen, dass seine Tochter und ihre Familie in London waren, um ihn zu trösten. Er lebte bei ihnen, aber sie besorgten ihm ein möbliertes Zimmer an einem nicht öffentlich bekannten Ort, wo er, ungestört von seinen zahlreichen Bewunderern, wissenschaftlich arbeiten konnte. In stillen Augenblicken konnten sich seine Gedanken der Zukunft zuwenden, der Zukunft einer neuen Generation, zu der auch seine Nachkommen gehörten. Und er konnte seine Phantasie auf ferne Horizonte richten, «auf das Geheimnis der jenseitigen Welt, das Geheimnis der Ewigkeit».[158] Seine Augen wurden schwächer, so dass er bald keine Briefe mehr schreiben, sondern nur noch diktieren konnte, seine Handschrift wurde zittrig und immer schwerer lesbar, und auch sein Gehör verschlechterte sich.[159] Er wurde weniger formell, ja sogar sentimental. Im April 1955 verbrachte Baeck ein paar Tage in einer Londoner Klinik, nachdem er von einem Motorrad angefahren worden war, als er unweit seiner Wohnung die Strasse überquerte. Im Juni zwang ihn eine Darmoperation zu einem längeren Krankenhausaufenthalt.

Das Volk des Gebots

Doch noch in den letzten Monaten seines Lebens war er aktiv und hielt Vorträge in Frankfurt, Münster und London. Von größter Wichtigkeit war ihm die Fertigstellung des zweiten Bandes von *Dieses Volk. Jüdische Existenz*, dessen Korrekturabzüge er noch wenige Tage vor seinem Tod las. Doch zu seinem Bedauern konnte er an Jom Kippur 1956 den Gottesdienst nicht mehr besuchen.[160] Am 2. November 1956 starb Leo Baeck und wurde auf dem jüdischen Friedhof Hoop Lane begraben. Der deutsche Bundespräsident schickte einen Kranz. Der israelische Botschafter nahm an der Beerdigung teil.[161] Sein Grabstein wurde ein Jahr später enthüllt. Die Inschrift, von Baeck selbst gewählt, ist ein letztes Beispiel für seine Zurückhaltung und Bescheidenheit. Sie sagte nichts über seine Stellung und seine Verdienste, sondern beschränkte sich auf seinen Namen, sein Geburts- und Todesdatum und die schlichte hebräische Inschrift *mi-gesa rabbanim*, «Aus dem Stamme von Rabbinern».[162]

Epilog

Die Ikone und der Mensch

Bis zum Ende des Zweiten Weltkriegs war der Name Leo Baeck außerhalb Deutschlands wenig bekannt. Das änderte sich schlagartig, als die Geschichte seiner Erfahrungen nach seinem unwahrscheinlichen Überleben breite Aufmerksamkeit fand. Baeck hatte sich nie in den Mittelpunkt gestellt, jetzt aber wurde er zu einer Berühmtheit und zum Symbol des geistigen jüdischen Widerstands und des persönlichen Mutes. Er galt als die Verkörperung all dessen, was an den deutschen Juden und am liberalen Judentum bewundernswert war. Mehrere jüdische Einrichtungen hatten den Wunsch, die Erinnerung an ihn zu bewahren.

Diese Einrichtungen waren in der gesamten jüdischen Welt verstreut und dienten unterschiedlichen Zielen, auch wenn sie alle dem liberalen Judentum, der jüdischen Wissenschaft oder beidem nahestanden. Der Erste, der Baeck als Namensgeber für eine Synagoge wollte, war der aus dem nationalsozialistischen Deutschland geflüchtete liberale Rabbiner Fritz Steinthal. 1944, als Baeck, sein Lehrer an der Lehranstalt in Berlin, noch in Theresienstadt war, bat er dessen Tochter in London um die Erlaubnis, seine Synagoge in Buenos Aires nach ihm benennen zu dürfen. Sie gab zwar zunächst ihre Zustimmung, äußerte aber in einem weiteren Brief ihre Befürchtung, dass durch eine solche Namensgebung das Leben ihres Vaters gefährdet werden könnte. Außerdem, so schrieb ihm Ruth, wisse jeder, der «meinen Vater kennt, wie er persönlich jeder derartigen Form der Ehrung abhold ist».[1] Doch während seiner letzten Lebensjahre und nach seinem Tod war eine Institution nach der anderen bemüht, sich mit dem zunehmend verehrten Namen Leo Baeck zu verbinden: in Israel das Leo Baeck Education Center in Haifa, gegründet von Baecks Kollegen Max Elk; in London das Leo Baeck College, ein Rabbinerseminar für die liberale und die Reformbewegung Großbritanniens, und die Studienstiftung Leo Baeck Fellowship; in Los Angeles der neu gegründete Leo Baeck Temple, dessen Rabbiner Leonard Beerman ein radikaler Kämpfer für soziale Gerechtigkeit und Völkerversöhnung war; in Kanada die Leo Baeck Day School in Toronto; in Deutschland die Leo Baeck Foundation zur Förderung des liberalen Judentums, die Leo-Baeck-Straße in Berlin-Zehlendorf und der Leo-Baeck-Preis, die höchste Auszeichnung, die der Zentralrat der Juden in Deutschland vergibt; sowie in New York, Jerusalem und London – und schließlich auch in Deutschland – das Leo Baeck Institut (LBI) für die Bewahrung und kritische Erforschung des deutsch-jüdischen Erbes.

Das LBI wurde 1955 in Jerusalem unter anderem von Gershom Scholem, Martin Buber und Siegfried Moses gegründet, der nach Baeck selbst dessen zweiter internationaler Präsident wurde. An der ersten Sitzung konnte Leo Baeck nicht teilnehmen, schrieb aber einen ermutigenden Brief an die Gründer, in dem er die ungebrochene Tradition der Wissenschaft und der Lehre im östlichen wie im westlichen aschkenasischen Judentum beschwor. Deren Einrichtungen der Gelehrsamkeit seien zwar zerstört, doch «der Geist kann nicht und will nicht vernichtet sein; er ist dazu berufen, weiter zu leben. Bücher können verbrannt werden, aber was sie sagten, bleibt beflügelt und sucht seine [neue] Stätte».[2]

Zeit seines Lebens, vor allem aber nach seiner Rückkehr aus dem Ghetto Theresienstadt und schließlich nach seinem Tod wurde Baeck von seinen Zeitgenossen mit Worten des Lobes beschrieben, die ihn bisweilen fast übermenschlich erscheinen ließen und Baecks Selbstgefühl widersprachen. Rabbiner Joshua Loth Liebman, der ihm nach dem Krieg ein paarmal begegnet war, nannte ihn im *Atlantic Monthly* «einen Heiligen für unsere Zeit» und verglich ihn in seiner «wahrhaft

Epilog: Die Ikone und der Mensch

menschlichen Größe» mit Rabbi Akiba in der jüdischen Tradition, mit Franz von Assisi und Albert Schweitzer im Christentum und Mahatma Gandhi im Hinduismus.[3] Kaum weniger überschwängliches Lob kam von anderen Seiten. Er sei «der größte Jude, den ich je gekannt habe ... der kultivierteste Mensch, dem ich je begegnet bin»; «ein Symbol der zivilisierten Menschheit angesichts von Bestialität, der Vater, der seine Kinder nicht im Stich ließ»; «keine Generation ... hat eine Führungsfigur von größerem Format als Dr. Baeck gefunden».[4] Der Direktor der Robert-Bosch-Werke, in nationalsozialistischer Zeit einer seiner Unterstützer, erklärte, Baeck sei «eine der ganz wenigen wirklich verehrungswürdigen Gestalten unserer an wahrhaft geistigen Persönlichkeiten so armen Zeit».[5] Die Historikerin Selma Stern, die mit Baeck befreundet war, widmete ihre Biographie über Josel von Rosheim, einen Vorkämpfer jüdischer Rechte im Deutschland des 16. Jahrhunderts, «Leo Baeck, dem vornehmsten Verteidiger des jüdischen Volkes».[6] Der Historiker Peter Gay zitierte einen Berliner Juden, der behauptete: «Ich habe nur zwei fromme Juden gekannt, für deren Frömmigkeit ich geradestehen kann, der eine war mein Vater, der andere war Leo Baeck.»[7] Eine Aufsatzsammlung zu Baecks achtzigstem Geburtstag 1953 enthielt Beiträge von so bedeutenden Persönlichkeiten wie Albert Einstein, Thomas Mann, Jacques Maritain, Karl Jaspers und Abraham Joshua Heschel.[8]

Von besonderem Interesse ist, was Martin Buber bereits 1933 in der zionistischen *Jüdischen Rundschau* über Baeck geschrieben hatte. Als ein deutscher Adliger ihn besuchte, so Buber, sei über die Frage gesprochen worden, was echter Adel bedeute. Der Besucher unterbrach sich mitten in der Erörterung und sagte: «Wenn ich mir Adel lebhaft vorstellen will, denke ich an Leo Baeck.» Zehn Jahre später, nachdem Baeck nach Theresienstadt deportiert worden war, erinnerte sich Buber an diese Episode und sagte, sie habe sein Grundgefühl bestätigt, dass Adel nicht die Zugehörigkeit zu einer Klasse sei, sondern eine «persönliche Beschaffenheit», die Leo Baeck besitze.[9]

Überwältigt von Rausch und Ekstase der englischen Dichter der

Epilog: Die Ikone und der Mensch

Romantik, stieß die bekannte amerikanisch-jüdische Schriftstellerin Cynthia Ozick im Alter von vierundzwanzig Jahren auf Baecks Schriften und entdeckte «die Großartigkeit von [Baecks Aufsatz] ‹Romantische Religion›». Sie erkannte, dass ihre bisherige Begeisterung für eine illusorische Schönheit, die keine Substanz besaß, nur Selbstüberheblichkeit, Täuschung und Wahn in sich barg. Sie zog Rabbiner Baeck den Romantikern vor. Auch wenn sie seinen Aufsatz später mit kritischerem Blick las, erklärte sie, diese umstrittene Schrift «mit ihrem Nachdruck auf humanem Verhalten anstelle der gefährlichen freischwebenden Phantasie» sei etwas, «nach dem man leben kann».[10]

Gershom Scholem und Leo Baeck, die sich bereits 1922 kennenlernten, blieben einander freundschaftlich verbunden, und bei seinen Besuchen in Israel war Baeck bei Scholem zu Gast.[11] Wie es für Scholem typisch war, mischte er jedoch, als er über Baeck schrieb, Bewunderung mit milder Kritik. Er freute sich, dass Baeck an den alljährlich in der Schweiz stattfindenden Eranos-Tagungen teilnahm, aber er freute sich für *Baeck* – für die Chance, die dieser damit erhielt –, offenkundig aber nicht oder weit weniger für dessen Zuhörer. «Er ist ein etwas schwächlicher, aber honetter Geist, soweit Geist honett sein kann, was schon fraglich ist!», schrieb Scholem.[12] Als jedoch Hannah Arendt Baecks Rolle als Sprecher des deutschen Judentums in der NS-Zeit kritisierte und schrieb, «in den Augen sowohl der Juden als auch der Nichtjuden» sei Baeck «der jüdische Führer» gewesen, wies Scholem sie harsch zurecht: «Für niemand, von dem ich gehört oder gelesen habe, war Leo Baeck, den wir beide gekannt haben, ein Führer in dem Sinne, den die Leser Ihres Buches assoziieren müssen.»[13]

Neben Arendt, die später bedauerte, dieses unglückselige Wort benutzt zu haben,[14] und Baecks politischen Gegnern, die in den 1930er Jahren gegen seine Führung kämpften, zog nur noch eine einzige Person Baecks Ruf öffentlich in Zweifel: Recha Freier, die Gründerin der Jugend-Alija. Sie war eine zänkische Person und hatte sich auch

Epilog: Die Ikone und der Mensch

mit Henrietta Szold angelegt, mit der sie in der zionistischen Frauenorganisation Hadassah zusammenarbeitete. Freier empfand es als extrem unfair, dass die Führung der Reichsvereinigung mit Baeck an der Spitze ihr die Unterstützung bei ihren illegalen Bemühungen um die Auswanderung von Kindern verweigerte, weil es als gefährlich erachtet wurde. Freiers harsches Urteil über Baeck (und seine Mitarbeiter) und ihr vollmundiges Lob für Baecks Erzfeind Heinrich Stahl, «den edlen und verehrten Vorsitzenden der Berliner jüdischen Gemeinde», ist beispiellos. Was Baeck betreffe, sehne sie den Tag herbei, an dem «diesem Mann, der als Held gefeiert» worden sei, endlich «die Heiligenkrone genommen» werde.[15]

Es ist äußerst schwierig, der wahren Persönlichkeit dieses Mannes mit der «Heiligenkrone», der nach dem Krieg auf einen so hohen Sockel gestellt wurde, auf den Grund zu kommen. Er hinterließ kein Tagebuch und schrieb keine Lebenserinnerungen – nicht nur, weil er keine Zeit dafür fand, sondern auch, weil diese Art Beschäftigung mit sich selbst seinem Wesen widersprach.[16] Seit jeher war er ein Kritiker des Personenkults gewesen.[17] Ein Schüler meinte, es sei kaum möglich, Baecks Persönlichkeit zu erfassen, da er sein «Ich» der Öffentlichkeit entzog und es taktlos wäre zu versuchen, es nachträglich ins Licht zu rücken.[18] Und doch, wenn man einigen Hinweisen nachgeht, scheint es möglich, ein Bild des Menschen hinter der Ikone zu zeichnen, so unvollständig es auch sein mag. Baeck ist das ungewöhnliche Phänomen eines Menschen, der von anderen mit Lob und Beifall bedacht wurde, aber nie das Bedürfnis verspürte, sich selbst zu loben. Er hatte eine Vielzahl von Ämtern inne, aber soweit wir wissen, hat er diese Ämter nie angestrebt, ganz im Gegenteil. Leute, die ihn kannten, versichern, dass er dazu gedrängt werden musste. Dies war explizit der Fall, als ihm 1933 die Führung der Reichsvertretung angetragen wurde, und es scheint weitere Beispiele zu geben. Anders als seine Rabbinerkollegen und seine akademischen Kollegen setzte Baeck nie ein «Dr.», «Rabbiner» oder sogar «Leo» vor seinen Namen. Meist unterschrieb er nur mit L. Baeck, ohne Titel und unter Zurück-

Epilog: Die Ikone und der Mensch

nahme seiner Individualität. Ich glaube nicht, dass es sich um falsche Bescheidenheit handelte. Vielleicht stand ein innerer Kampf mit einem Ich dahinter, das Baeck zu nutzbringender Tätigkeit zu sublimieren verstand. Ernst Ludwig Ehrlich zufolge war Baecks außerordentliche Höflichkeit nicht nur dazu angetan zu distanzieren, sondern auch dazu, unterdrückte Emotionen zu verdecken.[19] Wie wir gesehen haben, war er darauf bedacht, seine eigene Sexualität unter Kontrolle zu halten, und fand scharfen Tadel für deren ungezügelten Ausdruck bei anderen, insbesondere bei seinen Rabbinerkollegen. «Vielleicht finden Sie, ich sei zu streng», schrieb er an Lily Montagu. «Aber ich kann nicht anders. Ich bin ein Puritaner – vielleicht halten Sie mich für gefühllos.»[20] Anders als seine Zeitgenossen war Baeck überzeugt, die Religion könne «nicht ohne ein gewisses Maß von Askese sein, ohne das Vermögen, innerhalb des Alltags und seines Verlangens [sich selbst etwas] zu verbieten».[21] Baeck schrieb zwar kaum über das jüdische Gesetz, es diente ihm jedoch als «Mahnung, Herr zu werden über das Verlangen des Augenblicks».[22]

Der Historiker Adolf Leschnitzer schrieb über seinen Freund Leo Baeck: «Er wollte, dass seine Person hinter seinen Leistungen und seinem Werk verschwindet; er *wollte* unauffällig sein.»[23] Sein Werk war weitestgehend sein Leben, seine zahlreichen Aufgaben waren von Gott auferlegte Pflichten. Und wenn diese Pflichten von ihm verlangten, sein Leben aufs Spiel zu setzen, dann sollte es eben so sein. Das Martyrium – jüdischer Tradition zufolge das oberste göttliche Gebot – betrachtete Baeck als ein Privileg. Es war «das abschließende Gebot der jüdischen Religiosität, der stärkste Ausdruck ihres Ernstnehmens».[24] Wie bereits erwähnt, könnte der Name Baeck ein Kürzel des hebräischen *ben kedoschim* (Sohn oder Nachkomme von Märtyrern) sein.[25] Einer seiner Schüler meinte, Baeck habe «ständig von Märtyrertum» geschrieben,[26] ein anderer, er habe das Martyrium gewählt und sich selbst dafür angeboten.[27] Und einem ehemaligen Kollegen an der Lehranstalt zufolge besaß Baeck eine «menschliche Milde, die auch noch in die Bereitschaft und die Härte des Märtyrertums hineinstrahlte».[28] Man könnte daher Baecks Entscheidung, im nationalsozialistischen Deutschland bei seiner Gemeinde auszuharren, nicht nur als einen Akt der Selbstopferung betrachten, sondern auch als eine Möglichkeit, eine Mizwa zu vollziehen. Zumindest aber verlieh ihm das Bewusstsein von der historischen Bedeutung der «Heiligung des Namens Gottes», wie das jüdische Martyrium genannt wird, die Kraft, sich der Gefahr zu stellen, als sie über sein Leben hereinbrach.

Ob aus eigenem Entschluss oder einfach aufgrund seines Habitus und des Respekts, den ihm nahezu alle entgegenbrachten, mit denen er in Kontakt kam, hielt Baeck zu anderen Menschen Distanz. Intimität beschränkte sich auf seine Frau, die er aufrichtig liebte, auch wenn es ihm schwerfiel, diese Liebe in Worte zu fassen.[29] Rudolf Callmann, ein guter Bekannter und herausragender Jurist, bezeugte: «So sehr wir ihn nicht nur verehrten, sondern auch liebten, das Wort Freundschaft wäre für unsere Beziehung zu ihm nicht der passende Ausdruck gewesen; Freundschaft setzt Gleichheit im Niveau, im Geben und Nehmen voraus.»[30] Die Würde, die sein Wesen prägte, und sein herausgehobener Status, den andere ihm zuschrieben, erschwerten einen wirklich engen Kontakt mit ihm. Die Aura, die ihn umgab, so glaubten manche, war schwer zu durchdringen.[31]

Baeck war ein Liberaler im politischen wie im religiösen Sinn – kein politisch organisierter Sozialist, aber ein Mensch mit einer tiefen Wertschätzung für den nichtmarxistischen Egalitarismus, wie ihn insbesondere das israelische Kibbuz verkörperte. Er war bürgerlich in seinem Auftreten, doch er bewunderte die Aristokratie. Er schätzte Zurückhaltung, gezwungene Emotionalität stieß ihn ab. Bundespräsident Heuss vertraute er an, wie sehr er die Aufforderung amerikanischer Fotografen zum *keep smiling* missbilligte. Das Ergebnis, so Baeck, sei, dass das fotografierte Sujet zur Karikatur werde.[32] Tatsächlich zeigen die gemalten und fotografierten Porträts, von denen es viele gibt, Baeck fast immer mit nachdenklicher, ernster Miene.

Epilog: Die Ikone und der Mensch

Aber lag unter der nach außen gezeigten Zurückhaltung etwas Rebellisches? Max Grünewald, der Baeck aus Deutschland kannte, fragte sich, ob «in diesem für seine Zurückhaltung und seine konservativen Neigungen bekannten Mann nicht doch etwas von einem ungebärdigen Dissidenten lag, der trotz seiner hundertfachen Verbundenheit mit der sozialen Mittelschicht dieser fern und von ihr losgelöst blieb».[33] Baecks Predigten, in denen er seinen liberalen – und sehr bürgerlichen – Glaubensgenossen darlegte, die Juden müssten die Nonkonformisten ihrer Zeit sein, stützen Grünewalds Vermutung.

Steht also der Mensch Baeck im Widerspruch zu der Ikone, zu der er nach seiner Verfolgung im nationalsozialistischen Deutschland und der Deportation in das Ghetto Theresienstadt gemacht wurde? Wurde er nur deshalb zur Ikone erklärt, weil man nach dem Krieg Helden des Widerstands brauchte? Zweifellos konnte Baeck mehr als jeder andere als lebendiges Beispiel für das Beste am deutschen Judentum dienen und zum herausragenden Symbol für dessen Vermächtnis werden. Er hatte nichts dagegen, wenn man ihn dafür benutzte, lag ihm doch daran, dass dieses Erbe weiterlebte. Aber es wäre ein Fehler zu sagen, seine Bewunderer hätten ein Bild von ihm erschaffen, das mit seinem wahren Ich nichts zu tun hatte. Baecks hohe Ideale wurden durch sein tatsächliches Verhalten nicht negiert. Das ist der bemerkenswerteste Aspekt des Menschen Leo Baeck. Als Mensch war er das Spiegelbild seiner Ideale. Man kann ohne Übertreibung sagen, dass die Glaubwürdigkeit seines Denkens durch sein Leben verstärkt wird.

Die Malerin Else Meidner, eine Freundin Leo Baecks, hat diese außerordentliche Qualität erkannt, als sie schrieb: «Erwarten wir, daß diejenigen, die von den höchsten und heiligsten Dingen, nämlich von der Religion, aussagen, sich durch besonderes edles Benehmen auszeichnen, so verkörperte Leo Baeck in vollendetem Maße dieses Ideal.»[34] Eine alte lobende Wendung im Midrasch, *tokho kevaro*, «sein Inneres ist wie sein Äußeres», scheint auf Baeck zuzu-

Epilog: Die Ikone und der Mensch

treffen. Gewiss gab es vieles in ihm, das er unterdrückte und von dem wir nie erfahren werden, aber im Unterschied zu vielen anderen gibt es keine Kluft zwischen dem, was er predigte, und dem, was er tat. Das moralische Leben, von Gott geboten und für alle verpflichtend, war seine Bürde und seine Freude.

Schließlich könnte man fragen: War Leo Baecks Denken von bedeutendem Einfluss über seine Lebenszeit hinaus? Die empirische Antwort muss «Nein» lauten. Als Denker wird Baeck sehr viel weniger studiert und zitiert als andere, sehr unterschiedliche Vertreter der deutsch-jüdischen religiösen Elite wie Hermann Cohen, Martin Buber und Franz Rosenzweig. Baeck prägte keinen religiösen Aphorismus, er gründete keine Denkschule und kann schwierig zu lesen sein. Aber dieses Buch hat, wie ich hoffe, gezeigt, dass dies vielleicht ungerecht ist. Sein Werk als Historiker und als Theologe lief zusammen in seiner selbstgewählten Rolle als Lehrer in der langen Reihe jüdischer Lehrer, von denen jeder die Traditionen eines religiösen Volkes personifizierte und nuancierte.[35] Seine Bekräftigung eines Gottes, der zwar im Geheimnis wohnt, Juden wie Nichtjuden aber durch den Imperativ des gerechten Handelns und des Strebens hin zu einem messianischen Horizont erkennbar ist, erscheint heute wichtiger als je zuvor.

Anhang

Dank

Bei der Arbeit an diesem Buch wurde ich von zahlreichen Personen und Institutionen großzügig unterstützt. Mein besonderer Dank gilt Michael Morgan, Michael Brenner und meiner Frau Margie, die das gesamte Manuskript gelesen und hilfreiche Kommentare gegeben haben. An der Klau Library des Hebrew Union College – Jewish Institute of Religion in Cincinnati half mir Allan Satin bei der Suche nach seltenen Büchern und Artikeln, Marilyn Krider half mir bei der Beschaffung von Büchern aus anderen Bibliotheken. Am Leo Baeck Institute in New York unterstützten mich Frank Mecklenburg, Michael Simonson und Hermann Teifer. In den American Jewish Archives standen mir Kevin Proffitt und Dana Herman bei meinen Recherchen zur Seite, und im United States Holocaust Memorial Museum waren mir Scott Miller und Liviu Carare behilflich. Für ihr Interesse und ihre Unterstützung danke ich Inka Bertz, Andreas Brämer und seinem Assistenten Jonas Stier, Ellen und James Dreyfus, Joshua Franklin, Susannah Heschel, George Kohler, Michael Marmur, Ann Millin, Benjamin Ravid und Erik Riedel. Für ihre Kommentare danke ich den beiden mir namentlich nicht bekannten Gutachtern der University of Pennsylvania Press sowie dem Lektor und anderen Mitarbeiterinnen und Mitarbeitern des Verlags. Ich danke Rita Seuß für ihre einfühlsame und überzeugende Übersetzung ins Deutsche sowie den Freunden und Förderern des Leo Baeck Instituts, den Leo Baeck Instituten in Jerusalem, London und New York und der Wissenschaftlichen Arbeitsgemeinschaft des Leo Baeck Instituts für die großzügige Unterstützung der deutschen Ausgabe. Sie alle haben dazu beigetragen, dass dieses Buch veröffentlicht werden konnte.

Zeittafel

1873 **24. Mai** Geburt in Lissa (Leszno)
1881–1890 Besuch des Königlichen Comenius-Gymnasiums in Lissa
1891 **3. Mai** Eintritt in das Jüdisch-Theologische Seminar in Breslau
1891–1893 Studium an der Universität Breslau
1893–1896 Studium an der Königlichen Friedrich-Wilhelms-Universität und der Lehranstalt für die Wissenschaft des Judentums in Berlin
1894 **31. Juli** Promotionsexamen in Philosophie
1894–1896 Predigten an den Hohen Feiertagen als Student in Berlin
1895 **27. Mai** Promotion mit einer Dissertation über *Spinozas erste Einwirkungen auf Deutschland*
1897 Rabbinatsexamen an der Lehranstalt; Ordination zum Rabbiner und Antritt einer Rabbinatsstelle in Oppeln
22. Juni Baeck weiht die neue Oppelner Synagoge ein
1898 **Juni** Bei einer Tagung des Rabbinerverbands spricht sich Baeck für eine breitgefächerte Seminarausbildung und gegen eine Verurteilung des Zionismus aus
1899 **3. Oktober** Eheschließung mit Natalie Hamburger
1900 Erster wissenschaftlicher Aufsatz «Zur Charakteristik des Levi ben Abraham ben Chajjim»
August Geburt der Tochter Ruth
1902 Baeck veröffentlicht den Aufsatz «Harnack's Vorlesungen über das Wesen des Christenthums»
1905 *Das Wesen des Judentums*

1906	**24. Januar** Totgeburt eines Sohnes
1907–1912	Rabbiner in Düsseldorf
1912	**27. Dezember** Amtseinführung in Berlin
1913	**4. Mai** Antrittsvorlesung «Griechische und jüdische Predigt» an der Lehranstalt
1914	**13. September** Baeck verlässt Berlin und geht als Feldrabbiner an die Front
1918	**Juni** Rückkehr nach Berlin
1922	Wahl zum Vorsitzenden des Allgemeinen Rabbinerverbands in Deutschland; zweite Auflage von *Das Wesen des Judentums*; «Romantische Religion»; im September erster Vortrag an Hermann Keyserlings «Schule der Weisheit»
1923	Leo Baecks Tochter Ruth heiratet Hermann Berlak
1924	Vorsitzender der Zentralwohlfahrtsstelle der deutschen Juden November Wahl zum Präsidenten der B'nai-B'rith-Logen für Deutschland
1925	**April** USA-Besuch als Großpräsident des deutschen Bne Briss
1926	Beitritt zum Pro-Palästina-Komitee zusammen mit Albert Einstein
1927	«Die Pharisäer» in *Jahresbericht der Hochschule*
1928	**August** Hauptredner bei der ersten Konferenz der World Union for Progressive Judaism in Berlin
1929	Präsidiumsmitglied des Jüdischen Palästinawerks Keren Hajessod in Deutschland **August** Teilnahme an der Gründungsversammlung der erweiterten Jewish Agency in Zürich als Delegierter
1930	Vortrag «Geist und Blut» auf Keyserlings Jubiläumstagung
1932	**15. April** Umzug nach Berlin-Schöneberg, Am Park 15 «Theologie und Geschichte»

Anhang

1933 **12. Februar** Präsident der Reichsvertretung der Landesverbände deutscher Juden
Wege im Judentum
17. September Präsident der Reichsvertretung der deutschen Juden

1935 **Februar** Palästina-Reise
25. Mai Ehrendoktorwürde des Hebrew Union College in Abwesenheit
Sommer Teilnahme an einer Tagung der Jewish Agency for Palestine in Luzern
Gebet anlässlich des jüdischen Versöhnungstags Jom Kippur

1936 Die erste englische Übersetzung von *Das Wesen des Judentums (The Essence of Judaism)* erscheint

1937 **5. März** Tod seiner Frau Natalie

1938 Nach dem Tod von Claude Montefiore wird Baeck Präsident der World Union for Progressive Judaism
Aus drei Jahrtausenden
17. August Von nun an: Leo Israel Baeck

1939 **Januar** Enkelin Marianne kommt mit einem Kindertransport nach England
Präsident der Reichsvereinigung der Juden in Deutschland
März Ruth und Hermann Berlak gehen nach England
August Zusammen mit Otto Hirsch begleitet Baeck eine Gruppe jüdischer Kinder nach London und kehrt nach Deutschland zurück

1941 Beginn der Arbeit am ersten Band von *Dieses Volk*
19. September Pflicht zum Tragen des Gelben Sterns

1942 **5. März** Gestapo beauftragt Baeck mit einer Arbeit zur Rechtsstellung der Juden in Europa

1943 **27. Januar** Baeck wird nach Theresienstadt deportiert
August Baeck erfährt von den Vernichtungslagern

Zeittafel

1944 15. Juni Vortrag über «Geschichtsschreibung» in Theresienstadt

13. Dezember Baeck übernimmt den Vorsitz im Ältestenrat

1945 1. Juli Baeck verlässt Theresienstadt

1945–1956 Präsident des Council of Jews from Germany in London

1945–1953 Erneut Präsident der World Union for Progressive Judaism (WUPJ), danach Ehrenpräsident

1945 Dezember Dreimonatiger Aufenthalt in den Vereinigten Staaten im Rahmen einer Spendensammlung für den United Jewish Appeal

1946 6. Januar Ehrendoktorwürde des Jewish Theological Seminary in New York

1946 Mai *Drei Vorträge [...] des Deutschen Dienstes des Londoner Rundfunks*

28. Juli Rede als Präsident der WUPJ bei deren 5. Tagung in London

1947 Sommer Siebenwöchiger Aufenthalt in Palästina

August Vortrag vor der Eranos-Gesellschaft in Ascona mit dem Titel «Individuum Ineffabile»

1948 Januar Vortragsreihe für das amerikanische Reformjudentum

8. Januar Unterredung mit US-Präsident Harry Truman

12. Februar Eröffnung der Sitzung des US-Repräsentantenhauses mit einem Gebet

28. September Erster Besuch im Nachkriegsdeutschland

1948–1953 Lehrtätigkeit jeweils von November bis April am Hebrew Union College in Cincinnati

1950 18. Dezember Baeck wird britischer Staatsbürger

1951 Reise nach Israel und Vorlesungen an der Hebräischen Universität

17. August Baeck spricht in der Synagoge Pestalozzistraße in Berlin

Anhang

1954 **7. Juli** Vortrag über Moses Maimonides in Düsseldorf

1955 Der erste Band von *Dieses Volk. Jüdische Existenz* erscheint

April Leo Baeck wird in London von einem Motorrad angefahren und liegt zwei Wochen im Krankenhaus

1956 Vorträge in London über «Epochen der jüdischen Geschichte»

Vier Vorträge im Institutum Judaicum Delitzschianum in Münster

2. November Tod in London

1957 Der zweite Band von *Dieses Volk. Jüdische Existenz* erscheint

Anmerkungen

1
Ein unkonventioneller Student und Rabbiner

1 S. Bäck, *Die Geschichte des jüdischen Volkes und seiner Literatur vom babylonischen Exil bis auf die Gegenwart* (Frankfurt/Main: J. Kauffmann, 3. Auflage 1906), S. 549. Dieser Aspekt wurde möglicherweise von seinem Sohn hinzugefügt. Zu Bäcks vorsichtig positiver Haltung gegenüber der Kabbala siehe George Y. Kohler, *Kabbalah Research in the* Wissenschaft des Judentums *(1820–1880)* (Oldenbourg: De Gruyter, 2019), S. 240–242.
2 H. Schreiber, «The Birthplace of Dr. Leo Baeck», *Synagogue Review* 27, 9 (Mai 1953), S. 267.
3 Brief an Robert Beer, 31. Oktober 1948, Leo Baeck Collection AR 66, Leo Baeck Institute Archives, DigiBaeck, Frame 1177.
4 Sie wurde 1872 als «Hochschule» gegründet, 1883 jedoch unter antisemitischem Einfluss auf den akademisch niedrigeren Rang einer «Lehranstalt» zurückgestuft. In der Weimarer Republik erhielt sie erneut den Status einer «Hochschule», der ihr in nationalsozialistischer Zeit wieder entzogen wurde. Das Gebäude der Hochschule/Lehranstalt in der Artilleriestraße, heute Tucholskystraße, ist Sitz des Zentralrats der Juden in Deutschland.
5 Diese Veröffentlichung wird von Leo Baecks Enkelin Marianne Dreyfus in einem Interview erwähnt, das sie und ihr Mann am 26. März 1974 gaben (das Transkript befindet sich in meinem Besitz). Ich konnte keine Exemplare der Zeitschrift aus Baecks Studienzeit in Berlin finden, aber wahrscheinlich benutzte er ohnehin ein Pseudonym.
6 «Motive in Spinozas Lehre» (1932), in *Werke* 3, S. 249.
7 «Romantische Religion» (1922), in *Werke* 4, S. 62.
8 *Dieses Volk. Jüdische Existenz,* Zweites Buch, in *Werke* 2, S. 368.
9 «Gerechte und Engel» (1930), in *Werke* 4, S. 221.
10 Baeck an Franz Rosenzweig, 5. Januar 1924, in *Werke* 6, S. 582.
11 Hermann Cohen, «Die Versöhnungsidee» (1899), in *Hermann Cohens jüdische Schriften* (Berlin: C. A. Schwetschke & Sohn, 1924), Bd. 1, S. 134. Ich danke George Kohler für diesen Hinweis.

Anhang

12 Zit. in Alexander Altmann, «Leo Baeck and the Jewish Mystical Tradition», in ders., *Essays in Jewish Intellectual History* (Hanover, N. H.: Brandeis University Press, 1981), S. 293.

13 Baeck hegte lebenslang auch eine große Wertschätzung für den Historiker Leopold von Ranke, dessen universales Mitgefühl ihn den Menschen in all seinen Erscheinungsformen und in seiner jeweils direkten Beziehung zu Gott verstehen ließ. Fritz Kaufmann, «Baeck and Buber», *Conservative Judaism* 12, 2 (Winter 1958), S. 11.

14 Gegen Ende seiner Rabbinerausbildung an der Lehranstalt in Berlin war Hermann Vogelstein einer der drei «Opponenten» bei der mündlichen Disputation von Baecks Doktorarbeit. Auch Vogelstein hatte zuerst in Breslau und dann in Berlin studiert; und Vogelsteins Vater war gleichfalls ein liberaler Rabbiner gewesen.

15 «Gemeindeleben» (1905), in *Werke* 6, S. 43–46.

16 Michael A. Meyer (Hg.), *Joachim Prinz, Rebellious Rabbi: An Autobiography – the German and Early American Years* (Bloomington: Indiana University Press, 2008), S. 19.

17 Eva G. Reichmann, «Die Juden in Oppeln. Kindheitserinnerungen an Rabbiner Dr. Leo Baeck (1968)», in dies., *Größe und Verhängnis deutsch-jüdischer Existenz* (Heidelberg: Schneider, 1974), S. 258 f.

18 Zit. in Bastian Fleermann, *Die Düsseldorfer Rabbiner. Von den Anfängen 1706 bis zur Auflösung der Synagogengemeinde 1941* (Düsseldorf: Droste, 2016), S. 54.

19 Eine andere Version dieser Episode wird in dem in Fußnote 5 dieses Kapitels zitierten Interview erzählt.

20 Michael A. Meyer, «Leo Baeck und Schlesien», *Silesia Nova. Vierteljahresschrift für Kultur und Geschichte* 9, 1 (2012), S. 37–41.

21 Leo Baeck, «Zur Rabbinerausbildung» (1898), in *Werke* 6, S. 35; Hermann Levin Goldschmidt, «Der junge Leo Baeck», *Tradition und Erneuerung* 14 (Dezember 1962), S. 201–205.

22 «Orthodox oder ceremoniös?» (1896–1897), in *Werke* 6, S. 29–35.

23 Brief an Franz Rosenzweig, 17. Oktober 1924, in ebd., S. 584.

24 «Orthodox oder ceremoniös?», S. 33.

25 «Gesetzesreligion und Religionsgesetz» (1912), in *Werke* 6, S. 91–95.

26 «Religion des Volkes und Religion des Individuums», in ebd., S. 36–40.

2
Die Würde des Judentums wiederherstellen

1 «Rezension zu *Der Kalam in der jüdischen Literatur. Von Martin Schreiner*» (1895/1896), in *Werke* 6, S. 28.

2 Richard Fuchs, «The ‹Hochschule für die Wissenschaft des Judentums› in the Period of Nazi Rule», *Leo Baeck Institute Year Book* 12 (1967), S. 12.

Anmerkungen zu Kapitel 2

3 «The Character of Judaism», in *The Pharisees and Other Essays by Leo Baeck* (New York: Schocken, 1947), S. 150.
4 Leo Bäck, «Zur Charakteristik des Levi ben Abraham ben Chajjim», *Monatsschrift für Geschichte und Wissenschaft des Judentums* (*MGWJ*) 44, 1 (1900), S. 24–41.
5 «Der im Dornbusch Wohnende» (1902), in *Werke* 4, S. 245–247; «Epochen der jüdischen Geschichte» (posthum veröffentlicht 1974), in *Werke* 5, S. 257. Die Theorie war zwar nicht neu, aber Baeck bereicherte sie durch ein neues linguistisches Argument.
6 Leopold Zunz, *Zur Geschichte und Literatur* (Berlin: Veit, 1845), S. 20.
7 Vorrede zu *Wege im Judentum* (1933), in *Werke* 3, S. 26.
8 *Das Wesen des Judentums* (Auflage 1922), in *Werke* 1, S. 70.
9 *Dieses Volk. Jüdische Existenz*, Bd. 1 (1955), in *Werke* 2, S. 332.
10 «Wissen und Glaube», *C. V.-Zeitung*, 2. Juni 1938, 2. Beiblatt.
11 Adolf Harnack, *Die Aufgabe der theologischen Facultäten und die allgemeine Religionsgeschichte* (Gießen: J. Ricker, 1901), S. 11.
12 «Harnacks Vorlesungen über das Wesen des Christenthums», *Monatsschrift für Geschichte und Wissenschaft des Judenthums* 45, 2 (1901), S. 97–120.
13 Zu Baeck über das Christentum siehe Reinhold Mayer, *Christentum und Judentum in der Schau Leo Baecks* (Stuttgart: Kohlhammer, 1961), und Walter Homolka, *Jüdische Identität in der modernen Welt. Leo Baeck und der deutsche Protestantismus*, übersetzt von Sieglinde Denzel und Susanne Naumann (Gütersloh: Chr. Kaiser/Gütersloher Verlagshaus, 1994). Dass Baeck Harnack nicht als einen Antisemiten betrachtete, zeigt der Kondolenzbrief, den er im Namen des Lehrerkollegiums des Liberalen Seminars nach Harnacks Tod 1930 an dessen Witwe schrieb. Der Brief befindet sich unter SBB-PK, Nachlass Adolf v. Harnack, Kasten 26: Baeck, Leo, in der Handschriftenabteilung der Staatsbibliothek zu Berlin.
14 Franz Rosenzweig, «Apologetisches Denken: Bemerkungen zu Brod und Baeck» (1923), in ders., *Kleinere Schriften* (Berlin: Schocken, 1937), S. 31–42.
15 Leo Baeck an Franz Rosenzweig, 5. August 1923, in *Werke* 6, S. 581.
16 *Das Wesen des Judentums* (Ausgabe 1905), in *Werke* 1, S. 337 (Hervorhebung von Baeck). Die Bewunderung für die Propheten teilte Baeck mit dem Kulturzionisten Achad Ha'am. Obwohl kein gläubiger Jude, betrachtete auch Achad Ha'am die Propheten als Quelle der das Judentum begründenden Ethik.
17 In der Besprechung einer späteren Auflage von *Das Wesen des Judentums* wies Isaac Heinemann darauf hin, dass Baeck aus seiner Darstellung des Judentums so manchen Zug weggelassen hat, der wenn nicht «wesenhaft», so doch für die geschichtliche Bedeutung des Judentums höchst «wesentlich» gewesen ist. *MGWJ* 66, 1/3 (Januar/März 1922), S. 68.
18 Der erste Teil dieses Zitats findet sich bereits in der ersten Auflage von *Das Wesen des Judentums*; der letzte Teil wurde für die zweite, neu bearbeitete Auflage 1922 hinzugefügt. Siehe *Werke* 1, S. 65 und 332 f.

Anhang

19 Ebd., S. 423 f.
20 *Das Wesen des Judentums* (Ausgabe 1905), in ebd., S. 414.
21 Das Buch wurde in den Zeitschriften des konservativen wie des liberalen deutschen Judentums positiv aufgenommen. Siehe R. Urbach, «Zwei Bücher über das Wesen des Judentums», *MGWJ* 50, 3/4 (März/April 1906), S. 129–151; Josel Wohlstein, «Das Wesen des Judentums», *Allgemeine Zeitung des Judentums* (*AZJ*) 69, 29 (21. Juli 1905), S. 340–342.
22 Brief an Emil Bernhard Cohn in Berlin, 30. April 1907, in *Werke* 6, S. 461.
23 «Abschiedspredigt in Oppeln am 1. Oktober 1907», in ebd., S. 49–52.
24 In dem späteren Aufsatz «Wann denn?» (1932) spricht Buber jedoch sehr wohl vom Gebot Gottes: «Und wenn wir nach unsrem innersten Wissen sagen wollen, was Gottes Gebot an die Menschheit ist, so werden wir nicht einen Augenblick zweifeln, daß es Friede heißt.» Martin Buber, *Kampf um Israel. Reden und Schriften* (Berlin: Schocken Verlag, 1933), S. 456.
25 Franz Rosenzweig, *Der Stern der Erlösung*, Bd. II (Berlin: Schocken Verlag, 5690 [1930]), S. 114.
26 «Die Umkehr zum Judentum», in *Werke* 6, S. 67. Der Aufsatz erschien zuerst in einer der Apologetik gewidmeten Sondernummer des *Korrespondenz-Blatts des Verbandes der deutschen Juden* 5 (1909), S. 1–5, und wurde zwei Mal wiederabgedruckt, das zweite Mal in der orthodoxen Zeitung *Die jüdische Presse* 49 (1918), S. 386–389.
27 «Englische Frömmigkeit» (1910), in *Werke* 6, S. 86.
28 «Die Umkehr zum Judentum» (1909), in ebd., S. 68 (Hervorhebung von Baeck).
29 «Zur Frage der Christusmythe» (1910), in ebd., S. 78.
30 «Unsere Stellung zu den Religionsgesprächen» (1910), in ebd., S. 81–83.
31 Ebd., S. 83.
32 «Das Judentum unter den Religionen» (1912), in ebd., S. 96. Vgl. L. Baeck, «Die jüdische Religionsgemeinschaft», in Joseph Hansen (Hg.), *Die Rheinprovinz 1815–1915. Hundert Jahre preußischer Herrschaft am Rhein* (Bonn: Marcus & Webers, 1917), Bd. 2, S. 235, wo Baeck schreibt, die rheinländischen Juden als die «großen Nonkonformisten» hätten nicht ganz in das «geradlinige System» Napoleons gepasst.
33 Zit. in Bastian Fleermann, *Die Düsseldorfer Rabbiner. Von den Anfängen 1706 bis zur Auflösung der Synagogengemeinde 1941* (Düsseldorf: Droste, 2016), S. 52.

3
Rabbiner im Weltkrieg

1 Die Zitate sind der *Allgemeinen Zeitung des Judentums* (*AZJ*), 3. Januar 1913, Beilage, entnommen sowie dem Auszug aus der Ansprache zur Amtseinführung, abgedruckt in «Amtseinführung in Berlin am 27. Dezember 1912», in *Werke* 6, S. 107 f.

Anmerkungen zu Kapitel 3

2 In einer Predigt zu den Hohen Feiertagen 1913 nimmt Baeck ausdrücklich Bezug auf Emerson. Siehe «Der Stil des Lebens» (1913), in *ebd.*, S. 110. Auch bei anderen Gelegenheiten bezieht er sich auf den amerikanischen Philosophen: siehe ebd., S. 387 und 535.
3 «Griechische und jüdische Predigt» (1913), in *Werke* 4, S. 151–164.
4 «Die Schöpfung des Mitmenschen» (1914), in *Werke* 6, S. 112–117.
5 Die Idee des «Mitmenschen» spielt in Hermann Cohens Hauptwerk zur jüdischen Philosophie, *Die Religion der Vernunft aus den Quellen des Judentums* (Leipzig: Gustav Fock, 1919), eine große Rolle, besonders in Kapitel 8. Es ist klar, dass Cohen und Baeck sich in den Jahren vor dem Ersten Weltkrieg, als sie beide in Berlin lebten, gegenseitig beeinflussten. Ich danke Professor Michael Morgan für diesen Hinweis.
6 «Die Kraft der Wenigen» (1915), in *Werke* 6, S. 132.
7 Zit. in Sabine Hank, Hermann Simon und Uwe Hank, *Feldrabbiner in den deutschen Streitkräften des Ersten Weltkrieges* (Berlin: Hentrich & Hentrich, 2013), S. 268.
8 Ulrich Sieg, *Jüdische Intellektuelle im Ersten Weltkrieg* (Berlin: Akademie Verlag, 2001), S. 129 f.
9 Siehe Hank u. a., *Feldrabbiner*, S. 373 und 514.
10 Ebd., S. 30.
11 Eugen Tannenbaum (Hg.), *Kriegsbriefe deutscher und österreichischer Juden* (Berlin: Neuer Verlag, 1915), S. 84.
12 *Israelitisches Familienblatt*, 3. Juni 1915, S. 4.
13 Tannenbaum (Hg.), *Kriegsbriefe*, S. 87.
14 «Das Drama der Geschichte» (1914), in *Werke* 6, S. 123. Vgl. «Du sollst!» (1915), in ebd., S. 127.
15 Reichsbund jüdischer Frontsoldaten, *Kriegsbriefe gefallener deutscher Juden* (Berlin: Vortrupp, 1935), S. 28 f.
16 *AZJ*, 21. Mai 1915, S. 244.
17 «Lebensgrund und Lebensgehalt» (1917/1918), in *Werke* 3, S. 115.
18 *Feldgebetbuch für die jüdischen Mannschaften des Heeres* (Berlin: H. Itzkowski, 1914). Eine zweite, 1916 veröffentlichte Auflage, gedruckt auf dem damals verfügbaren schlechten Papier, war etwas dicker, denn sie enthielt im hebräischen Teil das Gebet für den Schabbat-Nachmittag. Offenbar war der Nachmittag eine Tageszeit, zu der jüdischen Soldaten die Teilnahme am Gottesdienst leichter möglich war.
19 *AZJ*, 21. Mai 1915, S. 243.
20 Hank u. a., *Feldrabbiner*, S. 558.
21 Ebd., S. 489.
22 *Gemeindeblatt der jüdischen Gemeinde zu Berlin*, 10. Mai 1918, S. 53.
23 «Die jüdische Religionsgemeinschaft», in Joseph Hansen (Hg.), *Die Rheinprovinz 1815–1915. Hundert Jahre preußischer Herrschaft am Rhein* (Bonn: Marcus & Webers, 1917), Bd. 2, S. 234–247. Der Aufsatz ist ein seltenes Beispiel für

Anhang

Baeck als Autor politischer Geschichte unter Verwendung zeitgenössischer Dokumente und Sekundärquellen. Der Text wurde 1917 veröffentlicht, scheint aber bereits vor dem Krieg entstanden zu sein.
24 Zit. in Peter C. Appelbaum, *Loyalty Betrayed: Jewish Chaplains in the German Army During the First World War* (London: Vallentine Mitchell, 2014), S. 305, und in Hank u. a., *Feldrabbiner in den deutschen Streitkräften des Ersten Weltkrieges*, S. 581.
25 «Heimgegangene des Krieges» (1919), in *Werke* 3, S. 285–296.
26 Ebd., S. 296.
27 Brief an Martin Buber, 24. September 1918, in *Werke* 6, S. 142.
28 Albert H. Friedlander, *Leo Baeck. Leben und Lehre* (Stuttgart: Deutsche Verlags-Anstalt, 1973), S. 251.
29 Leo Baeck, *Von Moses Mendelssohn zu Franz Rosenzweig* (Stuttgart: W. Kohlhammer, 1958), S. 35–42. Der Vierte neben den im Titel Genannten und Walther Rathenau war der Sozialist und Zionist Moses Hess.
30 Tim Grady, *The German-Jewish Soldiers of the First World War in History and Memory* (Liverpool: Liverpool University Press, 2011), S. 68 f.
31 «Neutralität» (1929), in *Werke* 3, S. 167–172.

4
Ein engagierter Denker

1 «Gemeinde in der Großstadt» (1929), in *Werke* 3, S. 218–225.
2 «Mensch und Boden. Gedanken und Soziologie des Großstadtjuden» (1931), in *Werke* 6, S. 202.
3 Vgl. Prinz' Schilderung in Michael A. Meyer (Hg.), *Joachim Prinz, Rebellious Rabbi: An Autobiography – the German and Early American Years* (Bloomington: Indiana University Press, 2008).
4 «Lebensgrund und Lebensgehalt» (1917–1918), in *Werke* 3, S. 113.
5 Interview zit. in Leonard Baker, *Hirt der Verfolgten. Leo Baeck im Dritten Reich*, übersetzt von Charlotte Roland (Stuttgart: Klett-Cotta, 1982), S. 228.
6 Zit. in Albert H. Friedlander, *Leo Baeck. Leben und Lehre* (Stuttgart: Deutsche Verlags-Anstalt, 1973), S. 28.
7 Zu dieser anderen, spezifisch jüdischen Kultur siehe Michael Brenner, *Jüdische Kultur in der Weimarer Republik*, übersetzt von Holger Fliessbach (München: C.H.Beck, 2000).
8 Michael A. Meyer, «*Gemeinschaft* Within *Gemeinde*: Religious Ferment in Weimar Liberal Judaism», in Michael Brenner und Derek J. Penslar (Hg.), *In Search of Jewish Community: Jewish Identities in Germany and Austria, 1918–1933* (Bloomington: Indiana University Press, 1998), S. 15–35.
9 «Mittelalterliche Popularphilosophie» (1900), in *Werke* 4, S. 341.
10 «Die jüdischen Gemeinden» (1928), in *Werke* 6, S. 200.

Anmerkungen zu Kapitel 4

11 «Zedakah» (1921), in ebd., S. 173.
12 Siehe *Verhandlungen der Grossloge für Deutschland VIII U. O. B. B.: 22. Ordentliche Sitzung der Grossloge für Deutschland VIII U. O. B. B.* (Berlin: Saling, 1924), und *23. Ordentliche Sitzung der Grossloge für Deutschland VIII U. O. B. B.* (Berlin: Saling, 1928).
13 «Antwort auf die von der Schriftleitung der *Jüdisch-liberalen Zeitung* gestellte Frage: Was erwarten Sie von der Londoner Konferenz?» (1926), in *Werke* 6, S. 498.
14 «The Task of Progressive Judaism in the Post-War World», *Report of the Fifth International Conference of the World Union for Progressive Judaism, July 25–30, 1946*, S. 55; auch in *Werke* 5, S. 65–71, hier S. 67. «The Future of Progressive Judaism», *Liberal Jewish Monthly* 20, 7 (Juli 1949), S. 88 f.
15 «Predigt und Wahrheit» (1928), in *Werke* 3, S. 234.
16 Siehe Jakob J. Petuchowskis Übersetzung von Baecks Rede vor dem Allgemeinen Rabbinerverband in Deutschland am 22. Mai 1929, in *Central Conference of American Rabbis Journal* (Frühjahr 1973), S. 40.
17 «Predigt und Wahrheit» (1928), in *Werke* 3, S. 234.
18 «Rede auf der Tagung der World Union for Progressive Judaism in London, 1930», in *Werke* 6, S. 511 f.
19 Ebd., S. 513.
20 Baeck an Rabbiner Caesar Seligmann, 2. September 1926, in *Leo Baeck Institute Year Book (LBIYB)* 2 (1957), S. 45.
21 Dr. S. Moses, «The Impact of Leo Baeck's Personality on His Contemporaries», ebd., S. 6.
22 Siehe Avraham Barkai, *«Wehr Dich!» Der Centralverein deutscher Staatsbürger jüdischen Glaubens (C. V.) 1893–1938* (München: C.H.Beck, 2002), S. 235.
23 «Stellung des religiös-liberalen Judentums zum Zionismus» (1927), in *Werke* 6, S. 468.
24 Zit. in Curt Wilk, «Die zionistische Bewegung und Leo Baeck», in Eva G. Reichmann (Hg.), *Worte des Gedenkens für Leo Baeck* (Heidelberg: Lambert Schneider, 1959), S. 69.
25 «‹Agency›-Kundgebung» (1929), in *Werke* 6, S. 470 (Hervorhebung von Baeck).
26 Baeck an Lily Montagu, 26. Februar 1936, World Union for Progressive Judaism Collection, MSS 16, D12/4, American Jewish Archives.
27 *The Jewish Agency for Palestine: Constituent Meeting of the Council* (London: Jewish Agency for Palestine, 1930), S. 62.
28 Kurt Blumenfeld an Salman Schocken, 7. Juni 1921, in Miriam Sambursky und Jochanan Ginat (Hg.), *Kurt Blumenfeld. Im Kampf um den Zionismus. Briefe aus fünf Jahrzehnten* (Stuttgart: Deutsche Verlags-Anstalt, 1976), S. 71.
29 «Der Aufbau Palästinas und das deutsche Judentum» (1925), in *Werke* 6, S. 463; «In Memory of Two of Our Dead», *LBIYB* 1 (1956), S. 53; deutsch unter dem Titel «Gedenken an zwei Tote», in Robert Weltsch (Hg.), *Deutsches Judentum. Aufstieg und Krise* (Stuttgart: Deutsche Verlags-Anstalt, 1963), S. 310.

Anhang

30 In einem Brief an Hermann Keyserling vom 2. August 1923 räumte Baeck ein, dass sein Essay «einseitig» sei und lediglich der erste Teil eines geplanten größeren Werks über romantische und klassische Religion. Siehe *Werke* 6, S. 587.
31 Die folgende Analyse von Baecks Essay beruht auf meinem Aufsatz «The Thought of Leo Baeck: A Religious Philosophy for a Time of Adversity», *Modern Judaism* 19 (1999), S. 107–117.
32 «Romantische Religion», in *Werke* 4, S. 59–129, hier S. 74.
33 «Die Auseinandersetzung mit dem entstehenden Christentum» (1929), in *Werke* 6, S. 159.
34 «Abweichungen der christlichen Religionen vom Judentum in den Grundgedanken. Einleitung» (1929), in ebd., S. 163.
35 «Romantische Religion» (Fassung von 1938), in *Werke* 4, S. 118.
36 Ebd., S. 107.
37 *Das Wesen des Judentums* (Auflage 1922), in *Werke* 1, S. 88 (Hervorhebung von Baeck).
38 Leo Baeck, «Das Judentum», in Carl Clemen (Hg.), *Die Religionen der Erde. Ihr Wesen und ihre Geschichte* (München: F. Bruckmann, 1927), S. 283–318; «Ursprünge und Anfänge der jüdischen Mystik», in *Entwicklungsstufen der jüdischen Religion* (Gießen: Alfred Töpelmann, 1927), S. 91–103.
39 Meine Ausführungen zu den beiden Letztgenannten stützen sich insbesondere auf Barbara Garthe, *Über Leben und Werk des Grafen Hermann Keyserling* (Nürnberg: Universität Erlangen, 1976); Ute Gahlings, *Hermann Graf Keyserling. Ein Lebensbild* (Darmstadt: Liebig Verlag, 1996); Karl Klaus Walther, *Hans Hasso von Veltheim. Eine Biographie* (Halle: Mitteldeutscher Verlag, 2., durchgesehene und ergänzte Auflage 2005); und Dina Gusejnova, *European Elites and Ideas of Empire, 1917–1957* (Cambridge: Cambridge University Press, 2016).
40 Baeck an Thun-Hohenstein, 9. November 1924, in *Werke* 6, S. 593.
41 Graf Hermann Keyserling, *Das Spektrum Europas* (Heidelberg: Niels Kampmann Verlag, 3. Auflage 1928), S. 458.
42 Kurt Tucholsky, «Der Darmstädter Armleuchter», in ders., *Gesammelte Werke* 6 (Reinbek bei Hamburg: Rowohlt, 1960), S. 151 und 155.
43 Graf Hermann Keyserling, *Wiedergeburt* (Darmstadt: Reichl, 1927), S. 39 (Hervorhebung von Keyserling).
44 Keyserling an Baeck, 23. Juni 1924, in *Werke* 6, S. 589.
45 Keyserling, *Wiedergeburt*, S. 39.
46 Baeck an Keyserling, 31. Dezember 1932, Keyserling-Archiv der Technischen Universität Darmstadt.
47 Graf Hermann Keyserling, *Südamerikanische Meditationen* (Stuttgart: Deutsche Verlags-Anstalt, 1932).
48 «Tod und Wiedergeburt», in ebd., S. 55–69.
49 «Geist und Blut», in ebd., S. 70–81.
50 *Das Wesen des Judentums* (Ausgabe 1905), in *Werke* 1, S. 338.
51 Kurt Wilhelm, «Leo Baeck and Jewish Mysticism», *Judaism* 11 (1962), S. 129.

Anmerkungen zu Kapitel 4

52 Baeck an Ernst G. Lowenthal, 29. November 1949, in *Werke* 6, S. 662.
53 Rudolf Otto an Birger Forell, 31. Januar 1930, Nachlass Rudolf Otto, Bibliothek Religionswissenschaft, Universitätsbibliothek Marburg. Ich danke Renate Stegerhoff-Raab für Exzerpte aus diesen Briefen.
54 *Verhandlungen der Grossloge*, 1924, S. 43.
55 «Okkultismus und Religion» (1925), in *Werke* 6, S. 187.
56 Zvi Kurzweil, «The Relevance of Leo Baeck's Thought to the Mainstreams of Judaism», *Commentary* 39 (1990), S. 164.
57 *Das Wesen des Judentums* (Auflage 1922), in *Werke* 1, S. 77 f.
58 Ebd., S. 45.
59 «Bedeutung der jüdischen Mystik für unsere Zeit» (1923), in *Werke* 3, S. 87 und 89.
60 Ebd., S. 90.
61 «Geheimnis und Gebot» (1921–22), in ebd., S. 50.
62 Baeck an Rosenzweig, 25. Dezember 1926, in *Werke* 6, S. 584 f.
63 *Das Wesen des Judentums* (Auflage 1922), in *Werke* 1, S. 150.
64 Abraham Geiger, *Das Judenthum und seine Geschichte* (Breslau: Schlettersche, 1864), S. 36 f.
65 Leider fehlt in Baecks Schriften eine kritische Auseinandersetzung mit zeitgenössischen jüdischen Denkern, die helfen könnte, seine Religionsphilosophie einzuordnen.
66 «Theologie und Geschichte» (1932), in *Werke* 4, S. 46.
67 Ebd., S. 55.
68 *Das Wesen des Judentums* (Auflage 1922), in *Werke* 1, S. 259.
69 Ebd., S. 266 f.
70 «Das Reich Gottes» (1928), in *Werke* 4, S. 244.
71 «Das Judentum», S. 267.
72 Friedlander, *Leo Baeck*, S. 155.
73 «Amerika», *Liberales Judentum* 3 (1911), S. 192; auch in *Werke* 6, S. 535.
74 «Die religiöse Erziehung» (1930), in *Werke* 4, S. 369.
75 Baecks Schriften geben seine persönlichen politischen Sympathien nicht preis, einen Anhaltspunkt gibt jedoch ein Brief an Caesar Seligmann vom 2. September 1926, in *Werke* 6, S. 205, in dem er seine Sympathie für die Sozialdemokraten andeutet.
76 *Die erste Konferenz vom Weltverband für religiös-liberales Judentum in Berlin, 18.–20. August 1928* (ohne Erscheinungsjahr und -ort), S. 171.
77 Ebd., S. 172.
78 «Wohlfahrt, Recht und Religion» (1930), in *Werke* 3, S. 181–189.
79 «Das Geistige im Wohltun» (1926), in ebd., S. 92.
80 Ebd.
81 Avraham Barkai, «Jüdischer Friedensbund und politische Orientierung», in ders., *Oscar Wassermann und die Deutsche Bank* (München: C.H.Beck 2005), S. 57–59.
82 «Das Judentum und der Weltfriede», in *Religion und Weltfriede: Überwindung*

Anhang

der Kriege, hg. von der Arbeitsgemeinschaft der Konfessionen für den Frieden (Leipzig: Gustav Engel, 1930), S. 9–13. Zum Friedensbund siehe Virginia Iris Holmes, «Integrating Diversity, Reconciling Contradiction: The *Jüdischer Friedensbund* in Late Weimar Germany», *LBIYB* 47 (2002), S. 175–194.
83 «Weltgeschichte» (1929) und «Friedensbahn und Friedensziel» (1930), in *Werke* 3, S. 149–153 und 176–180.
84 «Eine religionssoziologische Linie», *Der Jude*, Sonderheft 5 (1928), S. 147–152; unter dem Titel «Boden, Erde, Welt» in *Werke* 3, S. 123–128.
85 Baeck in Atlantic City an «Geliebte Natalie», 24. April 1925, in *Werke* 6, S. 536 f.
86 Als beispielsweise Fay Hirschbergs Gatte Rabbiner von Oppeln wurde, bereitete Natalie Baeck sie auf ihre Aufgaben vor. USC Shoah Foundation, Virtual History Archive.
87 Baeck an Rudolf Jaser, 6. März 1947, in ebd., S. 669.
88 «Die Ehe als Geheimnis und Gebot» (1925), in ebd., S. 179–185.
89 Ebd., S. 181.
90 Ebd., S. 183.
91 «Staat, Familie und Individualität» (1932), in *Werke* 3, S. 173–175.
92 «Frauenbund» (1929), in ebd., S. 226–231, hier S. 228.
93 Baeck an Robert Raphael Geis, 13. November 1949, in *Werke* 6, S. 657.
94 «Frauenbund» (1929), in *Werke* 3, S. 231.
95 «Das Zusammensitzen von Männern und Frauen in der Synagoge Prinzregentenstraße in Berlin» (1929), in *Werke* 6, S. 507–511.
96 Baeck an Robert Raphael Geis, 31. Oktober 1949, Leo Baeck Collection AR 66, Leo Baeck Institute Archives, DigiBaeck, Frame 79.
97 «Die religiöse Erziehung» (1930) und «Die Entwicklung zur sittlichen Persönlichkeit» (1931), in *Werke* 4, S. 357–376 und 345–356; «Religion und Erziehung» (1929), in *Werke* 3, S. 129–138, hier S. 136.
98 «Vorwort zu *Friedhofsschändungen in Deutschland. 1923–1932*» (1932), in *Werke* 6, S. 207.
99 Brief abgedruckt in *Freiburger Rundbrief* 6 (1999), S. 174.

5
Die Bürde der Führung

1 *Jüdisches Adressbuch für Gross-Berlin* (Berlin: Goedega Verlags-Gesellschaft, 1931), Vorwort ohne Angabe des Verfassers.
2 Memorandum des SD-Amtes IV/2 an Heydrich, 24. Mai 1934, in Michael Wildt (Hg.), *Die Judenpolitik des SD 1935 bis 1938. Eine Dokumentation* (München: Oldenbourg, 1995), S. 67; vgl. S. 113.
3 Baeck verlangte keine Minderheitenrechte, sondern die vollen Staatsbürgerrechte. Siehe Yfaat Weiss, *Etniyut ve-ezrahut: Yehude germanyah ve-yehude polin, 1933–1940* (Jerusalem: Magnes Press, 2000), S. 256.

Anmerkungen zu Kapitel 5

4 Gustav Krojanker, zit. in Kurt Loewenstein, «Die innerjüdische Reaktion auf die Krise der deutschen Demokratie», in Werner Mosse (Hg.), *Entscheidungsjahr 1932. Zur Judenfrage in der Endphase der Weimarer Republik* (Tübingen: J. C. B. Mohr, 1965), S. 387.
5 «Jüdische Zwischenbilanz», *Jüdische Rundschau* 30/31 (13. April 1933), S. 5.
6 «Äußerung der Zionistischen Vereinigung für Deutschland zur Stellung der Juden im neuen deutschen Staat», 21. Juni 1933, in Hans Tramer (Hg.), *In zwei Welten. Siegfried Moses zum fünfundsiebzigsten Geburtstag* (Tel Aviv: Bitaon, 1962), S. 119–122.
7 Jacob Boas, «German-Jewish Internal Politics Under Hitler 1933–1938», *Leo Baeck Institute Year Book (LBIYB)* 29 (1984), S. 20.
8 «Eingliederung», *Jüdische Rundschau* 75/76 (20. September 1933), S. 544.
9 Ebd.
10 «Wir ‹Juden-Nazis›», *Der nationaldeutsche Jude*, August 1933.
11 Siehe das Schaubild des Gestapa zur Vernetzung jüdischer Organisationen in Deutschland mit den beiden Hauptgruppen der «Assimilanten» und der «Zionisten» in: Otto Dov Kulka und Eberhard Jäckel (Hg.), *Die Juden in den geheimen NS-Stimmungsberichten, 1933–1945* (Düsseldorf: Droste, 2004), S. 548. (Gestapa war das Geheime Staatspolizeiamt in Berlin.)
12 Wolfgang Hamburger, «The Reactions of Reform Jews to the Nazi Rule», in Herbert A. Strauss und Kurt R. Grossmann (Hg.), *Gegenwart im Rückblick. Festgabe für die jüdische Gemeinde zu Berlin 25 Jahre nach dem Neubeginn* (Heidelberg: Lothar Stiehm, 1970), S. 156 und 160.
13 Brief an den Herausgeber, *Mitteilungen der jüdischen Reformgemeinde zu Berlin*, 15. August 1934, S. 5.
14 Bruno Woyda, «Um die künftige Stellung der deutschen Juden. Programmatische Richtlinien», *Jüdisch-liberale Zeitung*, Beilage, 31. Oktober 1933. In Zusammenarbeit mit dem orthodoxen Rabbiner Esra Munk hatte Baeck zuvor bereits auf ein solches Konkordat mit der preußischen Regierung hingearbeitet, jedoch ohne Erfolg. Siehe Leo Baeck, «In Memory of Two of Our Dead», *LBIYB* 1 (1956), S. 52; deutsch unter dem Titel «Gedenken an zwei Tote», in Robert Weltsch (Hg.), *Deutsches Judentum. Aufstieg und Krise* (Stuttgart: Deutsche Verlags-Anstalt, 1963), S. 309; auch abgedruckt in *Werke* 5, S. 17.
15 *Jüdisch-liberale Zeitung*, 2. März 1934.
16 Siehe Michael A. Meyer, «Liberal Judaism in Nazi Germany», in Moshe Zimmermann (Hg.), *On Germans and Jews Under the Nazi Regime: Essays by Three Generations of Historians* (Jerusalem: Magnes Press, 2006), S. 281–295.
17 «Aristokratie», *Jüdische Rundschau* 39, 8 (26. Januar 1934), S. 2.
18 *Jüdische Rundschau* 38, 27 (4. April 1933); *Israelitisches Familienblatt* 35, 14 (6. April 1933), S. 2; abgedruckt in *Werke* 6, S. 210. Mein Verdacht ist, dass das Interview vor dem Boykott jüdischer Geschäfte am 1. April geführt wurde. Das Interview in der französischen Zeitschrift *Intransigeant* konnte ich nicht finden.
19 Wie Baeck rief auch Ismar Elbogen, ein guter Freund und Weggefährte, der an

Anhang

der Hochschule jüdische Geschichte unterrichtete, anfangs zu Geduld und Wahrung der Loyalität sowohl gegenüber dem Judentum als auch gegenüber dem Deutschtum auf. Ismar Elbogen, «Haltung!», *C. V.-Zeitung* 12, 14 (6. April 1933).

20 «Aufruf!», *C. V.-Zeitung* 12, 23 (8. Juni 1933); *Werke* 6, S. 285 und 288.
21 Schlomo Krolik (Hg.), *Arthur Ruppin. Briefe, Tagebücher, Erinnerungen* (Königstein/Ts.: Athenäum, 1985), S. 489.
22 «An die deutschen Juden» (1933), in *Werke* 6, S. 285.
23 «Saar-Kundgebung der Reichsvertretung» (1935), unterzeichnet von Leo Baeck, in ebd., S. 290.
24 Baeck an Claude Montefiore, 12. April 1932, World Union for Progressive Judaism Collection, MSS 16, D12/3, American Jewish Archives.
25 Die Trauerfeier fand am 5. August 1934 statt. Zu Baecks Gedenkrede siehe *Werke* 6, S. 211 f.
26 Kurt Jakob Ball-Kaduri, *Vor der Katastrophe. Juden in Deutschland 1934–1939* (Tel Aviv: Olamenu, 1967), S. 42.
27 «Der 5. März. Ein Wort an die deutschen Juden», *C. V.-Zeitung* 12, 10 (9. März 1933). Die Aussprache fand am 3. März statt, zwei Tage vor dem Wahlsieg der NSDAP am 5. März.
28 H. B. Auerbach, *Die Geschichte des «Bund gesetzestreuer jüdischer Gemeinden Deutschlands», 1919–1938* (Tel Aviv: Olamenu, 1972), S. 54.
29 *Jewish Daily Bulletin*, 28. Juni 1933.
30 «Die Reichsvertretung der jüdischen Landesverbände an den Reichskanzler und die Reichsminister, 6. Juni 1933», in Otto Dov Kulka (Hg.), *Deutsches Judentum unter dem Nationalsozialismus*, Bd. 1: *Dokumente zur Geschichte der Reichsvertretung der deutschen Juden 1933–1939* (Tübingen: Mohr Siebeck, 1997), S. 52.
31 Ebd., S. 48–52.
32 Hugo Hahn, «Die Gründung der Reichsvertretung», in Tramer (Hg.), *In zwei Welten*, S. 98.
33 Baeck, «In Memory of Two of Our Dead», S. 54; deutsch unter dem Titel «Gedenken an zwei Tote», in Robert Weltsch (Hg.), *Deutsches Judentum. Aufstieg und Krise* (Stuttgart: Deutsche Verlags-Anstalt, 1963), S. 311; auch abgedruckt in *Werke* 5, S. 18 f. Kurt Jakob Ball-Kaduri, *Das Leben der Juden in Deutschland 1933* (Frankfurt/Main: Europäische Verlagsanstalt, 1963), S. 137.
34 Shaul Esh, «The Establishment of the ‹Reichsvereinigung der Juden in Deutschland› and Its Main Activities», *Yad Vashem Studies* 7 (1968), S. 19.
35 Heydrichs Rundschreiben vom 26. Juni 1934 in Kulka (Hg.), *Deutsches Judentum unter dem Nationalsozialismus*, S. 151 f.
36 Julius Brodnitz, «Geeint ins neue Jahr! Die neue Vertretung der deutschen Juden», *C. V.-Zeitung* 12, 36 (20. September 1933).
37 K. Y. Ball-Kaduri, «The Reichsvertretung of German Jewry: The Basic Problems and the Achievements» [hebräisch], *Yad Vashem Studies* 2 (1958), S. 153.

38 Günter Plum, «Deutsche Juden oder Juden in Deutschland?», in Wolfgang Benz (Hg.), *Die Juden in Deutschland 1933–1945* (München: C.H.Beck, 1988), S. 58.
39 Jürgen Matthäus und Mark Roseman, *Jewish Responses to Persecution*, Bd. 1: *1933–1938* (Washington, D. C.: AltaMira Press, 2010), S. 51.
40 Ludwig Freund, «Neugestaltung jüdischen Lebens!», *Der Schild* 12, 17 (14. September 1933).
41 «Für Zusammenarbeit der jüdischen Organisationen! ... Der innerjüdische Burgfrieden», *Der Schild* 13, 5 (16. Februar 1934).
42 «Separatistische Tendenzen: Die Unabhängige Orthodoxie und der Reichsbund jüdischer Frontsoldaten», in Kulka (Hg.), *Deutsches Judentum unter dem Nationalsozialismus*, S. 135.
43 *Der Israelit* 74, 38 (20. September 1933).
44 «Der Beitritt der unabhängigen jüdischen Orthodoxie Deutschlands zur Reichsvertretung», in Kulka (Hg.), *Deutsches Judentum unter dem Nationalsozialismus*, S. 408, Anm. 7.
45 Ball-Kaduri, *Vor der Katastrophe*, S. 37; Herbert A. Strauss, «Jewish Autonomy Within the Limits of National Socialist Policy: The Communities and the Reichsvertretung», in Arnold Paucker (Hg.), *Die Juden im Nationalsozialistischen Deutschland. The Jews in Nazi Germany, 1933–1943* (Tübingen: J. C. B. Mohr, 1986), S. 133 f.
46 Zu Baeck und seinem Verhältnis zur jüdischen Sozialethik siehe Gerd Stecklina, «Die Sozialethik des Judentums – das Beispiel Leo Baeck», *Medaon* 1 (2007), S. 1–12.
47 Ernst Herzfeld, «Meine letzten Jahre in Deutschland 1933 bis 1938», in Monika Richarz (Hg.), *Jüdisches Leben in Deutschland. Selbstzeugnisse zur Sozialgeschichte 1918–1945* (Stuttgart: Deutsche Verlags-Anstalt, 1982), S. 303 f.
48 Ron Chernow, *Die Warburgs. Odyssee einer Familie*, übersetzt von Karl A. Klewer (Berlin: Siedler, 1994), S. 489.
49 R. W., «Forderung als Glückwunsch», *Jüdische Rundschau* 38, 41 (23. Mai 1933), S. 213.
50 «Die neue Reichsvertretung. Einigung über die Leitung», *Jüdische Rundschau* 38, 75/76 (20. September 1933), S. 544.
51 Hahn, «Die Gründung der Reichsvertretung», S. 102.
52 Zu Hirsch siehe Baeck, «In Memory of Two of Our Dead», S. 51–56; deutsch unter dem Titel «Gedenken an zwei Tote», in Robert Weltsch (Hg.), *Deutsches Judentum. Aufstieg und Krise*, S. 311–314; auch abgedruckt in *Werke* 5, S. 19–21. Friedrich S. Brodnitz, «Memories of the Reichsvertretung: A Personal Report», *LBIYB* 31 (1986), S. 268 f.; und Paul Sauer, «Otto Hirsch (1885–1941): Director of the Reichsvertretung», *LBIYB* 32 (1987), S. 341–368.
53 Nathan Stein, «Lebenserinnerungen», in Richarz (Hg.), *Jüdisches Leben in Deutschland*, S. 211.
54 Baeck, «In Memory of Two of Our Dead», S. 56; deutsch unter dem Titel «Ge-

Anhang

denken an zwei Tote», in Robert Weltsch (Hg.), *Deutsches Judentum. Aufstieg und Krise*, S. 314; auch abgedruckt in *Werke* 5, S. 22.

55 «Kundgebung der neuen Reichsvertretung der deutschen Juden», in Kulka (Hg.), *Deutsches Judentum unter dem Nationalsozialismus*, S. 71 f. (Hervorhebung von Baeck).

56 Kulka, Einführung, in ebd., S. 269.

57 Brodnitz, «Memories of the Reichsvertretung», S. 270. Brodnitz war der Pressesprecher der Reichsvertretung.

58 Hans Reichmann, «Der Centralverein deutscher Staatsbürger jüdischen Glaubens», in Eva G. Reichmann (Hg.), *Festschrift zum 80. Geburtstag von Leo Baeck am 23. Mai 1953* (London: Council for the Protection of the Rights and Interests of Jews from Germany, 1953), S. 72; Ball-Kaduri, *Das Leben der Juden in Deutschland*, S. 212; Arnold Paucker, *Deutsche Juden im Kampf um Recht und Freiheit* (Teetz: Hentrich & Hentrich, 2003), S. 318.

59 Der Pessimismus dieser Bemerkung ist kein Einzelfall. Ein paar Monate später erklärte Baeck in einer dokumentierten Eröffnungsansprache vor dem Beirat der Reichsvertretung: «Das Schicksal der deutschen Juden wird einst das Schicksal aller Juden Europas, vielleicht auch das Palästinas werden.» «Reichsvertretung mahnt zur Einigkeit. Erste Sitzung des Beirates», *Jüdische Rundschau* 39, 13 (13. Februar 1934), S. 3.

60 *Der Schild* 5, 13 (18. Februar 1934), S. 1.

61 S. Adler-Rudel, *Jüdische Selbsthilfe unter dem Naziregime 1933–1939* (Tübingen: J. C. B. Mohr, 1974), S. 163.

62 Wolf Gruner, «Poverty and Persecution: The Reichsvereinigung, the Jewish Population, and Anti-Jewish Policy in the Nazi State, 1939–1945», *Yad Vashem Studies* 27 (1999), S. 34.

63 Kurt Alexander, «Die Reichsvertretung der deutschen Juden», in E. Reichmann (Hg.), *Festschrift zum 80. Geburtstag von Leo Baeck*, S. 79.

64 Ebd., S. 80.

65 Baeck, Brief vom September 1933 an anglo-jüdische Führungsfiguren, zit. in Naomi Shepherd, *A Refuge from Darkness: Wilfrid Israel and the Rescue of the Jews* (New York: Pantheon, 1984), S. 81.

66 «Ansprache zur Eröffnung der jüdischen Winterhilfe» (1935), in *Werke* 6, S. 292. Baeck sprach ohne Manuskript, weshalb verschiedene Versionen seiner Rede existieren. Für eine Version, die die «Treue gegen das Gebot» betont, siehe Georg Heuberger und Paul Spiegel (Hg.), *Zedaka. Jüdische Sozialarbeit im Wandel der Zeit* (Frankfurt/Main: Jüdisches Museum, 1992), S. 307.

67 *C. V.-Zeitung* 14, 43 (24. Oktober 1935), S. 1.

68 «Die jüdische Sozialarbeit umspannt die Welt» (1936), in *Werke* 6, S. 294 f.

69 Der Reformtempel in Hamburg hatte besonders viel Zulauf. Siehe Jacob Borut, *Jewish Religious Practice Under Nazi Rule (1933–1938) and Its Reflection in the German Jewish Press* [hebräisch] (Jerusalem: Yad Vashem, 2017), S. 272.

70 Dokument 21 in Wildt (Hg.), *Die Judenpolitik*, S. 149.

Anmerkungen zu Kapitel 5

71 Martin Buber, *Briefwechsel aus sieben Jahrzehnten* (Heidelberg: Lambert Schneider, 1972–1975), Bd. 2, S. 486 und 515 f.
72 «Lehrhaus eröffnet», *Jüdische Allgemeine Zeitung* 14, 85 (7. November 1934).
73 «Bildungsenge» (1935), in *Werke* 6, S. 271 f.
74 Zit. in Wildt (Hg.), *Die Judenpolitik*, S. 106.
75 «Kulturbund – Sache der Gemeinschaft», *C. V.-Zeitung* 16, 33 (19. August 1937).
76 «Für den Kulturbund deutscher Juden» (1934), in *Werke* 6, S. 268.
77 «Europa» (1937), in ebd., S. 275 und 280.
78 «Zum Sportereignis des Jahres im Sportbund des Reichsbundes jüdischer Frontsoldaten» (1936), in ebd., S. 273.
79 Avraham Barkai, «Im Schatten der Verfolgung und Vernichtung. Leo Baeck in den Jahren des NS-Regimes», in Georg Heuberger und Fritz Backhaus (Hg.), *Leo Baeck 1873–1956. Aus dem Stamme von Rabbinern* (Frankfurt/Main: Jüdischer Verlag im Suhrkamp Verlag, 2001), S. 83.
80 «Das Sabbatliche», in Friedrich Thieberger (Hg.), *Jüdisches Fest. Jüdischer Brauch* (Berlin: Jüdischer Verlag, 1936), S. 93 f.
81 Esriel Hildesheimer, *Jüdische Selbstverwaltung unter dem NS-Regime. Der Existenzkampf der Reichsvertretung und Reichsvereinigung der Juden in Deutschland* (Tübingen: J. C. B. Mohr, 1994), S. 42.
82 K. Y. Ball-Kaduri, «The National Representation of Jews in Germany – Obstacles and Accomplishments at Its Establishment», *Yad Vashem Studies* 2 (1958), S. 175.
83 Erwähnt bei Kulka (Hg.), *Deutsches Judentum unter dem Nationalsozialismus*, S. 135 f. und 161, Anm. 4.
84 «Erklärung der Reichsvertretung», *Jüdische Rundschau* 39, 53 (3. Juli 1934), S. 6.
85 «Reichsvertretung der deutschen Juden. Gegen innerjüdische Polemik», *Informationsblätter* 5 (16. Juli 1934), S. 55.
86 Michael A. Meyer (Hg.), *Joachim Prinz, Rebellious Rabbi: An Autobiography – the German and Early American Years* (Bloomington: Indiana University Press, 2008), S. 89.
87 Für eine Stahl würdigende Darstellung siehe Hermann Simon, *Heinrich Stahl (13. April 1868 – 4. November 1942)* (Berlin: Hentrich, 1993).
88 Der Vergleich stammt von Strauss, «Jewish Autonomy Within the Limits of National Socialist Policy», S. 139, Anm. 25.
89 Siehe den *Lagebericht*, datiert auf den 6. Juli 1937, in Wildt (Hg.), *Die Judenpolitik*, S. 122.
90 Dokument 21 in ebd., S. 149.
91 Abraham Margaliot, «The Dispute over the Leadership of German Jewry (1933–1938)», *Yad Vashem Studies* 10 (1974), S. 144 f.
92 Hans-Erich Fabian, «Zur Entstehung der ‹Reichsvereinigung der Juden in Deutschland›», in Strauss und Grossmann (Hg.), *Gegenwart im Rückblick*, S. 179, Anm. 22.
93 Yehoyakim Cochavi, «Georg Kareski's Nomination as Head of the Kulturbund:

Anhang

The Gestapo's First Attempt – and Last Failure – to Impose a Jewish Leadership», *LBIYB* 34 (1989), S. 244. Vgl. Francis R. Nicosia, «Revisionist Zionism in Germany (II): Georg Kareski and the Staatszionistische Organisation, 1933–1938», *LBIYB* 32 (1987), S. 231–267.

94 Zit. in Lucy Dawidowicz, *The War Against the Jews 1933–1945* (New York: Holt, Rinehart and Winston, 1975), S. 195.
95 Der (englische) Wortlaut des Briefes ist abgedruckt in Kulka (Hg.), *Deutsches Judentum unter dem Nationalsozialismus*, S. 334 f.
96 «Protokoll der Sitzung des Präsidialausschusses und des Rats der Reichsvertretung der Juden in Deutschland vom 15. Juni 1937», ebd., S. 340.
97 Zur angeblichen Schwäche der Reichsvertretung zum damaligen Zeitpunkt siehe Wildt (Hg.), *Die Judenpolitik*, S. 167 f. Zu Stahls erfolglosen Bemühungen siehe Ball-Kaduri, «The National Representation of Jews in Germany», S. 173.
98 Zur Vertrauensabstimmung vom 7. Juli 1937 siehe Kulka (Hg.), *Deutsches Judentum unter dem Nationalsozialismus*, S. 341–344, und die *Informationsblätter* 5, 6/7 (Juni/Juli 1937).
99 Zitiert nach Kulka und Jäckel (Hg.), *Die Juden in den geheimen NS-Stimmungsberichten, 1933–1945* (Düsseldorf: Droste, 2004), S. 293.
100 «Religionen», *Jüdische Rundschau* 39, 36 (4. Mai 1934), S. 9, in *Werke* 6, S. 223.
101 «Chukkat haggoj», *Jüdische Rundschau* 39, 96, Beilage zu Chanukka (30. November 1934), S. 5, in *Werke* 6, S. 226 f.
102 «Zurückhaltung», *C. V.-Zeitung* 13, 5 (1. Februar 1934), S. 1, in *Werke* 6, S. 303 f.
103 «Festrede des Großpräsidenten zum 50. Stiftungsfest der Lessing-Loge des Bne Briss» (1935), in *Werke* 6, S. 306.
104 Der Text ist abgedruckt in Kulka (Hg.), *Deutsches Judentum unter dem Nationalsozialismus*, S. 226 f.
105 Israelitischer Tempel-Verband, Hamburg, Rundschreiben Nr. 1 (hektographiert), datiert Hamburg, Elul 5695 [August/September, 1935], S. 1.
106 Der vollständige Text ist abgedruckt in Kulka (Hg.), *Deutsches Judentum unter dem Nationalsozialismus*, S. 245 f.
107 Leo Baeck, «A People Stands Before Its God», in Eric H. Boehm, *We Survived: The Stories of Fourteen of the Hidden and the Hunted of Nazi Germany As told to Eric H. Boehm* (New Haven, Conn.: Yale University Press, 1949), S. 286.
108 Chernow, *Die Warburgs*, S. 525.
109 Ein Foto des Telegramms ist abgedruckt in Barkai, «Im Schatten der Verfolgung und Vernichtung», S. 84.
110 Ball-Kaduri, *Vor der Katastrophe*, S. 54 f.
111 Hans Reichmann, *Deutscher Bürger und verfolgter Jude. Novemberpogrom und KZ Sachsenhausen 1937 bis 1939* (München: R. Oldenbourg, 1998), S. 47 f.
112 Kulka (Hg.), *Deutsches Judentum unter dem Nationalsozialismus*, S. 430.

Anmerkungen zu Kapitel 6

6
Unter Druck

1 Alexander Guttmann, «The Kristallnacht: Personal Recollections», Vortrag am Hebrew Union College, Cincinnati, 9. November 1983. Manuskript in SC Box A-2014-90, Klau Library, Hebrew Union College, Cincinnati. Guttmanns Erinnerung könnte trügen: Was er Baeck in den Mund legt, passt nicht zu anderen Äußerungen Baecks und auch nicht zu dessen verstärkten Bemühen, die Auswanderung zu beschleunigen.
2 Zit. in «Ansprache Max Brauer anlässlich der Grundsteinlegung der Synagoge an der Hohen Weide, 9.11.1958», *Hamburger Schlüsseldokumente zur deutsch-jüdischen Geschichte: Eine Online-Quellenedition* (http://juedische-geschichte-online.net/quelle/jgo:source-146), aufgerufen am 12. März 2017.
3 Erinnerung von Ernst Herzfeld in Otto Dov Kulka (Hg.), *Deutsches Judentum unter dem Nationalsozialismus*, Bd. 1: *Dokumente zur Geschichte der Reichsvertretung der deutschen Juden 1933-1939* (Tübingen: Mohr Siebeck, 1997), S. 439.
4 Reiner Burger, *Von Goebbels Gnaden. «Jüdisches Nachrichtenblatt» (1938-1943)* (Münster: LIT Verlag, 2001), S. 53 und 55.
5 Brief vom 25. Januar 1939, in *Werke* 6, S. 567 f.
6 «Reichsvertretung der Juden in Deutschland. Umgestaltung zum Reichsverband der Juden in Deutschland», *Informationsblätter* 6, 7/8 (Juli/August 1938).
7 Shaul Esh, «The Establishment of the Reichsvereinigung der Juden in Deutschland and Its Main Activities», *Yad Vashem Studies* 7 (1968), S. 25.
8 Eine umfassende und reich dokumentierte Untersuchung zur Reichsvereinigung ist Beate Meyer, *Tödliche Gratwanderung. Die Reichsvereinigung der Juden in Deutschland zwischen Hoffnung, Zwang, Selbstbehauptung und Verstrickung (1939-1945)* (Göttingen: Wallstein, 2011).
9 Hans-Erich Fabian, «Zur Entstehung der Reichsvereinigung der Juden in Deutschland», in Herbert A. Strauss und Kurt R. Grossmann (Hg.), *Gegenwart im Rückblick. Festgabe für die Jüdische Gemeinde zu Berlin 25 Jahre nach dem Neubeginn* (Heidelberg: Lothar Stiehm, 1970), S. 177 f., Anm. 7.
10 Ebd., S. 172.
11 «Gebet für Natalie Baeck», 7. März 1937, Leo Baeck Family Collection, AR 25 449, Leo Baeck Institute Archives (LBIA), DigiBaeck, Frame 396.
12 Hans-Hasso von Veltheim-Ostrau an Edith Andreae, 5. März 1937, zit. in Karl Klaus Walther, *Hans Hasso von Veltheim. Eine Biographie* (Halle: Mitteldeutscher Verlag, 2., durchgesehene und ergänzte Auflage 2005), S. 259.
13 Leo Baeck, «A People Stands Before Its God», in Eric H. Boehm, *We Survived: The Stories of Fourteen of the Hidden and Hunted of Nazi Germany As told to Eric H. Boehm* (New Haven, Conn.: Yale University Press, 1949), S. 282 f.
14 Brief an Ismar Elbogen, 25. April 1939, in *Werke* 6, S. 569.

Anhang

15 Brief vom 20. Dezember 1939, in ebd., S. 609.
16 In einem Brief des Finanzamts Berlin-Schöneberg, dem Bezirk, in dem Baeck wohnte, an Leo Israel Baeck, der die von auswanderungswilligen Juden zu bezahlende «Reichsfluchtsteuer» betraf und auf den 25. Januar 1941 datiert war, schreibt der Beamte: «Ferner bitte ich um Mitteilung, ob bereits der Zeitpunkt der Aufgabe Ihres inländischen Wohnsitzes feststeht oder wann Sie mit Ihrer Auswanderung rechnen.» Records of the Reichsvereinigung der Juden in Deutschland, LBIJER 556, LBIA.
17 Brief an Hans Hirsch in Ithaca, N. Y., 8. Juli 1941, in *Werke* 6, S. 331.
18 Gudrun Maierhof, *Selbstbehauptung im Chaos. Frauen in der jüdischen Selbsthilfe 1933-1945* (Frankfurt: Campus Verlag, 2002), S. 211.
19 Brief an Hans Schäffer, ehemals Staatssekretär im Finanzministerium und zu diesem Zeitpunkt im neutralen Schweden, vom 27. November 1942, in *Leo Baeck Institute Year Book (LBIYB)* 2 (1957), S. 313, und in *Werke* 6, S. 333 f.
20 Esriel Hildesheimer, *Jüdische Selbstverwaltung unter dem NS-Regime* (Tübingen: J. C. B. Mohr, 1994), S. 102 f. und 122; Yehuda Bauer, *My Brother's Keeper: A History of the American Jewish Joint Distribution Committee 1929-1939* (Philadelphia: Jewish Publication Society, 1974), S. 258.
21 Brief vom 10. Juni 1942, in Hermann Simon, *Heinrich Stahl (13. April 1868 - 4. November 1942)* (Berlin: Hentrich, 1993), S. 35. Stahl genoss die Wertschätzung von Recha Freier, einer anderen scharfen Kritikerin von Baeck und dessen engsten Mitarbeitern. Siehe die lobenden Worte für Stahl in Recha Freier, *Let the Children Come: The Early History of Youth Aliyah* (London: Weidenfeld and Nicolson, 1961), S. 66; und zum Konflikt siehe Beate Meyer, *Tödliche Gratwanderung. Die Reichsvereinigung der Juden in Deutschland zwischen Hoffnung, Zwang, Selbstbehauptung und Verstrickung (1939-1945)*, S. 417-419.
22 Siehe die bei Hildesheimer, *Jüdische Selbstverwaltung unter dem NS-Regime*, S. 88, zitierten scharfen Worte, die er gegenüber Eichmann äußerte.
23 Herbert Strauss, *Über dem Abgrund. Eine jüdische Jugend in Deutschland 1918-1943*, übersetzt von Bettina Ababanell (Berlin: Ullstein, durchgesehene Ausgabe 1999), S. 143.
24 Brief an Immanuel Löw, 21. April 1940, in *Werke* 6, S. 330.
25 Siehe Baecks Artikel «Looking Forward», *Progressive Judaism. Bulletin of the World Union for Progressive Judaism*, November 1940.
26 «Die Wüste» (1936/1937), in *Werke* 6, S. 262-264.
27 «Die Existenz des Juden» (1935), in ebd. S. 245.
28 «Die Reichsvertretung zu Rosch Haschana» (1938), in Kulka (Hg.), *Deutsches Judentum unter dem Nationalsozialismus*, S. 430.
29 «Die Existenz des Juden», in ebd., S. 245-253.
30 «Die Freien und die Unfreien» (1933), in ebd., S. 301 f.
31 «Zeiten und Tage» (1938/1939), in ebd., S. 266.
32 «Recht und Pflicht», *C. V.-Zeitung* 12, 16 (2. Mai 1933), S. 71.
33 «Umwälzung und Umwandlung» (1933), in *Werke* 6, S. 220-223.

Anmerkungen zu Kapitel 6

34 Geleitwort zu *Aus alter und neuer Zeit. Illustrierte Beilage zum Israelitischen Familienblatt* 21 (6. September 1934), S. 1.

35 «Schöpfungsordnungen», *Jüdische Allgemeine Zeitung* 16, 22 (27. Mai 1936), Beilage; auch in *Werke* 6, S. 259-262.

36 «Tag des Mutes» (1933), in *Werke* 6, S. 300 f.

37 Brief an Hans-Hasso von Veltheim-Ostrau, 28. Februar 1933, in ebd., S. 603.

38 Brief an Hans-Hasso von Veltheim-Ostrau, 30. April 1941, in ebd., S. 612.

39 Brief an Ismar Elbogen, 26. Oktober 1940, in ebd., S. 573.

40 «Wissen und Glaube», *C. V.-Zeitung*, 2. Juni 1938, 2. Beiblatt.

41 Brief an Simon Rawidowicz, 24. Dezember 1933. Abschrift erhalten von Benjamin Ravid, Sohn von Simon Rawidowicz.

42 Vorwort zu *Das Evangelium als Urkunde der jüdischen Glaubensgeschichte*, in *Werke* 4, S. 403.

43 Ebd., S. 447.

44 *Wege im Judentum* (Berlin: Schocken, 1933). Die Aufsatzsammlung ist vollständig abgedruckt in *Werke* 3.

45 *Aus drei Jahrtausenden. Wissenschaftliche Untersuchungen und Abhandlungen zur Geschichte des jüdischen Glaubens* (Berlin: Schocken – Jüdischer Buchverlag, 1938). Unveränderte Neuedition der Originalausgabe mit einer Einführung von Hans Liebeschütz (Tübingen: J. C. B. Mohr, 1958) sowie in *Werke* 4, S. 27-399.

46 «Drei alte Lieder» (1937), in *Werke* 4, S. 211-216.

47 «Glauben» (1935), in ebd., S. 239.

48 «Sefer ha-Bahir», in ebd., S. 291.

49 «Israel und die Schechina. Zwei Midraschim», *Almanach des Schocken Verlags auf das Jahr 5697* (Berlin: Schocken, 1936/1937), S. 11.

50 Brief an Ismar Elbogen, 26. Oktober 1940, in *Werke* 6, S. 573.

51 Brief an Max Grünewald, 3. März 1939, in ebd., S. 327. Baeck verwendet die hebräischen Worte aus Ex 13,18, *hamushim alu*, ein Bezug auf die Israeliten und ihren bewaffneten Auszug aus Ägypten.

52 Brief an Ismar Elbogen, 19. Februar 1941, in ebd., S. 573.

53 Der Band (Nr. 83) datiert auf 1939, das Jahr seines Erscheinens. Wie *Aus drei Jahrtausenden* wurde er nach dem Krieg entsprechend der Vorlage eines der wenigen erhaltenen Exemplare nachgedruckt.

54 «Gründung einer Rabbiner-Ausbildungskommission», in Kulka (Hg.), *Deutsches Judentum unter dem Nationalsozialismus*, S. 302-307.

55 Edward K. Kaplan und Samuel H. Dresner, *Abraham Joshua Heschel: Prophetic Witness* (New Haven, Conn.: Yale University Press, 1998), S. 116.

56 Ernst Simon, *Aufbau im Untergang. Jüdische Erwachsenenbildung im nationalsozialistischen Deutschland als geistiger Widerstand* (Tübingen: J. C. B. Mohr, 1959), S. 64.

57 Nathan Peter Levinson, *Ein Ort ist, mit wem du bist. Lebensstationen eines Rabbiners* (Berlin: Hentrich, 1996), S. 46.

Anhang

58 Strauss, *Über dem Abgrund*, S. 194.
59 Ebd., S. 170.
60 Beate Meyer, «Gratwanderung zwischen Verantwortung und Verstrickung – Die Reichsvereinigung der Juden in Deutschland und die jüdische Gemeinde zu Berlin 1938–1945», in dies. und Hermann Simon (Hg.), *Juden in Berlin 1938–1945* (Berlin: Philo, 2000), S. 293.
61 Zit. in Elisa Klapheck (Hg.), *Fräulein Rabbiner Jonas: Kann die Frau das rabbinische Amt bekleiden?* (Teetz: Hentrich & Hentrich, 1999), S. 43.
62 Elena Makarova, Sergei Makarov und Victor Kuperman, *University over the Abyss: The Story Behind 520 Lecturers and 2,430 Lectures in KZ Theresienstadt 1942–1944* (Jerusalem: Verba, 2., korrigierte Auflage 2004), S. 109.
63 Wolfgang Hamburger, «Leo Baeck: The Last Teacher of the Lehranstalt», in Schlomo F. Rülf (Hg.), *Paul Lazarus Gedenkbuch* (Jerusalem: Jerusalem Post Press, 1961), S. 126 f. Siehe auch *Werke* 6, S. 322 und 606.
64 Christhard Hoffmann und Daniel R. Schwartz, «Early but Opposed – Supported but Late: Two Berlin Seminaries Which Attempted to Move Abroad», *LBIYB* 36 (1991), S. 288–296.
65 Hamburger, «Leo Baeck: The Last Teacher of the Lehranstalt», S. 130.
66 Zit. in G. Salzberger, «Dr. Leo Baeck: 70th Birthday», *World Union for Progressive Judaism Bulletin* 15 (Dezember 1943), S. 6.
67 «Die Existenz des Juden» (1935), in *Werke* 6, S. 252.
68 Joachim Prinz, «Bilanz der Erneuerung», *Israelitisches Familienblatt*, 11. März 1937.
69 Dokument 28 in Michael Wildt (Hg.), *Die Judenpolitik des SD 1935 bis 1938* (München: R. Oldenbourg, 1995), S. 180.
70 Dokument 21 in ebd., S. 150.
71 «Appell zur Auswanderungspolitik an die britische Mandatsregierung für Palästina und die Reichsregierung», in Kulka (Hg.), *Deutsches Judentum unter dem Nationalsozialismus*, S. 377 f.
72 «Arbeitsbericht der Reichsvereinigung der Juden in Deutschland für das Jahr 1939», Reichsvereinigung der deutschen Juden Collection AR 221, Box 1, Folder 10, LBIA.
73 *Informationsblätter* 6, 3/4 (März/April 1938), S. 23.
74 Herbert A. Strauss, «Jewish Emigration from Germany: Nazi Policies and Jewish Responses (1)», *LBIYB* 25 (1980), S. 317.
75 Konrad Kwiet, «The Ultimate Refuge: Suicide in the Jewish Community Under the Nazis», *LBIYB* 29 (1984), S. 135–167.
76 Marion Freyer Wolff, *The Shrinking Circle: Memories of Nazi Berlin, 1933–1939* (New York: UAHC Press, 1989), S. 65.
77 «Rede von Ehren-Grosspräsident Rabbiner Dr. Leo Baeck: Anlässlich der Installation der Districts-Gross-Loge Kontinental-Europa XIX in Basel (4. September 1955)», in *Werke* 5, S. 469 f. Baeck sagte in seiner Rede vor der Loge B'nai B'rith, Gandhi habe diesen Rat einem Freund von ihm erteilt, einem Mann aus

Anmerkungen zu Kapitel 6

altem deutschem Adel. Es handelt sich um Hans-Hasso von Veltheim-Ostrau. Siehe Hans-Hasso von Veltheim-Ostrau, *Der Atem Indiens*. *Tagebücher aus Asien* (Hamburg: Claassen, 1954), S. 15 f.

78 «Hilfe und Aufbau» (5696 [1935–1936]), in Kulka (Hg.), *Deutsches Judentum unter dem Nationalsozialismus*, S. 241.

79 Baeck, «In Memory of Two of Our Dead», *LBIYB* 1 (1956), S. 53; deutsch unter dem Titel «Gedenken an zwei Tote», in Robert Weltsch (Hg.), *Deutsches Judentum. Aufstieg und Krise* (Stuttgart: Deutsche Verlags-Anstalt, 1963), S. 310.

80 Juliane Wetzel, «Auswanderung aus Deutschland», in Wolfgang Benz (Hg.), *Die Juden in Deutschland, 1933–1945* (München: C.H.Beck, 1988), S. 486; «Die Reichsvertretung an die Juden in Deutschland», *C. V.-Zeitung* 17, 38 (22. September 1938).

81 Brief an Isaac Max Rubinow in Cincinnati, Sekretär des Independent Order of B'nai B'rith, 29. Januar 1934, in *Werke* 6, S. 320.

82 Naomi Shepherd, *A Refugee from Darkness: Wilfrid Israel and the Rescue of the Jews* (New York: Pantheon, 1984), S. 176.

83 *Werke* 6, S. 475.

84 Ebd., S. 472.

85 Ein Beispiel für Baecks anhaltendes Interesse an der jüdischen Besiedlung Palästinas ist sein Brief an Franz Meyer in Tel Aviv, 31. Mai 1939, Leo Baeck Collection AR 66, LBIA, DigiBaeck, Frames 1132–1133.

86 Kulka (Hg.), *Deutsches Judentum unter dem Nationalsozialismus*, S. 251.

87 Brief an Chaim Weizmann, 3. Dezember 1936, in *Werke* 6, S. 623 f.

88 Brief an Chaim Weizmann, 23. Mai 1939, in ebd., S. 626.

89 «Die Ferne», *Der Morgen* 14 (August 1938), S. 181 f., und in *Werke* 6, S. 280–282.

90 «Die Reichsvertretung an die Juden in Deutschland», *C. V.-Zeitung* 17, 38 (22. September 1938), S. 1, und in *Werke* 6, S. 314.

91 Herbert Strauss (Hg.), *Jewish Immigrants of the Nazi Period in the U. S. A.*, Bd. 4, 2 (München: K. G. Saur, 1992), S. 579.

92 S. Adler-Rudel, *Jüdische Selbsthilfe unter dem Naziregime, 1933–1939* (Tübingen: J. C. B. Mohr, 1974), S. 157; Strauss, *Über dem Abgrund*, S. 161–163; Hans Reichmann, *Deutscher Bürger und verfolgter Jude. Novemberpogrom und KZ Sachsenhausen, 1937 bis 1939* (München: R. Oldenbourg, 1998), S. 264.

93 Brief an Oberrabbiner J. H. Hertz, 23. Januar 1939, in *Werke* 6, S. 325 f.

94 Brief an Ismar Elbogen, 25. April 1939, in ebd., S. 569.

95 Brief an Lily Montagu, 5. Januar 1939, in ebd., S. 323–325. Joachim Prinz emigrierte 1937 nach Amerika, als er gezwungen war, Deutschland zu verlassen. Später stellte er die fragwürdige Behauptung auf, er sei zum Verlassen Deutschlands gezwungen worden, weil die Gestapo wollte, dass er in den Vereinigten Staaten für sie spioniert. Siehe Michael A. Meyer (Hg.), *Joachim Prinz, Rebellious Rabbi: An Autobiography – the German and Early American Years* (Bloomington: Indiana University Press, 2008), S. 166.

Anhang

96 H. G. Adler, *Der verwaltete Mensch. Studien zur Deportation der Juden aus Deutschland* (Tübingen: J. C. B. Mohr, 1974), S. 180; Fritz Backhaus und Martin Liepach, «Leo Baecks Manuskript über die ‹Rechtsstellung der Juden in Europa›», *Zeitschrift für Geschichtswissenschaft* 50, 1 (2002), S. 55–71, hier S. 61. Siehe auch Beate Meyer, «Gratwanderung zwischen Verantwortung und Verstrickung», S. 307–312. Die Quellen stimmen nicht vollständig überein.

97 Arnold Paucker und Konrad Kwiet, «Jewish Leadership and Jewish Resistance», in David Bankier (Hg.), *Probing the Depths of German Antisemitism: German Society and the Persecution of the Jews, 1933–1941* (New York: Berghahn, 2000), S. 388.

98 «An den Herrn Reichskanzler Adolf Hitler» (1934), in *Werke* 6, S. 213 f.

99 Kulka (Hg.), *Deutsches Judentum unter dem Nationalsozialismus*, S. 141.

100 Ebd., S. 189 f.

101 Jewish Telegraphic Agency, *News*, 21. April 1937; «Reichsvertretung an Reichsminister für Volksaufklärung und Propaganda, 15. Mai 1934», in Klaus J. Herrmann, *Das Dritte Reich und die deutsch-jüdischen Organisationen 1933–1934* (Köln: Carl Heymanns, 1969), S. 131.

102 In einer Erklärung der deutschen Zionisten vom 21. Juni 1933 hieß es: «Boykott-Propaganda – wie sie jetzt vielfach gegen Deutschland geführt wird – ist ihrer Natur nach unzionistisch, da der Zionismus nicht bekämpfen, sondern überzeugen und aufbauen will.» Hans Tramer (Hg.), *In zwei Welten: Siegfried Moses zum fünfundsiebzigsten Geburtstag* (Tel Aviv: Bitaon, 1962), S. 123.

103 Abba Hillel Silver, «Remove Jews from Germany», *Jewish Advocate*, 10. März 1936.

104 Jacob Jacobson, «Bruchstücke, 1939–1945» (1945), Manuskript in Jacobson Collection, LBIA, DigiBaeck, ME329, S. 6.

105 Strauss, *Über dem Abgrund*, S. 173 f.

106 Ernst Herzfeld, «Meine letzten Jahre in Deutschland, 1933–1938», undatiertes Manuskript, LBIA, DigiBaeck, ME287b, S. 27 f.

107 Zit. in Konrad Kwiet, «Nach dem Pogrom. Stufen der Ausgrenzung», in Benz (Hg.), *Die Juden in Deutschland*, S. 567. Ein Gestapooffizier hätte eine solche Bemerkung wahrscheinlich nicht gemacht.

108 Hans-Joachim Schoeps, *Ja – Nein – und Trotzdem. Erinnerungen – Begegnungen – Erfahrungen* (Mainz: Hase & Koehler, 1974), S. 26.

109 Eva G. Reichmann, «Symbol des deutschen Judentums», in dies. (Hg.), *Worte des Gedenkens für Leo Baeck* (Heidelberg: Lambert Schneider, 1959), S. 44 f.

110 Brief von Leo Baeck, geschrieben am 29. April 1938 während eines kurzen Auslandsaufenthalts, an Friedrich Brodnitz in New York, in Jürgen Matthäus und Mark Roseman (Hg.), *Jewish Responses to Persecution*, Bd. 1: *1933–1938* (Lanham, Md.: AltaMira Press, 2010), S. 277. Ich danke den Herausgebern, die mir den deutschen Text zur Verfügung gestellt haben.

111 Brief an Rudolf Jaser, 17. August 1950, in *Werke* 6, S. 675.

112 Walther, *Hans Hasso von Veltheim*, S. 261 f. Der Briefschreiber Charles-Victor

Anmerkungen zu Kapitel 6

von Lüttichau ist wahrscheinlich der bei Jacobson, «Bruchstücke, 1939-1945», S. 14, erwähnte Offizier.
113 Baeck, «A People Stands Before Its God», S. 288.
114 Brief an Rudolf Jaser, 18. Januar 1953, in *Werke* 6, S. 679.
115 Jacobson, «Bruchstücke, 1939-1945», S. 22; auszugsweise in Monika Richarz (Hg.), *Jüdisches Leben in Deutschland. Selbstzeugnisse zur Sozialgeschichte 1918-1945* (Stuttgart: Deutsche Verlags-Anstalt, 1982), S. 407.
116 Esh, «The Establishment of the Reichsvereinigung der Juden», S. 37.
117 Zit. bei Joachim Scholtyseck, «Die Firma Robert Bosch und ihre Hilfe für Juden», in Michael Kißener (Hg.), *Widerstand gegen die Judenverfolgung* (Konstanz: Universitätsverlag, 1996), S. 184.
118 Backhaus und Liepach, «Leo Baecks Manuskript über die ‹Rechtsstellung der Juden in Europa›», S. 64 f.
119 Brief vom 4. Januar 1955 an Albrecht Fischer, zit. in Peter Hoffmann, *Carl Goerdeler and the Jewish Question, 1933-1942* (Cambridge: Cambridge University Press, 2011), S. 113.
120 Arnold Paucker, *Standhalten und Widerstehen. Der Widerstand deutscher und österreichischer Juden gegen die nationalsozialistische Diktatur* (Essen: Klartext, 1995), S. 16-20.
121 Z. B. Konrad Kwiet, «Leo Baeck und der deutsch-jüdische Widerstand», in Michael Brocke u. a. (Hg.), *Neuer Anbruch. Zur deutsch-jüdischen Geschichte und Kultur* (Berlin: Metropol, 2001), S. 90.
122 Vgl. ihren Brief an Paucker vom Oktober 2001, in Arnold Paucker, *Deutsche Juden im Widerstand 1933-1945. Tatsachen und Probleme* (Berlin: Gedenkstätte Deutscher Widerstand, 2003), S. 45, Anm. 110.
123 Hans Reichmann, «Foreword: The Fate of a Manuscript», *LBIYB* 3 (1958), S. 362 f. Reichmann gründet seine Erinnerung auf eine Bemerkung Baecks ihm gegenüber.
124 Die beiden wissenschaftlichen Mitarbeiter waren Rabbiner Leopold Lucas und die Historikerin Hilde Ottenheimer, die Sekretärinnen Paula Glück und Johanna Nathan. In einem der Manuskripte wird auch ein sonst nicht erwähnter Peter Freund genannt. Siehe Backhaus und Liepach, «Leo Baecks Manuskript über die ‹Rechtsstellung der Juden in Europa›», S. 58.
125 Siehe die Titelseite der Abschrift im Besitz des Leo Baeck Instituts New York.
126 Siehe Hermann Simon, «Bislang unbekannte Quellen zur Entstehungsgeschichte des Werkes ‹Die Entwicklung der Rechtsstellung der Juden in Europa, vornehmlich in Deutschland›», in Georg Heuberger und Fritz Backhaus (Hg.), *Leo Baeck 1873-1956. Aus dem Stamme von Rabbinern* (Frankfurt/Main: Jüdischer Verlag im Suhrkamp Verlag, 2001), S. 103-110. Nach dem Krieg sagte Baeck im Gespräch mit Eric H. Boehm: «Ein Beamter des Innenministeriums machte mir 1941 den Vorschlag, wir könnten die gemäßigte Gruppe [innerhalb der Partei] stärken, wenn wir eine Geschichte des deutschen Judentums schreiben, die dessen kulturellen Beitrag zur europäischen Zivilisation darlegen

Anhang

würde»; siehe Baeck, «A People Stands Before Its God», S. 289. Es existiert kein Schriftstück von Baecks eigener Hand, das diese Version stützt. Baecks Äußerungen, wie Boehm sie wiedergibt, sind womöglich nicht immer präzise. Als Baeck es ablehnte, seine Erinnerungen selbst zu Papier zu bringen, fuhr Boehm nach Cincinnati, um ihn zu befragen. In einem Brief an Baeck vom 30. März 1949 räumte er ein, es habe «ein paar Punkte» gegeben, «bei denen ich etwas ergänzen musste». Eric H. Boehm Collection, AR 2229, LBIA.

127 Diese theoretische Möglichkeit erörtern Backhaus und Liepach in ihrer detaillierten Untersuchung «Leo Baecks Manuskript über die ‹Rechtsstellung der Juden in Europa›», S. 67; auch in Arnold Paucker, *Deutsche Juden im Kampf um Recht und Freiheit* (Teetz: Hentrich und Hentrich, 2003), S. 249 f.

128 Für eine Analyse des Dokuments sowie zwei kurze Ausschnitte siehe Albert Friedlander, «A Muted Protest in War-Time Berlin: Writing on the Legal Position of German Jewry Throughout the Centuries – Leo Baeck – Leopold Lucas – Hilde Ottenheimer», *LBIYB* 37 (1992), S. 363–380.

129 Baeck, «A People Stands Before Its God», S. 289 f.

130 Strauss, *Über dem Abgrund*, S. 184 f.

131 Hildesheimer, *Jüdische Selbstverwaltung unter dem NS-Regime*, S. 216.

132 Jacobson, «Bruchstücke, 1939–1945», S. 8; auch in Richarz (Hg.), *Jüdisches Leben in Deutschland*, S. 403.

133 Ernst Ludwig Ehrlich, «Leo Baeck – Rabbiner in schwerster Zeit», *Theresienstädter Studien und Dokumente* (1996), S. 132 f.

134 Baeck, «A People Stands Before Its God», S. 288. Nach einiger Zeit ließen die Nazis behutsames Verhalten gegenüber den Juden, die in den Tod geschickt wurden, nicht mehr zu und übertrugen die Abholung der Opfer Gestapobeamten oder Angehörigen der Polizei. Siehe Beate Meyer, «Gratwanderung zwischen Verantwortung und Verstrickung», S. 305.

135 O. D. Kulka, «The Reichsvereinigung of the Jews in Germany», in Yisrael Gutman und Cynthia Haft (Hg.), *Patterns of Jewish Leadership in Nazi Europe* (Jerusalem: Yad Vashem, 1979), S. 54 f.

136 Walther, *Hans Hasso von Veltheim*, S. 260.

137 Aufruf im *Jüdischen Nachrichtenblatt Berlin*, 12. Juni 1942, in *Werke* 6, S. 295 f. (Hervorhebung von Baeck).

138 Brief an Max Grünewald, 3. März 1939, in *Werke* 6, S. 326.

139 Brief an Rudolfo Löb, 18. November 1942, in ebd., S. 333.

140 Brief an Ilse Blumenthal-Weiss, 12. Dezember 1942, in ebd., S. 336.

141 Baeck, «A People Stands Before Its God», S. 290.

142 In ihren Erinnerungen *Weiter Leben. Eine Jugend* (Göttingen: Wallstein, 1992), S. 100 f., vermutet Ruth Klüger, Baeck habe einen guten Eindruck hinterlassen wollen, um den Antisemitismus der Gestapooffiziere abzumildern. Nichts könnte von der Wahrheit weiter entfernt sein.

Anmerkungen zu Kapitel 7

7
Theresienstadt

1 Vor Baecks Ankunft war die Zahl der Ghettobewohner noch größer: mehr als 53 000 im September 1942. Siehe Zdenek Lederer, *Ghetto Theresienstadt*, aus dem Tschechischen ins Englische übersetzt von K. Weisskopf (London: Edward Goldston & Son, 1953), S. 247.
2 «Vision und Geduld» (1945), in *Werke* 6, S. 362.
3 Die Quellen nennen unterschiedliche Zahlen. Die hier genannten stammen aus dem *Jerusalem Report* (22. Januar 2018), S. 27.
4 Leo Baeck, «Geleitwort» zu H. G. Adler, *Theresienstadt 1941–1945. Das Antlitz einer Zwangsgemeinschaft*, in *Werke* 6, S. 366.
5 Zit. von Hermann Levin Goldschmidt, «Leo Baeck», in Eva G. Reichmann (Hg.), *Worte des Gedenkens für Leo Baeck* (Heidelberg: Lambert Schneider, 1959), S. 193.
6 Elsa Bernstein, *Das Leben als Drama. Erinnerungen an Theresienstadt*, hg. von Rita Bake und Birgit Kiupel (Dortmund: Ebersbach, 1999), S. 91 und 175.
7 Ilse Blumenthal-Weiss, *Begegnungen mit Else Lasker-Schueler, Nelly Sachs, Leo Baeck, Martin Buber* (New York: Leo Baeck Institute, 1977), S. 22.
8 Brief an W. Gunther Plaut, einen ehemaligen Schüler, der damals in den Vereinigten Staaten lebte, 6. Juni 1943, Leo Baeck Collection AR 66, Leo Baeck Institute Archives (LBIA), DigiBaeck, Frame 708.
9 Heinrich F. Liebrecht, *«Nicht mitzuhassen, mitzulieben bin ich da». Mein Weg durch die Hölle des Dritten Reiches* (Freiburg im Breisgau: Herder, 1990), S. 105 f.
10 Bernstein, *Das Leben als Drama*, S. 32–35; Beate Meyer, «‹Altersghetto›, ‹Vorzugslager› und Tätigkeitsfeld. Die Repräsentanten der Reichsvereinigung der Juden in Deutschland und Theresienstadt», in *Theresienstädter Studien und Dokumente* (Prag: Academia, 2005), S. 140.
11 Richard Feder, *Jüdische Tragödie – Letzter Akt. Theresienstadt 1941–1945. Bericht eines Rabbiners*, aus dem Tschechischen von Gustav Just (Potsdam: Verlag für Berlin-Brandenburg, 2004), S. 68.
12 Emil Fackenheim, *An Epitaph for German Judaism: From Halle to Jerusalem* (Madison: University of Wisconsin Press, 2007), S. 45.
13 H. G. Adler, «Leo Baeck in Theresienstadt», *AJR* Supplement (Dezember 1956), S. 7; abgedruckt in Eva G. Reichmann (Hg.), *Worte des Gedenkens für Leo Baeck*, S. 63.
14 Liebrecht, *«Nicht mitzuhassen, mitzulieben bin ich da»*, S. 90.
15 Feder, *Jüdische Tragödie – Letzter Akt*, S. 69.
16 Jindřich Flusser, «Ein Rückblick», in *Theresienstädter Studien und Dokumente* (Prag: Academia, 1999), S. 56.
17 Zit. in Leonard Baker, *Hirt der Verfolgten. Leo Baeck im Dritten Reich*, übersetzt von Charlotte Roland (Stuttgart: Klett-Cotta, 1982), S. 407.

Anhang

18 Elena Makarova, Sergei Makarov und Victor Kuperman, *University over the Abyss: The Story Behind 520 Lecturers and 2,430 Lectures in KZ Theresienstadt, 1942–1944* (Jerusalem: Verba, 2., korrigierte Auflage 2004), S. 43; H. G. Adler, *Theresienstadt 1941–1945. Das Antlitz einer Zwangsgemeinschaft* (Tübingen: J. B. C. Mohr, 1955), S. 604.
19 «Vision und Geduld» (1945), in *Werke* 6, S. 363.
20 Jacob Jacobson, *Terezin: The Daily Life, 1943–1945* (London: Jewish Central Information Office, 1946), S. 3.
21 Brief an Albert Einstein, 3. August 1945, in *Werke* 6, S. 633.
22 Jacob Jacobson, «Bruchstücke, 1939–1945» (1945), Manuskript in der Jacobson Collection, LBIA, DigiBaeck, ME329, S. 32 f.
23 Adler, *Theresienstadt 1941–1945*, S. 250. In einem 1978 auf Tonband aufgezeichneten Gespräch zwischen vier tschechischen Häftlingen von Theresienstadt (Rudolf Bunzel und seine Frau, deren Name nicht genannt wird, sowie Leonard und Edith Ehrlich) wird Baecks Tätigkeit im Dienst anderer bagatellisiert. Aber vielleicht haben sie es nur nicht wahrgenommen. United States Holocaust Memorial Museum Collection, RG-50.862.0002.
24 Blumenthal-Weiss, *Begegnungen*, S. 22 f.
25 Kramer wird zitiert in Makarova u. a., *University over the Abyss*, S. 189.
26 «Vision und Geduld» (1945), in *Werke* 6, S. 361 f.
27 Paul Eppstein an Franz Meyer in Tel Aviv, 4. Juli 1939, Yad Vashem Archives, Record Group 0.8 – Germany Collection, File 11, Stichwort ID 3687979. Eppstein berichtet, dass, bis auf den innersten Kreis, immer mehr Mitarbeiter der Reichsvereinigung emigrierten und durch andere ersetzt wurden.
28 Adler, *Theresienstadt 1941–1945*, S. 348–350. Ein dokumentarisches Verzeichnis der täglichen Lebensmittel, die von der Großküche verteilt wurden, findet sich bei Käthe Starke, *Der Führer schenkt den Juden eine Stadt* (Berlin: Haude & Spenersche, 1975), S. 238–247.
29 Vera Schiff, *Theresienstadt: The Town the Nazis Gave to the Jews* (Toronto: Lugus, 1996), S. 74.
30 Jacobson, «Bruchstücke, 1939–1945», S. 35 f.
31 Details zu Eppsteins Verhaftung und Ermordung bei Lederer, *Ghetto Theresienstadt*, S. 149–151. Siehe auch die Schilderung der Beziehung zwischen Eppstein und Baeck bei Wolfgang Benz, *Theresienstadt. Eine Geschichte von Täuschung und Vernichtung* (München: C.H.Beck, 2013), S. 50–54, sowie Fritz Backhaus, «‹Ein Experiment des Willens zum Bösen› – Überleben in Theresienstadt», in Georg Heuberger und Fritz Backhaus (Hg.), *Leo Baeck 1873–1956. Aus dem Stamme von Rabbinern* (Frankfurt/Main: Jüdischer Verlag im Suhrkamp Verlag, 2001), S. 121. In seinem Buch *Der Holocaust* (München: C.H.Beck, 9., aktualisierte Auflage 2018), S. 85–90, zeichnet Wolfgang Benz ein sympathisches Bild von Eppstein.
32 Dies sagte eine Überlebende zum Autor dieses Buches, mit dem sie im September 1979 Theresienstadt besuchte.

Anmerkungen zu Kapitel 7

33 Norbert Troller, *Theresienstadt: Hitler's Gift to the Jews* (Chapel Hill: University of North Carolina Press, 1991), S. 89.
34 Lederer, *Ghetto Theresienstadt*, S. 123.
35 Jacobson, «Bruchstücke, 1939–1945», S. 30 f.
36 Makarova u. a., *University over the Abyss*, Titelseite.
37 Baeck erinnerte sich später, dass alle dreißig Meter jüdische Wachposten aufgestellt wurden, die warnten, wenn sich SS-Wachen näherten. Siehe Murray Frank, «Leo Baeck: Prophetic Spirit», *Liberal Judaism* (Januar 1948), S. 16.
38 Maurice N. Eisendrath, «Our Inescapable Responsibility», *Liberal Judaism* (Februar 1948), S. 14.
39 Makarova u. a., *University over the Abyss*, S. 187.
40 «Das Vortragswesen zu Theresienstadt», Dokument in Starke, *Der Führer schenkt den Juden eine Stadt*, S. 231.
41 Troller, *Theresienstadt*, S. 47.
42 Philipp Manes, *Als ob's ein Leben wär. Tatsachenbericht Theresienstadt 1942–1944*, hg. von Ben Barkow und Klaus Leist (Berlin: Ullstein, 2005), S. 147.
43 Ebd., S. 196.
44 Ebd., S. 352.
45 Eine solche Eintrittskarte ist abgebildet in Miriam Intrator, «Storytelling and Lecturing During the Holocaust: The Nature and Role of Oral Exchanges in Theresienstadt, 1941–1945», *Leo Baeck Institute Year Book* 51 (2006), S. 222.
46 Siehe z. B. das Kapitel «Die Entwicklung zur sittlichen Persönlichkeit» (1931), in *Werke* 4, S. 345–356.
47 Manes, *Als ob's ein Leben wär*, S. 353.
48 Trude Simonsohn im Interview mit Minka Pradelskis in Frank Kind und Esther Alexander-Ihme (Hg.), *Zedaka. Jüdische Sozialarbeit im Wandel der Zeit* (Frankfurt/Main: Jüdisches Museum, 1992), S. 136.
49 Jacobson, «Bruchstücke, 1939–1945», S. 33.
50 Ruth Klüger, *Weiter Leben. Eine Jugend* (Göttingen: Wallstein, 1992), S. 100.
51 Jacobson, *Terezin*, S. 13.
52 Zit. in Makarova u. a., *University over the Abyss*, S. 191.
53 Eine Liste aller achtunddreißig Vortragsthemen in englischer Übersetzung ebd., S. 434 f.; eine gekürzte Fassung mit den deutschen Titeln in *Werke* 6, S. 341 f.
54 Zit. in Makarova u. a., *University over the Abyss*, S. 187 und 192.
55 Ebd., S. 187.
56 Der Text dieses Vortrags ist abgedruckt in *Werke* 6, S. 342–358.
57 Ebd., S. 353.
58 Ebd., S. 358.
59 Zit. nach Elisa Klapheck, *Fräulein Rabbiner Jonas. Kann die Frau das rabbinische Amt bekleiden?* (Teetz: Hentrich & Hentrich, 2000), S. 81 f.
60 Zur Tätigkeit von Regina Jonas in Theresienstadt siehe Makarova u. a., *University over the Abyss*, S. 108–111 und 473. In Baecks spärlichen schriftlichen Äuße-

Anhang

rungen zu Theresienstadt und in den Erinnerungen anderer an Gespräche mit ihm wird Jonas nicht erwähnt. Der Grund dafür ist unklar: Nahm er es ihr übel, dass sie nach ihrer Ordination zur Rabbinerin eine Affäre mit einem sehr viel älteren Rabbiner hatte? Oder hätte er sie erwähnt, wenn er mehr über seine Erfahrungen im Ghetto geschrieben hätte?

61 Siehe den Bericht der Delegation bei einer Konferenz der dänischen Gesandtschaft in Stockholm am 19. Juli 1944 in der World Jewish Congress Collection, MSS 361, H132/28, American Jewish Archives.

62 Leo Baeck, «A People Stands Before Its God», in Eric H. Boehm, *We Survived: The Stories of Fourteen of the Hidden and Hunted of Nazi Germany As told to Eric H. Boehm* (New Haven, Conn.: Yale University Press, 1949), S. 294.

63 Interview mit Margot Friedlander, USC Shoah Foundation, Virtual History Archive.

64 Zur Vermutung, die Delegation habe das Täuschungsmanöver womöglich durchschaut, und zum Film siehe Jacobson, *Terezin*, S. 16.

65 Jacobson, «Bruchstücke, 1939–1945», S. 40 f. Ein Überlebender erinnerte sich jedoch, dass Baeck die Regelung der Nationalsozialisten, der zufolge nur komplette Familien deportiert werden sollten, dafür genutzt habe, Mitglieder einer Familie zu retten, wenn der Ehemann kurzzeitig außerhalb des Ghettos war. Er soll zu den Wachen gesagt haben: von der Liste «streichen». Interview mit Joel Fabian, USC Shoah Foundation, Virtual History Archive.

66 Brief an einen namentlich nicht genannten Empfänger, 18. April 1946, in *Werke* 6, S. 359.

67 Zit. in Baeck, «A People Stands Before Its God», S. 295 f. Deutscher Text in Hans Erich Fabian, «Die letzte Etappe», in Eva G. Reichmann (Hg.), *Festschrift zum 80. Geburtstag von Rabbiner Dr. Leo Baeck am 23. Mai 1953* (London: Council for the Protection of the Rights and Interests of the Jews from Germany, 1953), S. 96, Anm. 25.

68 Frank, «Leo Baeck: Prophetic Spirit», S. 16.

69 Liebrecht, *«Nicht mitzuhassen, mitzulieben bin ich da»*, S. 119.

70 Mit dieser Frage beschäftigte sich Joshua Franklin, «Tell No One: Leo Baeck and the Terrible Secret» (Masterarbeit, Clark University, 2007).

71 Liebrecht, *«Nicht mitzuhassen, mitzulieben bin ich da»*, S. 186.

72 Ebd., S. 187.

73 Miroslav Kárný, «Die Flucht des Auschwitzer Häftlings Vítězslav Lederer und der tschechische Widerstand», in *Theresienstädter Studien und Dokumente* (Prag: Academia, 1997), S. 168 f.

74 Interview mit Charlotte Opfermann, USC Shoah Foundation, Virtual History Archive.

75 Ruth Bondy, *«Elder of the Jews»: Jakob Edelstein of Theresienstadt*, ins Englische übersetzt von Evelyn Abel (New York: Grove Press, 1989), S. 375.

76 Zit. aus einem Gespräch Albert H. Friedlanders mit Tillich in Friedlanders Buch *Leo Baeck. Leben und Lehre* (Stuttgart: Deutsche Verlags-Anstalt, 1973),

Anmerkungen zu Kapitel 8

S. 60. Tillichs persönliche Lebensführung war völlig anders als die von Baeck. Er war ein Schürzenjäger und genoss, besonders in seinen späteren Jahren, Wohlstand und Ruhm. Siehe Wilhelm Pauck und Marion Pauck, *Paul Tillich. Sein Leben und Denken*, Bd. I: *Leben*, übersetzt von Herbert Drube (Stuttgart: Evangelisches Verlagswerk; Frankfurt/Main: Lembeck, 1978).
77 Lederer, *Ghetto Theresienstadt*, S. 169.
78 Brief an einen unbekannten Empfänger, 18. April 1946, in *Werke* 6, S. 359.
79 Zit. in Ron Chernow, *Die Warburgs. Odyssee einer Familie*, aus dem Englischen von Karl A. Klewer (Berlin: Siedler, 1994), S. 645.
80 Manfred E. Swarsensky, «Out of the Root of Rabbis», in Herbert A. Strauss und Kurt R. Grossmann (Hg.), *Gegenwart im Rückblick. Festgabe für die jüdische Gemeinde zu Berlin, 25 Jahre nach dem Neubeginn* (Heidelberg: Lothar Stiehm, 1970), S. 225.
81 Brief an einen unbekannten Empfänger, 18. Februar 1947, in *Werke* 6, S. 360.

8
Nach der Katastrophe

1 Brief an einen unbekannten Empfänger, 23. Juni 1947, in *Werke* 6, S. 360 f.
2 Brief an Fritz Steinthal in Buenos Aires, 30. Juli 1945, Leo Baeck Collection MF 145, Leo Baeck Institute Archives (LBIA), Mikrofilm. Rabbiner Steinthal lud Baeck wiederholt zu einem Besuch nach Argentinien ein, aber es kam nie dazu.
3 «Ein Gespräch mit Leo Baeck», *Aufbau* 11, 51 (21. Dezember 1945), S. 2; *Werke* 6, S. 370 f.
4 Artikel in der *New York Times*, 11. Juli 1945, in der World Jewish Congress Collection MSS 361, H133/1, American Jewish Archives.
5 «A Message from Rabbi Leo Baeck», *National Jewish Monthly* 6, 5 (Januar 1946), S. 158; *Werke* 6, S. 371 f.
6 Gershom Scholem an Aniela Jaffé, 7. Mai 1963, in Thomas Sparr (Hg.), *Gershom Scholem. Briefe II, 1948–1970* (München: C.H.Beck, 1995), S. 94 f.; David Biale, *Gershom Scholem: Master of the Kabbalah* (New Haven, Conn.: Yale University Press, 2018), S. 160 f.
7 «Ein Gespräch mit Leo Baeck», S. 1 f.
8 Zit. in Murray Frank, «Leo Baeck: Prophetic Spirit», *Liberal Judaism* (Januar 1948), S. 17.
9 Briefe an Ernst Ludwig Ehrlich, 10. November 1946 und 17. Dezember 1946, in *Werke* 6, S. 637–639. Auch in Michael A. Meyer, «Toward a ‹Culture of Humanity›: Leo Baeck», in Zeev Mankowitz u. a. (Hg.), *Europe in the Eyes of Survivors of the Holocaust* (Jerusalem: Yad Vashem, 2014), S. 68 f.
10 Brief an Rabbiner Robert Raphael Geis und Frau, 10. März 1950, in *Werke* 6, S. 658 f.
11 Brief an Gershom Scholem, 22. August 1950, in ebd., S. 650 f.

Anhang

12 Brief an Frau M. Dienemann, 14. Juni 1946, in *Leo Baeck Institute Year Book* 10 (1965), S. 238.
13 Brief an Mally Dienemann, 2. März 1949, Leo Baeck Collection AR 66, LBIA, DigiBaeck, Frame 1241.
14 Brief an Frau Scheinmann-Rosenzweig, 31. August 1945, ebd., Frame 731.
15 Brief an Rabbiner Dagobert Nellhaus in Roxbury, Mass., 24. September 1945, ebd., Frame 609.
16 Brief an Marija Bogićević von Hollitscher, 18. April 1946, zit. in Fritz Backhaus, «‹Ein Experiment des Willens zum Bösen› – Überleben in Theresienstadt», in Georg Heuberger und Fritz Backhaus (Hg.), *Leo Baeck 1873–1956. Aus dem Stamme von Rabbinern* (Frankfurt/Main: Jüdischer Verlag im Suhrkamp Verlag, 2001), S. 111.
17 Brief «To Whom It May Concern», 3. Juli 1946, in *Werke* 6, S. 375.
18 Hans-Hasso von Veltheim-Ostrau an Leo Baeck, 30. April 1946, in ebd., S. 618–621.
19 «Vom Gewissen», *Aufbau* 11, 48 (30. November 1945), S. 1 f.; auch in *Werke* 6, S. 407–409.
20 «Judaism in the World of Tomorrow», *Jewish Spectator*, Januar 1946, S. 9.
21 «Die Pharisäer», in *Werke* 5, S. 403.
22 «Leo Baeck's Message», *AJR Information* 3, 2 (Oktober 1948), S. 3; «Staat und Kultur» (1946), in *Werke* 6, S. 417–421.
23 *Dieses Volk. Jüdische Existenz*, Zweites Buch (1957), in *Werke* 2, S. 359. Vgl. M. Meyer, «Toward a Culture of Humanity», S. 72. Der Haupttitel stammt aus Jes 43,21: «Dieses Volk, das ich mir geschaffen habe.»
24 «Gerechtigkeit» (1948), in *Werke* 6, S. 442.
25 «Menschlichkeit» (1948), in ebd., S. 445.
26 Ebd., S. 446 f.
27 «Frieden» (1948), in ebd., S. 451. Siehe auch Leo Baeck, *Der Sinn der Geschichte* (Berlin: Carl Habel, 1946), S. 42. Der erste Teil dieses Bandes ist wiederabgedruckt in *Werke* 5, S. 25–34.
28 «Individuum Ineffabile» (1947), in *Werke* 5, S. 72–108.
29 «The New Jew», *World Union for Progressive Judaism Bulletin* (*WUPJB*) (März 1946), S. 5.
30 «Vom Gewissen», S. 2; auch in *Werke* 6, S. 407–409.
31 «The Task of Progressive Judaism in the Post-War World», *Report of the Fifth International Conference, Held in London July 25 to July 30, 1946* (London: WUPJ, 1946), S. 56; auch in *Werke* 5, S. 65–71, hier S. 68 f.
32 *WUPJB* 20 (September 1948), S. 35. Baeck wird die Wendung in der aschkenasischen Aussprache des Hebräischen wiedergegeben haben, die in der deutschen Transliteration lautet: *l'saken olam b'malchus Schaddai*.
33 «Die Idee bleibt» (1946), in *Werke* 5, S. 387–389. Leo Baecks Schwiegersohn Hermann Berlak war Mitglied des K. C. Als sich Überlebende der Verbindung 1956 in Chicago trafen, erinnerte einer von ihnen, Fritz Rosenthal, in einer

Anmerkungen zu Kapitel 8

langen Rede an die Bedeutung Baecks für das deutsche Judentum; Rosenthal war bei Baeck in Berlin zu Gast gewesen: «Leo Baeck, der Repräsentant des deutschen Judentums unserer Zeit», K. C. *Blätter Festschrift*, Oktober 1956, S. 36–38.

34 *Von Moses Mendelssohn zu Franz Rosenzweig. Typen jüdischen Selbstverständnisses in den letzten beiden Jahrzehnten* (Stuttgart: Kohlhammer, 1958); auch in *Werke* 5, S. 158–204.

35 Brief an Ottilie Schönewald, 16. Dezember 1953, Leo Baeck Collection AR 66, LBIA, DigiBaeck, Frames 738–739.

36 «Bewährung des deutschen Judentums» (1953), in *Werke* 6, S. 396.

37 Ebd., S. 397.

38 «London Session of Leo Baeck Institute», *AJR Information* 10, 11 (November 1955), S. 6.

39 Brief an das American Jewish Joint Distribution Committee, 7. September 1950, Joint Distribution Committee Archives in den Joint Distribution Committee Digitized Archives, aufgerufen am 23. März 2018.

40 Brief an den Vorstand der Jewish Restitution Successor Organization in New York, 20. Juli 1950, in ebd.

41 Monroe Goldwater an Leo Baeck, 13. April 1954, in ebd.

42 Brief an die Jewish Restitution Successor Organization, Herrn Rechtsanwalt Monroe Goldwater, Präsident, undatiert, aber vermutlich 1954, in ebd.

43 Der Austrittsbrief, datiert auf den 12. März 1954, in *Werke* 6, S. 385 f.

44 Gershom Scholem an Leo Baeck, 2. Juni 1946, in Itta Shedletzky (Hg.), *Gershom Scholem Briefe I, 1914–1947* (München: C.H.Beck, 1994), S. 315.

45 Baeck an Georg Landauer, 7. Februar 1950, in *Werke* 6, S. 383 f.

46 Brief an Salo Baron, 12. April 1949, zit. in Adi Livny, «Who Is the Successor of European Jewry? A Dispute Between Gershom Scholem and Leo Baeck in 1949», online unter www.daat-hamakom.com/wp-content/uploads/2015/08/Adi-Livni-Essay.pdf, aufgerufen am 23. August 2018.

47 Brief an Ernst G. Lowenthal, 3. Januar 1947, in *Werke* 6, S. 661 f.

48 Arthur Loewenstamm, «The Society for Jewish Study», in *Festschrift zum 80. Geburtstag von Rabbiner Dr. Leo Baeck am 23. Mai 1953* (London: Council for the Protection of the Rights and Interests of Jews from Germany, 1953), S. 98–101.

49 «Juden und Deutsche», *Aufbau* (19. November 1948), S. 3; in *Werke* 6, S. 377.

50 Ebd.

51 Brief an Robert Raphael Geis, 5. April 1950, Leo Baeck Collection AR 66, LBIA, DigiBaeck, Frame 71.

52 «Israel und das deutsche Volk», *Merkur* 10 (1952), S. 901–911; in *Werke* 5, S. 49–61.

53 Interview mit Alexander Schindler, USC Shoah Foundation, Virtual History Archive.

54 Die Aufzählung basiert auf Ernst G. Lowenthal, «1948. Leo Baecks erstes Wie-

Anhang

dersehen mit Deutschland. Erinnerungen seines Reisebegleiters», *Tradition und Erneuerung* 37 (März 1974), S. 16–19.
55 «Maimonides – der Mann, sein Werk und seine Wirkung» (1954), in *Werke* 5, S. 139–157.
56 Zit. in Hans Lamm (Hg.), *Theodor Heuss an und über Juden* (Düsseldorf: Econ-Verlag, 1964), S. 10.
57 Brief an Ludwig Meidner, 8. Januar 1953, in *Werke* 6, S. 630.
58 «Seelisches Schicksal. Zu Theodor Heuss' 70. Geburtstag» (1954), in ebd., S. 689–692.
59 «Theodor Heuss zu Leo Baecks 80. Geburtstag am 23. Mai 1953», in ebd., S. 687.
60 «German Order for Dr. Baeck», *Jewish Chronicle*, London, 29. Mai 1953.
61 Nach einem Vortrag in New York 1950 äußerte sich Baeck in einem Interview zur Neugründung einer jüdischen Gemeinde in Deutschland deutlich zwiespältig. Er nannte es «undurchführbar und unmöglich» aufgrund dessen, was vor 1945 geschehen war, und aufgrund der weiterhin fehlenden Entschädigungszahlungen. Doch obwohl er erneut bekräftigte, die Geschichte der Juden in Deutschland sei an ihr Ende gekommen wie die der spanischen Juden 1492, räumte er ein, dass «einige Juden dort geblieben und andere zurückgekehrt sind oder zurückkehren. Und da sie dort leben, muss – und sollte – man ihnen helfen, ihre Gemeinde aufzubauen»; siehe «Judaism: The Religious Character and the Historical Situation», in *Two Series of Lectures by Dr. Leo Baeck* (New York: Congregation Emanu-El, 1950), S. 28.
62 Brief an Siegfried Guggenheim in Flushing, N. Y., 6. Januar 1955, Leo Baeck Collection AR 66, LBIA, DigiBaeck, Frame 184.
63 Siehe die Briefe in *Werke* 6, S. 401–405 und 654 f.
64 Brief an Robert Raphael Geis, 31. Oktober 1949, in ebd., S. 657.
65 Brief an Steven S. Schwarzschild, 11. Mai 1949, Leo Baeck Collection AR 66, LBIA, DigiBaeck, Frames 742–743.
66 Brief an Abraham Joshua Heschel, 11. März 1947, erhalten von Susannah Heschel.
67 Frank, «Leo Baeck: Prophetic Spirit», S. 12.
68 Maurice N. Eisendrath, «Our Inescapable Responsibility», *Liberal Judaism* (Februar 1948), S. 12; Brief an Gertrud Luckner, 27. Februar 1948, in *Werke* 6, S. 644.
69 *Aufbau* 14, 2 (9. Januar 1948), S. 19.
70 Brief an Rudolf Jaser, 11. Dezember 1952, in *Werke* 6, S. 678 f.
71 Daniel L. Davis, «Baeck Comes to America», *Liberal Judaism* (Januar 1948), S. 44. Aus familiären Gründen wurde England Baecks neue Heimat. 1950 erhielt er die britische Staatsbürgerschaft, und in einem kurzen Text mit dem Titel «The Crown» (Die Krone) schrieb er von dem tiefen Gefühl der «Einheit trotz aller Verschiedenheit», die dieses Symbol vermittle. Siehe *Synagogue Review* 27, 10 (Juni 1953), S. 1.
72 «Rede von Ehren-Grosspräsident Rabbiner Dr. Leo Baeck anlässlich der Instal-

lation der Districts-Gross-Loge Kontinental-Europa XIX in Basel» (4. September 1955), in *Werke* 5, S. 465.
73 Brief an Rudolf Jaser, 17. August 1950, in *Werke* 6, S. 674 f.
74 Zit. in Frank, «Leo Baeck: Prophetic Spirit», S. 12.
75 Siehe Howard Mortman, *When Rabbis Bless Congress: The Great American Story of Jewish Prayers on Capitol Hill* (Boston: Academic Studies Press, 2020). Ich danke Gary Zola für den Hinweis auf dieses Buch.
76 Brief an Hans-Hasso von Veltheim-Ostrau, 31. Dezember 1940, in *Werke* 6, S. 611.
77 *Congressional Record – House* (1948), S. 1275; auch in *Werke* 6, S. 549.
78 *Das Wesen des Judentums*, in *Werke* 1, S. 258.
79 Briefe an Rudolf Jaser, 3. Februar 1949 und 14. Januar 1951, in *Werke* 6, S. 671 und 677.
80 Michael A. Meyer, «The Refugee Scholars Project of the Hebrew Union College», in ders., *Judaism Within Modernity: Essays on Jewish History and Religion* (Detroit: Wayne State University Press, 2001), S. 345–361. So dankbar Heschel Julian Morgenstern auch dafür war, dass er ihn nach Amerika gebracht hatte, wechselte er dennoch bald an das Jewish Theological Seminary in New York, das seiner religiösen Ausrichtung besser entsprach.
81 Brief an Franz Landsberger, 17. Mai 1949, Franz Landsberger Collection AR 2318, Box 1/3, LBIA.
82 Zit. in Marina Sassenberg, *Selma Stern (1890–1981). Das Eigene in der Geschichte. Selbstentwürfe und Geschichtsentwürfe einer Historikerin* (Tübingen: Mohr Siebeck, 2004), S. 137. Ein Besucher, der für einige Tage nach Cincinnati kam, war der Psychologe und Psychiater Erich Fromm, ein weiterer alter Bekannter, den Baeck jetzt nach fünfundzwanzig Jahren wiedersah und mit dem er täglich ein paar Stunden verbrachte. Brief an Rudolf Jaser, 18. Januar 1953, in *Werke* 6, S. 679.
83 James (Jimmy), einer von Marianne und Stanley Dreyfus' Söhnen, wurde Arzt und heiratete Ellen Weinberg, eine der ersten amerikanischen Rabbinerinnen; sie setzte damit die Tradition der Familie Baeck fort.
84 «Religious Education of Children in Palestine» (1948), in *Werke* 6, S. 484 f.
85 «Das Judentum auf alten und neuen Wegen» (1950), in *Werke* 5, S. 45.
86 «Presidential Address by Rabbi Dr. Leo Baeck Given at the 25th Anniversary Conference of the World Union for Progressive Judaism in London, July 1951» (gedruckt als Broschüre ohne Angabe von Erscheinungsort oder -jahr), S. 7.
87 Brief an Lily Montagu, 12. Februar 1952, MSS 16, D12/4, American Jewish Archives.
88 «The Present Contribution of Judaism to Civilization», *Report of the Seventh International and Twenty-Fifth Anniversary Conference, July 12 to July 18, 1951* (London: WUPJ, 1951), S. 66. Die World Union ging tatsächlich nach Israel, allerdings erst 1973 auf Betreiben des damaligen Präsidenten, Rabbiner Richard Hirsch.

Anhang

89 «Gutachten vom Oktober 1951», in *Werke* 6, S. 488–490.
90 Brief an Fritz Steinthal in Buenos Aires, 29. Dezember 1947, Leo Baeck Collection MF 145, LBIA, Mikrofilm.
91 Brief an David Werner Senator in Jerusalem, 12. Dezember 1952, in *Werke* 6, S. 491.
92 Brief an Rudolf Jaser, 12. Oktober 1947, in ebd., S. 669.
93 «Judaism and Zionism: A Liberal Jewish View» (1947), in ebd., S. 477.
94 Davis, «Baeck Comes to America», S. 8.
95 Brief an Hans Paeschke in München, 4. November 1949, in *Werke* 6, S. 488; Interview in *Aufbau* 14, 2 (9. Januar 1948), S. 19; Maurice N. Eisendrath, «Leo Baeck Meets the Jewish Press», *Liberal Judaism* (Januar 1948), S. 20.
96 «World Religion and National Religion» (1953), in *Werke* 5, S. 557.
97 Frank, «Leo Baeck: Prophetic Spirit», S. 18.
98 Brief an Ernst Ludwig Ehrlich, 24. Dezember 1946, in *Werke* 6, S. 639 f. Baeck wurde auf dem Zionistenkongress im Juli 1945 in London begrüßt.
99 Davis, «Baeck Comes to America», S. 8.
100 «Palestine Cooperation: Appeal Made to Jews to Work for Goal of Common Welfare (18. April 1948)», in *Werke* 6, S. 480–482.
101 Brief an Ernst Ludwig Ehrlich, 22. Oktober 1947, in ebd., S. 641 f.
102 «Das Judentum auf alten und neuen Wegen», S. 45.
103 Brief an George Manasse, 20. November 1952, Leo Baeck Collection MF 145, LBIA, Mikrofilm.
104 The Jewish Society for Human Service, GB152, MSS.157/3/JS, undatierte Broschüre, Kopie erhalten vom Modern Records Center, University of Warwick Library.
105 Zit. in Norman Bentwich, *My 77 Years: An Account of My Life and Times, 1883–1960* (Philadelphia: Jewish Publication Society, 1961), S. 226. Zur Jewish Society for Human Service siehe auch Ruth Dudley Edwards, *Victor Gollancz: A Biography* (London: Victor Gollancz, 1987), S. 473–490.
106 In den Ausgaben vom 11. Juni 1948 und vom 6. August 1948.
107 Brief an Gershom Scholem und seine Frau, 24. Mai 1951, in *Werke* 6, S. 652.
108 Am leichtesten zugänglich in *Werke* 5, S. 526–532.
109 Siehe Benjamin C. I. Ravid (Hg.), *Israel: The Ever-Dying People and Other Essays* [by] *Simon Rawidowicz* (London: Associated University Presses, 1986), S. 151.
110 «The State of Israel: The Social Character and the Historical Situation», in *Two Series of Lectures*. Drei Jahre später wies Baeck auch Europa eine zentrale Rolle zu, als er schrieb: «Es gibt eine dreifältige Sphäre des heutigen jüdischen Lebens: die der historischen Leistung, Europa; die der festen Realität, Amerika; die des getreuen Wagnisses, Israel. Jede hat ihre eigene Berechtigung. Israel darf nicht amerikanisiert oder europäisiert und Amerika nicht israelisiert werden.» Hebrew Union College – Jewish Institute of Religion, *Founders, Day Services ... Honoring the Eightieth Birthday of Dr. Leo Baeck* (Cincinnati: HUC-JIR, 1953) [2]; auch in *Werke* 6, S. 550.

Anmerkungen zu Kapitel 8

111 «Judaism in the World of Tomorrow», S. 9.
112 Doch Baeck wollte nicht, dass seine «Romantische Religion» unmittelbar nach dem Krieg in englischer Übersetzung erschien. An Nahum Glatzer, seinen Verleger bei Schocken Books, schrieb er: «Ich darf es heute gestehen, dass mir vor kurzem, nach einer Unterhaltung mit einem Amerikanischen Bekannten, die Frage aufgetaucht war, ob die Romantische Religion schon jetzt, d. h. schon bei der ersten literarischen Vorstellung, vor den amerikanischen Leser hingeführt werden könnte. So kann ich Ihnen durchaus beipflichten ... Die Zeit für die ‹Romantische Religion› wird erst dann da sein können, wenn der Autor, so hoffe ich es, das Vertrauen der Leser so sehr gewonnen haben wird, dass sie ihm nicht allzu widerstrebend und vielleicht sogar bereitwillig auf den neuen und für sie ungewohnten Wege, den die ‹Romantische Religion› zeigen will, folgen werden.» Brief an Nahum Glatzer, 28. März 1947, in Nahum Glatzer Collection, Vanderbilt University Special Collections. Eine englische Übersetzung von «Romantische Religion» erschien erst 1958, nach der Veröffentlichung einer überarbeiteten englischen Auflage von *Das Wesen des Judentums (The Essence of Judaism)* durch den amerikanischen Sozial- und Literaturkritiker Irving Howe zwei Jahre nach Baecks Tod.
113 Brief an Gertrud Luckner, 28. Juni 1950, in *Werke* 6, S. 645.
114 Siehe das Foto der drei Männer im Gespräch in *Allgemeine Wochenzeitung der Juden in Deutschland* 6, 20 (24. August 1951), S. 1.
115 «Cardinal Dr. Michael von Faulhaber, Archbishop of Munich», *Common Ground* 6, 5 (August–Oktober 1952), S. 14–16. Zu Faulhabers negativen Ansichten über das Judentum siehe seine Predigtsammlung *Judentum, Christentum, Germanentum. Predigten, gehalten in St. Michael zu München 1933* (München: Huber, 1933).
116 Siehe Baecks Briefe an Clara Urquhart, 15. Dezember 1955, 8. April 1956 und 30. August 1956, Leo Baeck Collection AR 66, LBIA, DigiBaeck, Frames 794–797.
117 «Some Questions to the Christian Church from the Jewish Point of View» (1954), in *Werke* 5, S. 462.
118 «The Profile – Rabbi Baeck», *Observer*, 17. Mai 1953.
119 «Das Judentum auf alten und neuen Wegen», in *Werke* 5, S. 47.
120 Der Aufsatz erschien zuerst in der *Publikation der Lehranstalt für die Wissenschaft des Judentums* 44 (1927), S. 34–71, und ist abgedruckt in *Werke* 5, S. 367–410, hier S. 377.
121 *Werke* 5, S. 400.
122 «The Faith of Paul», *Journal of Jewish Studies* 3, 3 (1952), S. 93–110, abgedruckt in Walter Kaufmann (Hg.), *Judaism and Christianity: Essays by Leo Baeck* (Philadelphia: Jewish Publication Society, 1958).
123 «Der Glaube des Paulus», in *Werke* 5, S. 434 und 437.
124 Ebd., S. 440.
125 «Judentum, Christentum und Islam. Rede gehalten von Ehren-Grosspräsident

Anhang

Dr. Leo Baeck anlässlich der Studientagung der Districts-Gross-Loge Kontinental-Europa XIX in Bruxelles (22. April 1956)», in ebd., S. 488.

126 Am 11. Februar 1912, damals noch Rabbiner in Düsseldorf, schrieb Baeck an einen namentlich nicht genannten Kollegen, Missionierung ist «für uns ein Gebot der Selbsterhaltung, denn die Anerkennung durch die anderen wird den Stolz des eigenen in unseren Reihen erwecken.» Leo Baeck Collection AR 66, LBIA.

127 «Some Questions to the Christian Church from the Jewish Point of View», in *Werke* 5, S. 455 f.

128 «The Mission of Judaism: Its Later Development and Its Significance for World Judaism Today» (1949), in *Werke* 6, S. 528.

129 Brief an Robert Raphael Geis, 19. Februar 1954, Leo Baeck Collection AR 66, DigiBaeck, Frame 25.

130 Lily Montagu, die die organisatorischen Aufgaben erledigte, drängte Baeck, Präsident zu bleiben, da seine Gelehrsamkeit, seine Persönlichkeit und die große Wertschätzung, die er genoss, für den Zusammenhalt der Union wichtig seien. Siehe Lily Montagu an Leo Baeck, 31. Oktober 1950, MSS 16, D12/4, American Jewish Archives.

131 «The Task of Progressive Judaism in the Post-War World», S. 57; auch in *Werke* 5, S. 65–71, hier S. 69.

132 Einmal sprach Baeck vom poetischen Gestus der Sprache in einer Weise, die an Martin Bubers Konzeption von «Ich und Du» erinnert. In einer Rede in der West London Synagogue sagte er: «Man kann vor einer Eiche oder einer Kiefer stehen und mit ihr sprechen. Diesen Baum sprechen zu hören und gleichsam imstande zu sein, die Frage dieses Baumes, dieses Pferdes, dieses Hundes zu beantworten – das ist Poesie.» «Judaism as a Life-Force», *Synagogue Review* (Juni 1951), S. 293.

133 «The Law in Judaism», *Synagogue Review* (Juli 1950), S. 284 f. Eine neuere Art Richtlinien zur religiösen Praxis des Reformjudentums ist Mark Washofsky, *Jewish Living* (New York: URJ Press, 2010).

134 Brief an Louis H. Epstein in Brookline, Mass., 11. November 1951, SC-627, American Jewish Archives.

135 «The Task of Progressive Judaism in the Post-War World», S. 55; auch in *Werke* 5, S. 65–71, hier S. 67.

136 «Presidential Address», *Report of the Sixth International Conference [of the World Union for Progressive Judaism], Held in London July 14 to July 19, 1949* (London: WUPJ, 1949), S. 24.

137 «The Religious Approach to World Problems», *Report of the Eighth International Conference, Held in London July 2 to July 9, 1953* (London: WUPJ, 1953), S. 69.

138 «Individuum Ineffabile», in *Werke* 5, S. 72–108, hier S. 107.

139 Ebd., S. 107; siehe auch «The Interrelation of Judaism and Science» (1949), in *Werke* 5, S. 116.

Anmerkungen zu Kapitel 8

140 Brief an Max Wiener, 21. November 1947, Leo Baeck Collection AR 66, LBIA, DigiBaeck, Frames 853–854. Wieners Buch trägt den Titel *Jüdische Religion im Zeitalter der Emanzipation* (Berlin: Philo, 1933).
141 «Presidential Address», *Report of the Sixth International Conference*, S. 25.
142 Vom «Ahnen» des Mysteriums spricht Baeck zum Beispiel in «Das Judentum auf alten und neuen Wegen», S. 47.
143 Diese Vorstellung eines transzendenten, geheimnisvollen Gottes muss Baeck beim Beten der jüdischen Liturgie Probleme bereitet haben; auch die nichtorthodoxe Liturgie kennt einen personalen Gott, der nicht nur befiehlt, sondern auch liebt. In seinen erhaltenen Schriften schenkt Baeck der Liturgie wenig Aufmerksamkeit.
144 Baecks Wissen um das jüdische Leid in der fernen Vergangenheit und sein Glaube an die Zukunft («Und dennoch») halfen ihm, die Bedeutung des Holocaust für sich selbst zurückzustellen, die, anders als für den Theologen Emil Fackenheim, in seinen Schriften nicht zu einer zentralen Kategorie wird. Ich kann jedoch schwer glauben, dass Baeck, wie Eliezer Schweid an zwei Stellen eines Aufsatzes schreibt, die Katastrophe «als eine flüchtige Episode» betrachtete. Das wäre psychologisch unmöglich gewesen. Siehe Schweid, «From *The Essence of Judaism* to *This People Israel*: Leo Baeck's Theological Confrontation with the Period of Nazism and the Holocaust», in ders., *Wrestling Until Daybreak: Searching for Meaning in the Thinking on the Holocaust* (Lanham, Md.: University Press of America, 1994), S. 7 und 9.
145 «Jewish Mysticism» (1950), in *Werke* 5, S. 550.
146 Einleitung des anonymen Herausgebers von *The Pharisees and Other Essays*, S. vii.
147 «Peace», WUPJB 19 (Januar 1948), S. 9 f.
148 «Judaism: The Religious Character and the Historical Situation», S. 25.
149 Siehe Hans I. Bach (Hg.), *Epochen der jüdischen Geschichte von Leo Baeck* (Stuttgart: Kohlhammer, 1974), Einleitung. Die Einleitung und der Text sind abgedruckt in *Werke* 5, 209–263.
150 «End of an Epoch» (1956), in *Werke* 6, S. 695.
151 *Epochen der jüdischen Geschichte*, in *Werke* 5, S. 325.
152 In einem älteren, kurzen Text schrieb Baeck, nicht zufällig verwende die biblische Sprache für das Beten reflexive Verben (*hithpallel* und *hithchannen*): «Auf den Menschen hin, auf sein Ich zurück will das Beten wirken.» «Gebet im Judentum», *Der Orden B'ne Briss* (September/Oktober 1935), S. 82.
153 *Dieses Volk. Jüdische Existenz* 2 (1957), in *Werke* 2, S. 332.
154 Manfred E. Swarsensky, «Out of the Root of Rabbis», in Herbert A. Strauss und Kurt R. Grossmann (Hg.), *Gegenwart im Rückblick. Festgabe für die jüdische Gemeinde zu Berlin 25 Jahre nach dem Neubeginn* (Heidelberg: Lothar Stiehm, 1970), S. 224.
155 *Werke* 2, S. 33.
156 *Dieses Volk. Jüdische Existenz*, in ebd., S. 337.

Anhang

157 Brief an Graf Thun-Hohenstein, 16. März 1950, in *Werke* 6, S. 596.
158 «Die vier Stationen des Lebens» (1946), in ebd., S. 434 f. Auch wenn Baeck vom Alter ganz allgemein spricht, ist klar, dass er auch von sich selbst spricht.
159 Brief an Ludwig Meidner, 24. November 1954, in ebd., S. 631.
160 Ruth Berlak an Stanley Dreyfus, 21. September 1956, Leo Baeck Family Collection AR 25 449, DigiBaeck, Frame 218.
161 Hans Reichmann an Theodor Heuss, 2. und 6. November 1956, Theodor-Heuss-Nachlass, Bestand N 1221, Bundesarchiv Koblenz.
162 Hans Reichmann, «Bericht über die letzte Krankheit und den Tod Dr. Leo Baecks», in Eva G. Reichmann (Hg.), *Worte des Gedenkens für Leo Baeck* (Heidelberg: Lambert Schneider, 1959), S. 241–244.

Epilog
Die Ikone und der Mensch

1 Ruth Berlak-Baeck an Fritz Steinthal, 14. Mai 1944, Leo Baeck Collection MF145, LBIA, Mikrofilm. Es war die Synagoge der Gemeinde Culto Israelita de Belgrano.
2 *LBI Information* 10 (2003), S. 8.
3 Joshua Loth Liebman, «A Living Saint: Rabbi Leo Baeck», *Atlantic Monthly*, Juni 1948, S. 40–43.
4 Manfred E. Swarsensky, «Out of the Root of Rabbis», in Herbert A. Strauss und Kurt R. Grossmann (Hg.), *Gegenwart im Rückblick. Festgabe für die jüdische Gemeinde zu Berlin 25 Jahre nach dem Neubeginn* (Heidelberg: Lothar Stiehm, 1970), S. 226; Marion Freyer Wolff, *The Shrinking Circle: Memories of Nazi Berlin, 1933–1939* (New York: UAHC Press, 1989), S. 29; Judah Magnes, in *World Union for Progressive Judaism Bulletin* 20 (September 1948), S. 37.
5 Zit. in Eva G. Reichmann (Hg.), *Worte des Gedenkens für Leo Baeck* (Heidelberg: Lambert Schneider, 1959), S. 233.
6 Selma Stern, *Josel von Rosheim. Befehlshaber der Judenschaft im Heiligen Römischen Reich Deutscher Nation* (Stuttgart: Deutsche Verlags-Anstalt, 1959).
7 Peter Gay, «In Deutschland zu Hause ... Die Juden in der Weimarer Zeit», in Arnold Paucker (Hg.), *Die Juden im Nationalsozialistischen Deutschland, 1933–1943* (Tübingen: J. C. B. Mohr, 1986), S. 38.
8 N. Bentwich u. a. (Hg.), *Essays Presented to Leo Baeck on the Occasion of His Eightieth Birthday* (London: East and West Library, 1954).
9 Martin Buber, «Adel», *Jüdische Rundschau* 41 (23. Mai 1933), S. 213; ders., «In Theresienstadt», *Mitteilungsblatt der Hitachduth Olej Germania we Olej Austria* 7, 21 (21. Mai 1943), S. 1.
10 Cynthia Ozick, «A Youthful Intoxication», *New York Times Book Review* (10. Dezember 2006), S. 35. Ich danke Nancy Weaver Durka für den Hinweis.
11 Laut Steven M. Wasserstrom, *Religion After Religion: Gershom Scholem, Mircea*

Anmerkungen zum Epilog

Eliade, and Henry Corbin at Eranos (Princeton, N. J.: Princeton University Press, 1999), S. 54 und 275, übernahm Scholem die Idee der romantischen Religion von Baeck, verwendete sie aber in einem positiven Sinn für die Epoche der Mystik, die auf die klassische Epoche des Judentums folgte. Wasserstrom zufolge wurde Scholem auf Anregung Baecks zu den Eranos-Tagungen eingeladen.

12 Gershom Scholem an Siegmund Hurwitz, 24. Oktober 1947, in Itta Shedletzky (Hg.), *Gershom Scholem. Briefe I, 1914–1947* (München: C.H.Beck, 1994), S. 327 f.

13 Gershom Scholem an Hannah Arendt, 23. Juni 1963, in Thomas Sparr (Hg.), *Gershom Scholem. Briefe II, 1948–1970* (München: C.H.Beck, 1995), S. 97.

14 Diese Titulierung Baecks benutzte Arendt erstmals in «A Reporter at Large: Eichmann in Jerusalem – III», *New Yorker*, 2. März 1963, S. 42; sie tauchte auch in der englischen Erstausgabe ihres Buches *Eichmann in Jerusalem: A Report on the Banality of Evil* (New York: Viking Press, 1963), S. 105, auf. Kurz zuvor hatte bereits Raul Hilberg in *The Destruction of the European Jews* (New York: Harper & Row, 1961), S. 292, die Bezeichnung verwendet (deutsch unter dem Titel *Die Vernichtung der europäischen Juden*, übersetzt von Christian Seeger [Berlin: Olle und Wolter, 1982], S. 315). Hilberg zufolge war sie von einem NS-Funktionär geprägt worden, dennoch benutzte er sie auch selbst. Arendt strich die Bezeichnung aus späteren Auflagen ihres Buches und würdigte in einem Interview mit Albert Friedlander Baecks «unbezweifelbaren Mut und seine Nichtachtung jeder persönlichen Gefahr». Albert H. Friedlander, *Leo Baeck. Leben und Lehre* (Stuttgart: Deutsche Verlags-Anstalt, 1973), S. 23. Doch sie bezeichnete Baeck fälschlich weiterhin als ehemaligen «Oberrabbiner von Berlin», einen Titel, der in der jüdischen Gemeinde Berlin nicht existierte.

15 Recha Freier, *Let the Children Come: The Early History of Youth Aliyah* (London: Weidenfeld and Nicolson, 1961), S. 66; Konrad Kwiet, «Leo Baeck und der deutsch-jüdische Widerstand», in Michael Brocke u. a. (Hg.), *Neuer Anbruch. Zur deutsch-jüdischen Geschichte und Kultur* (Berlin: Metropol, 2001), S. 84.

16 Laut Protokoll der Sitzung des internationalen Leo Baeck Instituts in Jerusalem am 1. Dezember 1955 erklärte Robert Weltsch, der Leiter des Leo Baeck Instituts in London, Baeck habe versprochen, seine Memoiren zu schreiben, insbesondere für die Jahre als Präsident der Reichsvertretung. Doch in den ihm noch verbliebenen Monaten seines Lebens war Baeck bestrebt, Band 2 von *Dieses Volk. Jüdische Existenz* fertigzustellen.

17 «Lebensgrund und Lebensgehalt» (1917/1918), in *Werke* 3, S. 113.

18 Ernst Ludwig Ehrlich, «Leo Baeck – Leben und Lehre», *Freiburger Rundbrief. Beiträge zur christlich-jüdischen Begegnung* 25, 93/96 (1973), S. 78.

19 Ernst Ludwig Ehrlich, «Leo Baeck – Rabbiner in schwerster Zeit», *Theresienstädter Studien und Dokumente* 3 (1996), S. 130.

20 Brief an Lily Montagu, 9. Januar 1952, MSS Col No 16, D/R/4, American Jewish Archives.

Anhang

21 *Das Wesen des Judentums* (Auflage 1922), in *Werke* 1, S. 291.
22 «Die religiöse Erziehung» (1930), in *Werke* 4, S. 374. Doch nach Ansicht des orthodoxen israelischen Pädagogen Zvi Kurzweil, selbst deutscher Herkunft, schrieb Baeck voller Zuneigung über die Halacha; Zvi Kurzweil betrachtet ihn – was ich für fraglich halte – als dem orthodoxen Judentum nahestehend. Er hoffte, Baeck könnte dem Extremismus der zeitgenössischen Orthodoxie entgegenwirken. Zvi Kurzweil, «The Relevance of Leo Baeck's Thought to the Mainstreams of Judaism», *Judaism* 39, 2 (Frühjahr 1990), S. 170.
23 Adolf Leschnitzer, «The Unknown Leo Baeck», *Commentary* 23, 5 (Mai 1957), S. 420 (Hervorhebung von Leschnitzer).
24 *Das Wesen des Judentums* (Auflage 1922), in *Werke* 1, S. 202.
25 So in Leonard Baker, *Hirt der Verfolgten. Leo Baeck im Dritten Reich*, übersetzt von Charlotte Roland (Stuttgart: Klett-Cotta, 1982), S. 26.
26 Zu seiner Bezugnahme auf das Martyrium in der 1. Auflage von *Das Wesen des Judentums* (1905) siehe *Werke* 1, S. 366 und 383.
27 Robert Raphael Geis, «Leo Baeck», in Geis u. a. (Hg.), *Männer des Glaubens im deutschen Widerstand* (München: Ner Tamid, 1959), S. 16 f.; Eva Reichmann, «Ansprache bei der Gedenkkundgebung für Dr. Leo Baeck», Eva Reichmann Collection, Leo Baeck Institute Archives, DigiBaeck, Frame 1149.
28 Fritz Kaufmann an Martin Buber, 19. Dezember 1956, in Grete Schaeder (Hg.), *Martin Buber. Briefwechsel aus sieben Jahrzehnten*, Bd. III: *1938–1965* (Heidelberg: Lambert Schneider, 1975), S. 425.
29 Siehe Baecks Brief an seine Frau, zit. in Kapitel 4.
30 Rudolf Callmann, «Ein grosser Mensch», *AJR* Supplement (Dezember 1956), S. 10.
31 Zu denen, die bezüglich Baeck von «Aura» sprachen, gehörte W. Gunther Plaut, Baecks Student in Deutschland und später ein namhafter Rabbiner in Kanada. Siehe das Interview mit Plaut im Virtual History Archive, USC Shoah Foundation.
32 Brief an Theodor Heuss, 3. März 1954, Sammlung Heuss, Deutsches Literaturarchiv/Schiller-Nationalmuseum, Marbach am Neckar.
33 Max Grünewald, «Leo Baeck», *American Jewish Yearbook* 59 (1958), S. 482. Siehe auch Ehrlich, «Leo Baeck – Leben und Lehre», S. 76: «Baeck gewann das deutsch-jüdische Bürgertum, ohne dass dieses ihn wirklich verstanden hätte. Es respektierte seine Persönlichkeit, drang aber nicht in den Kern seines – durchaus der Bourgeoisie abgeneigten – Werkes ein, sondern begnügte sich mit seinen eleganten Floskeln.»
34 Else Meidner, «Ein Wort des Dankes», in E. Reichmann (Hg.), *Worte des Gedenkens für Leo Baeck*, S. 199.
35 «Theologie und Geschichte» (1932), in *Werke* 4, S. 56 f.

Bibliographischer Essay

1954, zwei Jahre vor Leo Baecks Tod, erstellte Theodore Wiener, Bibliothekar am Hebrew Union College in Cincinnati, eine chronologische Bibliographie von Baecks Schriften mit 408 Einträgen und einem alphabetischen Verzeichnis der Bücher und Schriften Leo Baecks sowie der Bücher und Zeitschriften mit seinen Beiträgen. Sie erschien unter dem Titel «The Writings of Leo Baeck: A Bibliography» in *Studies in Bibliography and Booklore* 1, 3 (Juni 1954), S. 108–144. Eine zweite Bibliographie folgt einer alphabetischen Ordnung von Baecks Werken. Anders als Wieners Bibliographie umfasst sie den gesamten Zeitraum von Baecks Leben und verzeichnet auch Sekundärliteratur sowie ausgewählte Rezensionen. Sie wurde von dem Studenten Tom Schutter im Rahmen des Seminars «The Theology of Leo Baeck» erstellt, das von Morton C. Fierman am California State College, Fullerton, geleitet wurde. Diese Bibliographie erschien 1974 in Manuskriptform unter dem Titel «The Serial Literature of Leo Baeck: A Bibliography» und ist am Hebrew Union College – Jewish Institute of Religion Library in Cincinnati verfügbar.

Die sechsbändige Ausgabe *Leo Baeck Werke*, hg. von Albert H. Friedlander, Berthold Klappert, Werner Licharz und Michael A. Meyer (Gütersloh: Gütersloher Verlagshaus, 1996–2003), enthält nicht alle Publikationen Baecks, aber doch seine Hauptwerke, fast alle wichtigen Aufsätze und Vorträge sowie eine Auswahl der erhaltenen Briefe. Alle Texte sind in der Originalsprache Deutsch oder Englisch abgedruckt und mit Einleitungen versehen.

Die erste Biographie ist Albert H. Friedlander, *Leo Baeck: Teacher of Theresienstadt* (New York: Holt, Rinehart and Winston, 1968); eine vom Autor selbst erstellte und von Eva Gärtner übersetzte deutsche Fassung trägt den Titel *Leo Baeck. Leben und Lehre* (Stuttgart: Deutsche Verlags-Anstalt, 1973). Friedlander, ein Schüler Baecks am Hebrew Union College, stellt Baecks Theologie in den Mittelpunkt, die er mit jüdischen und nichtjüdischen Denkern jener Zeit in Beziehung setzt. Er verortet Baeck zwischen dem philosophischen Idealismus Hermann Cohens auf der einen und dem Existenzialismus Martin Bubers und Franz Rosenzweigs auf der anderen Seite. Das zweite größere Werk über Baeck, das sich auf dessen praktisches Wirken konzentriert, ist Leonard Baker, *Days of Sorrow and Pain: Leo Baeck and the Berlin Jews* (New York: Macmillan, 1978), deutsch unter dem Titel *Hirt der Verfolgten. Leo Baeck im Dritten Reich*, übersetzt von Charlotte Roland (Stuttgart: Klett-Cotta, 1982). Es ist das populäre Buch eines Autors von Arbeiten zur politischen

Anhang

Geschichte. Baker konnte zahlreiche Interviews mit Personen führen, die Baeck persönlich gekannt hatten, und auf diese Weise seine Darstellung bereichern. Doch seine Neigung zu prägnanten Zuspitzungen lässt ihn die Ereignisse gelegentlich allzu stark dramatisieren, und seine mangelnde Kenntnis der jüdischen Geschichte führt zu manchen Missverständnissen. Doch erfreulicherweise gewann Bakers Buch den Pulitzer-Preis und verschaffte damit Baecks Leben die Aufmerksamkeit einer größeren Leserschaft.

2001 erschien anlässlich einer Ausstellung zu Leo Baeck im Jüdischen Museum Frankfurt ein umfangreicher Katalog mit elf Aufsätzen verschiedener Autoren: Georg Heuberger und Fritz Backhaus (Hg.), *Leo Baeck 1873–1956. Aus dem Stamme von Rabbinern* (Frankfurt am Main: Jüdischer Verlag im Suhrkamp Verlag, 2001). Die Aufsätze können zwar kein vollständiges Bild Leo Baecks vermitteln, enthalten aber neu entdecktes Material und ausgewählte persönliche Erinnerungen. Die neueste ausführliche Biographie stammt von Maurice-Ruben Hayoun; sie erschien zuerst auf Französisch unter dem Titel *Léo Baeck. Conscience du judaïsme moderne* (Paris: Armand Colin, 2011) und dann auch auf Deutsch als *Leo Baeck. Repräsentant des liberalen Judentums*, übersetzt von Alexandra Maria Linder (Darmstadt: WBG, 2015). Der umfangreiche Band enthält wertvolles Material – vieles davon hat allerdings nur am Rande oder gar nichts mit Leo Baeck zu tun, und einige wichtige Werke und Aspekte seines Schaffens bleiben unberücksichtigt. Das Buch folgt keiner strengen Chronologie, daher ist die Entwicklung des Menschen und des Denkers Leo Baeck nicht leicht nachzuvollziehen. Dass sich der Autor primär an eine französische Leserschaft wendet, zeigt sich daran, dass er französische Denker wie Ernest Renan, Edmond Fleg und Emmanuel Levinas einbezieht.

Walter Homolka schrieb eine Vielzahl von Arbeiten über Leo Baeck. Sein besonderes Interesse galt dabei Baecks Beziehung zum christlichen Denken. Hierzu veröffentlichte er *Jewish Identity in Modern Times: Leo Baeck and German Protestantism* (Providence, RI: Berghahn, 1995), das bereits ein Jahr zuvor unter dem Titel *Jüdische Identität in der modernen Welt. Leo Baeck und der deutsche Protestantismus* in der Übersetzung von Sieglinde Denzel und Susanne Naumann (Gütersloh: Chr. Kaiser/Gütersloher Verlagshaus, 1994) erschienen war. Auch in seinem späteren, kürzeren Buch *Leo Baeck. Jüdisches Denken – Perspektiven für heute* (Freiburg: Herder, 2006) geht es um Baeck und das Christentum. Homolkas kurze, illustrierte und einfühlsame Biographien Baecks, die er gemeinsam mit seinem christlichen Freund Elias H. Füllenbach schrieb – *Leo Baeck. Eine Skizze seines Lebens* (Gütersloh: Gütersloher Verlagshaus, 2006) und *Rabbiner Leo Baeck. Ein Lebensbild* (Berlin: Hentrich & Hentrich, 2009) –, liefern die grundlegenden Fakten zu Baecks Leben. Zu den Sammelbänden mit Sekundärliteratur zu Leo Baeck zählen Werner Licharz (Hg.), *Leo Baeck – Lehrer und Helfer in schwerer Zeit* (Frankfurt: Haag + Herchen, 1983) und Verena Mühlstein (Hg.), *Leo Baeck – Zwischen Geheimnis und Gebot. Auf dem Weg zu einem progressiven Judentum der Moderne* (Karlsruhe: Bertelsmann, 1997); ein solcher Sammelband in hebräischer Sprache ist Avraham Barkai (Hg.), *Leo Baeck: Leadership and Thought, 1933–1945* (Jerusalem: Zalman Shazar Center &

Bibliographischer Essay

Leo Baeck Institute, 2000). Die neuere spanische Biographie von Juan Agustín Blasco Carbó, *Rabino Leo Baeck* (Valencia: Drassana, 2016), stützt sich fast ausschließlich auf die vorher genannte Sekundärliteratur.

Es existieren sogar eine Romanbiographie zu Leo Baeck von Waldtraut Lewin, *Leo Baeck, Geschichte eines deutschen Juden* (Gütersloh: Gütersloher Verlagshaus, 2012), sowie ein Hörspiel von Erwin Sylvanus aus dem Jahr 1962 mit dem Titel *Leo Baeck. Eine Hörfolge über Leo Baeck*; es wurde von David Dowdey und Robert Wolfgang Rhée als *A Radio Play Based on Authentic Texts* (New York: Peter Lang, 1996) ins Englische übersetzt.

Unter den zahlreichen Artikeln und Kapiteln zu Baeck in Büchern und Zeitschriften ist aufgrund seiner ungewöhnlichen Sichtweise besonders erwähnenswert Eliezer Schweid, «From *The Essence of Judaism* to *This People Israel*: Leo Baeck's Theological Confrontation with the Period of Nazism and the Holocaust», in ders., *Wrestling Until Day-Break: Searching for Meaning in the Thinking on the Holocaust* (Lanham, MD: University Press of America, 1994), S. 3–84.

Bildnachweis

Frontispitz: Ludwig Meidner, Porträt Leo Baeck, 1931, Öl auf Leinwand, 100,6 x 80,7 x 2,2 cm; Jüdisches Museum Berlin, Dauerleihgabe The Israel Museum, Inv.-Nr. L-GEM 90/9/0, Foto: Jens Ziehe, © Ludwig Meidner-Archiv, Jüdisches Museum der Stadt Frankfurt am Main

Seite 28, 55, 64, 183, 229, 260, 268, 270, 294: Mit freundlicher Genehmigung des Leo Baeck Instituts New York

Seite 139, 271, 287: Mit freundlicher Genehmigung der American Jewish Archives, Cincinnati

Seite 263: © bpk / Abraham Pisarek

Personenregister

Abraham, Levi ben 36
Adenauer, Konrad 256
Adler, Hans Günther 220, 222
Akiba ben Josef 301
Antiochus von Syrien 155
Arendt, Hannah 302

Bach, Hans 291
Baeck, Natalie (geb. Hamburger) 28–30, 32, 63, 104, 116–118, 121, 138, 167 f., 191, 208, 274, 296, 305
Bäck (Familie) 18, 234, 246, 272
Bäck, Samuel 17–20, 30
Bamberger, Fritz 38
Baron, Salo 254 f.
Barth, Karl 108
Baum, Herbert 195 f.
Beck (Rabbiner) 234
Beerman, Leonard 300
Ben-Gurion, David 275
Bentwich, Norman 277 f.
Berlak, Hermann 12, 116, 168, 190 f., 208, 210, 238, 241, 264, 296
Berlak, Ruth (geb. Baeck) 12, 29, 32, 63, 116, 121, 138, 168, 190, 208, 210, 238, 241, 264, 296, 299
Berliner, Cora 169, 245
Bismarck, Otto von 48, 99
Blumenfeld, Kurt 93
Blumenthal-Weiss, Ilse 220 f.
Boehm, Eric 205
Bondy, Ruth 237

Bosch, Robert 202, 246, 301
Brodnitz, Julius 135
Buber, Martin 12, 48 f., 67, 73, 79, 104, 107, 115, 121, 136, 138, 145, 148, 159, 257, 276, 287, 300 f., 307
Burckhardt, Jakob 157

Callmann, Rudolf 305
Calvin, Johannes 18, 72 f., 95, 262
Carlyle, Thomas 250
Chernow, Ron 137
Clemen, Carl 98
Cohen, Hermann 24 f., 63, 103, 109 f., 229, 307
Cohn, Emil Bernhard 45
Comenius, Johann Amos 18

Dibelius, Martin 100
Dibelius, Otto 281
Dienemann, Max 194
Dilthey, Wilhelm 25, 42, 53, 244, 283
Dohm, Christian Wilhelm 250
Dolan, Patrick 238
Dreyfus, A. Stanley 272
Dreyfus, James N. 291
Dreyfus, Marianne (geb. Baeck) 12, 168, 190 f., 208, 210, 238 f., 241, 272
Dumont, Louise 56

Eger, Akiba 16
Ehrlich, Ernst Ludwig 207, 304
Eichmann, Adolf 167, 170, 234, 239

Anhang

Einstein, Albert 93, 114, 266, 276, 301
Eisendrath, Maurice 265
Elbogen, Ismar 79, 165, 168, 179 f.
Elk, Max 300
Ellis, Havelock 117
Emerson, Ralph Waldo 59, 112, 250
Eppstein, Hedwig (geb. Strauß) 222
Eppstein, Paul 170 f., 208, 216, 222 f., 225, 236 f.

Fackenheim, Emil 218
Faulhaber, Michael von 281 f.
Flavius Josephus 283
Flesch (Beamter) 150
Frankel, Zacharias 19 f.
Franz von Assisi 301
Freier, Recha 302 f.
Freud, Sigmund 83
Friedlander, Albert H. 14, 111
Friedrich Wilhelm I. von Brandenburg (der «Große Kurfürst») 71
Friedrich Wilhelm III., König von Preußen 40
Fürst, Paula 169

Galilei, Galileo 228 f.
Gandhi, Mohandas Karamchand (Mahatma) 188 f., 301
Gay, Peter 301
Geiger, Abraham 21, 27, 57, 107, 283
Geldern, Joseph van 47
Gibbon, Edward 231
Goebbels, Joseph 152, 163 f.
Goerdeler, Carl 202 f.
Göring, Hermann 131 f.
Goethe, Johann Wolfgang von 118
Goldwater, Monroe 254
Gollancz, Victor 277
Graetz, Heinrich 16, 20, 36, 291
Greßmann, Hugo 98
Grüber, Heinrich 281
Grünewald, Max 149, 180, 306
Guttmann (Familie) 270

Guttmann, Alexander 270
Guttmann, Manja 270

Hahn, Hugo 135
Hardenberg, Karl August von 71
Harnack, Adolf von 39–43, 50, 94, 101, 177
Hegel, Georg Wilhelm Friedrich 42
Heine, Heinrich 47, 147
Herodot 230
Hertz, Joseph H. 194
Herzl, Theodor 30, 219, 275
Heschel, Abraham Joshua 12, 107, 181, 264, 271, 301
Hess, Moses 251
Hesse, Hermann 22
Heuss, Theodor 259–261, 297, 305
Heuss-Knapp, Elisabeth (geb. Knapp) 259 f.
Heydrich, Reinhard 134, 166
Hindenburg, Paul von 131, 135
Hirsch (Familie) 138
Hirsch, Hans Georg 169
Hirsch, Martha 252
Hirsch, Otto 138 f., 142, 151, 153 f., 161, 164 f., 169 f., 188, 191, 193, 198, 202, 208, 252, 259
Hitler, Adolf 11, 122, 124, 129–133, 139, 145, 155, 157, 162 f., 197, 202, 242, 281
Humboldt, Alexander von 250
Humboldt, Wilhelm von 71, 250

Italiener, Bruno 159

Jabotinsky, Wladimir 152, 154
Jacobson, Jacob 201, 223, 228
Jaspers, Karl 301
Jean Paul (eigtl. Johann Paul Friedrich Richter) 78
Jesaja 158, 218
Jesus von Nazareth 40 f., 50–53, 96, 101, 283 f.
Jochai, Schimon ben 179

Personenregister

Jonas, Regina 183, 231 f.
Jonas, Sara (geb. Hess) 232
Joseph II., Kaiser von Österreich 214
Jung, Carl Gustav 100, 243

Kaatz, Saul 30
Kalischer, Zwi Hirsch 16
Kant, Immanuel 23 f., 26, 42, 72, 95, 103, 229
Kareski, Georg 152–154
Karminski, Hannah 169, 245, 252
Keyserling, Hermann 98–102, 116, 200, 243
Keyserling, Maria Goedela von (geb. von Bismarck-Schönhausen) 99
King, Martin Luther 160
Klüger, Ruth 228
Kollwitz, Käthe 83
Kramer, Edith 221
Krochmal, Nachman 291
Kulka, Otto Dov 140

Landsberger, Franz 271
Laue, Constantin Cramer von 201
Lederer, Zdenek 224
Leibniz, Gottfried Wilhelm 258
Leschnitzer, Adolf 304
Lessing, Gotthold Ephraim 73, 157, 250
Levinson, Nathan Peter 181 f., 281
Lewkowitz, Julius 58
Liebermann, Max 79, 147 f.
Liebman, Joshua Loth 300
Liebrecht, Heinrich 235 f.
Lilienthal, Arthur 164 f.
Lincoln, Abraham 267–269
Löw, Immanuel 172
Luckner, Gertrud 201
Ludendorff, Erich 62
Lüttichau, Charles-Victor 201
Luther, Martin 51, 72 f., 94 f., 97, 177, 282, 291

Macaulay, Thomas 231
Magnes, Judah 276
Maimonides, Moses 36, 105, 228, 258 f.
Manes, Philipp 226 f.
Mann, Thomas 22, 100, 116, 301
Maria Theresia, Erzherzogin von Österreich 214
Maritain, Jacques 301
Mayer Wise, Isaac 269
Meidner, Else 306
Meidner, Ludwig 260
Meinecke, Friedrich 244
Mendelssohn, Moses 31, 57, 73, 147, 177, 211, 229, 250 f.
Meyer-Krahmer, Marianne (geb. Goerdeler) 203
Mohammed (Prophet) 52
Mommsen, Theodor 231
Montagu, Lily 87, 92, 194, 273, 286 f., 304
Montefiore, Claude 87, 131, 172
Moses, Siegfried 135, 300
Mozart, Wolfgang Amadeus 143
Müller, Ludwig 197

Napoleon I., Kaiser der Franzosen 61
Naumann, Max 127 f., 132, 136
Neumann, Margarete (geb. Herzl) 219
Niebuhr, Barthold Georg 231
Nussbaum, Max 194 f.

O'Dwyer, William F. 267
Opfermann, Charlotte 237
Oppenheimer, Franz 274
Otto, Rudolf 104
Ozick, Cynthia 302

Pappenheim, Bertha 119
Paulus von Tarsus 50, 94–98, 177, 282–284
Pitt, William 84
Platon 42, 109, 218, 228 f.
Polybios 230
Prinz, Joachim 27, 77 f., 144 f., 152, 186

363

Anhang

Quisling, Vidkun 152

Ranke, Leopold von 231
Rathenau (Familie) 74
Rathenau, Mathilde (geb. Nachmann) 74
Rathenau, Walther 74, 251
Rawidowicz, Simon 279
Reichmann, Hans 162
Rilke, Rainer Maria 22
Roosevelt, Eleanor 267
Roosevelt, Franklin D. 267
Rosenzweig, Franz 12, 42, 48 f., 79, 106, 138, 244, 251, 307
Rosheim, Josel von 251, 301
Ruppin, Arthur 130

Salomon, Haym 16
Samuel, Herbert 154
Scheler, Max 100
Schiff, Vera 223
Schindler, Alexander 257 f.
Schleiermacher, Friedrich 72, 95
Schneider, Reinhold 201
Schocken, Salman 79, 115, 173, 179
Schönewald, Ottilie 252
Schoeps, Hans-Joachim 199
Scholem, Gershom 244 f., 254 f., 278, 300, 302
Schwarzschild, Steven 263
Schweitzer, Albert 282, 301
Seligmann, Caesar 50, 250
Seligsohn, Julius 139, 208
Siddharta Gautama (Buddha) 52
Silver, Abba Hillel 198, 275
Simon, Ernst 181
Simonsohn, Trude 227
Spinoza, Baruch de 22–24, 226, 229
Spurgeon, Charles 54
Stahl, Heinrich 138 f., 151–154, 169 f., 208, 303
Steinschneider, Moritz 38
Steinthal, Fritz 299

Stern-Täubler, Selma (geb. Stern) 270–272, 301
Strauss, Herbert 171, 182, 206
Streicher, Julius 197
Swarsensky, Manfred 194 f.
Szold, Henrietta 303

Tacitus 230
Täubler, Eugen 270–272
Tagore, Rabindranath 117
Thadden, Elisabeth von 201
Thukydides 230
Thun-Hohenstein, Paul 98
Tillich, Paul 108, 237
Troeltsch, Ernst 100
Troller, Norbert 226
Truman, Harry S. 267
Tucholsky, Kurt 100

Ury, Lesser 79

Veltheim-Ostrau, Hans-Hasso von 98 f., 168, 189, 200 f., 209, 246
Vogelstein, Hermann 26

Walz, Hans 202, 246, 301
Warburg, Erich 239
Warburg, Max 136 f., 154, 161
Washington, George 16
Weiss, Vladimir (mit Familie) 222
Weizmann, Chaim 192, 275
Weltsch, Robert 137
Wiener, Adolf 29
Wiener, Max 79, 289
Wilhelm II., dt. Kaiser 76, 136
Wilhelm, Kurt 276
Wilson, Woodrow 267
Wingate, Orde 279
Wise, Stephen 265, 275

Zarathustra 52
Zunz, Leopold 37 f.

LEO BAECK INSTITUTE
for the Study of
German-Jewish
History and Culture

Das Leo Baeck Institut (LBI) ist eine unabhängige Forschungs- und Dokumentationseinrichtung für die Geschichte und Kultur des deutschsprachigen Judentums mit drei Teilinstituten in Jerusalem, London und New York (mit einer Zweigstelle in Berlin) sowie der Wissenschaftlichen Arbeitsgemeinschaft des Leo Baeck Instituts (WAG) und den Freunden und Förderern des Leo Baeck Instituts (FuF). Gegründet 1955, setzt sich das LBI zum Ziel, deutsch-jüdische Geschichte und Kultur wissenschaftlich zu erforschen und ihr Erbe zu bewahren. Damit steht das LBI bewusst in der Tradition der Wissenschaft des Judentums. Namensgeber ist der Rabbiner, einstige Präsident der Reichsvereinigung der Juden in Deutschland und Holocaust-Überlebende Leo Baeck.

- Leo Baeck Institute Jerusalem
  www.leobaeck.org
- Leo Baeck Institute London
  www.leobaeck.co.uk
- Leo Baeck Institute New York | Berlin
  www.lbi.org
- Wissenschaftliche Arbeitsgemeinschaft des Leo Baeck Instituts
  www.wag-leobaeck.de
- Freunde und Förderer des Leo Baeck Instituts e. V.
  www.leobaeck.de

DEUTSCH-JÜDISCHE GESCHICHTE

Deutsch-jüdische Geschichte in der Neuzeit
Herausgegeben im Auftrag des Leo Baeck Instituts von
Michael A. Meyer unter Mitwirkung von Michael Brenner

Band I: Tradition und Aufklärung 1600–1780
Von Mordechai Breuer und Michael Graetz
1996. 390 Seiten mit 53 Abbildungen und 6 Karten
Leinen

Band II: Emanzipation und Akkulturation 1780–1871
Von Michael Brenner, Stefi Jersch-Wenzel und Michael A. Meyer
1996. 402 Seiten mit 46 Abbildungen und 3 Karten
Leinen

Band III: Umstrittene Integration 1871–1918
Von Steven M. Lowenstein, Paul Mendes-Flohr, Peter Pulzer
und Monika Richarz
1997. 428 Seiten mit 50 Abbildungen und 4 Karten
Leinen

Band IV: Aufbruch und Zerstörung 1918–1945
Von Avraham Barkai und Paul Mendes-Flohr
Mit einem Epilog von Steven M. Lowenstein
1997. 429 Seiten mit 48 Abbildungen und 3 Karten
Leinen

Geschichte der Juden in Deutschland
Von 1945 bis zur Gegenwart
Herausgegeben von Michael Brenner
2012. 542 Seiten mit 62 Abbildungen und 2 Karten
Gebunden

C.H.BECK